Hans Demiani

Francois Briot, Caspar Enderlein und das Edelzinn

Hans Demiani

Francois Briot, Caspar Enderlein und das Edelzinn

ISBN/EAN: 9783743428775

Hergestellt in Europa, USA, Kanada, Australien, Japan

Cover: Foto ©ninafisch / pixelio.de

Manufactured and distributed by brebook publishing software (www.brebook.com)

Hans Demiani

Francois Briot, Caspar Enderlein und das Edelzinn

FRANÇOIS BRIOT
CASPAR ENDERLEIN
UND DAS EDELZINN

VON

HANS DEMIANI

LEIPZIG MDCCCXCVII
KARL W. HIERSEMANN

SEINER KÖNIGLICHEN HOHEIT

DEM PRINZEN GEORG, HERZOG ZU SACHSEN,

DEM ERLAUCHTEN PROTEKTOR

DES KÖNIGLICH SÄCHSISCHEN ALTERTHUMSVEREINS,

EHRFURCHTSVOLL GEWIDMET.

Vorwort.

Die nachfolgenden Zeilen bilden eigentlich nur einen Abschnitt einer grösseren, die Zinnarbeiten im Allgemeinen behandelnden Schrift, welche der Verfasser seit längerer Zeit unter der Feder hat. Dass er diese umfassendere Darstellung nicht schon jetzt vollständig veröffentlicht, liegt einmal an dem Umstand, dass ihn leider bisher mancherlei Amtsgeschäfte nicht zu einem ihn befriedigenden Abschluss haben kommen lassen, hauptsächlich aber daran, dass ein solcher — beim Mangel bereits vorhandener ausreichender Vorarbeiten und Unterlagen — erst nach sehr zeitraubenden und mühseligen Vorstudien möglich ist.

Bei letzteren stellte es sich nun heraus, dass gerade über François Briot und Caspar Enderlein, die beiden Hauptmeister des Edelzinns, mit welchem Ausdruck (im Gegensatz zu den für den täglichen Gebrauch bestimmten einfacheren Gegenständen) in Zinn gegossene und reich verzierte, zumeist reliefierte Exemplare von wirklichem künstlerischem Werth im Nachstehenden bezeichnet werden*), nur sehr wenig bekannt ist. Und ferner ergab sich, dass auch in Bezug auf jene hochbedeutsame, namentlich durch die Temperantia-Schüssel Briot's so glänzend repräsentierte Gruppe prächtig ornamentierter Zinngeräthe, welche den ersten Anlass zu einer eingehenderen und ernsteren Beschäftigung mit den Zinnarbeiten geboten hat, bei weitem noch nicht die der Wichtigkeit der Materie entsprechende Klarheit herrscht. Zur Bereicherung der noch ziemlich mangelhaften Kenntnisse in den bezeichneten Richtungen beizutragen und zu weiteren, die leider immer noch verbleibenden grösseren Lücken ausfüllenden Forschungen anzuregen, dazu sind die vorliegenden Seiten bestimmt.

Was sie über François Briot berichten, ist hauptsächlich der vortrefflichen, verhältnissmässig wenig bekannten und benutzten Abhandlung von Tuetey „Le graveur lorrain François Briot, d'après des documents inédits"**) entnommen. Die Angaben über Caspar Enderlein dagegen beruhen im Wesentlichen auf bisher noch nicht erschlossenen Quellen und dürften wohl den meisten Lesern neu sein. Und auch hinsichtlich der wichtigsten Edelzinnarbeiten, welche entweder diesen beiden Meistern zweifellos ihre Entstehung verdanken oder zu denselben wenigstens insofern in Beziehung stehen, als sie ihnen (wenn auch häufig irrthümlicherweise) zugeschrieben werden oder als die Werke ihrer Vorläufer oder ihrer Schüler und Nachahmer sich darstellen, sind einige vielleicht noch unbekannte Notizen beigebracht und verschiedene noch nicht oder nicht genügend berücksichtigte Exemplare in Betracht gezogen worden.

Besondere Schwierigkeiten bot oft bei der bekannten Neigung der Künstler der Renaissance, die Erfindungen Anderer als herrenloses Gut zu betrachten und für den eigenen Bedarf anstandslos zu verwerthen, und mit Rücksicht

---

*) Auch die Franzosen unterscheiden ja die gewöhnlichen Zinnwaaren als *poterie d'étain* von den Zinnarbeiten höherer Gattung, die sie als *orfèvrerie d'étain* bezeichnen. Gleich zahlreichen französischen Kunstschriftstellern (Mantz, Labarte u. A.) behandeln auch manche deutsche Autoren, wie z. B. Demmin, den Edelzinnguss im Zusammenhang mit der Goldschmiedekunst.

**) Enthalten ist diese — übrigens 1887 auch in einem Separatabdruck bei Charavay frères in Paris, sowie 1889 in Buchform erschienene — Abhandlung in den Mémoires de la Société d'Émulation de Montbéliard (Montbéliard, Barbier), XVIIIe volume (1887), p. 45—77. Die geringe Verbreitung dieser Mémoires ist wohl die Ursache, dass der Aufsatz Tuetey's wenig bekannt geworden ist.

auf die feststehende Thatsache, dass gerade bei Zinngegenständen einmal beliebt gewordene Formen und Modelle oft überraschend lange und bis in Zeiten eines gänzlich veränderten Geschmacks hinein beibehalten wurden, eine genaue Bestimmung der einzelnen Stücke bezüglich ihres Schöpfers, ihres Entstehungsorts und ihrer Entstehungszeit. In dieser und noch mancher anderen Beziehung musste mehrmals eine von der anerkannter Autoritäten abweichende Ansicht vertreten werden. Wo aber auch dies geschah, es blieb dabei — namentlich Lessings hervorragender, noch häufig zu erwähnender Abhandlung „François Briot und Caspar Enderlein" gegenüber — die Mahnung nicht unbeherzigt, welche einst der Vater von Gotthold Ephraim Lessing jüngeren Schriftstellern ertheilte: sich nicht für Riesen zu halten, weil sie auf den Schultern bewährter Vorgänger ständen.

Es wäre dem Schreiber dieser Zeilen nicht möglich gewesen, das meist zerstreut und versteckt liegende Material zusammenzubringen, wenn er nicht von allen Seiten in eben so liebenswürdiger wie sachdienlicher Weise unterstützt worden wäre. Allen denen, welche ihm ihre Förderung und Mitwirkung zu Theil werden liessen, sei hiermit der herzlichste Dank ausgesprochen, insbesondere den Herren Direktorial-Assistent Dr. Berling-Dresden, Direktor Bösch-Nürnberg, Professor Dr. Burckhardt-Finsler-Basel, Conservator Destrée-Brüssel, Direktor Dr. von Falke-Köln, Direktor Dr. Graul-Leipzig, Archiv-Assistent Dr. Huber-Basel, Direktorial-Assistent Dr. Kurzwelly-Leipzig, Ritter von Lanna-Prag, Geh. Regierungsrath Professor Dr. Lessing-Berlin und Professor Dr. Rosenberg-Karlsruhe.

Dass die nähere Ausführung und Begründung im Text unvermeidlicher Bemerkungen über Zinnarbeiten überhaupt einer späteren, grösseren Publikation vorbehalten worden ist, wird man nach dem im Eingang Gesagten wohl begreiflich finden. Ebenso bedarf es kaum einer Erklärung, weshalb der Verfasser seine eigene, ihm jederzeit zur Verfügung stehende Zinnsammlung vielfach benutzt und namentlich zu den Abbildungen verwerthet hat. Und hoffentlich lässt der wohlwollende Leser auch nicht ausser Acht, dass diese Bogen weiter nichts sein wollen als ein ganz bescheidener Beitrag zu einer Geschichte des Edelzinns. Einer muss es ja immer sein, der zuerst die Bausteine herbeischafft, aus denen dann Berufenere das ganz und voll seinen Zweck erfüllende Gebäude aufführen.

Leipzig, im Juli 1897.

Regierungsrath Dr. Demiani.

Inhaltsübersicht.

I. Abschnitt.

François Briot's Leben und Werke.

II. Abschnitt.

Caspar Enderleins Leben und Werke.

Verzeichniss der Abbildungen.

I. Tafeln.

II. Textabbildungen.

I. Abschnitt.

François Briot's Leben und Werke.

1. Briot's Lebenszeit, Lebenslage, Geburts- und Aufenthaltsort, Nationalität und Familie.

Sicherlich mit Bedauern, aber doch mit vollem Recht erklärte in Bezug auf Briot bereits Jal [1867][1]): „Je n'ai malheureusement rien trouvé qui puisse servir à la biographie de ce Briot, sculpteur et graveur . . .", ebenso Labarte [1873][2]): „On ne sait rien de sa vie" und noch 1886 de Champeaux[3]): „Malgré les recherches auxquelles se sont livrés divers érudits, la biographie de cet artiste est encore incomplète."[4]) Wenn aber Macht[5]) in einer erst 1893 veröffentlichten Abhandlung hinsichtlich unseres Meisters behauptet: „Näheres über seine Lebensumstände fehlt bis jetzt noch gänzlich", so kann dies nicht mehr als richtig gelten. Denn inzwischen ist — im Jahr 1887 — die vortreffliche, bereits im Vorwort als Hauptunterlage für die nachstehenden Angaben erwähnte, bisher nur wenig benutzte Abhandlung von Tuetey *Le graveur lorrain François Briot, d'après des documents inédits*[6]) erschienen, welche in Verbindung mit den Arbeiten von Chabouillet[6]), Lepage[6]), Mantz[6]), Castan[6]), Haag-Bordier[6]), Bapst[6]), Jouve[6]) und Germain[6]) eine ziemlich ausführliche Darstellung der Lebensverhältnisse und der Thätigkeit Briot's ermöglicht.

François[7]) Briot's kluges und energisches Gesicht zeigt das in $1^1/_2$ facher natürlicher Grösse über diesem Abschnitt abgebildete, ihn als Mann in den dreissiger Jahren und im Costüm der Schlussperiode des 16. Jahrhunderts darstellende Portraitmedaillon der Rückseite der Temperantia-Schüssel, seines Hauptwerkes. Er wurde um 1550[8]), wahrscheinlich in den letzten Jahren der ersten Hälfte des 16. Säculums[9]), geboren und zwar nicht, wie Castan und nach ihm Bapst und de Champeaux angenommen haben, zu Montbéliard (Mömpelgard[10]), sondern in dem lothringischen Ort Damblain[11]). Zuletzt wird er erwähnt 1614 und 1615, zu welcher Zeit er für die Stadt Besançon einen Münzstempel mit dem Bildniss des Kaisers Matthias und einen Münzprägeapparat (monnoyoir, presse à monnayer, balancier monétaire) in der von seinem Verwandten[12]), dem bekannten Münzgraveur und Medaillenschneider Nicolas Briot, verbesserten Art lieferte[13]), und unter dem 7. März und 25. April 1616, an welchen Tagen in einem Rechtsstreit, den der 1575 von Besançon nach Montbéliard übergesiedelte Giesser Pierre Choullier wegen zwei Forderungen von 432 Gulden (deutscher Währung) und von 300 Franken wider Briot führte, des letzteren Ausbleiben entschuldigt bez. das ihn verurtheilende Erkenntniss gefällt wurde[14]). Sein Todesjahr ist unbekannt[15]).

Innerhalb des solchergestalt abgesteckten Zeitraums von mehr als 65 Jahren spielte sich nun ein Leben ab, das durch häufige finanzielle Verlegenheiten und zahlreiche von denselben herbeigeführte Prozesse verbittert wurde. Nähere Angaben über diese verschiedenen Rechtshändel, welche in die Jahre 1594, 1595, 1599, 1600, 1601, 1605, 1606, 1607, 1608, 1609, 1610, 1611, 1612, 1613, 1614 und 1616 fallen, findet man in den Abhandlungen von Tuetey[16]) und Castan[17]). Im Folgenden sollen diese wenig erquicklichen Streitigkeiten nur insoweit erwähnt werden, als sie zu der künstlerischen Thätigkeit Briot's in irgendwelcher Beziehung stehen oder sonst von besonderer Bedeutung sind.

Auf welche Weise Briot in diese drückende Lage kam, aus der er sich anscheinend nie völlig zu befreien vermocht hat, wissen wir nicht. Vielleicht darf man den Hauptgrund in seiner Unvorsichtigkeit und seiner Leichtgläubigkeit suchen. Wenigstens steht fest, dass ihm ein Abenteurer, Laurent de Willermin, welcher als Alchemist galt und manches zweifelhafte Unternehmen in's Leben gerufen hatte, nach einer am 18. Juni 1595 mit demselben erfolgten Abrechnung die für damalige Zeiten sehr erhebliche und trotz Inanspruchnahme des Gerichts und eines unserem Meister günstigen Urtheils wohl nicht wiedererlangte Summe von 6752 Gulden 11 Batzen schuldete[18]). Mit dieser Thatsache contrastiert es seltsam, dass im Oktober 1589 seine Magd Exibel Guenetat in ihrem Testament aussprach, er sei ihr gegenüber nicht nur mit der Zahlung des grössten Theils ihres Lohns für zwei Jahre, sondern auch mit der Wiedererstattung eines sehr geringfügigen Darlehns („vingt gros d'argent presté") im Rückstand.[19])

Behufs Erklärung der misslichen Vermögenslage Briot's sei auch daran erinnert, dass unser Künstler, welcher sich von 1579 oder 1580 an bis ungefähr 1616 mit einigen in den Beginn des 17. Jahrhunderts fallenden Unterbrechungen (deren eine vielleicht durch eine Reise nach Strassburg veranlasst war) in Montbéliard, der Hauptstadt der damaligen deutschen Grafschaft Mömpelgard, aufhielt, in einem Land lebte, welches durch die in dem benachbarten Frankreich tobenden Religionskriege beständig in schwere Mitleidenschaft gezogen wurde und beispielsweise Ende 1587 Anfang 1588 einen verheerenden Einfall der Guisen zu erdulden hatte[20]). Es würde mithin durchaus nichts Überraschendes haben, wenn die damals dort im Allgemeinen herrschenden traurigen Verhältnisse auch noch besonders in Briot's Situation zum Ausdruck gelangt wären. Mag man nun aber die Ursache seiner finanziellen Bedrängniss in ihm selbst oder in den äusseren Zuständen suchen, welche an seinem Wohnort herrschten, seine von ihm gewiss oft genug schmerzlich empfundene Geldnoth hat jedenfalls für uns die erfreuliche Folge gehabt, dass durch die von ihr hervorgerufenen zahlreichen Rechtshändel mancherlei Einzelheiten aus seinem Leben und seiner Thätigkeit bekannt geworden sind.

Über die Jugendzeit Briot's giebt es keine weitere Nachricht, als dass er — um 1550 — zu Damblain geboren wurde. Dies erhellt aus der frühesten urkundlichen Erwähnung unseres Meisters, einem auf das Jahr 1580 bezüglichen Eintrag in dem im städtischen Archiv zu Montbéliard aufbewahrten Mitgliederverzeichniss der dortigen „chonffe des maréchaux, dite de St-Eloi", einer nach dem Schutzpatron der Goldschmiede benannten Schmiedezunung[21]), welcher alle Metallarbeiter angehörten. Der fragliche Vermerk lautet wörtlich folgendermassen: „François Briot, potier d'estain de Dambellain, pays de Lorrainne, a esté sacrez de la chonffe des mareschaux le 12 d'apvril 1580 par maistre Jehan Morel, maistre de la chonffe, et Richart Jalloux, serviteur de ladite chonffe". In der Regel schrieb ein neu aufgenommener Zunftgenosse selbst die seinen Eintritt betreffende Bemerkung in das vorgedachte Register ein. Die angeführte, auf Briot bezügliche Stelle rührt jedoch nicht von ihm, sondern von einem anderen Zinngiesser, Jean Jacquemart aus Clinchamp in der Landschaft Bassigny, her, welcher vermuthlich auf der Wanderung nach Montbéliard sein Gefährte war, am 20. Juli 1579 von der chonffe des maréchaux zugelassen wurde und nicht nur seine Aufnahme, sondern unmittelbar darauf auch diejenige Briot's unter Beifügung seiner eigenen Unterschrift in der fraglichen Liste beurkundete[22]).

Der im Vorstehenden wortgetreu wiedergegebene Eintrag ist nun nach verschiedenen Richtungen hin von sehr wesentlicher Bedeutung.

Zunächst wird dadurch der im heutigen französischen Departement Vosges (Arrondissement Neufchâteau, Canton Lamarche oder la Marche) belegene Ort Damblain als Geburtsstätte Briot's ganz unzweifelhaft festgestellt. Es erledigt sich somit ohne Weiteres die trotz der auf eine von Guiffrey entdeckte und veröffentlichte Urkunde[23]) sich stützenden Einwendungen Chabouillet's[24]) von Castan[25]), Bapst[26]) und de Champeaux[27]) vertretene Meinung, dass unser Künstler in Montbéliard das Licht der Welt erblickt habe. Und hinfällig wird auch die schon von Bapst[28]) bekämpfte, angeblich auf Mittheilungen Revilliod's beruhende Angabe Demmin's,[29]) dass Briot in Lobsingen (Lucens) im Canton Waadt geboren sei[30]).

Weiter ergiebt sich aus dem fraglichen Vermerk, dass unser Meister nicht Vollblutfranzose war, als welchen ihn Bapst[31]) hinzustellen sucht, sondern Lothringer. Damblain gehörte nämlich zu der Landschaft Bassigny[32]) und diese wiederum zu dem Herzogthum Bar,[33]) welches 1431 mit dem deutschen, erst 1766 Frankreich einverleibten Herzogthum Lothringen vereinigt worden war.

Bei einer derartigen Sachlage ist wohl mehr Grund vorhanden, Briot für Deutschland, wie für Frankreich in Anspruch zu nehmen. Behufs Entscheidung dieser allerdings zweifelhaften Frage wird man sich nicht ausschliesslich auf den geographischen Standpunkt stellen und nur die französische Sprache, welche schon den Namen Briot, Damblain und Bassigny nach im Herzogthum Bar die herrschende war, als ausschlaggebend ansehen dürfen. Denn man würde sonst zu dem kaum haltbaren Engebniss gelangen, dass auch die französisch sprechenden Bewohner der Grafschaft Mömpelgard und ihrer Hauptstadt Montbéliard Franzosen waren, obgleich sie seit dem Ende des 14. Jahrhunderts von dem deutschen Haus Württemberg beherrscht und als Deutsche auch insofern behandelt wurden, als auf dem deutschen Reichstag für die Grafschaft Mömpelgard eine eigene fürstliche Stimme abzugeben war. Uebrigens stand in Lothringen die deutsche Sprache der französischen an sich gleich und war sogar die offizielle in dem den Namen „bailliage d'Allemagne" tragenden besonderen Verwaltungsbezirk, der die sämmtlichen ziemlich ausgedehnten, deutsch redenden Theile des Herzogthums umfasste. Andererseits lässt sich aber auch nicht blos mit dem juristischen Begriff der Staatsangehörigkeit operieren, weil dieser — im Volksbewusstsein wenigstens — noch bis in unser Jahrhundert hinein nicht deutlich ausgeprägt war. Im Sinn des modernen Staatsrechts ist Briot als Deutscher zu betrachten, da er in Folge seiner Geburt (Abstammung) Unterthan eines deutschen Reichsfürsten, des Herzogs von Lothringen, und damit auch des deutschen Reichs war. Und es kommt hinzu, dass er von 1579 oder 1580 bis etwa 1616 seinen dauernden Sitz in der Hauptstadt der deutschen Grafschaft Mömpelgard hatte, dort das Bürgerrecht besass und auch (wie noch zu berichten sein wird) im Dienst zweier deutscher Fürsten, Friedrich und Johann Friedrich von Württemberg-Mömpelgard, stand und thätig war.

Ob sich Briot als Deutschen oder als Franzosen betrachtet oder, ohne über seine deutsche Staatsangehörigkeit im klaren zu sein, einfach als Lothringer bezeichnet hat, wissen wir leider nicht. In Frankreich scheinen zu seinen Lebzeiten die Lothringer als Deutsche angesehen worden zu sein. Wenigstens wurden sie im 16. und 17. Jahrhundert an der Pariser Universität regelmässig zur natio Germanica gerechnet. Chatelain berichtet in seinem Aufsatz *Le livre ou cartulaire de la nation d'Angleterre et d'Allemagne*[illegible]) in dieser Beziehung, dass Procuratoren der deutschen Nation an der Pariser Hochschule waren 1530 Desiderius Finantius Vogesigena diocesis Tullensis[illegible]), 1531 Ioannes Tislinus Vosagolotharingus, 1569—1573 fünf Mal R. Jannot Lignevillensis[illegible]), 1578 Nicolaus Rupaeus Lotharenus diocesis Virdun[illegible]) („. . . . electus est procurator augustissimae nationis Germanicae 16 mens. Dec. 1577"), 1620 Claudius Hatton de Rembervillari[illegible]) Tullensis[illegible]) diocesis und 1624 und 1625 Gaspar Pierresson de Nanceis[illegible]) Tullensis[illegible]) diocesis. Und dass die Lothringer damals sich selbst nicht zu den Franzosen rechneten, folgt z. B. daraus, dass der bekannte Kupferstecher und Holzschneider Pierre Woeiriot, welcher wahrscheinlich gleichfalls in Damblain oder wenigstens in dem nicht weit davon entfernten Neufchâteau geboren war und auf einzelnen seiner Blätter seinem Namen den Zusatz „Lotaringus" gab, in der Vorrede zu seinem Werk *Pinax iconicus antiquorum ac variorum in sepultura rituum (Lugduni* 1556) sagt, er wünsche, dass Frankreich, diese Nährmutter der schönen Künste, erfahre, dass er Lothringer sei, und ausdrücklich den Herzog von Lothringen als seinen Landesherrn bezeichnet.[illegible])

Endlich darf man nicht ausser Acht lassen, dass nach der unter Kaiser Maximilian I. eingeführten Kreiseintheilung des deutschen Reiches die lothringischen Lande einschliesslich Bar zum oberrheinischen Kreis gehörten und dass 1571 den Herzögen von Lothringen die schon vorher thatsächlich von ihnen ausgeübte volle Landeshoheit über Bar auch noch ausdrücklich zugestanden wurde. Es ist mithin vollständig zutreffend, wenn Lepage[illegible]) und Ruding[illegible]) Nicolas Briot, der gleich François Briot in Damblain zur Welt kam[illegible]), ohne jeden Vorbehalt als Lothringer bezeichnen, während Chabouillet[illegible]) wohl irrt, wenn er diese Angabe als nur zur Hälfte richtig hinstellt. „puisqu'il était né sujet du duc de Lorraine, mais dans la partie des Etats de ce prince qui relevait directement du roi de France, circonstance qui nous permet de tenir Nicolas Briot pour Français . . . ."[illegible]) Die niemals engen Beziehungen zwischen Frankreich und Bar — Bar gehörte von 925 bis 1302 vollständig zum deutschen Reich und erst im letzteren Jahr wurde für die Aemter Bar-le-Duc und Bassigny die französische Oberlehnshoheit anerkannt — waren gerade um die Mitte des 16. Jahrhunderts in solchem Grad gelockert bez. aufgehoben, dass das vorerwähnte, 1571 erfolgte Zugeständniss unbeschränkter Landeshoheit nur die Anerkennung eines in Wirklichkeit schon längst vorhandenen Zustands bedeutete.

Wenn man sie mit der von Guiffrey veröffentlichten Aussage Pierre Oudin's[illegible]) zusammenhält, lässt sich ferner aus der die Aufnahme Briot's in die chonffe des maréchaux betreffenden Stelle der sichere Schluss, dass derselbe ein Verwandter des schon als Verbesserer einer Münzmaschine erwähnten Nicolas Briot, und mit grosser Wahrscheinlichkeit die Folgerung ziehen, dass er dessen Onkel war. Mit Recht hat schon Castan vermuthet, dass beide Künstler durch die Bande des Bluts vereinigt gewesen seien, und gesagt: „Si François Briot fut le premier à essayer et à patronner le balancier monétaire inventé par Nicolas Briot, c'est qu'il y avait entre ces deux hommes plus qu'une parenté nominale"[illegible]). Es wäre ja auch ein ganz eigenthümliches Zusammentreffen, wenn zwei Briot genannte Meister, von denen der eine des anderen Münzprägeapparat einführen und verbreiten half, in keiner verwandtschaftlichen Beziehung zu einander gestanden und nur zufälligerweise denselben Familiennamen getragen hätten.

Die beiden vorerwähnten Urkunden beseitigen nun alle Zweifel. Nach den Angaben Oudin's wurde der 1646[illegible]) verstorbene, auch als Kupferstecher[illegible]) bekannte Nicolas Briot, von 1606 bis 1625 „graveur général des monnoyes de France", in dem schon mehrfach genannten Ort Damblain als Mitglied einer zahlreichen Familie (speziell gedacht wird seiner Eltern, Grosseltern, Onkel und Tanten)[illegible]) geboren und zwar, wie hinzugefügt sein möge, etwa 1580[illegible]). Und ausweislich des fraglichen Registereintrags stammte François Briot, welcher um 1550 das Licht der Welt erblickte, aus derselben Ortschaft. Berücksichtigt man nun noch den zwischen beiden Künstlern herrschenden, ungefähr dreissig Jahre betragenden Altersunterschied, so gelangt man zu der hochst wahrscheinlichen Annahme, dass François einer der von Oudin angeführten Onkel von Nicolas und vielleicht ein Bruder des um 1606 in Damblain, zuletzt in Paris wohnhaft und zeitweilig für den Herzog von Lothringen bez. als Münzmeister in Sedan thätig gewesenen Medaillenschneiders Didier Briot (1552—1635) war, welchen man wohl (mit Lepage[illegible]) als den Vater von Nicolas Briot betrachten darf[illegible]. Die Vermuthung, dass Nicolas ein Neffe von François war, findet auch dadurch Unterstützung, dass wir von ersterem ein 1601[illegible]) datiertes, in Kupfer gestocheness Portrait des Botanikers Jean Bauhin mit der Bezeichnung: *N Briot figuravit & sculpsit Montbelg:* (sic!) besitzen[illegible]) und dass 1606 in einem Prozess unseres Meisters mit dem Schuhmacher Hugues Bricardet in Montbéliard eines Neffen François Briot's gedacht wird, welcher zu der für diesen Rechtsstreit massgebenden Zeit sein Diener war[illegible]).

Die Verwandtschaft zwischen François und Nicolas ist deshalb von besonderer Bedeutung, weil dadurch beide als Mitglieder (und zwar als die berühmtesten!) der bekannten zahlreichen Künstlerfamilie Briot erscheinen und weiter auch (in Verbindung mit anderen Anhaltspunkten) nahegelegt wird, dass letzterer der Schüler des ersteren gewesen ist, ein Umstand, der, da Nicolas zweifellos (wie schon sein Vater) Münzgraveur und Medaillenschneider war[illegible]), bei der im Folgenden noch anzustellenden Erörterung über den Beruf seines Lehrers François wohl beachtet zu werden verdient.

François, Didier und Nicolas waren aber nicht die einzigen Meister, welche den Namen Briot trugen. Denselben führten auch noch verschiedene andere Künstler, welche zu den Genannten allem Anschein nach in nahen verwandtschaftlichen Beziehungen standen, nämlich Isaak Briot (1585—1670), Kupferstecher, Kunstverleger, Kunsthändler und Münzmeister zu Paris, ein jüngerer Bruder von Nicolas[illegible]), der 1589 zu Montbéliard geborene und 1649 in Paris verstorbene Maler Guillaume Briot (angeblich ein Sohn des Gerbers Guillaume Briot zu Montbéliard, vielleicht eines Bruders von François)[illegible]), der 1630 in Paris vorkommende Kupferstecher Jacques Briot (geboren 1612), der nach Einigen ein Sohn von Nicolas, nach Anderen ein Sohn des gleich noch zu erwähnenden Kupferstichdruckers und Münzgraveurs Pierre Briot sein soll, und die Kupferstecherin Marie Briot[illegible]), welche in der Regel als eine Tochter von Isaak bezeichnet, von Jouve[illegible]) aber als eine jüngere Schwester des Malers Guillaume betrachtet wird.

Wie kam es nun, dass eine aus so zahlreichen Mitgliedern bestehende Künstlerfamilie, zu welcher übrigens wohl noch Pierre Briot, „imprimeur en taille-douce et graveur des monnaies et effigies du Roi", welcher 1612 und 1614 seine Kinder Jacques und Esther taufen liess[illegible]), der 1678 verstorbene Schriftsteller und Uebersetzer Pierre Briot[illegible]) und vielleicht auch der Kupferstecher Charles Briot, dem 1633 ein Sohn Namens Philipp geboren wurde, gehörten, in dem abgelegenen und unbedeutenden Damblain die erforderliche Anregung zu ihrem Schaffen und die nöthige Vorbildung für ihre zum Theil sehr hervorragenden Leistungen fand? Möglicherweise dürfte die Beantwortung dieser interessanten Frage in dem Umstand zu finden sein, dass der Lothringer Pierre Woeiriot (auch Woeiriot de Bouzey und Wiriot genannt, 1531 bis nach 1596), der bekannte Kupferstecher und Holzschneider, welcher gelegentlich auch Medaillen fertigte[illegible]) und vielleicht noch nebenher, wie sein Vater und sein Grossvater, Goldschmied war[illegible]), wahrscheinlich gleichfalls in Damblain oder wenigstens in dem nicht weit davon entfernten Neufchâteau geboren wurde. Jedenfalls besass er an ersterem Ort den von seiner Mutter, Urbaine de Bouzey aus dem Haus Mellay-Damblain, durch welche er mit dem alten Adel Lothringens verwandt war[illegible]), ererbten Edelhof Champjannon, auf welchem er bereits während seiner bis 1573 reichenden Thätigkeit in Lyon mehrmals für kürzere Zeit weilte und wohl später seine Tage beschloss[illegible]). Der Gedanke liegt nicht fern, dass dieser vielseitig gebildete, des Lateinischen und des Griechischen mächtige, im Bau französischer Verse bewanderte Künstler, welcher Italien bereist und in Rom sich aufgehalten hatte, durch seine Werke und seine Persönlichkeit auf seine Umgebung und derselben angehörige künstlerisch veranlagte Naturen einen bedeutsamen Einfluss ausübte.

Was freilich die Compositionsweise anbelangt, so dürfen wir François Briot nicht ohne Weiteres als einen Schüler bez. Nachfolger von Woeiriot ansehen. Denn ersterer ist zierlich, reich, den Kleinmeistern verwandt, letzterer dagegen energisch, allem Füllwerk abhold, ausserordentlich einheitlich in der Durchführung. Am deutlichsten zeigt sich der Unterschied in den Figuren. Briot's Gestalten sind elegant, langgestreckt, französischen Modellen ähnlich, während diejenigen Woeiriot's in ihrer Kleinheit und Gedrungenheit an niederländische Vorbilder erinnern[illegible]). Immerhin ist wohl zu beachten, dass Woeiriot wahrscheinlich um 1573 sich auf seiner in Damblain belegenen Besitzung Champjannon dauernd niederliess, mithin reichlich Gelegenheit hatte, auf den damals etwa 23jährigen François, welcher vielleicht in seiner künstlerischen Entwickelung schon so weit fortgeschritten war, dass er sich fremden Einflüssen zugänglich zeigte, ohne deshalb seine bereits errungene Selbstständigkeit aufzugeben, anregend und fördernd einzuwirken, bevor derselbe 1579 oder 1580 nach Montbéliard übersiedelte[illegible]).

Im Hinblick auf die spätere Art der Thätigkeit Briot's mag auch nicht unerwähnt bleiben, dass in dem nur in geringer Entfernung von Damblain belegenen Neufchâteau sich eine alte Münzstätte der Herzöge von Lothringen befand, an welcher doch gewiss geschickte Münzgraveure und Medaillenschneider arbeiteten, und dass ein Hofgraveur in damaliger Zeit sehr beschäftigt war, wie z. B. aus der überraschend grossen Anzahl goldener Medaillen mit dem Bildniss Herzog Karls III. von Lothringen hervorgeht, welche dieser von seinem 1580 ernannten Graveur Julien Le Maire anfertigen liess, um sie mit oder auch ohne goldene Halsketten als Auszeichnungen und Geschenke in ähnlicher Weise, wie die heutigen Orden, zu vertheilen[illegible]).

2. Briot als Zinngiesser und die Bedeutung der Stempel auf seinen Zinnarbeiten.

Die Aufgabe, Briot's Beruf zu ermitteln, wird durch den wiederholt besprochenen Vermerk in den Akten der Schmiedezunft von Montbéliard ebenfalls sehr wesentlich erleichtert. Denn es geht daraus ganz deutlich hervor, dass François Briot, als er Ende 1579 oder Anfang 1580, vielleicht weil seinem Schaffensdrang das kleine Damblain zu eng erschien, möglicherweise aber auch um des verfolgten Protestantismus willen, zu dem er sich bekannte[68]), nach Montbéliard kam (wohin sich schon viele seiner Glaubensgenossen und Landsleute gewendet hatten)[69]), Zinngiesser war. Als solcher liess er sich denn auch in die alle Metallarbeiter umfassende chonffe des maréchaux aufnehmen. Mit diesen Thatsachen erscheint übrigens eine wirklich künstlerische Begabung und Thätigkeit Briot's völlig vereinbar. Ist doch z. B. überliefert, dass der berühmte Nürnberger Erzgiesser Peter Vischer 1489 nicht blos bei den Rothschmieden, sondern auch bei den Nadlern und sein gleichnamiger, ebenfalls sehr bekannter und in derselben Richtung thätig gewesener Sohn, ausser bei den Rothschmieden, 1527 bei dem Handwerk der Fingerhuter als Meister eingeschrieben wurde[70]).

In Montbéliard, der Hauptstadt der von einem protestantischen Fürsten beherrschten Grafschaft Mömpelgard, wohin während der zweiten Hälfte des 16. Jahrhunderts, zumeist in Folge der in Frankreich wüthenden Religionskriege und Protestantenverfolgungen, verschiedene Künstler und Kunsthandwerker (namentlich Maler und Goldschmiede) übergesiedelt waren, befanden sich um die Zeit der Ankunft Briot's Zinngiesser nicht nur in grösserer Anzahl, sondern auch von nicht gewöhnlicher Tüchtigkeit[71]). Genannt seien in erster Linie zwei Lombarden, Baptist Charrug und Peter Pavez, beide aus Mein bei Orta (in der Nähe von Novara) gebürtig, von denen ersterer am 23. September 1551, letzterer am 21. April 1568 in die Schmiedeinnung zu Montbéliard eintrat. Man darf wohl annehmen, dass sie aus Italien die dort so verbreitete künstlerische Bildung und Fertigkeit mitbrachten[72]). Gedacht sei auch dreier aus Besançon stammender Kannengiesser: des seit Anfang 1555 vorkommenden Jean Morel, des 1573 aus dem genannten Ort verbannten Claude Brethin und des Jean Golin, dessen gewerbliche Thätigkeit in das Jahr 1581 zu setzen ist[73]). Nimmt man nun noch hinzu, dass es auch namhafte Goldschmiede, wie Benigne de Vaux aus Dijon und Ferrue Saige und Guillaume Laboral aus Besançon in Montbéliard gab[74]), so wird man zugeben müssen, dass in letzterer Stadt während der Anwesenheit Briot's ein der künstlerischen und kunstgewerblichen Entwickelung günstiger Boden war, auf welchem man sich die Entstehung der Temperantia-Schüssel, welche Lessing mit Recht „eines der schönsten Stücke aus dem Kunstvorrath der Renaissance" nennt, und der zu ihr gehörigen Kanne recht wohl denken kann.

Dass Briot wirklich der Schöpfer dieser beiden so hervorragenden Werke (von denen sich Abbildungen auf den Tafeln 1, 5 und 6 befinden) war bez. von ihm die Originale herrührten, welche Caspar Enderlein nur copierte, wird später noch darzulegen sein[75]). Hier möge um des Zusammenhangs willen nur noch bemerkt werden, dass die Bezeichnung unseres Meisters als Zinngiesser namentlich aus zwei Gründen zu berücksichtigen ist. Einmal nämlich ergiebt sie, dass Briot mit allen Vorbedingungen und Erfordernissen des Zinngusses genau vertraut war, wonach es beinahe selbstverständlich erscheint, dass er direkt für diesen die Formen zu der Temperantia-Schüssel und ihrer Kanne herstellte, mithin der im Nachstehenden auch noch aus anderen Ursachen abzuweisende Gedanke an eine Abformung dieser herrlichen Geräthe über Gegenständen aus Edelmetall sich erledigt[76]). Andererseits gestattet sie einen Schluss auf den Anlass und die Art der Entstehung dieser Kunstwerke.

Bapst[77]) hat nämlich die Vermuthung ausgesprochen, dass Briot für einen Zinngiesser, der zugleich der Lieferant eines fürstlichen Hauses war, arbeitete, und sich auf zwei angeblich auf diesen Auftraggeber hinweisende Zinnstempel berufen, welche — ausser dem Medaillonportrait und den Initialen Briot's — auf einigen Exemplaren von dessen Temperantia-Schüssel angebracht sind. Der eine von ihnen enthält eine (ganze) heraldische Lilie, der andere aber die Buchstaben I F.[78]) War nun Briot selbst von Haus aus Zinngiesser, so bedurfte es ja gar nicht einer derartigen Mittelsperson. Unser Meister konnte ohne Weiteres und in vollem Umfang den Auftrag eines hochgestellten Kunstfreundes ausführen[79]). Und es wird auf den folgenden Seiten noch darzulegen sein, dass wahrscheinlich Friedrich, Graf, später Herzog von Württemberg und Graf von Mömpelgard (Montbéliard)[80]), in dessen Diensten Briot als Graveur stand, die Anregung zu dessen unvergleichlicher Schöpfung gab[81]).

Was nun aber die von Bapst als massgebend betrachteten Marken anbetrifft, so darf man deren Bedeutung nicht überschätzen. Sie sollen ihrer Bestimmung nach weiter nichts anzeigen, als den Ort, an welchem, und den Zinngiesser, von welchem das betreffende Stück gegossen wurde. Erstere Funktion erfüllt der Stadtstempel mit der Lilie, letztere das Meisterzeichen mit den Initialen I F. Diese Marken, denen man häufig auch auf Exemplaren eines reich reliefierten, irrigerweise von Manchen Briot zugeschriebenen Zinnkrugs deutschen Ursprungs begegnet, über welchen noch berichtet werden wird[82]), scheinen auf

Strassburg und einen dort thätig gewesenen Kannengiesser Isaak Faust hinzudeuten.

Die „Policey Ordnung der Stend im Elsass“ von 1552) bestimmt nämlich:

„Es sollen und mögen hinfürther die Kantengiesser in disem Bezirk seszhafft ire Kanten, Blatten, Fleschen und andere geschirr dreyerlei art giessen und dieselbigen zeichen, wie folgt.“

„Erstlich mögen sie ir geschirr, welcherley das ist, von lauterm zinn giessen, on alle vermischung des Bleyss und dasselbig un sonst kein anders, mit eim sondern zeichen, wie es von der oberkeit geordnet würdt (als zu Strassburg mit der gantzen Lilien) zeichnen.“

„Und damit sie neben andern Kantengiessern so ausserthalb disz Bezirks wohnen, feyl haben und verkauffen mögen ist inen zugelassen zwo vermischungen ze giessen.“

„Nemlich die Nürenbergische, das ist das sie under zehen Pfund Zynn ein pfundt Pley giessen und dasselbig auch mit eim sondern zeichen nach Ordnung der Oberkeit (als zu Strassburg mit einer halben Lylien) zeichnen sollen.“

„Und die ander vermischung zum vierdten genant, das ist das sie under vier pfundt ein pfundt Bley giessen und dasselbig auch mit einem sondern zeichen nach ordnung irer oberkeit (als zu Strassburg mit der Statt schilt) zeichen sollen.“

Andererseits wird im Gerichtsbuch der Strassburger Schmiedzunft), zu welcher auch die Zinngiesser gehörten, 1636, 1639, 1643, 1645, 1647, 1648 und 1649 ein „Kantengiesser“ Namens Isaak Faust aufgeführt.

Die vorstehenden Angaben verdienen besondere Beachtung, weil wir wissen, dass Christoph Friess, Gastwirth zum Bären und Bürger in Strassburg, von 1609 bis 1613 wider Briot einen Prozess führte, der wohl eine Zechschuld betraf, die unser Meister während eines wahrscheinlich in den Anfang des 17. Jahrhunderts fallenden Aufenthalts in der Hauptstadt des Elsass gemacht hatte). Da nun, wie wir noch sehen werden, in seiner Künstlerhabe die kupfernen Formen zur Temperantia-Schüssel u. s. w. das Kostbarste waren und auch schon damals nach ihrem vollen Werth geschätzt und deshalb wiederholt verpfändet und mit Beschlag belegt wurden, so erscheint es nicht ausgeschlossen, dass dieselben, wenn auch nicht in dem erwähnten Rechtsstreit von Christoph Friess (da Briot 1616 seine Formen noch besass)), so doch von einem anderen Strassburger Gläubiger erlangt wurden und auf diese Weise an den dortigen Zinngiesser Isaak Faust kamen, der sie dann wiederholt benutzte.

Für diese Vermuthung lässt sich auch anführen, dass die fraglichen beiden Stempel nur auf drei Exemplaren der Temperantia-Schüssel Briot's, von welcher zahlreiche Abgüsse existieren), angebracht sind, nämlich auf dem des Musée du Louvre in Paris), dem des Kunstgewerbemuseums zu Dresden) und einem dritten der Sammlung Maillet du Boullay, welches sich (nebst der Kanne) 1889 auf der Pariser Ausstellung im Trocadero befand). Wären diese Marken thatsächlich diejenigen des Zinngiessers, welcher die Formen bei Briot bestellt hatte, so würden sie sicherlich häufiger vorkommen. Der Auftraggeber hätte sich doch gewiss die günstige Gelegenheit, so hervorragende Stücke mit seinem Zeichen zu versehen und dadurch seine Werkstatt zu empfehlen), nicht entgehen lassen. Die meisten Exemplare der Temperantia-Platte — und darunter gerade die schönsten, wie das auf Tafel 1 abgebildete der Sammlung Demiani-Leipzig, welches vielleicht das beste von den uns erhaltenen ist, — tragen aber überhaupt keine Zinnstempel.

Und wozu auch? Auf den Schöpfer der herrlichen Form, welcher auch Zinngiesser war, verweist ja zur Genüge das auf der Rückseite der Schüssel ersichtliche, so charakteristische Medaillonportrait mit der Umschrift SCVLPEBAT FRANCISCVS BRIOT. Und es ist ja völlig begreiflich, dass Briot, der mit gutem Recht als Künstler sich betrachtende Graveur, seiner dieser bedeutsamen Thätigkeit gegenüber untergeordneten Eigenschaft als Zinngiesser keine wesentliche Bedeutung beimass und eine ausdrückliche Hervorhebung derselben für überflüssig hielt. Im Vergleich mit der Herstellung der kunstvollen Form trat die Ausführung des Gusses, welche jeder beliebige Kannengiesser mit Leichtigkeit in handwerksmässiger Weise vornehmen konnte, ohne Weiteres in den Hintergrund.

Eine Veranlassung zu der Annahme, dass unser Meister, obgleich er Zinngiesser war, seine Formen nicht selbst ausgegossen habe, liegt aber durchaus nicht vor.

Der Vollständigkeit wegen bedarf es noch einer Erklärung, wie es kommt, dass die meisten Briot'schen Temperantia-Platten, wie auch der weitaus grösste Theil der ihnen verwandten, auf den folgenden Seiten noch näher zu betrachtenden Stücke, nicht gestempelt sind. In der Regel mussten die Zinngiesser bestehender, ausdrücklicher Vorschrift) gemäss bei Vermeidung von Strafe auf ihre sämmtlichen Erzeugnisse, sofort nach deren Vollendung und vor dem Ausbieten zum Verkauf, zwei (unter der gemeinsamen Benennung Ursprungs(Herkunfts)zeichen zusammenzufassende) Marken einschlagen, von denen die eine ihren Wohnort kenntlich machte (Stadtzeichen) und die andere ihre Person (Meisterzeichen). Zweck dieser Bestimmung war die mühelose Ermittelung des Verfertigers vorschriftswidriger Zinnarbeiten für den Fall der Entdeckung solcher bei der nur einige Male im Jahr vorgenommenen und lediglich auf die gerade herausgegriffenen Stücke beschränkten Beschau d. h. der von competenter, sachverständiger Seite (meist durch die Innungsobermeister) erfolgten Prüfung der Waaren und Vorräthe der Zinngiesser hinsichtlich ihrer Vorschriftsmässigkeit überhaupt) und bei der mit der Schau verbundenen Zinnprobe d. h. der speziellen Untersuchung, ob die betreffenden Exemplare auch aus Material von gehöriger Beschaffenheit bez. Mischung hergestellt waren.

In letzterer Beziehung sei erwähnt, dass das Zinn gewöhnlich nur einen gewissen Bleizusatz (in der Regel

10 Procent[94]) haben durfte. Derselbe wurde zugelassen, weil einerseits ohne ihn das Zinn zu spröde war und die Formen nicht entsprechend ausfüllte, andererseits aber des letzteren höherer Preis und seine früher so häufige Verarbeitung zu Tafel- und Hausgeräthen eine den zahlreichen Consumenten zu Gute kommende Verbilligung in Folge der Vermengung mit Blei, einem wesentlich wohlfeileren Metall, wünschenswerth erscheinen liess[95]). Man controlierte aber den Bleigehalt der Zinngegenstände mit grösster Sorgfalt und Strenge und zwar nicht nur um sonst so leicht möglichen Uebervortheilungen der nicht sachverständigen Käufer, sondern auch um den Nachtheilen vorzubeugen, welche, da bekanntlich Blei der Gesundheit schädlich ist, aus der Benutzung mit demselben zu stark versetzter zinnerner Trink- und Speisegeschirre entstehen konnte[96]).

Betrügereien waren nun bei Exemplaren der in Rede stehenden Art wenig zu befürchten, weil hier der Stoff erst in letzter Linie in Betracht kam und der Hauptwerth in dem reichen bildnerischen Schmuck lag, der nur durch die Verwendung einer kostbaren Form von wirklich künstlerischer Ausführung hervorgebracht werden konnte. Und auch wegen Gesundheitsgefährdungen brauchte man nicht in Sorge zu sein, da derartige Prachtstücke offenbar nur Schaugeräthe[97]) waren (hätte doch ein eigentlicher, häufiger Gebrauch in Verbindung mit der erforderlichen Reinigung bei der bekannten Weichheit des Zinns die feinen reliefierten Darstellungen binnen kurzem abgestumpft und nach und nach weggeschliffen!), mithin nicht zu erwarten stand, dass das ihnen etwa in grösserer Menge beigemischte Blei dem menschlichen Körper sich mittheilen könnte.

Diese Erwägungen waren wohl die Ursache, weshalb man bei der Gruppe von Edelzinn, welche durch die Temperantia-Schüssel so vorzüglich repräsentiert wird, ein Märken mit Ursprungszeichen nicht verlangte[98]). Man behandelte eben mit Recht diese hervorragenden Arbeiten nicht als gewöhnliche Gebrauchsgegenstände, sondern als das, was sie in Wirklichkeit auch waren, als Kunstwerke. Damit hängt es nun sehr wahrscheinlich zusammen, dass in der Regel die Zinngiesserordnungen lediglich für die Durchschnittswaaren Vorschriften gaben, die künstlerische Ausschmückung und Ausgestaltung des Zinngeschirrs aber nur ganz ausnahmsweise berührten[99]). Lessings Bemerkung: „Der Umstand, dass die meisten Briot-Schüsseln kein Zeichen eines Zinngiessers tragen, lässt sich vielleicht dahin deuten, dass Briot, als ein ausserhalb der Innung stehender Künstler, seine Form zunächst selbst ausgegossen und durch sein Medaillonbild für hinreichend bezeichnet gehalten hat“[100]), durfte nach dem Gesagten, insbesondere mit Rücksicht auf den ursprünglichen Beruf Briot's als „potier d'estain“, zu modificieren sein.

Lessing[101]) hebt hervor, dass auf der Temperantia-Platte des Berliner Kunstgewerbemuseums zwei Marken angebracht sind, eine untere mit dem Stadtwappen von Lunéville (Schrägbalken mit drei Halbmonden) und eine darüber befindliche querstreifenförmige mit den wohl unzweifelhaft auf den betreffenden Zinngiesser (und nicht auf einen früheren Besitzer) zu beziehenden Buchstaben B S N, und schliest daraus, dass nicht nur der schon erwähnte Meister I F (wohl der Strassburger Kannengiesser Isaak Faust), sondern auch ein leider noch unbekannter Zinngiesser B S N die von Briot geschnittene Form benutzt habe und dass dieselbe nicht blos in dem durch die heraldische Lilie gekennzeichneten Ort (nach dem oben Ausgeführten Strassburg), sondern auch in Lunéville, mithin sowohl von verschiedenen Zinngiessern, wie auch in verschiedenen Städten zum Guss gebraucht worden sei. Dem ist sicherlich beizustimmen. Und auch die unter Berufung auf einen ähnlichen, von Bapst[102]) angeführten Vorgang ausgesprochene Annahme Lessings[103]), dass die von Briot geschaffene Form gegen Entgelt ausgeliehen worden sei, kann an sich vollkommen zutreffen. Aber es erscheint auch keineswegs ausgeschlossen, dass letztere, nachdem zunächst ihr Urheber sie verwendet hatte, dann auf andere Weise in fremde Hände kam. Es ist auf diese naheliegende Möglichkeit, welche durch die zahlreichen Rechtshändel Briot's gegeben war, in denen wiederholt Beschlagnahmen seiner Formen erfolgten, bereits auf Seite 6 hingewiesen worden. Wollte man dieselbe dem Schreiber dieser Zeilen einräumen, so würden sich nicht nur die verschiedenen, auf den Briot-Schüsseln vorkommenden Zinngiesserstempel sehr einfach erklären, sondern auch weitere Forschungen bezüglich der letzteren entbehrlich sein. Denn es hätten alsdann nicht sowohl freiwillige Verfügungen und rein persönliche Beziehungen, als vielmehr der Zwang gerichtlicher Massnahmen und die vom Willen der Parteien unabhängigen Entscheidungen in oft nur mit Rücksicht auf äussere Umstände geführten Prozessen das Wandern der Briot'schen Formen herbeigeführt, so dass dieses gewissermassen nur als ein zufälliges erscheinen würde.

Gegenüber der im Folgenden noch zu beleuchtenden Thatsache, dass Briot die Form der später von Caspar Enderlein copierten Temperantia-Schüssel in Montbéliard während der Zeit von etwa 1585 bis gegen 1590 geschaffen, und dem höchst wahrscheinlichen Umstand, dass er sie auch, wie schon erwähnt, zuerst selbst ausgegossen hat, erscheint es um so gewisser von untergeordneter Bedeutung, ob sie nach ihm auch noch von andern Zinngiessern und in andern Städten verwendet worden ist, als man ja bekanntlich kaum einen mit Reliefs verzierten Zinngegenstand kennt, von dem nicht Exemplare mit verschiedenen Ursprungsmarken existierten. Die Herstellung kunstvoller Formen war eben zu kostspielig und mühsam, als dass sie in grösserem Umfang erfolgt wäre. Das beweist schon die im Verhältniss zu der einst so allgemeinen Verbreitung der Zinngeräthe verhältnissmässig geringe Anzahl vorhandener Modelle. Diese aber wurden nach Möglichkeit ausgenutzt: vererbt, verliehen, verkauft, verpfändet u. s. w. und gelangten auf diese Weise in mancherlei Werkstätten. Eine Nothwendigkeit, mit Brinckmann[104]) das Vorkommen verschiedener Giesserzeichen auf Zinnarbeiten, die im

Uebrigen völlig gleich sind, daraus zu erklären, dass von deren Form gleich zu Anfang mehrere Exemplare angefertigt und an verschiedene Zinngiesser überlassen wurden, dürfte nicht vorliegen. Besitzen wir doch vollständige Folgen von Zinntellern mit den Kurfürsten, Scenen aus der Geschichte der ersten Menschen u. s. w., deren oft nur unbedeutende, meist aber einen gewissen Entwickelungsgang bekundende Abweichungen von einander zur Genüge klarlegen, dass nicht eine ursprüngliche Massenproduktion der Formen stattfand, sondern dass man dieselben erst nach und nach mit Rücksicht auf den sich einstellenden Bedarf (z. B. weil die ersten Stücke unbrauchbar geworden waren) gravierte, wobei sich ohne Weiteres gewisse Varianten ergaben.

Ausser den Ursprungs-(Stadt- und Meister-)marken schlug man auf Zinnarbeiten auch noch Qualitätszeichen und Besitzerstempel ein. Von Beschaumarken in demselben Sinn, wie bei Gold- und Silbergeräthen, d. h. von nach Vornahme der (auf sämmtliche Erzeugnisse der Goldschmiede sich erstreckenden) Beschau durch die mit derselben Betrauten angebrachten Zeichen, welche bekundeten, dass die untersuchten Objekte auch wirklich in jeder Beziehung von vorschriftsmässiger Beschaffenheit waren, darf man bei Zinn (abgesehen davon, dass sich hier überhaupt kaum undeutliche Spuren derartiger Merkmale finden) nicht reden. Denn die nur einige Male im Jahr vorgenommene und blos auf Stichproben beschränkte Beschau wurde, wie schon bemerkt, bei Zinnwaaren erst nach deren (sofort nach ihrer Vollendung durch die Zinngiesser selbst bewirkten) Abstempelung mit Ursprungszeichen angestellt. Mithin können diese logischer Weise nicht als Documentierung eines ihrer Anbringung erst nachfolgenden Akts angesehen werden. Es ist also unrichtig, beispielsweise bei einem Zinngegenstand, welcher ein Meisterzeichen und ein Stadtzeichen trägt, letzteres „Beschaumarke" zu nennen[105]).

Qualitätsstempel[106]), welche bezeugen, dass das damit versehene Exemplar aus einem besseren (der häufigere Fall!) oder schlechteren Material besteht, als das gewöhnlich am fraglichen Herstellungsort verarbeitete (die betreffende ausdrücklich vorgeschriebene Normalmischung), sind dem Schreiber dieser Zeilen auf Briot-Schüsseln nicht vorgekommen und ebensowenig wirkliche Beschaumarken. Wohl aber hat er darauf Besitzerzeichen[107]) entdeckt.

Diese sollen den Besitzer resp. Eigenthümer eines Stücks kenntlich machen und haben mit den Meistermarken die Eigenschaft gemeinsam, dass sie sich auf eine bestimmte Person beziehen. Sie unterscheiden sich von denselben aber dadurch, dass sie oft grösser sind, mit Rücksicht auf ihren Zweck nur Familienwappen, Hausmarken, vollständige Namen, Initialen oder Ähnliches enthalten, nicht bloss vereinzelt, sondern häufig an Stellen (z. B. auf der Rückseite von Zinntellern) sich finden, wo man Meisterzeichen nur sehr selten antrifft, und endlich dem Belieben, gewissen Zweckmässigkeitsrücksichten oder vielleicht auch einem localen Brauch, nicht aber zwingenden, besonderen Bestimmungen ihr — sonach zufälliges — Vorhandensein verdanken. Lessing[108]) hat zwei Besitzerstempel mit dem Wappen der Familie Taxis (quergetheilter Schild, oben ein halber Adler, unten ein Dachs) und demjenigen eines noch nicht ermittelten Geschlechts erwähnt und abgebildet, mit welchen die zu der Sammlung Zschille-Grossenhain gehörige Briot-Platte versehen ist. Und im Musee des arts décoratifs et industriels zu Brüssel wird eine Briot-Schüssel verwahrt, welche im Feld der Musik eine Besitzerbezeichnung aufweist, bestehend aus den sehr grossen, in einer Reihe nebeneinander, aber einzeln eingestempelten Buchstaben A D V.

Man darf den Werth der auf Edelzinnarbeiten vorkommenden Stempel nicht überschätzen[109]). Denn sie kennzeichnen nur den Zinngiesser sowie den Herstellungsort und, dafern die betreffende Form durch verschiedene Hände gegangen bez. in verschiedenen Städten benutzt worden ist, sogar zunächst nur einen der in Betracht zu ziehenden Zinngiesser und Herstellungsorte. Da nun der Zinngiesser nicht identisch zu sein braucht mit dem Schöpfer der kunstvollen Form, letzterer aber als der eigentliche, Beachtung verdienende Künstler erscheint, so wird ein mindestens ebenso grosses, ja grösseres Gewicht auf die Bezeichnung zu legen sein, aus welcher der Verfertiger der Gussform zu ersehen ist, den man vielleicht Zinnmodelleur — im Gegensatz zum Zinngiesser, der er zugleich sein kann, aber nicht sein muss — nennen darf. Als zur Ermittelung der Zinnmodelleure dienende Signaturen aber sind in der Regel die etwa sich vorfindenden erhabenen und gegossenen, mithin bereits in der Form angebracht gewesenen Initialen, Namen, Portraitmedaillons u. s. w. anzusehen, wenn auch in einzelnen Fällen die Thatsache oder Möglichkeit nicht ausgeschlossen sein mag, dass man sie auf den Besteller der Form zu beziehen hat[110]).

3. Briot in Montbéliard als „Graveur“ von Friedrich und Johann Friedrich von Württemberg.

Briot war, wie wir gesehen haben, zur Zeit seiner Uebersiedelung nach Montbéliard (trotz der gegentheiligen Behauptungen von Havard[110]) und R. v. S.[111]) Zinngiesser[112]). Doch scheint er dieses Handwerk in den auf seine Niederlassung in der genannten Stadt folgenden Jahren nicht mehr oder wenigstens nicht ausschliesslich betrieben zu haben. Denn es steht unzweifelhaft fest, dass er um 1585 „graveur de Son Excellence“, nämlich Friedrichs Grafen, späteren Herzogs von Württemberg und Grafen von Mömpelgard (Montbéliard)[113]), wurde, in dieser Stellung auch unter dessen ältestem Sohn und Nachfolger, dem 1608 in Folge des Todes seines Vaters zur Regierung gelangten Herzog Johann Friedrich[114]), verblieb und 1585, 1593 und 1609 theils F. BRIOT, theils F B signierte Medaillen mit den Bildnissen und Wappen dieser beiden Fürsten schnitt[115]). Eine derselben (von 1593) ist auf Seite 30 abgebildet.

Möglicherweise anlässlich dieser Veränderung bez. Verbesserung seiner Verhältnisse liess er sich am 20. Januar 1586 in die vornehmere „chonffe des marchans de la grand verge“, eine sehr geachtete Kaufmannsgilde, aufnehmen, welcher nicht nur Kaufleute, sondern angesehene Männer aller Stände angehörten, wie denn auch der schon erwähnte Botaniker Jean Bauhin zu ihren Mitgliedern zählte[116]). Ob Briot gleichzeitig aus der „chonffe des maréchaux“, welcher er 1580 beigetreten war, ausschied, wissen wir nicht. Sollte er das gethan haben, so würde damit auch äusserlich der Abschluss seiner früheren gewerblichen Thätigkeit und der vielleicht schon vor das Jahr 1585 zu setzende Beginn seines seitdem nicht unterbrochenen künstlerischen Schaffens zum Ausdruck gelangt sein. Seit seinem um 1585 erfolgten Eintritt in die Dienste Friedrichs von Württemberg und Mömpelgard wird Briot in Urkunden ohne Ausnahme nur noch als Graveur bezeichnet[117]).

Aus dem Vorstehenden erhellt zugleich, dass die wiederholt aufgestellte Behauptung, unser Künstler sei Goldschmied bez. Goldschmied und Bildhauer gewesen[118]), ebenso der Begründung entbehrt[119]), wie die Angabe Buchers[120]), dass er sich wahrscheinlich auf die Fabrikation von Faiencen in Bernard Palissy's Manier verlegt und später mit diesem berühmten Kunsttöpfer associiert habe.

Briot war Bürger von Montbéliard und wird auch als solcher, obgleich sein Name in das dortige, „das rothe Buch“ genannte Bürger-Verzeichniss nicht eingetragen ist, 1594 urkundlich erwähnt[121]). Er scheint sich nicht verheirathet und keine Nachkommen hinterlassen zu haben[122]).

Dass ein Mann von seiner Bedeutung und Stellung sowohl im öffentlichen Leben, als auch bei den Privatangelegenheiten seiner Mitbürger eine gewisse Rolle spielte, liegt nahe genug und lässt sich urkundlich nachweisen. So begegnen wir ihm Ende 1587 mit an der Spitze derjenigen, welche sich bewaffneten, um von der Stadt Montbéliard den drohenden Angriff der in die Grafschaft Mömpelgard eingefallenen Guisen abzuwehren[123]). Als am 11. Februar 1608 die Bürgerschaft von Montbéliard nach dem Tod Friedrichs von Württemberg ihrem neuen Herrn, dem Herzog Johann Friedrich, den Treueid leistete, genügte auch Briot dieser Verpflichtung[124]). Und wiederholt war er Testamentszeuge bei seinen Glaubensgenossen[125]) und Pathe von deren Kindern[126]). So vertrat er beispielsweise am 5. Mai 1605 in Gemeinschaft mit dem Hauptmann Etienne Sage bei der Taufe Alexanders, des Sohns des „noble Michel Virot, bourgeois de Montbéliard,“ und seiner Gemahlin Susanne von Montigny, den abwesenden Pathen Pierre Joly, königlichen Procurator zu Metz[127]).

4. Briot der Schöpfer der Temperantia-Schüssel nebst Kanne.

Eine der vielen Rechtsstreitigkeiten, in die Briot verwickelt war, gewährt uns einen Einblick in die Art seiner Thätigkeit. Zu Beginn des 17. Jahrhunderts war er von Montbéliard abwesend und hatte daselbst den schon genannten Pierre Choullier[128]) mit der Wahrung seiner Interessen betraut. Dieser übergab unzulässiger und eigenmächtiger Weise dem aus Piemont stammenden, in Montbéliard aufhältlichen Edelmann Antoine de la Môle, welchem unser Meister Geld („environ quatre vingtz escus“) schuldete, als Pfand verschiedene letzterem gehörige Geräthe, darunter auch „certains mosles de cuivre[129]) tant de bassin, aiguiere, vase, salliere qu'aultres . . . . . de valleur de plus de quatre à cinq centz escus“. Da nun Herzog Friedrich, ebenfalls ein Gläubiger seines Graveurs, gleich dessen übrigem Mobiliar auch diese kupfernen Gussformen behufs Sicherung seiner Forderung schon früher in rechtsgültiger Weise hatte beschlagnahmen lassen, so wurde in einem wider Choullier eingeleiteten Verfahren durch gerichtliche Entscheidung vom 26. März 1601 angeordnet, dass dieselben nebst den anderen Gegenständen wieder in die Wohnung Briot's zu bringen und dort in Anbetracht ihres Werthes von Sachverständigen zu „visitieren“ seien, um einer Beschädigung in Folge nachlässiger Aufbewahrung und damit einer Benachtheiligung der Interessenten vorzubeugen[illegible].

In Folge dieser Verfügung, welche ihn des wichtigsten Unterpfands für seinen Anspruch beraubte, wurde de la Môle sofort wider Choullier als Vertreter Briot's klagbar und erstritt unter dem 27. März 1601 ein auf die vorerwähnte Entscheidung vom 26. März desselben Jahres und die darin erkannte Freigabe der Formen unseres Meisters ausdrücklich Bezug nehmendes Urtheil, welches Choullier, vorbehältlich seiner Ersatzforderung Briot gegenüber, aufgab, die von letzterem geschuldete Summe zu bezahlen (unter Abzug des Erlöses aus der Versteigerung von drei de la Môle verpfändeten Tassen aus vergoldetem Silber,[illegible]). Ob diese Zahlung erfolgte und wie sich der so arg bedrängte Graveur mit seinen verschiedenen Gläubigern abfand, ist nicht bekannt. Nur das steht fest, dass er sich seine kostbaren, schon damals ihrem Werth und ihrer Bedeutung gemäss geschätzten[illegible]) „mosles de cuivre“ bis 1616 zu erhalten wusste. Denn am 25. April dieses Jahres wurde in dem bereits erwähnten, von seinem ehemaligen Beauftragten Choullier wider ihn angestrengten Prozess[illegible], ein Erkenntniss gefällt, welches eine Auction seines Mobiliars anordnete, zugleich aber bestimmte, dass ihm, soweit thunlich, seine Formen und sein unentbehrlichstes Hausgeräth zu belassen seien[illegible].

Die Feststellung, dass Briot die kupfernen Formen zu einer Schüssel, einer Kanne, einer Vase, einem Salzfass und noch anderen Stücken angefertigt und dieselben nachweislich seit 1601, ja jedenfalls schon von einem früheren Zeitpunkt an, bis 1616 in seinem Besitz gehabt hat, gestattet nun in verschiedener Hinsicht sichere und sehr wichtige Schlussfolgerungen.

Zunächst wird dadurch der unumstössliche Beweis erbracht, dass der Graveur von Friedrich und Johann Friedrich von Württemberg-Mömpelgard identisch ist mit dem Schöpfer der Temperantia-Schüssel und der zu derselben gehörigen Kanne. Man hatte dies früher angenommen, weil die Bezeichnungen F B und F. BRIOT auf den schon angeführten Medaillen dieser beiden Fürsten übereinstimmen mit den Initialen F B, die dreimal[illegible]) auf der gedachten Kanne und auch am Fuss des Sockels, welcher der Temperantia als Sitz dient, auf dem kräftig sich heraushebenden Mittelrund der fraglichen Schüssel sich befinden, und mit der Umschrift SCVLPEBAT FRANCISCVS BRIOT, welche das auf der Rückseite der letzteren angebrachte Portraitmedaillon unseres Meisters umgiebt. Die Entdeckung des gerichtlichen Bescheids vom 26. März 1601 hat nun diese Vermuthung[illegible]) zur Gewissheit erhoben. Und es ist dies um so freudiger zu begrüssen, als es in damaliger Zeit verschiedene Personen gab, welche François Briot hiessen, mithin bei bezüglichen Identificierungen Vorsicht geboten erscheint. Wird doch bei Bapst[illegible]) ein von 1569 bis 1594 erwähnter, mit sechszehn Kindern gesegneter Franciscus Briot de Lila[illegible]) aufgeführt, welcher mit unserem höchst wahrscheinlich als Junggesell und ohne Nachkommenschaft verstorbenen Graveur offenbar nur den Vor- und Familiennamen gemeinsam hatte. Und gedenkt doch Germain[illegible]) eines François Briot, welcher 1560 und 1582 in Damblain vorkommt, von dem berühmten Künstler aber, wenn man nicht etwa einen in das Jahr 1582 fallenden vorübergehenden Aufenthalt desselben in seinem Geburtsort annehmen will, wegen seiner Ende 1579 oder Anfang 1580 erfolgten dauernden Niederlassung in Montbéliard zu unterscheiden sein dürfte[illegible]).

Weiter beseitigt der in Rede stehende Richterspruch jeden Zweifel, wie man die bekannte Streitfrage, ob das Original der Temperantia-Schüssel auf Briot oder auf Enderlein zurückzuführen sei, zu entscheiden hat. Hervorgerufen wurde dieselbe dadurch, dass Temperantia-Platten mit Briot's Bildniss und Namen auf der Rückseite und solche mit des Nürnberger Zinngiessers Caspar Enderlein Portraitmedaillon und Namen an derselben Stelle existieren und dass man bis zu dem 1889 erfolgten Erscheinen der einschlagenden Abhandlung Lessings[illegible]) beide Arten als völlig mit einander übereinstimmend betrachtete.

Erst Lessing hat auf die vorhandenen, nicht unerheblichen Abweichungen hingewiesen, mit Recht das Vorhandensein von vier verschiedenen Modellen der Temperantia-Schüssel festgestellt (welche an anderer Stelle[illegible]) noch eingehend zu betrachten sein werden) und, obwohl von Falke[illegible]) noch 1888 erklärt hatte, dass sich „nach den vorhandenen Kenntnissen“ nicht entscheiden lasse, ob Briot Enderlein oder Enderlein Briot copiert habe, den Beweis angetreten und geführt, dass die Arbeit des Lothringers das Original, die des Nürnbergers eine nicht einmal gleichwerthige Nachbildung ist. Es sei gestattet, die auf letzteren Punkt bezüglichen Ausführungen Lessings[illegible]) hier wörtlich wiederzugeben.

„Den ersten Anstoss zu dieser Ueberzeugung gab mir ein ganz äusserlicher Umstand. Die allegorischen Figuren haben durchweg eine in schön geschnittenen Initialen beigefügte Inschrift: Dialectica, Musica u. s. w., in richtiger Schreibweise. Zu der einen Figur lautet die Inschrift jedoch bei Briot Arithmeti-qua statt -ca. Dies ist ein orthographischer Fehler, den nur ein französisch sprechender Graveur begehen kann. Aber Enderlein schreibt gleichfalls Arithmetiqua. . . . Ferner: Auf der Briot-Schüssel sind die Namen sämmtlicher Figuren voll ausgeschrieben, nur bei der GRAMMATICA ist der letzte Buchstabe als ein kleines A in das C hineingesetzt. Auf der Enderlein-Schüssel lautet diese Inschrift GRAMMATIG. Augenscheinlich ist das kleine A als Strich des G aufgefasst, es muss also auch hiernach Briot Original, Enderlein Copie sein.“

„Ich glaube, dass gegen die Beweiskräftigkeit dieser an sich geringfügigen Umstände nicht aufzukommen sein wird."

„Viel wichtiger ist der weitere Umstand, dass die zumeist als gleich angesehenen Schüsseln in Wirklichkeit von einander abweichen, fast gar nicht in der Composition, aber sehr erheblich im künstlerischen Werth der Einzelheiten, und auch hier erweist sich die Briot-Gruppe als das hochstehende Original, die Enderlein-Gruppe als die minderwerthige Copie. . . . . . ."

„Die missliebste Umgestaltung findet sich bei den Figuren. Enderlein hatte schwerlich die Absicht, zu ändern, es ist lediglich der tiefere Stand seiner künstlerischen Begabung, welcher ihn die schlanken anmuthigen Vorbilder Briot's in schwerfällige dickköpfige Personen verwandeln liess. Bei der Vergleichung dieser Körperformen muss jeder Zweifel darüber schwinden, was als Original anzuerkennen ist."

Zu dem Ergebniss dieser geistvollen und überzeugenden Beweisführung lässt sich aber auch — und zwar auf viel einfachere Weise — mit Hülfe der mehrfach angezogenen, von Tuetey 1887, also zwei Jahre vor dem Erscheinen des Aufsatzes von Lessing, veröffentlichten Entscheidung vom 26. März 1601 gelangen. Wenn nämlich die Form zur Briot-Schüssel bereits 1601 in der Behausung unseres Graveurs vorhanden und auch schon von einem seiner Gläubiger beschlagnahmt war, so kann als Vorbild für sie doch unmöglich die Enderlein-Schüssel gedient haben, die nach der auf ihrer Vorderseite befindlichen Bezeichnung 1611 C E.[164]) erst in diesem Jahr, also ein Decennium später, entstand bez. vollendet wurde.

6. Die Temperantia-Schüssel und die zugehörige Kanne sind für Zinnguss geschaffen und nicht Abformungen von Edelmetallarbeiten.

Eben so glatt erledigt sich nach der wichtigen Entscheidung von 1601 auch eine weitere lebhaft erörterte Streitfrage, ob nämlich die Briot-Platte von vornherein auf den Zinnguss berechnet war und daher auch gleich anfänglich in diesem hergestellt wurde[165]) oder ob sie erst von einer hervorragenden Edelmetallarbeit abgeformt bez. nachgegossen worden ist[166]).

Anlass zu dieser Meinungsverschiedenheit bot der naheliegende Gedanke, dass eine Composition von so aussergewöhnlicher Schönheit und Vollendung[167]) ursprünglich für die Ausführung in Silber oder Gold und nicht in dem gewöhnlicheren Zinn bestimmt gewesen sei[168]). Und man hielt an dieser Idee um so hartnäckiger fest, als Mantz das silberne Original der Briot-Kanne entdeckt zu haben glaubte[169]). Nach einer ihm vom Conservator des Museums zu Rouen, André Pottier, gemachten mündlichen Mittheilung sollte dasselbe in der dortigen Münze vor etwa fünfundsiebzig Jahren eingeschmolzen worden sein[170]). Wollte man nun auch auf Grund dieser doch immerhin mit einer gewissen Reserve aufzunehmenden mündlichen Ueberlieferung als eine feststehende Thatsache betrachten, dass silberne Exemplare von Schüssel und Kanne existiert haben, so wäre doch mit Lessing[171]) dagegen zu bemerken, „dass die Zinnschüssel sehr wohl späteren Silberarbeitern zum Vorbild gedient haben kann, so auch für jenes in Rouen eingeschmolzene Stück. In der Ermitage in St. Petersburg befindet sich in der Galerie der Kostbarkeiten eine solche augenscheinlich im 17. Jahrhundert entstandene Copie der Schüssel, dieselbe ist in Silber getrieben, im Mittelfeld völlig nach der Briot-Schüssel copiert, sogar mit dem FB im Sockel der Temperantia, im Rand sind dagegen statt der acht Felder mit den freien Künsten nur vier Felder mit den Jahreszeiten. Das Ornament ist viel weniger fein, aber durchaus dem Charakter der getriebenen Arbeit entsprechend. Die Betrachtung dieser Schüssel bestätigt durchaus das Urtheil von Bapst, dass die Briot-Schüssel nicht den Charakter der getriebenen Silberarbeit, sondern den Charakter der Gravierung, des Medaillenstechens trage, so dass aus inneren künstlerischen Gründen die Entstehung aus den Händen eines Silberarbeiters abzulehnen ist."

Diese ansprechende Ausführung lässt sich nun durch den einfachen Hinweis darauf ersetzen, dass Briot, welcher nicht nur, wie sein Schüler und Neffe Nicolas und dessen Vater Didier, Münzgraveur und Medaillenschneider, sondern ursprünglich auch Zinngiesser (aber nicht Goldschmied) war, zu der Temperantia-Schüssel und deren Kanne die kupfernen Formen geschnitten hat und dass diese doch jedenfalls von der Art der bei der Herstellung von Medaillen verwendeten, mithin direkt für die Benutzung zum Zinnguss allen Erfordernissen desselben gemäss angefertigt und nicht erst von Geräthen aus Edelmetall abgeformt gewesen sind, deren auf der Technik des Treibens beruhende Merkmale ja auch, wie der Augenschein lehrt, den Exemplaren der Briot-Schüssel und -Kanne vollständig fehlen[172]).

Ein aufmerksamer und sorgfältiger Vergleich dieser prächtigen Arbeiten mit den ihnen verwandten bez. nachgebildeten Stücken ergiebt nun, dass letztere auf die nämliche Weise hervorgebracht sind und dass überhaupt die zu der hier fraglichen Gruppe gehörigen Werke „fast alle einen gleichen Gesammtcharakter haben“, welcher ihre Entstehung in nur einigen wenigen Werkstätten ausser Zweifel stellt[101]. Man wird daher unbedenklich annehmen dürfen, dass die in diesen Zeilen zu betrachtenden zinnernen Prunkgeräthe gewöhnlich in Metall- oder Steinformen[102]) gegossen wurden, welche den zur Herstellung von Medaillen bestimmten glichen.

Da das so geschmeidige und leichtflüssige Zinn bekanntlich beim Giessen mit ausserordentlicher Genauigkeit die Formen ausfüllt, denselben sich anschmiegt und deren grösste Feinheiten wiedergiebt, so war, wie der Vollständigkeit wegen noch bemerkt sein möge, abgesehen von einem Verputzen der Löthstellen bez. Ansatzfugen (bei aus mehreren Theilen zusammengesetzten Objekten) und von einem etwaigen Beseitigen der Gussnäthe (bei Gefässen, deren Formen aus mehreren Stücken bestanden) ein Ueberarbeiten (Nacheiselieren) der gegossenen und aus der Form genommenen Gegenstände weder erforderlich, noch auch (trotz der gegentheiligen Versicherung mancher Autoren) üblich.[103]) Dies gilt, wie im Allgemeinen, so insbesondere auch von den Schöpfungen Briot's. Ein deutlicher Beweis, dass Alles so blieb, wie es der Guss ergab, liegt schon darin, dass wir häufig trotz grösster Schärfe und Sauberkeit der Einzelheiten noch feine Gussnäthe finden, die man bei einer nachträglichen Bearbeitung doch sicherlich zuerst beseitigt haben würde[104]).

6. Betrachtung der Temperantia-Schüssel nebst Kanne. Zeit und Anlass ihrer Entstehung.

Das Erkenntniss vom 26. März 1601 ist auch insofern von wesentlicher Bedeutung, als es verschiedene Arbeiten unseres Künstlers aufzählt und damit einen gewissen Ueberblick über das, was er schuf, gewährt.

In erster Linie wird unter den Formen, die er graviert hat, die zu einer Schüssel („bassin“) und unmittelbar darauf die zu einer Kanne („aiguière“) angeführt. Dass sich diese Angaben auf die FRANCISCVS BRIOT resp. F B bezeichnete Temperantia-Schüssel und -Kanne beziehen, wird man wohl nicht bestreiten wollen. Da nun von diesen beiden Prachtstücken bereits häufig die Rede gewesen ist, so erscheint es an der Zeit, dieselben — mit Rücksicht darauf, dass die Abbildungen auf den Tafeln 1, 5 und 6 eine ausreichende Vorstellung geben, nur in Kürze — einer Besprechung zu unterwerfen.

Die auf der Vorderseite beinahe völlig mit flachen Reliefs bedeckte Schüssel, deren Durchmesser 45 Centimeter beträgt[105]), zeigt auf ihrem Rand zwischen reichen Ornamenten von besonderer Schönheit und Feinheit in acht querovalen Feldern die sieben freien Künste mit ihrer Führerin Minerva. Die Auswölbung, welche zu dem vertieften Mitteltheil überleitet, ist glatt. Im Centrum des letzteren befindet sich eine der Kanne als Untersatz dienende runde Erhöhung. Dieselbe ist mit der auf einem links unten F B bezeichneten Sockel sitzenden und eine Schale emporhaltenden Gestalt der Temperantia geschmückt, von welcher die herrliche Arbeit ihren Namen erhalten hat. Dieses Nabelstück umzieht ein breiter Fries, den hermenartige Figuren in vier gleich grosse Cartouchen mit Allegorieen der vier Elemente enthaltende Abtheilungen scheiden. Den Zusammenhang zwischen diesen verschiedenen Darstellungen giebt der Gedanke, dass die Kräfte des Geistes und der Natur, wenn sie segenbringend und ihrer Bestimmung gemäss wirken sollen, von weiser Mässigung beherrscht sein müssen. Aber diese Hauptidee erschöpft nicht die zwischen den einzelnen Theilen der Composition bestehenden Beziehungen. Sie setzen sich in zahlreichen reizvollen und geistreichen Einzelheiten fort. So trägt z. B. die neben dem Feld des Wassers angebrachte Halbfigur als Kopfschmuck Schilf, während sich an ihrem unteren Ende zierlich gewundene Delphinleiber zeigen und in dem sie umgebenden Band- und Rollwerk Krebse und Bündel von Fischen hängen. Und auf der entsprechenden Partie des Randes erblickt man sehr geschickt verwendete Wasserpflanzen. Die Rückseite trägt, wie schon erwähnt, das auf Seite 1 abgebildete Portraitmedaillon unseres Graveurs mit der Umschrift SCVLPEBAT FRANCISCVS BRIOT.

Erwähnt sei noch, dass es einige Briot-Schüsseln giebt, auf welchen das Haupt der Temperantia gerade unter der Mitte des Querovals der Luft[106]), andere, auf denen es genau unter der die Medaillons des Feuers und der Luft trennenden hermenartigen Gestalt[107]), und noch andere, auf welchen es unter der zwischen TERRA und IGNIS ersichtlichen Figur sich befindet[108]). Es erklärt sich dies wohl daraus, dass das Mittelstück, wenn nicht überhaupt erst nach Vollendung des Uebrigen aufgesetzt, so doch wenigstens in Fällen von Beschädigung, Abfall u. s. w. nachträglich wieder angelöthet oder ergänzt wurde und dabei oft eine verschiedene Stellung erhielt. Durch Ueberarbeiten auf der Drehbank liessen sich die auf diese Weise entstandenen Ansatzfugen leicht beseitigen.

Die gleichfalls fast vollständig mit flachreliefierten Zierrathen überzogene Kanne bekundet, obgleich sie auffallender Weise von mehreren französischen Kunstschriftstellern (wie z. B. Castan, Ducat und Chabouillet) in erster Linie genannt wird, wenigstens in Bezug auf die ideelle

Zusammengehörigkeit ihres figürlichen und ornamentalen Schmucks nicht dieselbe feinsinnige Durchführung, wie die Schüssel, mit welcher ein Ganzes zu bilden, sie bestimmt war. Ihre Höhe einschliesslich des Henkelbogens beträgt in der Regel ungefähr 30 Centimeter. Das schöne, aus der Collection Roussel stammende Exemplar der Sammlung Demiani-Leipzig ist 30,2 Centimeter, der aussergewöhnlich scharfe und gut erhaltene Abguss des Nordböhmischen Gewerbe-Museums zu Reichenberg dagegen 30,7 Centimeter hoch. Derartige Unterschiede erklären sich aus nachträglichen Veränderungen, wie Zusammendrücken des Fusses oder Gefässkörpers, Verbiegen oder Ergänzen des Henkels, Abnutzen des auf letzterem oben angebrachten Mascarons u. s. w.

Auf einem mit einer Bordüre von Buckeln decorierten Fuss, welcher, für sich allein betrachtet, ein wenig zu klein erscheint, und über einer ebenfalls mit Buckeln sowie mit Blatt- und Rollwerk geschmückten Einschnürung erhebt sich der umfangreiche, eiförmige Gefässkörper. Er ist durch zwei wagerechte, halbrunde, über seine Oberfläche herausragende Streifen in drei Zonen von annähernd gleicher Höhe getheilt. Zwischen reichen Ornamenten zeigt die obere derselben Mascarons und geflügelte Seepferde in mehrmaliger Wiederholung, die untere drei bockbeinige, geflügelte Gestalten mit menschlichen Köpfen und Leibern und die mittlere in drei querovalen Cartouchen allegorische Darstellungen von Glaube, Liebe und Hoffnung. Der ziemlich enge, ornamentierte Hals erweitert sich nach vorn zu einem breiten, etwas gewölbten Ausguss, unter welchem eine Satyrmaske angebracht ist. Eine weibliche Halbfigur schmückt den ein wenig dürftigen Henkel. Dreimal sind die gegossenen, erhabenen Buchstaben F B zu lesen: nämlich neben dem oberen Henkelansatz auf der rechten Seite des volutenartigen, hinteren Abschlusses der Ausgussöffnung, unter dem Mascaron rechts vom unteren Ansatz des Henkels und zwar unmittelbar an dem die obere Zone vom mittleren Fries trennenden halbrunden Streifen, endlich hart am unteren Rand und rechts vom Todtenkopf in dem das mittlere Ornamentband zierenden Medaillon des Glaubens. Die ersterwähnte Bezeichnung (am hinteren Theil der Ausgussöffnung), welche z. B. auf dem prächtigen Reichenberger Exemplar deutlich erkennbar ist, fehlt auf verschiedenen anderen zweifellos echten Briot-Kannen. Es lässt sich dies aus einer besonders starken Abnutzung oder einer nachträglichen Veränderung der betreffenden Stelle der fraglichen einzelnen Stücke oder auch der Gussform wohl zur Genüge erklären[107]).

Mantz[108]) hat an dieser Kanne Verschiedenes ausgesetzt: der Henkel sei zu dünn und zu schwach, der Gefässkörper verhältnissmässig zu gross und zu kräftig ausgebaucht und die so scharf accentuierte Dreitheilung desselben nicht angemessen, da ja auch im Innern keine Abtheilungen existierten. Den ersten Vorwurf hat Bapst[109]) durch den wohlberechtigten Hinweis darauf entkräftet, dass die meisten Briot-Kannen verschiedene Henkel haben, in seltenen Fällen nur noch die ursprünglichen, und meist minderwerthige, später angesetzte und häufig durch ungeschickte Reparaturen verunstaltete. Auch bezüglich der zweiten Einwendung kann man Bapst[110]) beistimmen, wenn er sagt, dass der schwere Kannenleib bei der bekannten Weichheit und Nachgiebigkeit des Zinns sich gesenkt und den schwachen Fuss zusammengedrückt habe, wodurch naturgemäss das anfängliche Verhältniss beider Theile zu einander verändert worden sei. Aber es ist auch noch geltend zu machen, dass die Kanne nicht für sich allein, sondern als mit der Schüssel ein Ganzes bildend bez. als deren Aufsatz gedacht war. Stellt man sie nun auf die Platte, so vergrössert deren hervorragendes Mittelstück gewissermassen ihren Fuss und der Gesammteindruck beider Stücke ist ein völlig befriedigender. Was nun endlich das dritte Bedenken von Mantz anbelangt, so sucht Bapst[111]) dasselbe durch die Bemerkung hinwegzuräumen, dass die — allerdings bei fast allen Renaissance-Kannen vorkommende — Dreitheilung durch die Nothwendigkeit veranlasst sei, eine aus mehreren Theilen bestehende Form zu verwenden und die Ansatzfugen des Gussobjekts auf der Drehbank zu überarbeiten. Die Erklärung der Ursache beseitigt indessen noch nicht die auffällige Wirkung.

Dass übrigens die Briot-Kannen thatsächlich aus mehreren Stücken zusammengelöthet wurden, erhellt deutlich daraus, dass die einzelnen Motive auf manchen — unzweifelhaft echten — Exemplaren an verschiedenen Stellen sich befinden. So erblickt man z. B. vorn in der Mitte der Kanne des Nordböhmischen Gewerbe-Museums zu Reichenberg die Allegorie der Liebe, während bei der Kanne der Sammlung Demiani-Leipzig derselbe Platz durch die Darstellung des Glaubens ausgefüllt wird. Derartige Verschiebungen lassen sich nur daraus erklären, dass jeder der drei Streifen des Gefässkörpers für sich hergestellt und dann erst mit den beiden übrigen verbunden wurde.

Nicht unerwähnt möge bleiben, dass die anmuthige und schlanke Umrisszeichnung bez. Gestaltung der besprochenen Kanne nicht als eine Erfindung Briot's angesehen werden darf. Denn wir begegnen derselben eleganten Kannenform bereits viel früher, z. B. auf Blättern von Peter Flötner († 1546) und Virgil Solis († 1562)[112]). Und ähnlich, obschon etwas gedrungener, kommt sie auch auf 1567 datierten Zinnarbeiten von Nikolaus Horchaimer vor[113]).

Es ist begreiflich, dass man sich wiederholt mit der Frage beschäftigt hat, wann diese beiden Hauptwerke Briot's entstanden seien. Bapst[114]) vermuthet, dass sie bereits 1580 existierten, weil Bernard Palissy sie in Faience nachgebildet habe[115]). Allein dieser Grund dürfte als stichhaltig nicht anzusehen sein. Palissy starb bekanntlich erst 1590 im Gefängniss, in welches er 1587 oder 1588 um seines Glaubens willen hatte wandern müssen. Und wir wissen auch, dass er erst in der späteren Zeit seiner rastlosen und ununterbrochenen Thätigkeit auf fremde Originale zurückzuführende figürliche Reliefs schuf. Man kann daher unter Beibehaltung des Gedankengangs von Bapst recht wohl auch behaupten, dass die fraglichen Stücke erst in dem Zeitraum von 1580 bis gegen 1587 aus Briot's Hand hervorgegangen seien. Aber es liegt andererseits auch kein zwingender Grund zu der Annahme vor, dass die in Rede stehenden Faience-Nachbildungen gerade von Palissy selbst herrühren. Dieser Meister hatte zu Mitarbeitern nicht nur Nicolas und Mathurin Palissy, vermuthlich seine Söhne, er besass auch verschiedene Schüler und er fand auch sehr zahlreiche Nachahmer. Es kann also recht wohl einer von diesen der Urheber der fraglichen Copieen sein, welche in mehreren Exemplaren erhalten geblieben sind[167]). Sagt doch Brinckmann[168]): „Die Erzeugnisse derselben (d. h. anderer, in der von Palissy beschrittenen Richtung weiter arbeitender Werkstätten) von denen des Meisters mit Sicherheit zu unterscheiden, reichen unsere Kenntnisse nicht aus, wie es denn auch dahingestellt sein muss, inwieweit die vielgestaltige Fülle der unter Palissy's Namen überlieferten Prunk- und Gebrauchsgefässe mit Recht auf ihn zurückgeführt werden darf." Ja es würde auch die Ansicht, dass der berühmte Kunsttöpfer selbst nicht in Frage kommt, mit dessen künstlerischem Geschmack rechnen, da man die betreffenden Nachahmungen, bei denen durch die Abformung und die Glasur die reizvollen Feinheiten der Originale beeinträchtigt worden bez. verloren gegangen sind[169]), als besonders glückliche wohl kaum betrachten kann[170]).

Nach dem Gesagten lässt sich unbedenklich mit Tuetey[171]) annehmen, dass die Temperantia-Schüssel und die zu ihr gehörige Kanne nach der erfolgten Niederlassung Briot's in Montbéliard, also nicht vor 1580, entstanden sind. Jedenfalls existierten sie bei Ablauf des 16. Jahrhunderts, denn die mehrerwähnte Verfügung vom 26. März 1601 beweist, dass an diesem Tag ihre Formen nicht nur auf Veranlassung des Herzogs Friedrich in rechtsgültiger Form bereits beschlagnahmt, sondern auch schon unzulässiger Weise an Antoine de la Môle verpfändet waren. Erwägt man nun, dass Briot um 1585 Graveur Friedrichs von Württemberg-Mömpelgard wurde, dass er in diesem Jahr eine Medaille mit dem Bildniss von dessen Sohn schnitt, dass er zu dieser Zeit als etwa Fünfunddreissigjähriger, wie ihn ja auch sein Medaillonportrait auf der Temperantia-Schüssel zeigt, wohl gerade auf der Höhe seiner Kraft und seines künstlerischen Schaffens stand und dass sein Costüm auf jenem Medaillon mit der um 1585 in der zu berücksichtigenden Gegend üblichen Tracht übereinstimmt[172]), so gelangt man dazu, innerhalb der bereits abgesteckten Periode von 1580 bis 1600 die Jahre um 1585 bis etwa gegen 1590 als die wahrscheinliche Entstehungszeit der Temperantia-Platte und -Kanne zu bezeichnen.

Dass Briot diese hervorragenden Arbeiten schon vor 1580 der Welt schenkte, ist um deswillen nicht recht glaubhaft, weil er damals noch, wie anzunehmen ist, in dem abgelegenen und stillen Damblain lebte, wohl nur das Zinngiesserhandwerk betrieb, in jugendlichem Alter stand und kaum die für solche Meisterwerke unentbehrliche technische Fertigkeit und künstlerische Geschmacksbildung besass, endlich auch der Anregung und Förderung entbehrte, welche seine Beziehungen zu dem kunstsinnigen Grafen Friedrich[173]) und der überhaupt in Montbéliard vorhandene künstlerischer Thätigkeit und Entwickelung günstige Boden mit sich brachten. Es ist bereits erwähnt worden, dass in letzterer Stadt, als sich unser Graveur daselbst niederliess, zahlreiche Künstler und Kunsthandwerker, darunter auch bedeutende Zinngiesser, von denen die beiden Lombarden Charrog und Pavez jedenfalls aus ihrer Heimath italienische Geschmacksrichtung und Geschicklichkeit mitgebracht hatten, ansässig waren und eine beachtenswerthe Rührigkeit entfalteten[174]). Zu den Besitzungen der Linie Württemberg-Mömpelgard gehörte auch die Herrschaft Reichenweier[175]), in welcher sich an dem gleichnamigen Ort eine Münzstätte befand, mit welcher Briot auch Verbindungen unterhielt[176]). An dieser arbeiteten doch jedenfalls geschickte und erfahrene Graveure, deren Beihülfe er bei der Anfertigung der für die Temperantia-Schüssel und -Kanne bestimmten Formen, welche er nicht völlig allein und ausschliesslich hergestellt zu haben scheint[177]), in Anspruch nehmen konnte. Endlich aber fand er in Montbéliard Anregung und Unterstützung durch Friedrich von Württemberg, welcher schon dadurch, dass er den eingewanderten, unbekannten Zinngiesser in seine Dienste nahm, ein richtiges und glückliches Verständniss für dessen so bedeutende künstlerische Befähigung bewies.

Man wird schwerlich zu weit gehen mit der Annahme, dass die beiden Hauptwerke Briot's einem Auftrag Friedrichs, jedenfalls aber den Beziehungen ihre Entstehung verdanken, in denen unser Meister zu dem regierenden Grafen von Württemberg und Mömpelgard stand. Dass dieser Fürst ein eifriger Freund und Beförderer der Künste und Wissenschaften war, steht fest[178]). Und es ist bekannt, dass er die Pracht besonders liebte und grossen Werth auf ein prunkvolles, fürstliches Auftreten legte, wie denn auch nach seinem Regierungsantritt in Württemberg die dortige Hofhaltung weit glänzender und ungleich kostspieliger wurde[179]). Speziell ist noch überliefert, dass er in Mandeure[180]) Ausgrabungen veranstalten liess und mit den dabei zu Tag geförderten Gegenständen in einem Thurm des Schlosses zu Montbéliard eine Sammlung von Antiquitäten und Medaillen anlegte, deren Leitung dem schon mehrfach erwähnten Jean Bauhin übertragen wurde[181]). Dass er, gleich allen sonst daran Interessierten, die Formen Briot's in durchaus entsprechender Weise hochschätzte, erhellt zur Genüge aus der schon so häufig angezogenen Entscheidung vom 26. März 1601. Und es ist durchaus nicht ausgeschlossen, dass er dies nicht sowohl wegen ihres Geldwerths und der durch sie gewährten Sicherheit für seine Forderung that, als um ihrer künstlerischen Bedeutung und des Antheils willen, den er an ihrer Entstehung hatte. Ja der auffallende Umstand, dass Briot sich deren Besitz trotz seiner fortwährenden Geldverlegenheiten und Rechtshändel bis zum Jahr 1616 zu erhalten vermochte, ist vielleicht durch Unterstützungen und Begünstigungen zu erklären, welche Friedrich seinem Graveur zu Theil werden liess, um diesem und damit sich selbst und seinem Land die in ihrer aussergewöhnlichen Schönheit und Vollendung verständnissvoll gewürdigten Formen zu sichern. Jedenfalls darf man behaupten, dass auf Bestellung oder wenigstens auf Anregung eines deutschen Fürsten unser in dessen Diensten stehender Meister auf deutschem Boden die fraglichen beiden Werke schuf, welche zu dem Schönsten gehören, was die Renaissance hervorgebracht hat.

Lessing[102]) sagt zwar: „Es liegt … nahe, anzunehmen, dass Briot diese Form entweder als Unternehmer oder auf Bestellung eines Einzelnen oder einer Gruppe angefertigt hat und dass diese Form alsdann gegen Entgelt ausgeliehen worden ist." Dieser Vermuthung beistimmen, hiesse aber absichtlich die auf den vorliegenden Seiten berichteten, urkundlich belegten Lebensverhältnisse Briot's und die aus denselben naturgemäss sich ergebenden Folgerungen verkennen. Unser Meister befand sich beständig in Geldnoth und sonach kaum in der Lage, eine äusserst mühsame, sehr zeitraubende und — schon wegen der dabei verwendeten Gehülfen[103]) — recht kostspielige Arbeit aus eigener Initiative zu unternehmen[104]). Ferner war er selbst Zinngiesser, es bedurfte also, wie schon erwähnt wurde, keines solchen als Mittelsperson. Endlich macht es sein dienstliches Verhältniss zu Friedrich von Württemberg doch sehr wahrscheinlich, dass dieser kunstsinnige, prachtliebende und freigebige Fürst den Anlass zu seinen herrlichen Schöpfungen gab. Auch möge nicht unerwähnt bleiben, dass zur Zeit ein Beispiel einer Bestellung und Verwerthung bez. Verleihung kunstreicher Formen durch eine Gruppe von Personen nicht nachgewiesen ist[105]). Und Beachtung dürfte ferner noch der Umstand verdienen, dass die beiden vielbewunderten Hauptwerke unseres Künstlers die einzigen ihrer Gattung geblieben sind[106]). Hätte er für einen Privatmann gearbeitet, so würde dieser bei dem grossen Beifall und der weiten Verbreitung, die die Temperantia-Schüssel und -Kanne (wie schon ihre Nachbildung in Palissy-Faience beweist) sofort fanden, doch vermuthlich noch ähnliche Stücke bestellt und Briot bei seiner misslichen finanziellen Lage dieselben gewiss auch bereitwilligst geliefert haben. Friedrich von Württemberg-Mömpelgard, dem der Gedanke an einen vortheilhaften Absatz selbstverständlich fern lag, begnügte sich mit den zwei prächtigen Schaugeräthen oder wurde von weiteren Aufträgen dadurch abgehalten, dass er 1593 den württembergischen Herzogsthron bestieg und von Montbéliard nach Stuttgart übersiedelte, womit sich seine Beziehungen zu Briot naturgemäss lockerten.

Das Vorbild zu der Temperantia-Schüssel ist wahrscheinlich in einer italienischen Composition und deren Ursprung möglicherweise im Atelier Primaticcio's (1504 bis um 1570) oder eines seiner Genossen in Fontainebleau zu suchen. Zutreffend bemerken Jal[107]) und Jouve[108]), dass Briot „dans le style italien" geschaffen habe. Und Berger[109]) sagt mit Recht: „Le Primatice a pris à la renaissance italienne et il a transplanté sur le sol bien préparé de la France un style particulièrement favorable à la décoration; il a fait naître l'industrie artistique des Bernard Palissy et des Briot. Son système élégant gagnait d'autant plus de grâce exquise, qu'il s'appliquait à des partis décoratifs de dimensions assez réduites pour permettre de rechercher la perfection dans le fini du travail; aussi a-t-il envahi pendant le seizième siècle les meubles et tous les ustensiles de la vie privée." Unter den Wandgemälden des Schlosses zu Fontainebleau findet sich freilich nur ein einziges, welches direkt an die Temperantia-Schüssel erinnert: auf dem Bild „la nymphe de la fontaine et le chien bleau" in der „galerie de François Ier" zeigt die Nymphe Verwandtschaft mit der Terra Briot's[110]). Der Vollständigkeit wegen sei noch hinzugefügt, dass die Briot'sche Figur der Luft eine gewisse Aehnlichkeit mit einem von Etienne Delaune gestochenen fliegenden Hermes[111]) hat und dass nach der Ansicht von Mantz[112]) Briot auch dem Studium der Werke von Polidoro da Caravaggio viel verdankt.

7. Die sogenannte Briot-Vase.

Ueberblicken wir nun weiter die in der mehrerwähnten richterlichen Verfügung vom 26. März 1601 enthaltene Aufzählung von Briot angefertigter Formen, so wird nach denen zu der Temperantia-Schüssel und -Kanne die eines als „vase" bezeichneten Gefässes angeführt. Diese Angabe ist leider so allgemein, dass sich daraus zur Zeit, im Mangel weiterer Anhaltspunkte, auf ein bestimmtes Stück nicht schliessen lässt.

Der Versuch, die kurze und unbestimmte Notiz zu verwerthen, ist freilich gemacht worden. In der Sammlung des Verfassers des geschätzten Buches *L'étain*, Germain Bapst, befand sich ein Zinngeräth, von welchem behauptet worden ist, dass es ein Exemplar der „Vase" Briot's sei. Im Catalog dieser 1893 versteigerten Collection, bei dessen Abfassung Bapst wohl nicht unbetheiligt war, heisst es nämlich (auf Seite 5 unter 6): „Vase oléonique sur piedouche, à anse et deversoir, en étain: le piédouche est orné de godrons et l'anse d'un buste de femme. Cette pièce peut être considérée comme étant le vase que cite M. Tuetey dans son étude sur Briot, et qui est une des quatre pièces authentiques du célèbre potier d'étain. Haut. 19 cent."

Dieses früher Bapst gehörige und jetzt wohl in den Händen eines Antiquitätenhändlers befindliche Stück, welches stark beschädigt, durch verschiedene Löcher verunstaltet und mit einer dicken, die Ornamente stellenweise verdeckenden Oxydschicht überzogen ist, gleicht im Wesentlichen dem auf Taf. 8 No. 1 abgebildeten Exemplar der Sammlung Demiani[99]). Dieselbe Gliederung, Form und Höhe (17.5 Centimeter bis zum oberen Rand), der nämliche Durchmesser des Fusses, des gleichfalls in zwei je 4 Centimeter hohe Zonen getheilten Gefässkörpers und des oberen, etwas übergebogenen, eine kreisförmige Oeffnung umgebenden Randes, das gleiche Ausgussrohr und endlich, abgesehen von ganz unbedeutenden Verschiedenheiten in geringfügigen Einzelheiten, auch ein übereinstimmend gebildeter Henkel. Abweichungen bestehen zwischen den beiden Gefässen nur insofern, als auf dem von Bapst die vorerwähnten beiden Zonen keinerlei Verzierung aufweisen, während sie bei dem auf Tafel 8 No. 1 ersichtlichen mit reichen Arabesken bedeckt sind, und als — trotz in der Hauptsache gleicher Anordnung der einzelnen gemusterten Streifen — am unteren Theil und am Oberrand verschiedene Ornamente angebracht sind.

Die Decoration dieser beiden Stellen des Demiani'schen Exemplars ergiebt sich zur Genüge aus der Abbildung auf Tafel 8. Die in der Sammlung Bapst befindlich gewesene Kanne zeigt an den angegebenen Orten folgenden besonderen und nur bei ihr vorkommenden ornamentalen Schmuck. Den Rand des Fusses umzieht ein schmaler Fries von ovalen Buckeln, an welchen sich ein zweiter anschliesst, der breiter und kräftiger reliefiert ist. Die zu dem Gefässkörper überleitende Einschnürung ist nicht glatt, sondern mit vier dünnen, langgezogenen, senkrechten Buckeln versehen, zwischen welchen auf mit kleinen, runden Erhöhungen bedecktem Grund absteigende Blätter sich herausheben, deren fünf (nach unten und je zu zwei nach rechts und links gerichtete) Abtheilungen wiederum mehrere Zacken haben. Dieselben Blätter finden sich auch, nur etwas vergrössert und aufwärts gekehrt, zwischen sechs nach oben zu breiter werdenden Buckeln in einem Streifen wieder, welcher die Einschnürung von den mehrgedachten beiden glatten Zonen trennt. Auf letztere folgt, unter dem oberen Rand, eine Borde mit einem in horizontaler Richtung fortlaufenden Lorbeerzweig und alsdann, nach einem kleinen glatten Absatz, der nämliche Buckelfries, wie am Fuss. Der obere Rand selbst bez. sein nach Innen zu abfallender Theil ist nicht verziert. Eine Künstlerbezeichnung (Portrait, Initialen u. s. w.) und Zinnstempel sind auf dem interessanten Stück, dessen mangelhafter Erhaltungszustand leider eine befriedigende Reproduction unmöglich macht, nicht vorhanden bez. nicht mehr zu entdecken.

Dies gilt auch von der Demiani'schen Kanne und der neben ihr auf Tafel 8 unter No. 2 wiedergegebenen, ganz ähnlichen des Kunstgewerbemuseums zu Berlin (90.402)[100]). Wodurch sich diese beiden Exemplare von einander unterscheiden, ersieht man deutlich aus ihren Abbildungen. Beachtenswerth ist namentlich die abweichende Gliederung bez. Eintheilung ihrer Gefässkörper.

Der Vollständigkeit wegen sei noch ein mit dem Demiani'schen bis auf den Henkel und das Vorhandensein eines Deckels völlig übereinstimmendes Exemplar erwähnt, das im Frühjahr 1896 dem Schreiber dieser Zeilen zum Kauf angeboten wurde. Der in anderer Weise geformte Henkel ist offenbar eine spätere Zuthat. Und dasselbe trifft wohl auch bezüglich des gut und reich ornamentierten, aber mit dem Uebrigen nicht recht harmonierenden runden Deckels zu, welcher tief in der oben befindlichen, bei den bisher beschriebenen Gefässen unverschlossenen Oeffnung sitzt.

Als eine fünfte Variante endlich stellt sich eine Kanne von groberer Arbeit, wie die vorbeschriebenen, dar, welche im Spätherbst 1896 ein Münchener Händler besass. Die Höhe beträgt 17.8 Centimeter bis zum oberen Rand und 24.5 Centimeter einschliesslich des vasenähnlichen Deckelknopfs. Auf dem Boden innerhalb der Höhlung des einen Durchmesser von 10.2 Centimetern besitzenden Fusses findet sich hier ausnahmsweise ein ganz undeutlicher, anscheinend kleeblattförmiger Stempel. Der Fuss ist glatt bis auf eine Bordüre, die hart am äusseren Rand sich hinzieht und einen wagerecht fortlaufenden Lorbeerzweig mit symmetrisch zu beiden Seiten angebrachten Blättern enthält. Auf die nicht verzierte Einschnürung folgt ein Fries mit acht verticalen, langgezogenen Buckeln, zwischen denen auf gekörntem Grund sich immer dasselbe aus Blatt- und Rankenwerk mit eingestreuten Sternen bestehende Ornament wiederholt. Hieran schliessen sich zwischen drei horizontalen, schmalen, halbrunden Streifen zwei 4.2 bez. 4.6 Centimeter hohe unverzierte Zonen, welche behämmert sind und unregelmässige, meist runde und kaum merkliche Vertiefungen in der Art gewisser orientalischer Arbeiten haben. An sie ist ein schmales Band mit rosenähnlichen Verzierungen zwischen zwei Reihen Sternen gefügt und an dieses wiederum, unter dem umgebogenen Rand, derselbe Lorbeerzweig, wie am Fuss. Letzteres Motiv kehrt auch auf dem Deckelrand wieder, gefolgt von einem Fries mit dem schon beschriebenen Rosen- und Sternornament. Eine auf die bereits erwähnte Art behämmerte, mit einer Decoration nicht versehene Zone leitet zu dem runden, einen vasenartigen Knopf umgebenden und einen Lorbeerzweig aufweisenden Mittelstück des Deckels über. Der Ausguss weicht von dem des Demiani'schen Exemplars nur in ganz geringfügigen Einzelheiten, der eine roh modellierte weibliche Halbfigur und in den Voluten seines oberen und unteren Ansatzes je eine Faunsmaske zeigende Henkel dagegen von denen aller übrigen Typen sehr erheblich ab. Am Deckelgelenk befinden sich zwei völlig gleiche, birnenförmige, nach rechts und links auseinander gebogene Knäufe, wie sie an Walliser Zinnkannen häufig vorkommen.

Diese sämmtlichen Kannen, einzelne oder eine derselben Briot zuzuschreiben, dazu liegen ausreichende Gründe nicht vor. Schon ihre beinahe plumpe Gestaltung, ihre nur bereits häufig verwerthete Motive aufweisenden Verzierungen und das nicht gerade glückliche Verhältniss, in welchem der Henkel und der schwere Ausguss mit seinem so grossen Frauenkopf zu den sonstigen Theilen stehen, bilden einen auffallenden Gegensatz zu den anmuthigen, eleganten, fein und harmonisch gegliederten Formen und den eben so originellen, wie aussergewöhnlich schönen und vollendeten Ornamenten Briot'scher Schöpfungen.

Die fraglichen Arbeiten sind wohl, wie schon ihre Henkel und Ausgüsse nahelegen, französische (um 1570). Die darauf angebrachten Arabesken[105]) von der Art, wie sie sich auch auf sehr zahlreichen, fast ohne Ausnahme mit Nürnberger Stempeln[106]) versehenen und von der herrschenden Meinung mit Recht durchweg als Nürnberger Produkte betrachteten zinnernen Schüsseln und Tellern wiederfindet, stehen dieser Annahme nicht entgegen. Derartige Verzierungen erinnern an die Stiche des in Nürnberg thätig gewesenen Virgil Solis und in gewisser Beziehung auch an dem bekannten dortigen Künstler Peter Flötner von Manchen zugeschriebene Blätter und sind deshalb wiederholt auf diese beiden Meister bez. Flötner zurückgeführt worden[107]). Sie kommen jedoch in französischen Büchern bereits zwischen 1540 und 1550 sehr oft vor. Reimers[108]) will daraus die Folgerung ziehen, dass die bekannte, 1549 durch Wyssenbach herausgegebene und von Vielen Peter Flötner zugewiesene Zusammenstellung solcher Ornamente zum Theil französischen Vorbildern entlehnt sei. In Deutschland dagegen finden sich diese Arabesken als Buchillustrationen oder in anderer Verwendung vor 1550 nur ganz vereinzelt. Und da sie andererseits die meiste Aehnlichkeit mit Compositionen des niederländischen Stechers Balthasar Sylvius (eigentlich Geertsen, bisweilen auch Bos genannt, 1518—1580) haben, welcher hauptsächlich (z. B. 1554 und 1568) in Antwerpen thätig war[109]), so lässt sich nicht behaupten, dass sie mit Nothwendigkeit gerade auf Nürnberg hinweisen, und man wird nur sagen dürfen, dass sie daselbst auf Zinnarbeiten, welche ihre Stempel zweifellos als dortige Erzeugnisse kennzeichnen, besonders häufig angebracht worden sind. Im Hinblick auf die Bemerkung von Reimers, dass Frankreich und zwar speziell Lyon die Entstehungsstätte der fraglichen Verzierungen sei, möge noch hinzugefügt werden, dass eine im Berliner Kunstgewerbemuseum befindliche, mit einem das Wort Lyon enthaltenden Stempel versehene, glatte Kanne (92.116) in der Form und hinsichtlich des Verhältnisses von Henkel und Ausguss zum Gefässkörper eine gewisse Aehnlichkeit zeigt mit der vorerwähnten, auf Tafel 8 No. 2 abgebildeten Kanne (90.402 desselben Museums).

Man muss wohl beachten, dass sich an den in Rede stehenden Stücken nirgends eine auf den berühmten Lothringer hinweisende Bezeichnung entdecken lässt. Unser Künstler hat auf seinen sämmtlichen Werken (einschliesslich der Medaillen) entweder seine Initialen oder seinen vollen Namen angebracht und, wie schon des Näheren berichtet wurde, die Temperantia-Schüssel zweimal und die zu ihr gehörige Kanne sogar an drei Stellen signiert. Es wird also davon auszugehen sein, dass er von dieser seiner Gewohnheit nicht ohne einen besonderen Anlass abgewichen ist. Dass aber ein solcher vorlag, dafür gebricht es an jedem Anhalt.

Der Catalog der Sammlung von Parpart[110]) führt „ein Paar Vasen von François Briot" auf. Wie sich schon aus der Beschreibung und dem beigefügten Lichtdruck ergiebt, sind dieselben zwei genau übereinstimmende Exemplare der Briot-Kanne. Hals, Ausguss und Henkel sind daran durch einen ganz glatten, in der Mitte etwas eingeschnürten, unmittelbar an die oberste Zone des Gefässkörpers angelötheten und mit einer Schnauze nicht versehenen Hals und drei halbrunde, in Kugeln endigende, mit hermenartig behandelten Büsten geschmückte Henkel ersetzt. Letztere beginnen erst an der äusseren Grenzlinie des obersten Horizontalkreises der Leibung und zwar gerade auf den denselben in drei Abschnitte scheidenden halbrunden Streifen. Dass diese Theile spätere, nicht einmal glückliche Zuthaten sind, bedarf wohl keiner Erläuterung.

8. Das Salzfass von Dijon.

In der nach verschiedenen Richtungen hin so wichtige Aufschlüsse gebenden Entscheidung vom 26. März 1601 wird nun nach der Form eines als „vase" bezeichneten Gefässes der eines Salzfasses gedacht. Diese Bezeichnung ist bestimmter, als die ganz allgemeine Angabe „vase". Und so hat sich denn auch selbstverständlich ein Salzfass gefunden, auf welches sie bezogen worden ist. Dasselbe ist im städtischen Museum zu Dijon ausgestellt. Es wurde dieser Stadt 1878 von dem Lyoner Sammler Trimolet mit einer grösseren Collection von Gemälden und Kunstgegenständen vermacht, deren Verzeichniss es als eine Arbeit Briot's aufführte. Der Museumscatalog enthält folgende Beschreibung dieses interessanten, auf Tafel 9 abgebildeten Geräths: „No. 1366. Salière en étain de forme cylindrique, oeuvre de François Briot, XVIe siècle. La base de cette charmante composition est ornée de rinceaux. Six cariatides à gaînes et double face supportent la partie supérieure destinée à recevoir le sel et entourent la figure de Minerve casquée, tenant de la main droite une lance, la main gauche appuyée sur un bouclier. La partie supérieure est décorée d'oves et d'arabesques. Haut. 0,11 cent."

Das hübsche und zierliche Stück trägt nirgends eine Künstlerbezeichnung, insbesondere weder die Initialen Briot's, noch seinen vollen Namen oder gar sein Portrait. Inschriften fehlen darauf. Und auch mit eigentlichen Zinnstempeln, aus welchen man auf seinen Ursprung schliessen könnte, ist es nicht versehen. Nur auf der Unterseite gewahrt man einen einer Marke ähnelnden Eindruck, welcher aber unvollständig ist. Seine Reconstruction würde einen etwa den Umfang eines Fünfpfennigstückes besitzenden Kreis ergeben, in welchem sich ein zweiter kleinerer concentrischer Kreis befindet, von dessen äusserem Rand aus nach dem des ersten zu in regelmässigen Abständen vier in je drei Zacken auslaufende blattähnliche Verzierungen gehen, während die von dem kleineren Kreis umschlossene Fläche völlig glatt ist. Wir haben es hier offenbar nicht mit einem Stadt- oder einem Meisterzeichen, ja wahrscheinlich auch nicht mit einem Besitzerstempel zu thun. Und jedenfalls lässt sich aus dieser rein ornamentalen Markierung weder eine persönliche, noch auch eine locale Beziehung gewinnen. Der gänzliche Mangel eines ausdrücklichen Hinweises auf Briot ist aber von sehr wesentlicher Bedeutung. Er wurde in Verbindung mit der Thatsache, dass unser Meister seine sämmtlichen bekannten Werke, häufig sogar mehrmals, signiert hat, bereits als Argument gegen die Behauptung angeführt, Briot sei der Schöpfer der sogenannten „Vase" aus der Sammlung Bapst.

Zu dem in dieser Beziehung bereits Gesagten möge hier nur noch hinzugefügt werden, dass unser Graveur augenscheinlich grossen Werth auf eine genaue und bleibende Bezeichnung seiner Arbeiten legte und deshalb seine Initialen, um sie dort vor Auslöschung bez. Abreibung zu bewahren und vielleicht auch den Blicken von Nachahmern und Fälschern zu entziehen, nicht nur mehrfach, sondern auch an verborgenen Stellen anbrachte, z. B. in der Vertiefung der rechten Seite des volutenartigen hinteren Ausgussabschlusses der zu der Temperantia-Schüssel gehörigen Kanne. Wie viele verschmitzte Verstecke bot nun das fragliche reichgegliederte Salzfass mit seinen sieben doppelseitigen Figuren!

Aber nicht nur die fehlende Signatur Briot's spricht gegen dessen Urheberschaft, auch der ganze Charakter des Stücks steht mit dem der beglaubigten Werke dieses Künstlers nicht im Einklang. Fast dieselben Ornamentfriese, wie die am Fuss und an der eigentlichen Salzschale, trifft man auf zweifellos deutschen Zinngeräthen. Die — möglicherweise erst später hinzugefügte — Minerva ähnelt sehr den Figuren, welche als Deckelbekrönungen deutscher Trinkgefässe z. B. auf einem Willkomm der Sammlung Demiani-Leipzig (mit einer eingravierten deutschen Inschrift, ohne Stempel) sich finden. Befremdend ist ferner die ungeschickte Art, auf welche die hermenartigen Stützen des oberen Theils an diesen angesetzt sind. Endlich vermisst man nicht nur jene Einheitlichkeit, Durchführung und Vollendung, sondern auch jene sinnigen Gedankenverbindungen unter den einzelnen Partieen der Composition, welche die hauptsächlichsten Merkmale der Schöpfungen Briot's bilden.

Wir werden also die immerhin beachtenswerthe und eigenartige „salière de Dijon" dem berühmten Medailleur Friedrichs von Württemberg nicht zuschreiben dürfen. Wie man früher ohne Weiteres fast jedes hervorragende Erzeugniss der Goldschmiedekunst auf Benvenuto Cellini zurückführte und in italienischen Galerieen die meisten guten Bilder der älteren deutschen Schule mit der Aufschrift Alberto Durero versah, so hielt man sich auch — insbesondere zu Zeiten, in denen über Briot's Lebensverhältnisse noch nichts Näheres bekannt war — für berechtigt, dessen Namen, gewissermassen als Gattungsbezeichnung, mit jeder guten Zinnarbeit schlechthin in Verbindung zu bringen. Und es verdient in dieser Beziehung Beachtung, dass das Salzfass schon 1878 — also vor der Veröffentlichung der Arbeiten von Castan, Chabouillet, Bapst und Tuetey — an die Stadt Dijon überging. Dabei wurde wohl die Angabe des Inventars der Sammlung Trimolet „oeuvre de François Briot" einfach, ohne Prüfung auf ihre Richtigkeit hin, in den Catalog des städtischen Museums herübergenommen. Und dort ist sie dann, wie schon so häufig ähnliche unzutreffende Bezeichnungen, stehen geblieben, weil entweder ein Anlass zur Richtigstellung sich nicht bot oder eine solche aus Rücksicht auf den Geber oder die von ihm bedachte Anstalt nicht für angezeigt erachtet wurde.

9. Die angeblich in Briot's Art gehaltene Kanne des Hôtel de Cluny.

Zwar lassen es die Schlussworte „qu'aultres" des Verzeichnisses von Briot gefertigter Formen, welches das Urtheil vom 26. März 1601 enthält, an sich gerechtfertigt erscheinen, diesem Meister noch verschiedene andere Arbeiten zuzuweisen. Aber man wird in jedem Fall genau zu prüfen haben, ob dafür auch wirklich ein genügender Grund vorliegt, wie z. B. eine bezügliche Bezeichnung oder eine auffallende Verwandtschaft in der Composition.

Mit Recht sagt de Champeaux[illegible]): „On a attribué à François Briot d'autres vases en étain, dont le travail rappelle celui de l'aiguière et du bassin de la Tempérance, mais sans s'appuyer sur d'autres preuves que celles de la ressemblance du style." Ueber Aehnlichkeiten kann man aber verschiedener Ansicht sein. Und darüber, was man eigentlich als den Styl Briot's zu bezeichnen habe, gehen die Meinungen auch auseinander. So wird z. B. von der auf Taf. 10 und in der Zeitschrift *L'art pour tous*[illegible]) abgebildeten Zinnkanne behauptet, dass ihre Ornamente Aehnlichkeit hätten mit denen der Werke unseres Künstlers.

Das hübsche, einschliesslich des Henkelbogens 27,3 Centimeter hohe Stück zeigt im Wesentlichen dieselbe Form, wie die zur Temperantia-Schüssel gehörige Kanne. Hals und Henkel, vielleicht spätere Ergänzungen, sind völlig glatt, während den kleinen Fuss ein Buckelfries umzieht. Der einen Durchmesser von 11 Centimetern besitzende Gefässkörper ist, wie gewöhnlich, in drei durch zwei hervorstehende, halbrunde, horizontale Streifen von einander getrennte Zonen getheilt. Die obere und die untere weisen langgezogene, an einem Ende sich verbreiternde Buckel und dazwischen Blatt- bez. Rollwerk auf, die mittlere zeigt reiche Arabesken in der Manier von Balthasar Sylvius. Verzierungen der letzteren Art finden sich aber nirgends auf unzweifelhaft beglaubigten Arbeiten Briot's[illegible]). Man wird das fragliche Gefäss wohl als ein nach 1600 entstandenes deutsches, vermuthlich Nürnberger Erzeugniss ansehen und vielleicht mit den beiden auf den Tafeln 32 und 33 abgebildeten Prunkschüsseln in Verbindung bringen dürfen. Möglicherweise ist es die Kanne zu derersterwähnten Platte und gleich dieser ein Werk Enderleins.

Der Vollständigkeit wegen sei hier noch einer Kanne gedacht, über welche im Catalog der Sammlung Bapst[illegible]) Folgendes berichtet wird: „Aiguière en étain: une frise d'animaux, de mascarons et de fleurs décore la panse; le piédouche, le culot, l'épaulement et le déversoir sont ornés de godrons, de masques humains et de feuillages. Travail français du temps de Charles IX. Pièce très rare. Haut. 30 cent." Der Schreiber dieser Zeilen hat trotz aller Nachforschungen und Bemühungen leider nie ein Exemplar dieser Kanne zu Gesicht bekommen und ist deshalb zu seinem Bedauern nicht in der Lage, noch weitere Angaben über dieselbe zu machen. Wohin das Bapst'sche Stück gekommen ist, liess sich nicht ermitteln.

10. Der sogenannte Briot-Krug.

In einem Artikel der *Gazette des Beaux-Arts* hat Mantz den auf Tafel 11 No. 2 ersichtlichen, einschliesslich des Deckelknaufs eine Höhe von 17,6 Centimetern sowie einen Bodendurchmesser von 12,2 Centimetern besitzenden Krug der Buchstaben F B wegen, die in den Stempeln einiger Exemplare desselben enthalten sind, Briot zugeschrieben[illegible]). Allein mit Unrecht. Die von Mantz als ausschlaggebend betrachtete Marke in der Form eines von einer Krone überragten hochovalen Medaillons, welches einen Zirkel aufweist, zwischen dessen auseinander stehenden Schenkeln sich eine heraldische Rose (mit glattem Mittelrund) befindet, während man oben links und rechts vom Griff die Initialen F und B liest, ist nur auf verhältnissmässig wenigen Abgüssen angebracht[illegible]). Der bei Weitem grösste Theil derselben trägt ausser einem auffallend kleinen runden Stempel mit den Lettern IF entweder eine auch nur einen geringen Umfang besitzende Marke mit einer heraldischen Lilie[illegible]) oder ein etwas grösseres Zeichen mit dem aus einem Schrägbalken auf damasciertem Feld bestehenden Wappen der Stadt Strassburg[illegible]). Dort fertigte man schöne Zinnarbeiten, namentlich in späterer Zeit Wöchnerinnen-Schüsseln nach Art der auf Tafel 41 abgebildeten (Durchmesser einschliesslich der Henkel 26,7 Centimeter, Stadtstempel von Strassburg, Eigenthümer Professor Dr. Schricker daselbst). Die beiden ersterwähnten Zeichen, welche auch in einige Exemplare der

Temperantia-Schüssel eingeschlagen sind, deuten, wie bereits näher ausgeführt wurde, gleichfalls auf den Elsass und speziell auf Strassburg sowie den in dieser Stadt während des Zeitraums von 1636—1649[illegible]) vorkommenden Zinngiesser Isaak Faust hin[illegible]). Der Krug des Kunstgewerbemuseums zu Dresden (4477) ist ungestempelt, während derjenige der Sammlung A. Ritleng sen. in Strassburg, welchen man 1895 auf der dortigen Ausstellung (No. 251 des Antiquitätencatalogs) betrachten konnte, auf dem äusseren Boden eine Marke mit einer gekrönten Rose hat, deren Mitte durch perlenförmige Staubfäden gebildet wird. Bedenkt man endlich, dass die Buchstaben F B häufig in Stempeln von Zinnarbeiten vorkommen, welche vermöge ihrer schmuck- oder gar geschmacklosen Form oder ihrer deutlich erkennbaren Entstehungszeit jeden Gedanken an Briot ohne Weiteres ausschliessen[illegible]), so wird zuzugeben sein, dass eine Beweisführung, welche sich lediglich auf das Vorhandensein jener beiden eingestempelten Lettern stützt, einer ausreichenden Begründung entbehrt. Dies um so gewisser, als in keiner Weise feststeht, dass sich Briot eines seine Initialen enthaltenden Stempels bedient hat, und ein solcher auch auf den bekannten Exemplaren der Temperantia-Schüssel und der dazu gehörigen Kanne thatsächlich nicht zu finden ist[illegible]).

Eine andere Unterlage für die von Mantz ausgesprochene Ansicht lässt sich aber nicht entdecken. Denn seine Behauptung „Par le style des figures et le sentiment général de la décoration, ces deux pots à bière[illegible]) rappellent singulièrement l'aiguière et le bassin de François Briot" trifft nicht zu. Der unbefangene Beschauer wird mit Leichtigkeit erkennen, dass er es, wie schon von Bapst[illegible]) nachdrücklich hervorgehoben worden ist, mit einer deutschen Arbeit aus dem Anfang des 17. Jahrhunderts zu thun hat. Dieselbe zeigt allerdings eine gewisse Verwandtschaft mit um diese Zeit in Nürnberg gefertigten Stücken. Aber eine Nothwendigkeit, diese Stadt als Entstehungsort zu bezeichnen, liegt nicht vor.

Wenn Bapst[illegible]) und Hahn[illegible]) sagen, dass die Rose zwischen den Schenkeln des Zirkels direkt auf Nürnberg hinweise, so ist dies nicht richtig. Zwar ist in der im städtischen Archiv zu Nürnberg aufbewahrten Ordnung der dortigen Kannengiesser vom 7. März 1578 bestimmt: „Zum Vierten soll allen Kandengiessern beym Aydt verpotten sein, kein geschlagen noch Englisch Zien anderst dann von lautern gueten Zien, ohne einigen Zusatz dess Pleyes zu machen, vnd das hernach solchs Arbeit, Nemblichen die geschlagen[illegible]) mit dem Adtler vnd einer Cron, aber das so auf Englisch art, Purgirt vnd gemacht ist, mit dem Adtler der Cron vnd einer Roesen soll gezeichnet werden, bei Straff zehen pfundt Nouj." Allein die in Nürnberg als Qualitätsmarke für das nach Art des englischen zubereitete Zinn dienende Rose war, wie aus der vorstehenden Satzung und zahlreichen Stempeln auf Nürnberger Zinnarbeiten erhellt, von einer Krone (unmittelbar) überragt, hatte fünf Blätter und enthielt in ihrem Innern — an Stelle des Mittelrunds bez. der Staubfäden — das längsgetheilte Nürnberger Stadtwappen mit dem halben Adler und den Schrägbalken[illegible]). Und andererseits wurde das sogenannte englische Zinn[illegible]) behufs Hervorhebung seiner vorzüglichen Beschaffenheit in den verschiedensten Ländern und Orten mit Rosen[illegible]), Kronen oder Engeln, allein oder in Verbindung mit einander oder in Zusammenstellung mit dem Stadtwappen bez. auf den betreffenden Zinngiesser hinweisenden Merkmalen abgestempelt. Ein Zusammenhang zwischen der von dem Zirkel umspannten Rose und der beschriebenen Nürnberger Qualitätsmarke besteht mithin nicht.

Die Abbildung auf Tafel 11 No. 2 zeigt nur die mittelste der drei Abtheilungen des Gefässkörpers mit der Figur der SOLERTIA. Die beiden anderen enthalten in der nämlichen ornamentalen Umrahmung je eine allegorische weibliche Gestalt, von denen die auf der linken Seite der SOLERTIA die Legende PATIENTIA, die auf der rechten die Unterschrift NON VI hat. Mantz macht die hübsche Bemerkung: „. . . ces trois inscriptions réunies en une seule donnent la noble formule: Patientia, solertia, non vi qui prouve qu'en plein XVIe siècle certaines âmes comprenaient déjà que la force n'est pas la vraie loi de ce monde." „Der Zinngiesser benutzt für seine Figuren drei Figuren der Mars-Schüssel[illegible]). So wandelt er die Afrika in eine Patientia um, welche sich mit dem rechten Arm auf einen Schädel stützt; an Stelle des Köchers treten Dornen, der Elephant und das Männchen im Hintergrund verschwinden. Die Europa stempelt er zu einer Solertia; er giebt ihr statt des Füllhorns eine Sanduhr, der linke Fuss ruht auf einem Panzer statt auf einem Helm. Die Treppe im Hintergrund ist nicht perspektivisch, sondern im Profil dargestellt, der Reiter ist verschwunden. Die Asia wird für eine Figur, die Non vi unterschrieben ist, benutzt. Die rechte Hand ruht auf dem Haupt eines Löwen, die linke stützt sich statt auf eine Truhe auf die Erde."[illegible]) Der Deckel weist drei mit denselben Ornamenten versehene, streifenförmige Theile von gleicher Grösse auf, während der Henkel mit einer hermenartigen, weiblichen Figur geschmückt ist. Eine (mit dem Uebrigen gegossene) Bezeichnung ist nicht vorhanden.

Der neben dem hier in Rede stehenden weiter noch auf Tafel 11 abgebildete, CE signierte Krug, dessen Form Caspar Enderlein unter Verwendung derselben drei allegorischen Gestalten der Mars-Schüssel angefertigt hat, wird im Folgenden noch näher besprochen werden[illegible]).

Bapst[illegible]) glaubt mit Unrecht, auch den soeben eingehend geschilderten Humpen als eine Arbeit Enderleins betrachten zu dürfen[illegible]). Sein Hauptgrund ist die, wie noch zu zeigen sein wird, irrige Annahme, dass die Mars-Schüssel (Tafel 24) eine Arbeit dieses Meisters sei. Es wäre übrigens doch auffallend, wenn Enderlein die nämlichen von dieser Platte entlehnten Figuren einmal mit wesentlichen Abänderungen und ohne Beifügung seiner Initialen, andere Male ohne erhebliche Umgestaltungen und unter Anbringung seiner Namensbuchstaben bez. seines Portraitmedaillons (vgl. Tafeln 11 [No. 1] und 27) verwendet haben sollte.

In der Zeitschrift des Kunst-Gewerbe-Vereins in München[85]) findet sich eine Abbildung des Krugs mit PATIENTIA, SOLERTIA, NON VI, auf welcher das Medaillon der PATIENTIA in dem Strahlenkranz über dem Gebäude rechts am Rand ein undeutliches Gebilde enthält, das einem Kopf ähnelt, neben dem einige hebräische Buchstaben stehen. Nach der Unterschrift der betreffenden Tafel und dem begleitenden Text gehörte der fragliche Deckelkrug dem Antiquar Probst in Stuttgart, welcher ihn seiner Zeit im Elsass entdeckte. Von Probst wurde nun, soviel sich hat ermitteln lassen, sehr wahrscheinlich das dem Museum vaterländischer Alterthümer zu Stuttgart gehörige Exemplar erworben, auf dem man an der beschriebenen Stelle nur eine Anzahl hebräischer Buchstaben, wie auch auf anderen Abgüssen, aber keine Spur von einem Kopf erblickt. Das, was man vielleicht für einen solchen halten könnte, beruht also wohl auf einer Undeutlichkeit oder einem Fehler der besprochenen Abbildung. Als eine Variante des Briot-Krugs dürfte mithin der Probst'sche Krug nicht anzusehen sein.

11. Drei mit Unrecht Briot zugeschriebene Deckelkrüge: der Grottesken-Krug, der Krug mit den Elementen und der kleine mit Masken, Band- und Rollwerk u. s. w. verzierte Krug.

Wegen der drei von einander wenig verschiedenen, phantastischen, bockbeinigen Figuren, welche offenbar nach denen der unteren Zone der Briot-Kanne copiert sind und die Mitten der drei im Uebrigen hinsichtlich der Verzierungen (bis auf die etwas differierenden Fruchtbündel) völlig gleichen Abtheilungen seines Gefässkörpers ausfüllen, hat man als eine Arbeit Briot's auch den auf Tafel 12 No. 1 wiedergegebenen Krug bezeichnet. Er besitzt (unter Einrechnung des Deckelknopfs) eine Höhe von 17,1 Centimetern sowie einen Bodendurchmesser von 12,3 Centimetern. Bei näherer Betrachtung und bei einem Vergleich mit dem soeben geschilderten Stück ergiebt sich, dass auch hier deutscher Ursprung anzunehmen ist. Und zwar wird man kaum fehlgehen, wenn man als Entstehungszeit die Jahre um 1600 und mit Rücksicht darauf, dass die meisten bekannten Exemplare Nürnberger Stempel (sowohl mit der daselbst als Qualitätsmarke üblichen Rose[86]), als auch mit dem dortigen Wappen) tragen, als Entstehungsort Nürnberg bezeichnet.

Eben so wenig, wie den vorerwähnten, darf man den auf Tafel 12 No. 2 ersichtlichen Krug, welcher bis zu dem flachen Deckelrund 20,5 Centimeter und einschliesslich der Palmette am Deckelgelenk 21,8 Centimeter hoch ist, während sein Boden einen Durchmesser von 10 Centimetern hat, unserem Meister zuschreiben, obwohl in den Medaillons der drei gleich grossen und bis auf die Mittelfiguren mit fast denselben Ornamenten bedeckten Theile des Mantels die von der Temperantia-Schüssel her bekannten allegorischen Gestalten von drei Elementen wiederkehren, nämlich vorn in der Mitte IGNIS, links davon AQVA und rechts TERRA. Dieselben sind, ohne jedoch in ihrer ziemlich plumpen Ausführung ihr Vorbild zu erreichen, nach den Reliefs Briot's und nicht nach denen Enderleins copiert. Es ergiebt sich dies daraus, dass auf ihnen gewisse ziemlich unbedeutende, aber gleichwohl charakteristische Einzelheiten sich finden, welche in ähnlicher Form auch bei Briot vorkommen, bei Enderlein dagegen entweder völlig fehlen oder wenigstens sehr abweichend gebildet sind. So ist auf dem in Rede stehenden Krug und bei Briot im Feld des Wassers zwischen dem Ruder und dem thurmartigen Castell am Ufer noch eine zinnengekrönte Mauer angebracht, welche Enderlein weggelassen hat. Dieser giebt der kleinen Pflanze zwischen den Beinen des Feuers nur drei kräftig hervortretende Stengel und rückt sie etwas rechts von der Unterschrift IGNIS, während sie bei Briot und auf dem Krug ziemlich über der Mitte derselben steht und fünftheilig ist. Im Oval der Erde ist auf dem Krug und bei Briot zwischen der rechten Hand und dem Knie der TERRA ein mit einem Spiess ausgerüstetes Männchen zu sehen, an dessen Stelle Enderlein Laubwerk gesetzt hat.

Dieses Ergebniss hat nun nichts Befremdendes. Denn so bekannte und beliebte Vorbilder, wie die Briot'schen Figuren, existierten um 1600 jedenfalls in verschiedenen Nachbildungen bez. Abformungen, insbesondere auch als sogenannte Goldschmiede-Modelle (Plaketten), welche namentlich den Edelmetallarbeitern als Vorlagen und gewissermassen auch als Musterkarten dienten. Das Kunstgewerbemuseum zu Berlin besitzt mit einzelnen Theilen der Temperantia-Schüssel Briot's völlig identische Bleiabgüsse, die Lessing[87]) wohl mit Recht als diejenigen Exemplare betrachtet, „welche Enderlein sich nach einer zeitweilig in seinen Händen befindlichen Briot-Schüssel hergestellt hat, um danach zu arbeiten". Die Sammlung Demiani-Leipzig enthält die beiden auf Tafel 13 unter No. 1 und No. 2 wiedergegebenen Zinnplaketten[illegible]), welche hinsichtlich der Darstellungen mit den Briot'schen Medaillons des Feuers und der Erde genau übereinstimmen, an der ihnen allein eigenen, oben in einem Mascaron endenden gebuckelten Bordure aber deutlich erkennen lassen, dass sie in einer besonders hergestellten und nicht in einer direkt von der Temperantia-Schüssel abgenommenen Form gegossen sind. In der Collection A. Ruleng sen.-Strassburg trifft man zwei in derselben Weise umrahmte ovale Reliefs an, welche die Geometrie und die Grammatik vom Rand der Briot-Schüssel vorstellen. Als Nachbildung der Composition des berühmten Graveurs erkennt man jene namentlich daran, dass von der rechten, das Winkelmaass haltenden Hand nur drei Finger sichtbar sind (bei Enderlein dagegen vier), und diese besonders an dem Umstand, dass das Gewand auf beiden Schenkeln liegt (bei Enderlein nur auf dem rechten). Auch in der Sammlung Périlleux-Paris sollen sich derartige Plaketten mit Figuren der Elemente und der sieben freien Künste befinden[illegible]/[illegible]).

Unter der Inschrift IGNIS erblickt man die (erhabenen, gegossenen) Buchstaben N R und unter dem von ihnen überragten geflügelten Kopf in den gebogenen Ausläufern des Rollwerks am unteren Rand aller drei Felder der ornamentierten Zone die (gleichfalls erhabenen, gegossenen) Initialen E R. Eine zwischen letzteren angebrachte Spitze hat man als A lesen wollen. Sie ist aber nur ein Ende der Verzierungen, wie ein Blick auf die obere Mitte der Medaillonumrahmungen lehrt, wo dasselbe Motiv wiederkehrt. Die Lettern N R wird man wohl auf den Nürnberger Zinngiesser Nikolaus Rumpler deuten dürfen. Nach dem Meisterbuch der Nürnberger Kannengiesser, welches ihn „Nickglas Rumpler" nennt, wurde er (nachdem er am 15. Juli 1576 die Meisterstücke bei Nikolaus Horchaimer[illegible]) gemacht hatte) am 24. September 1577 Meister und starb 1607; „1588 Lesss er vom Hantwerck. d 13. 8ber: 1594 vertrug er sie (sic!) wider mit den meistern vnd Kumb wider Zu dem handwerck gab 20 f (Gulden)." Im April 1583 hatte er mit den Rothschmieden, denen seine eigenen Handwerksgenossen sich anschlossen, einen interessanten Streit wegen einer von ihm erfundenen „Neuerung" an der von den Zinngiessern so häufig benutzten Drehbank. Derselbe endete damit, dass ihm der Nürnberger Rath den geplanten Betrieb bei Vermeidung von 50 Gulden Strafe untersagte[illegible]). 1601 wird ein Niclas Rumpler in den Nürnberger Meister- oder Bürgerbüchern[illegible]) erwähnt. Die Rumpler waren eine zahlreiche Mitglieder zählende Nürnberger Zinngiesserfamilie. Genannt werden in dem angezogenen Zinngiesser-Meisterbuch (der 1567 Bürger gewordene) Conratt Rumpler (8. September 1567 Meister, 1584 bis 1586 Geschworener, 13. Januar 1586 gestorben), Paulus Rumpler (1. Mai 1597 Meister, 1632 gestorben), Hansz Rumpler (20. Oktober 1628 Meister, 1642 bis 1645 und 1653 bis 1656 Geschworener, 4. December 1660 gestorben) und Lorentz Rumpler (27. Mai 1660 Meister, 13. December 1670 gestorben). Die Initialen E R erklären sich möglicherweise daraus, dass Nikolaus Rumpler bei Anfertigung der Form des in Rede stehenden Krugs der Beihülfe eines denselben Familiennamen führenden, aber nicht das Kannengiesserhandwerk betreibenden Verwandten sich bediente oder vielleicht auch den noch zu erwähnenden Kannengiesser Elias Rumpler[illegible]) als Mitarbeiter hatte.

Die Dreitheilung des Gefässkörpers ist auf den Deckel übertragen und auch auf diesem wiederholen sich dreimal fast dieselben Ornamente.

Das soeben näher beschriebene Exemplar der Sammlung Demiani trägt auf dem Boden den gewöhnlichen Nürnberger Stempel mit den leider nicht zu deutenden Buchstaben R S zwischen den Schrägbalken. Man darf dieses Stück wohl als eine um 1600 entstandene Nürnberger Arbeit bezeichnen[illegible]).

Auch der kleine, auf Tafel 12 No. 3 dargestellte Deckelkrug der Sammlung Demiani, welcher häufig als „in der Art Briot's" bezeichnet worden ist, wird mit dem berühmten Graveur nicht in Verbindung zu bringen sein, sondern wegen seiner Verwandtschaft mit den im Vorstehenden aufgeführten Nürnberger Erzeugnissen und seines Nürnberger Stempels mit C R (oder K? auf den erwähnten Conrad Rumpler zu deuten?) zwischen den Schrägbalken als eine dortige Arbeit aus der zweiten Hälfte des 16. Jahrhunderts zu gelten haben. Wie bei den vorerwähnten Krügen, ist auch hier die Dreitheilung der Leibung und des Deckels durchgeführt. Dieselben symmetrischen Verzierungen, denen Band- und Rollwerk einen festen Halt geben, sind bis auf die nur wenig von einander verschiedenen Masken und Fruchtbündel dreimal verwendet. Das seltene Stück, auf welchem eine erhabene, gegossene Künstlerbezeichnung fehlt, ist einschliesslich des Deckelknopfs 12,6 Centimeter hoch, während der Durchmesser seines Bodens 9 Centimeter beträgt[illegible]).

12. Die Pyramus und Thisbe-Schüssel und die glattrandige Temperantia-Schale.

Blos deshalb, weil sie Wiederholungen einzelner Theile der Temperantia-Schüssel aufweisen, darf man die beiden im Folgenden zu besprechenden Stücke Briot nicht zuschreiben.

Die auf Tafel 14 reproducierte, sehr seltene Schüssel mit einem Durchmesser von 47 Centimetern zeigt im Mittelstück Thisbe, welche sich aus Schmerz über den Tod des vor ihr leblos am Boden liegenden Pyramus das Schwert in die Brust stösst. Um dieses Nabelrund zieht sich ein breiter Fries, der (im Wesentlichen wenigstens) der entsprechenden Partie der Briot-Schüssel gleicht und die lateinische Unterschriften tragenden Querovale der vier Elemente nebst den vier dieselben trennenden hermenartigen Figuren enthält. Aber wo sind die Schönheit und die Formvollendung, wo die geistvollen Feinheiten der Briot'schen Schöpfung geblieben? Alles ist verkleinert, vergröbert, entseelt und unter Weglassung vieler reizender Einzelheiten auf das Nöthigste beschränkt. Namentlich gilt dies von den unteren Theilen der Halbfiguren, an welchen die anmuthigen, die Beziehungen zu den Allegorieen der Elemente herstellenden Details fehlen. Die Abweichungen von der Temperantia-Platte ergeben sich aus einem Vergleich von Tafel 14 mit Tafel 1, so z. B. dass nicht sämmtliche Halbfiguren mit denen Briot's identisch sind und dass bei diesem nach links auf das Feld des Wassers die Querovale der Erde, des Feuers und der Luft folgen, während auf der in Rede stehenden Schüssel die linke Seite des mit der Inschrift AQVA versehenen Medaillons das mit AER einnimmt, woran IGNIS und dann erst TERRA sich anschliessen.

An den besprochenen Streifen sind zwei schmälere angefügt, von denen der innere zwischen länglichen Buckeln über und unter einem dieselben verbindenden schmalen Querband symmetrisches Laub- und Rankenwerk, der äussere einen viermal durch kleine Masken belebten, fortlaufenden, mit stilisierten Blättern in gleichmässigen Abständen besetzten Zweig aufweist.

Den Rand, zu welchem eine völlig glatte Auswölbung überleitet, schmücken zwischen sechs Cartouchen mit Masken sechs Darstellungen aus der Geschichte der Schöpfung und der ersten Menschen. Diese Reliefs beginnen links oben und sind (nach links zu) folgende: 1. die Erschaffung der Welt (Beischrift GENSE • 1 •), 2. die Erschaffung Adams (Unterschrift GENESE Z . = 2), 3. die Erschaffung Evas (Inschrift GENSE Z.), 4. der Sündenfall (Beischrift 3 = 3), 5. Gott erscheint dem schuldigen Menschenpaar (Inschrift G • 3), 6. die Vertreibung aus dem Paradies (Unterschrift 3 G •). Dass sich die Beischriften auf die drei ersten Capitel des ersten Buches Mose (Genesis) beziehen, bedarf keiner Erläuterung. Eine Künstlerbezeichnung ist nicht zu entdecken[87]).

Vergleicht man nun die beschriebene Schüssel mit den auf den Tafeln 16, 18, 19 und 31 wiedergegebenen, im Folgenden noch näher zu betrachtenden Stücken, welche als französische Arbeiten sich darstellen, so findet man sehr viel Aehnliches, wie beispielsweise in der Behandlung des Grundes, des Laubes, der in knollenartigen Formen aus dem Boden wachsenden Baumstämme und der an entsprechenden Stellen verwendeten einzelnen Zweige sowie in der Modellierung der theilweise in etwas zu kräftigem Relief gehaltenen Figuren. Ja die Darstellung des Sündenfalls ist auf dem Rand der Pyramus und Thisbe-Schüssel fast dieselbe, wie auf dem Mittelstück der Adam und Eva-Platte. Gleichwohl geht die Verwandtschaft dieser beiden Exemplare unter einander und mit den drei anderen vorerwähnten Geräthen nicht so weit, dass man mit Nothwendigkeit diese ganze Gruppe demselben Meister zuschreiben müsste. Scheinen doch auch die drei letzteren Stücke in wesentlich früherer Zeit entstanden zu sein. Jedenfalls aber wird man annehmen dürfen, dass die Pyramus und Thisbe-Schüssel eine um 1600 zu setzende französische Arbeit ist. Auf eine spätere, mehr nachahmende Periode deutet schon ihre Zusammensetzung aus ganz verschiedenen Motiven und nach ganz verschiedenen Vorbildern, welche eine Gedankenverbindung zwischen ihren einzelnen Theilen vermissen lässt.

Die Wiedergabe eines Reliefs der Temperantia-Schüssel, nämlich des Mittelrunds, zeigt auch die auf Tafel 15 abgebildete, einen Durchmesser von 20,5 Centimetern besitzende Schale, welche bis auf einen schmalen Buckelfries im Uebrigen ganz glatt ist. Für die hier ersichtliche Figur der Mässigkeit hat — wie schon die Abtheilung der Beischrift TEMPE-RANTIA (Enderlein schreibt TEMPERANTIA) nahelegt — offenbar nicht die Schöpfung Enderleins, sondern diejenige Briot's als Vorlage gedient, wenn auch ein aufmersamer Vergleich gewisse Abweichungen ergiebt. So ist z. B. der — übrigens bei Enderlein, ebenso wie die Halskette, fehlende — Anhänger hier kreuzförmig, bei Briot oval. Da das schöne Exemplar des Germanischen Nationalmuseums zu Nürnberg (H. G. 441) den gewöhnlichen Nürnberger Stempel mit den zur Zeit leider noch nicht gedeuteten Buchstaben R S zwischen den Schrägbalken trägt, so wird man im vorliegenden Fall wohl auf eine nach 1600 entstandene Nürnberger Arbeit schliessen können.

18. Die Susanna-Kanne und die beiden Schüsseln mit Scenen aus dem Gleichniss vom verlorenen Sohn.

Wie schon Bapst[88]) bemerkt, scheint die Kanne auf Tafel 16 (den auf beiden Stücken ersichtlichen Scenen aus der Geschichte Susannas nach) zu der Schüssel auf Tafel 18 zu gehören. Erstere wird nun von Chabouillet[89]), Haag-Bordier[90]) und dem Catalog des Hôtel de Cluny[91]) als eine Schöpfung Briot's bezeichnet. Diese Angabe steht aber auf sehr schwachen Füssen, denn sie stützt sich lediglich darauf, dass die fragliche Kanne gleich einem der beiden in demselben Museum ausgestellten Exemplare der Temperantia-Schüssel Briot's vergoldet ist, und zieht aus dieser Thatsache den Schluss, dass die beiden Geräthe von vornherein bestimmt waren, ein Ganzes zu bilden. Allein es bedarf kaum einer näheren Ausführung, dass der rein auffälligen und auch bei anderen Zinnarbeiten — nicht selten — vorkommenden Vergoldung irgendwelche Beweiskraft nicht beizulegen ist. Erscheint es doch auch höchst unwahrscheinlich, dass zu der Briot-Schüssel ausser der auf der Tafel 5 und 6 abgebildeten, mit ihr in schönster Harmonie befindlichen Kanne noch eine zweite, völlig abweichend gestaltete und, wenn nicht früher entstandene, so doch wenigstens in einer älteren Geschmacks- und Stilrichtung gehaltene gehört hat. Gleichwohl bietet die erwähnte Behauptung ausreichenden Anlass, die fraglichen beiden Zinngegenstände näher zu betrachten.

Fassen wir zunächst die einen Durchmesser von 40 Centimetern besitzende, von Revilliod Briot zugeschriebene[92]) Schüssel ins Auge, von deren Decoration die Abbildung (Tafel 18) bereits eine genügende Vorstellung giebt.

Ihr Rand ist durch sechs Mascarons in sechs streifenförmige Abschnitte getheilt, deren jeder eine Darstellung aus dem Gleichniss vom verlorenen Sohn enthält. Die einzelnen Scenen sind folgende: 1. der verlorene Sohn erhält seinen Antheil am väterlichen Vermögen und zieht hinaus in die Welt, 2. er bringt sein Gut um mit Prassen, 3. er spielt, 4. er hütet die Säue, 5. er kehrt reumüthig zu seinem Vater zurück, welcher ihn freundlich aufnimmt, zur Feier seiner Wiederkunft ein gemästetes Kalb schlachten lässt und 6. ein Festmahl giebt[93]). An die zu dem vertieften Mitteltheil überleitende völlig glatte Auswölbung schliesst sich ein breiter Streifen an, welcher vier durch vier (Köpfe enthaltende) Medaillons getrennte Episoden aus der Erzählung von der keuschen Susanna aufweist. Die Anordnung derselben entspricht aber nicht genau der zeitlichen Aufeinanderfolge der fraglichen Vorgänge, sondern ist eine derartige, dass nicht die an einander stossenden, sondern die sich gegenüberliegenden Felder hinsichtlich des Entwickelungsgangs der veranschaulichten Ereignisse correspondieren. Die vier Reliefs enthalten nun: 1. Susanna, von den beiden Aeltesten im Bad überrascht, 2. der letzteren Verurtheilung wegen falschen Zeugnisses, 3. Susanna auf dem Weg nach dem Gericht, 4. die Steinigung der Aeltesten. Auf diesen breiten Fries folgt eine schmälere, gewölbte, mit Halbfiguren, Brustbildern und Masken zwischen Ranken, Rollwerk und schmalen Tüchern geschmückte Zone, welche das runde, sich heraushebende, der Kanne als Untersatz dienende Mittelstück umschliesst.

Eine nähere Beschreibung des letzteren erscheint angezeigt, weil es nur auf sehr wenigen Exemplaren unversehrt erhalten ist, sein Fehlen auf anderen unvollständigen Abgüssen zu Verwechslungen Anlass gegeben hat und seine Deutung einige Schwierigkeiten bietet[94]). Inmitten eines reichgegliederten Rahmenwerks sitzt eine in voller Vorderansicht erscheinende, bekleidete, weibliche Figur. Sie wird von einem Schleier umwallt und legt die Linke auf einen gleich noch zu erwähnenden Säulenstumpf. Das über ihrem Haupt befindliche gerade Verbindungsstück der Umrahmung zeigt die Inschrift FORCE, welche durch ein Mascaron hinter dem R in zwei Theile geschieden wird. Zu beiden Seiten der Gestalt der Stärke sind kleinere Nebenfiguren angebracht, von denen die links unten ersichtliche unbekleidet ist und auf einer bretartigen Unterlage einen Löwenkopf trägt, während die gleichfalls nackte, rechts unten eingeordnete den bereits gedachten Säulenstumpf hält. Sie sind blos als Dienerinnen der „Force" zu verstehen und machen, zu den Füssen derselben hockend, den Eindruck, als wenn sie ihr ihre Hauptattribute darbringen wollten: die Symbole der Löwenstärke und der Standhaftigkeit. Aus den über ihnen sich ausbreitenden kleineren Rahmenverschlingungen reichen zwei bekleidete, nur bis zur Brust sichtbare Figürchen je einen langen (Palmen?) Zweig heraus bez. nach der Hauptfigur hin, offenbar um die Siegerkraft derselben anzudeuten.

Schon Bapst[95]) hat betont, dass diese — mit einer erhabenen, gegossenen Signatur nicht versehene — Schüssel nach den darauf vorkommenden Costümen und dem Gesammteindruck ihrer Composition eine französische, wohl bereits im dritten Viertel des 16. Jahrhunderts entstandene Arbeit eines Vorläufers unseres Meisters ist und nicht von diesem selbst herrührt. Auf französischen Ursprung weist übrigens schon die Inschrift FORCE im Mittelrund hin. Charakteristisch für die figürlichen Darstellungen dieses Stücks ist das übertrieben kräftige, wie übergequollen aussehende Relief, insbesondere der Körperglieder[96]). Mit Recht bemerkt Bapst[97]), dass der — leider unbekannte — Verfertiger aus Besorgniss, das Zinn werde in der Gussform die

Höhlungen nicht genügend ausfüllen, letztere tiefer eingeschnitten und stärker ausgearbeitet zu haben scheine, als nöthig gewesen wäre[illegible]).

Mit dieser Schüssel hat man die auf Tafel 19 abgebildete, im South Kensington Museum zu London ausgestellte mehrfach verwechselt[illegible]). Beide Stücke sind aber genau auseinander zu halten. Sie unterscheiden sich, abgesehen von der Verschiedenheit ihrer einzelnen kleineren Ornamente, namentlich dadurch, dass das letzterwähnte nur einen Durchmesser von 44,7 Centimetern besitzt, Episoden aus der Historie Susannas überhaupt nicht aufweist und — in Folge einer Zusammenziehung des fünften und sechsten der oben angegebenen Bilder zu einem einzigen — auf dem Rand blos fünf denen der Platte auf Tafel 18 sehr ähnliche Scenen aus dem Gleichniss vom verlorenen Sohn (zwischen fünf Masken) enthält. Wie das Nabelstück beschaffen war, lässt sich leider nicht bestimmen, da an seiner Stelle ein Limoges-Email „en grisaille" mit einem nackten, schildtragenden Krieger und einer fast völlig verwischten, mit dem Namen TARQVIN . . S . . . . . beginnenden Umschrift aufgesetzt ist[illegible]). Das solchergestalt veränderte Mittelrund wird umgeben von einem schmäleren Streifen, welchen Masken und Büsten zwischen Rollwerk und Ranken zieren, und von einem breiteren Fries, auf dem man Halbfiguren und sitzende weibliche Gestalten gewahrt, durch Riemenwerk von einander getrennt, unter welchem Fruchtbündel hängen, während auf seinem oberen Rand kleine Decken tragende Hirsche stehen. Vermuthlich rührt dieses die nämliche aussergewöhnlich scharf accentuierte Reliefierung (insbesondere die gleichen knolligen Körperformen) aufweisende Exemplar von demselben Meister her, wie die auf Tafel 18 wiedergegebene Schüssel, welche als Vorbild gedient zu haben scheint. Es ist also wohl ebenfalls eine französische Arbeit aus der zweiten Hälfte des 16. Jahrhunderts.

Kehren wir nun zu der schon erwähnten Kanne zurück, so muss zunächst bemerkt werden, dass eine vollständige Beschreibung derselben und eine genaue Angabe ihrer Maasse insofern erschwert ist, als die wenigen noch vorhandenen Exemplare meist nicht nur verbogen und beschädigt, sondern sogar blos stückweise erhalten bez. durch Theile, welche von anderen Kannen stammen, ergänzt sind. Intact scheint, mit Ausnahme vielleicht des Henkels, nur dasjenige der Sammlung Vermeersch in Brüssel zu sein. Die Höhe des Stücks beträgt einschliesslich des Henkelbogens etwa 30 Centimeter. Die Gliederung des Ganzen ist nahezu dieselbe, wie die der Briot-Kanne. Doch sind alle Formen gedrungener und schwerfälliger, als an der eleganten und graziösen Schöpfung des berühmten Graveurs. Eine Dreitheilung des eiförmigen Gefässkörpers ist ebenfalls vorhanden. Aber das Verhältniss, in welchem die einzelnen Friese zu einander stehen, ist kein so glückliches und der mittlere derselben erscheint etwas zu hoch.

Will man ein klares Bild von der in Rede stehenden Zinnarbeit gewinnen, so geht man am richtigsten von dem auf Tafel 16 abgebildeten, einschliesslich des Henkelbogens 30 Centimeter (ohne denselben 28 Centimeter) hohen Abguss der Sammlung Vermeersch-Brüssel aus, welcher (soviel der Schreiber dieser Zeilen hat in Erfahrung bringen können) der am besten erhaltene und zugleich der einzige unversehrte ist. Derselbe stimmt überein sowohl mit dem im Hôtel de Cluny befindlichen, nicht gestempelten, einschliesslich des Henkelbogens 30 Centimeter hohen, sehr schlecht erhaltenen Exemplar (5191), an welchem jedoch der Hals sowie der Ausguss (und vielleicht auch der Henkel) durch die entsprechenden Theile einer Briot-Kanne bez. Nachbildungen dieser Partieen ergänzt sind[illegible]), als auch (abgesehen von deren Henkel, welcher denen der auf Tafel 8 wiedergegebenen Geräthe gleicht, von deren Fuss und unterer Gefässkörperzone) mit der dem Berliner Kunstgewerbemuseum gehörigen stark beschädigten Kanne (83.699). Diese Uebereinstimmung gestattet die Annahme, dass das Stück der Collection Vermeersch intact ist. Die übrigen bekannten Exemplare weisen insgesammt fremde Zuthaten auf. So — ausser den schon erwähnten — auch das auf Tafel 17 ersichtliche, einschliesslich des Henkelbogens 28,5 Centimeter hohe des Nationalmuseums zu München (896). Die untere, hermenartige Halbfiguren zwischen Band- und Rankenwerk enthaltende Leibungszone dieser Kanne ist die nämliche, wie die des Berliner Abgusses. Auch die Henkel sind dieselben. Dagegen weichen die Füsse einschliesslich der zu den Gefässkörpern überleitenden Einschnürungen in Bezug auf Form und Verzierung völlig von einander ab. Das Gleiche gilt auch von dem Hals nebst Ausguss und dem Fries, welcher über dem auf allen bisher besprochenen Exemplaren gleichen Streifen mit Scenen aus der Geschichte Susannas angebracht ist. Dieser an und für sich unberührte und originale obere Theil des Münchener Stücks stammt offenbar von einer anderen Kanne und ist erst später angefügt worden. Da er nahe Verwandtschaft zeigt mit dem äusseren der beiden Ornamentstreifen, welche das Herkules mit dem nemeischen Löwen aufweisende Mittelrund der auf Tafel 20 abgebildeten Prunkschüssel umziehen, so wird man vielleicht nicht irren, wenn man annimmt, dass er ein Bruchstück der zu dieser Platte gehörigen, in einem vollständigen Exemplar uns leider nicht erhalten gebliebenen Kanne ist. Möglicherweise rühren auch die erwähnten einander gleichen, unteren Partieen des Berliner und des Münchener Abgusses von einem ebenfalls nur in Fragmenten auf uns gekommenen Kannenmodell her.

Legt man nun das Exemplar der Sammlung Vermeersch zu Grund, so ergiebt sich folgendes Bild der Susanna-Kanne. Ueber dem mit Blattornament versehenen Fuss und der mit Mascarons in symmetrischem Gerank decorierten Einschnürung erhebt sich der dreitheilige Leib. Der untere Streifen desselben zeigt Medaillons mit Masken, welche von Riemen- und Blattwerk umgeben sind. Die mittlere Zone enthält drei den entsprechenden der auf

Tafel 18 abgebildeten Schüssel ähnliche Darstellungen: Susanna im Bad von den beiden Aeltesten überrascht, die Verurtheilung der letzteren und ihre Steinigung. Den oberen Fries, welcher sehr an das innere der beiden Ornamentbänder erinnert, die um das Nabelstück der auf Tafel 19 wiedergegebenen Platte des South Kensington Museums gelegt sind, schmücken Mascarons von verschiedener Grösse und reiches Rollwerk, das von Ranken und Tüchern durchzogen ist. Der Hals ist unter dem Ausguss und unter dem oberen Henkelansatz mit je einer Maske und zu beiden Seiten mit je fünf gleich grossen, beinahe wagerechten (auf dem Berliner Exemplar in der Mitte etwas eingeknickten) Wülsten verziert. Der Henkel gleicht im Wesentlichen dem der Briot-Kanne. Die nämliche Ausführung und Modellierung, namentlich die stellenweise beinahe knollenähnlich gebildeten Körpertheile finden sich auf den beiden vorerwähnten Schüsseln wieder. Man wird also wohl unbedenklich annehmen dürfen, dass letztere und das in Rede stehende Stück aus den Händen desselben Meisters hervorgegangen sind[81]).

Einen ganz besonderen Typus stellt eine dem Kunstgewerbemuseum zu Leipzig gehörige Kanne (J. C. 667) dar, welche man vielleicht als Unicum betrachten darf. Leider ist sie in so schlechtem Zustand, dass sich eine nur einigermaassen befriedigende Photographie nicht herstellen lässt. Sie ähnelt den besprochenen Exemplaren in der äusseren Form und Gliederung sowie darin, dass die Mittelzone ihres Leibes, wenn auch mit Abweichungen in den Einzelheiten, dieselben drei Scenen aus der Geschichte Susannas aufweist. Die übrigen Verzierungen zeigen zwar verwandte Motive und auch eine annähernd gleiche Anordnung, weichen aber doch nicht unerheblich ab. Die Reliefs sind — was man wohl beachten muss — feiner, flacher und maassvoller, so dass man diese Leipziger Kanne einem anderen Künstler wird zuschreiben müssen, als dem Schöpfer derjenigen der Sammlung Vermeersch.

Eine genaue und sorgfältige Betrachtung des interessanten Leipziger Stücks ermöglicht folgende Beschreibung.

Unter dem vorderen, zungenartig zugespitzten, sehr breiten Ausläufer der reichgebildeten Ausgussöffnung, deren blattartig gerippte Seitentheile nach auswärts kräftig um- und tief herabgebogen und nach der Ausgussschnauze zu scharf ausgeschnitten sind, ist ein grosses Medusenhaupt mit helmartiger, geflügelter Kopfbedeckung angebracht, dessen Schlangenhaar sich in die Ornamente des Kannenhalses hinüberschlingt. Der Henkel ähnelt dem der Briot-Kanne. Der obere Abschnitt der Leibung enthält (auf einem Grund von feinen Ranken) zwischen Medaillons mit Masken sich heraushebende hermenartige Figuren. Die mittlere Zone zeigt drei Episoden aus der Geschichte von der keuschen Susanna. Dieselben beginnen in richtiger Reihenfolge hinten links vom unteren Henkelansatz und setzen sich, durch schmale Ornamentstreifen von einander getrennt, nach rechts dergestalt fort, dass sich die erste gerade unter der Mitte des Henkelendes befindet, während die die zweite von der dritten scheidende, vertical laufende Borde gerade vorn in der Mitte der Kanne angebracht ist. Auf dem ersten Relief erblickt man Susanna, welche von den beiden Aeltesten im Bad überrascht wird. Die Darstellung erweist sich als beinahe dieselbe, wie auf der bereits besprochenen Schüssel (Tafel 18). Nur ist der Brunnen etwas kleiner, die daraus hervorragende Säule ganz an den Bildrand gerückt und Amor (mit Pfeil und Bogen) nicht neben, sondern auf dieselbe gestellt. Auch sind die Beine der Aeltesten vollständig sichtbar. Die Landschaft und die Staffage stimmen ziemlich überein bis auf eine Vase, welche auf der Schüssel fehlt und mit den allerdings sehr undeutlichen und abgeschliffenen Buchstaben O (oder D?) G versehen ist, die sich im Mangel weiterer Anhaltspunkte zur Zeit leider mit einer bestimmten Person nicht in Verbindung bringen lassen. Die Geberden der drei Figuren sind die nämlichen. Das zweite Bild zeigt uns, wie die Verleumder Susannas vor Gericht geführt und verurtheilt werden. Die Gestalten sind die gleichen. Aber der Hintergrund ist ein anderer. Er wird durch einen dichten Wald gebildet. Die Bogen rechts und links sind verschwunden. Dagegen ist ein Hund hinzugefügt, welcher zwischen der Mittelgruppe und der rechten Seitengruppe steht. Das dritte Feld endlich veranschaulicht die Steinigung der Aeltesten und zwar wiederum in fast derselben Weise, wie auf der Schüssel. Nur ist noch eine Person mehr vorhanden, nämlich ein langbärtiger, einen Turban tragender Mann ganz links am Rand. Die unterste Zone des Gefässkörpers füllen — zwischen männlichen und weiblichen hermenartigen Figuren — in mehrfachen Windungen angebrachte faltenreiche Tücher, zwischen denen Fruchtbündel herabhängen. Die Ornamente des stark beschädigten Fusses lassen sich nicht mehr deutlich erkennen.

14. Der Wasserbehälter der Sammlung Stein.

Auf denselben Meister, von welchem die Formen zu den beiden Schüsseln mit der Geschichte vom verlorenen Sohn und zu der Susanna-Kanne herrühren, hat man einen Wasserbehälter zurückführen wollen, der früher der Collection Charles Stein in Paris angehörte und im Auctionscatalog dieser bedeutenden, 1886 versteigerten Sammlung (auf Seite 63) die Nummer 244 trägt[illegible]). Das interessante, von Bapst[illegible]) genau beschriebene und als Unicum gerühmte, etwa 35 Centimeter hohe Stück, welches in der letzten Zeit durch verschiedene Hände gegangen ist, hat die Gestalt eines halben Sechsecks, dessen Durchschnittsfläche bestimmt erscheint, vermittelst einer Oese an der Wand befestigt zu werden. Der Boden ist eben, während der abnehmbare Deckel die Gestalt eines dreiseitigen, gewellten, über dem Rand erst etwas ausgebauchten und dann wieder nach einwärts gedrückten Daches hat, welches in eine von einem Pelikan bekrönte Spitze ausläuft.

Der ornamentale Schmuck dieser oberen Partie besteht aus drei annähernd dreieckigen, einander völlig gleichen Zwickeln, welche sich an den aus einem Buckelfries und einer scharfkantigen, nicht verzierten Abstufung zusammengesetzten Rand anschliessen und je eine auf beiden Seiten von einer nackten Kinderfigur gehaltene reichgegliederte Cartouche mit einer Maske zeigen. Diese im Weg des Gusses hergestellten rundgebogenen Dreiecke setzen sich in etwas gewölbten, spitzwinkelig endenden Flächen fort, deren einfache Decoration — ein etwas vertiefter, durch Einschlagen bez. Eindrücken von Punzen erzielter, punktierter, rauher Grund mit streifenförmiger, glatter, scharf abgegrenzter Umrahmung — aus freier Hand ausgeführt ist. Die eigenthümliche und unmotivierte Verbindung von Gusstechnik und Handarbeit findet sich sonst nirgends an Edelzinnarbeiten.

Was nun den eigentlichen Wasserbehälter anbelangt, so besteht derselbe ebenfalls aus drei völlig übereinstimmenden Vorderflächen, welche durch glatte, pfeilerartige, zugleich die Ecken bildende Streifen getrennt sind und in der Mitte von reichem Rollwerk umgebene Löwenköpfe aufweisen. Unterhalb dieser dienen zwei sich den Rücken zukehrende, auf langen Hörnern blasende Satyrn gewissermassen als Stützen, während darüber drei kleine menschliche Köpfe in und um eine Bandverschlingung geordnet sind, die wiederum von einem durch zwei Putten emporgehaltenen Medaillon mit einem Mascaron überragt wird. Über letzterem und unter den erwähnten Satyrfiguren zieht sich je ein horizontaler Buckelfries hin, an welchen der (genau wie der des Deckels gestaltete und ornamentierte) vorspringende obere und untere Rand angesetzt ist. Als Verschluss des vorn in der Mitte angebrachten Ausgusses dient ein Pfropfen, auf dem man einen geflügelten Drachen aus verzinntem Messing erblickt.

Dieses zweifellos sehr merkwürdige Stück zeigt nun zwar in seinen ornamentalen, für sich allein betrachtet, den Eindruck der Echtheit machenden Theilen die Eigenthümlichkeiten der Arbeiten des Meisters, welchem wir die Schüsseln mit dem Gleichniss vom verlorenen Sohn und die Kanne mit Scenen aus der Geschichte Susannas verdanken. Namentlich gilt dies von den übertrieben starken, knollenartigen Köperformen. Gleichwohl tauchen bei näherer Betrachtung und Untersuchung dieses zunächst bestechenden Wasserbehälters Zweifel auf, ob man es hier wirklich mit einem Original zu thun hat. Theile eines Originals haben vielleicht Verwendung gefunden oder wenigstens als Vorlagen gedient. Möglicherweise sind auch Bruchstücke der echten, alten Formen benutzt worden. Aber befremden müssen schon die gravierten, einander schneidenden, rautenförmige Abtheilungen bildenden Strichlagen, welche den äusseren Boden und die künstlich verschrammte Rückseite bedecken, und die auf letzterer angebrachte, in ungeschickt alterthümelndem Ductus eingegrabene Inschrift FB 1549, die sich doch wohl auf den in diesem Jahr noch nicht oder wenigstens eben erst geborenen Briot beziehen soll. Beides ist offenbar erst in neuerer Zeit entstanden.

Auffallend sind sodann die geradezu erstaunlich gute Erhaltung und die fast beispiellose Schärfe der Reliefs und Contouren. Erstere kommen in ähnlicher Sauberkeit und Unversehrtheit, wenn auch äusserst selten, vielleicht noch vor. Aber dass die sämmtlichen, den speckartigen Glanz gewisser imitierter Zinngegenstände aufweisenden Kanten und Ränder, welche auch nicht den leisesten Eindruck, nicht die geringste Beschädigung zeigen, sich in dieser Tadellosigkeit Jahrhunderte hindurch sollten erhalten haben, erscheint doch nicht recht glaublich.

Das Bedenklichste aber ist die bereits erwähnte, ohne Analogon dastehende Verbindung von gegossenen mit aus freier Hand hergestellten Decorationstheilen, wie sie sich am Deckel auf einer und derselben Fläche findet. Es ist nicht abzusehen, warum der Meister, welcher sich die nicht unerhebliche Mühe nahm, eine Form für die bereits beschriebenen, reich ornamentierten und ohne Zweifel gegossenen Zwickel zu schneiden, dieselbe nicht so gross machte, dass sie auch noch zur Herstellung der sich anschliessenden Flächen mit punktiertem Grund und glatten Rändern ausreichte. Er hätte damit nur das gethan, was bei anderen Zinnarbeiten allgemein Brauch war, und blos in seinem Interesse gehandelt, weil ja drei völlig gleiche Platten zu giessen waren und letzteres Verfahren sich leichter vollzog, als die Anfertigung gewisser Partieen aus freier Hand und ihre Zusammenfügung mit anderen besonders zu giessenden Theilen. Der ganze Deckel macht, auch abgesehen von dem den Abschluss bildenden Pelikan, welcher, gleich dem geflügelten Drachen auf dem Ausguss, nicht recht zum Uebrigen passt, keinen einheitlichen Eindruck. Die dreieckigen Zwickel füllen nicht die volle untere Breite der gleichfalls dreieckigen, aber in einen spitzeren Winkel auslaufenden Felder aus, in welche sie eingelassen sind. Das Fehlende hat man dadurch zu ergänzen gesucht, dass man auf beiden Seiten der bereits mit schmalen, glatten Rändern versehenen Zwickel nochmals Ränder von derselben Beschaffenheit angesetzt hat. Deren mit dem Grabstichel stark ausgetiefte Grenzlinien laufen aber nicht mit denen der ausgewölbten Zwickel parallel, sondern werden durch letztere stellenweise zurückgedrängt bez. mit Ausbiegungen versehen. Deshalb empfängt man bei näherer Betrachtung den Eindruck, als seien die Zwickel in die sie umschliessenden Platten hineingeflickt. Diese unschöne Wirkung lässt im Hinblick auf die so richtige und gefällige Anordnung und Gliederung der übrigen Partieen die Annahme, dass man es hier mit einem intacten Original zu thun habe, wohl kaum begründet erscheinen.

15. Die beiden Herkules-Schüsseln.

Schon bei Besprechung der Kanne mit Scenen aus der Erzählung von der keuschen Susanna wurde darauf hingewiesen, dass möglicherweise der obere Theil des Exemplars des Nationalmuseums zu München von einer Kanne herrührt, welche in einem vollständigen Abguss nicht erhalten blieb und zu der Herkules-Schüssel auf Tafel 20 gehörte[illegible]).

Diese selten vorkommende Platte nun, welche einen Durchmesser von 45,5 Centimetern besitzt, wird im Catalog der Sammlung Felix[illegible]) François Briot zugeschrieben. Auf dem heraustretenden, runden, von einem sehr feinen Zierfries umzogenen Mittelstück erblickt man Herkules im Kampf mit dem nemeischen Löwen. Umgeben ist dasselbe zunächst von einem schmäleren und sodann von einem breiteren Ornamentstreifen. Ersterer ist etwas gewölbt und durch vier Cartouchen mit Masken in vier Abschnitte getheilt, deren jeder zwei einander gegenüber sitzende bez. kauernde Figuren enthält, zwischen welchen je eine Blumenvase angebracht ist. Den letzteren bedeckt feines Ranken- und Blattwerk, in dem man in gleichen Abständen acht grosse hochovale, durch Querstreifen verbundene Medaillons erblickt, welche inmitten reicher Umrahmungen von Blättern und Gerank Mascarons aufweisen. Den Rand schmücken acht von Bandverschlingungen umgebene Masken, denen auf beiden Seiten seltsame, langhalsige Figuren ihre (Menschen- oder Thier-)Häupter zuwenden, während ihre schlanken, langgestreckten Leiber hinten in Spiralen auslaufen, die aneinander stossen und sich nebst anderen Verzierungen zu ornamentalen, durch Mascarons markierten Gruppen vereinigen. Der Grund ist mit zierlichem Blatt- und Rankenwerk überzogen. Wie schon Bapst[illegible]) zutreffend bemerkt hat, ist die Schüssel eine verhältnissmässig frühe, vor Briot entstandene französische Arbeit des 16. Jahrhunderts. Dass sie Verwandtschaft mit italienischen Compositionen zeigt, kann bei dem grossen Einfluss, welchen gerade während dieses Zeitraums die italienische Geschmacksrichtung in Frankreich ausübte[illegible]), nicht befremden. Ein ausreichender Anlass, sie deshalb als ein Erzeugniss Italiens zu bezeichnen, dürfte mithin nicht vorliegen. Gewisse Einzelheiten, wie das Rollwerk um die Masken des Randes, erinnern übrigens an Details der als französische Schöpfungen zu betrachtenden Schüsseln mit dem Gleichniss vom verlorenen Sohn, z. B. an die Cartouchen des Ornamentfrieses, welcher das Nabelrund der Platte des Kensington Museums unmittelbar umgiebt, und an diejenigen, welche auf dem die Scenen aus der Geschichte Susannas enthaltenden Streifen des auf Tafel 18 ersichtlichen Exemplars angebracht sind[illegible]).

Das Gleiche gilt auch von der zweiten, einen Durchmesser von etwa 45 Centimetern besitzenden Herkules-Schüssel, die zur Zeit wohl nur in einem einzigen, leider mangelhaft erhaltenen Exemplar bekannt ist. Dasselbe findet sich auf Tafel 21 abgebildet und ist Eigenthum des Museo civico zu Padua, dem es aus der Sammlung Piombini zufiel. Auf dem runden Mittelstück erblickt man Herkules im Kampf mit der vielköpfigen lernäischen Schlange. Diese Darstellung bestätigt die Angabe von R. v. S. (Seite 109), dass es eine Serie von Schüsseln mit den Arbeiten des Herkules gebe, von der er indess erst zwei oder drei verschiedene Stücke gesehen habe. Weitere zu dieser Folge gehörige Platten haben sich nicht ermitteln lassen. Das besprochene Nabelrelief umschliessen zwei Ornamentstreifen. Der innere ist etwas gewölbt und weist zwischen acht länglichen, nach oben zu breiter werdenden Buckeln acht reich gegliederte Cartouchen auf, in denen Masken angebracht sind. Der äussere, breitere zeigt vier aus Riemenwerk gebildete

Gestelle, durch welche sich Ranken, Blätter und schmale Tücher hindurchziehen. Auf ihrer Oberkante stehen zu beiden Seiten eines ihre Mitte überragenden Mascarons in symmetrischer Anordnung verschiedene Thiere. Zwischen den fraglichen Gestellen erscheinen vier schlanke, durchbrochene Behälter, aus denen Früchte, Zweige u. A. hervorragen. Rechts und links von jedem derselben ist je eine das Ende eines der erwähnten Tücher haltende Halbfigur angebracht. Die Unterleiber dieser Gestalten verlaufen in füllhornartige Endungen, die sich einwärts biegen und unter den beschriebenen Behältnissen mit einander vereinigen. Die Auswölbung ist nicht verziert. Den Rand schmücken acht Masken umrahmende Cartouchen, welche denen der inneren Zone des Mitteltheils der Schüssel ähneln. Sie werden verbunden durch ein fortlaufendes, breites Band, auf welchem Thiere (Hirsche, Affen u. s. w.) stehen oder sitzen. Dasselbe hat in der Mitte einer jeden der acht Abtheilungen des Randes (nach der inneren Kante zu) eine halbrunde Ausbiegung, in welche auf den Axen der Schüssel antike, mit zwei Rossen bespannte und von einem Wagenlenker begleitete Streitwagen, an den übrigen Stellen auf Postamenten ruhende Halbfiguren, welche schmale Tücher emporhalten, eingefügt sind. Dies ist aber nicht consequent durchgeführt, denn auf der rechten Seite ersetzt eine Figur den Wagen. Wie die erste Herkules-Schüssel, ist wohl auch die hier in Rede stehende zweite eine vor Briot entstandene französische Arbeit des 16. Jahrhunderts. Ob beide einer Künstlerbezeichnung entbehrende Stücke demselben Meister zuzuschreiben sind oder nicht, mag im Mangel bezüglicher Anhaltspunkte dahingestellt bleiben.

16. Verschiedene auf Briot nicht zurückzuführende Edelzinnarbeiten.

Niederländischen[illegible]) oder vielleicht auch nordfranzösischen Ursprungs und schon deshalb nicht mit Briot in Verbindung zu bringen sind wohl zwei an niederländische Vorbilder erinnernde Prunkschüsseln, von denen sich die eine im österreichischen Museum für Kunst und Industrie zu Wien[illegible]) und die andere in der Sammlung Zöllner in Leipzig befindet.

Die erstere, die schönste und am besten erhaltene von beiden, ist auf Tafel 22 abgebildet. Charakterisch sind an ihr die sehr kräftig hervortretenden Reliefs. Mit einem Stempel ist sie nicht versehen. Auch eine erhabene, gegossene Künstlerbezeichnung fehlt. Der Durchmesser des ganzen Stücks beträgt 44 Centimeter, der des glatten vertieften Mitteltheils 28 Centimeter und derjenige des den einzigen Schmuck desselben bildenden runden Nabelstücks 8 Centimeter. Letzteres ist von einem Lorbeerkranz umgeben und stellt den leierspielenden, am Ufer des von einem Delphin belebten Meeres sitzenden Arion dar. Auf dem Rand gewahrt man acht identische Cartouchen mit acht (je zu vier übereinstimmenden) Mascarons und acht von Rollwerk umgebene, völlig gleiche, armlose und bockbeinige Frauenfiguren, welche mit einander abwechseln. Dazwischen liegt — immer symmetrisch zu beiden Seiten je einer Cartouche — in Spiralen reiches Gerank, aus dessen blumenförmigem, innerem Ende Kindergestalten hervorwachsen, welche sich vor gegen sie aufzüngelnden, in die Ranken gewundenen Schlangen zurückbeugen. Unter diesen Putten erblickt man Vögel, welche an Früchten picken, die aus (an der inneren Grenzlinie des Randes in ziemlich horizontaler Lage angebrachten) Füllhörnern herausragen. Der Grund scheint — vielleicht erst in späterer Zeit — durch Ueberarbeiten vermittelst (mehrerer?) Punzen verschieden geformte Vertiefungen von ungleicher Grösse erhalten zu haben. Auch sind wohl die Umrisse einzelner Ornamente, z. B. des Riemenwerks, nachgeschnitten worden, um die ursprüngliche, im Lauf der Zeit verloren gegangene Schärfe zu ersetzen[illegible]).

Die keine Marke tragende, einen Durchmesser von etwa 43 Centimetern besitzende Schüssel der Sammlung Zöllner in Leipzig hat, wie die vorerwähnte Platte des österreichischen Museums, in ihrer Mitte eine grosse, glatte, vertiefte Fläche, die nur durch ein verhältnissmässig kleines Rundmedaillon decoriert ist. Dasselbe enthält in Relief den auf der Geige spielenden Orpheus in sitzender Stellung und rechts von ihm noch einige kleinere Figuren, unter denen sich eine Frau mit einer langen Posaune befindet. Der Rand zeigt zwischen vier durchbrochenen, korbähnlichen Behältern, welche mit Früchten gefüllt und durch deutliche, verticale Ansatzfugen bez. Löthstellen halbiert sind, viermal dieselbe reliefierte Darstellung: den sitzenden, geigenden, von Thieren umgebenen Orpheus und links auch verschiedene weibliche Gestalten. Soweit die das beachtenswerthe (wie schon erwähnt, etwas an niederländische Vorbilder erinnernde) Stück überziehende Oxydschicht erkennen lässt, ist der Rand nicht aus einer einzigen Form gegossen, sondern es sind vermittelst derselben Form vier einander gleiche Streifen hergestellt und dann zu einem Ganzen zusammengelöthet worden. Die Schüssel lässt, gleich der des Museums zu Wien, eine wohl nicht ursprüngliche, sondern erst später vorgenommene Ueberarbeitung erkennen. Namentlich sind die wichtigeren Contouren, wahrscheinlich um deren nach und nach eingetretene Stumpfheit zu beseitigen, durch scharfe, eingeschnittene Linien kräftiger hervorgehoben. Und auch auf gewissen Stellen des Grundes macht sich ein nachträgliches Uebergehen mit einem Instrument bemerkbar.

Angeblich befand sich vor einer Reihe von Jahren zu Avignon eine schöne zinnerne Monstranz in der Art Briot's. Näheres hat sich leider nicht feststellen lassen.

In der Sammlung Kahlbau in Stuttgart sollen italienische Prunkschüsseln aus Zinn, frühe Arbeiten des 16. Jahrhunderts, enthalten sein. Da vom Besitzer auf bezügliche Anfrage nähere Auskunft nicht zu erlangen war, können weitere Angaben nicht gemacht werden.

Endlich sei noch erwähnt, dass man auch hin und wieder die Mars-Schüssel und die zu ihr gehörige Kanne, zwei sehr schöne Stücke, von denen Abbildungen auf den Tafeln 24 und 25 anzutreffen sind, Briot hat zuweisen wollen**). Es wird auf diese beiden Prachtgeräthe, welche von einer grösseren Anzahl Autoren auch Caspar Enderlein zugeschrieben worden sind, noch näher einzugehen und dabei darzulegen sein, dass sie weder diesem Nürnberger Zinngiesser, noch François Briot, sondern einem leider noch nicht ermittelten, um 1600 thätig gewesenen französischen Meister ihre Entstehung verdanken.

II. Abschnitt.

Caspar Enderleins Leben und Werke.

1. Enderleins Lebenszeit, Geburtsort, Familie, Lehrzeit und Lebensverhältnisse bis zur Übersiedelung nach Nürnberg.

Ueber den Rivalen Briot's finden sich in Doppelmayrs Werk „Historische Nachricht von den Nürnbergischen Mathematicis und Künstlern"[103]) folgende Angaben: „Caspar Endterlein, ein Kannengieser, von Basel gebürtig, machte sich, weil er so wohl auf die Beförderung seiner Profession, (da er unter andern die hangende Leuchter am ersten aus Zien gegossen) fleissig bedacht war, als dass er das Poussiren, Stein-schneiden und Giesen allerhand Figuren mit vieler Geschicklichkeit triebe, bey allen Kunst-verständigen zu seiner Zeit beliebt und belobt. Starb den 19. April A. 1633." Und Lessing[104]) sagt: „Von Caspar Enderlein wissen wir zur Zeit nicht viel mehr, als was Doppelmayr berichtet."

Es ist nun dem Schreiber dieser Zeilen geglückt, mit Hülfe noch völlig unbenutzter Unterlagen eine grössere Anzahl bisher unbekannter Nachrichten über Enderlein zusammenzubringen. Im Folgenden wird daher zum ersten Mal eine kurze Biographie dieses Meisters geboten, welchem auch Bapst[105]) trotz seiner begreiflichen Vorliebe für Briot das Lob nicht versagt, dass er ein talentvoller Künstler gewesen sei. Sie möge gewissermaassen als Ausgleich dafür dienen, dass der Streit, wer von beiden das Original der Temperantia-Schüssel geschaffen habe, nach Lage der Sache zu Gunsten des berühmten Graveurs von Montbéliard entschieden werden musste.

Enderleins sympathische Gesichtszüge enthält das in $1\frac{1}{2}$facher natürlicher Grösse über diesem Abschnitt wiedergegebene, ihn als Mann in reiferen Jahren darstellende Portraitmedaillon der Rückseite seiner Copie der Temperantia-Schüssel. Er ist im Juni 1560 in Basel[106]) geboren. Das geht aus einem im dortigen Staatsarchiv verwahrten Ehe- und Taufregister[107]) hervor, wonach als am 24. Juni 1560 getauft aufgeführt wird:

„Casparus filius"

„Martin Änderlin, Rägell Duscherin, parentes."

„Samuel Wurstysen, Martin Streckysen, Ursel des Herren Karren Dochter, Gefättere."

Diese Angabe bezieht sich zwar zunächst nur auf den Tauftag. Man wird aber annehmen dürfen, dass der Geburtstag mit demselben zusammenfiel oder höchstens um einige wenige Tage differierte. Nach einem alten Brauch, welcher noch in unser Jahrhundert hineinreicht, wurden nämlich in Basel Kinder, wenn es irgend möglich war, gleich nach ihrer Geburt getauft. Daher wird auch gewöhnlich bei genealogischen Studien, die sich auf Baseler Familien beziehen, der Tauftag einer Person als der Tag ihrer Geburt angesehen.

Wir erfahren nun aus dem vorstehenden Eintrag, dass der Vater unseres Meisters Martin Enderlein, seine Mutter Regula und mit ihrem Mädchennamen Duscherin[108]) hiess.

Weitere sichere Angaben über die Eltern Caspars haben sich leider nicht auffinden lassen[79]). Vielleicht gehört folgende Notiz hierher: „1562. Ein kind toufft den 22 tag herpstmonats, heisst Martin. Vatter: Martin Aenderly. Gvatter: M. Jacob Hartman, Jörg Grimm vnd Dorothea scherer"[80]). Von diesen zwei Martin Genannten ist wahrscheinlich der ältere der Vater und der jüngere ein Bruder unseres Künstlers. Vermuthlich war keiner von beiden Zinngiesser, denn sie sind als solche in den von 1520 bis 1777 reichenden Zunftbüchern der Hausgenossenzunft zu Basel, in welchen deren Mitglieder unter dem Jahr, in dem ihre Aufnahme (in Folge von Kauf oder Erneuerung der Zunft) erfolgte, kurz verzeichnet wurden, nicht erwähnt[81]). Diese Gilde, auch Zunft zu Hausgenossen, Familia episcopi und Bärenzunft (nach dem Namen des Innungshauses) genannt, umfasste ausser den Zinngiessern auch die Goldschmiede, Goldschläger, Juweliere, Steinschneider, Wechsler, Münzmeister, Drucker, Gelb-, Glocken-, Erz-, Buchstaben-, Büchsen- und Hafen-(Roth-) giesser und die sogenannten Müssiggänger d. h. Rentner[82]). Doch bildeten die Goldschmiede, die Kannengiesser sowie die Hafen-, Glocken- und Büchsengiesser drei besondere, mit eigenen Satzungen und Rechten ausgestattete Innungen innerhalb der Hausgenossenzunft.[83]).

Dass Caspar Enderlein Burger von Basel war, wird noch darzulegen sein[84]). Vermuthlich besass auch schon sein Vater durch Geburt das dortige Bürgerrecht, da dessen Name in den sehr sorgfältig geführten Baseler Bürgeraufnahmelisten nicht enthalten ist. Dagegen wurde 1534 ein Hans Enderlin Burger von Basel: „anno domini 1534 vff Sampstag den VII Tag Mertzens ist Hans Enderlin von Colmar das burckrecht gelyhen ...."[85]). Moglicherweise war dieser Hans der Grossvater von Caspar.

Die Familie Enderlein war im 16. Jahrhundert, namentlich während dessen zweiter Hälfte, durch zahlreiche Mitglieder in Basel vertreten. Die dortigen Taufregister führen in dem Zeitraum von 1530 bis 1590 ausser den bereits erwähnten nicht weniger als 26 diesen Namen tragende Personen auf. Aber auch noch später kommen solche vor. So findet sich in zwei jetzt ziemlich seltenen Werken über Baseler Begräbnisstätten und Grabinschriften[86]) folgende wörtlich gleichlautende Bemerkung: „Auff dem grossen Kirchhoff hie ligt begraben der Ehrenvest vnd fürnehm Herr Jacob Enderlin des Raths: starb den 17. Hornung Anno 1614 seines Alters im 74. Jahr."

Wie schon aus dem Vorstehenden erhellt, wurde bez. wird der Name „Enderlein" auf verschiedene Weise geschrieben. Bei Doppelmayr[87]), dem wohl Demmin[88]) gefolgt ist, findet man „Endterlein". Vereinzelt kommt auch „Endterlin"[89]) und „Enterlin"[90]) vor. Doch ist die heutzutage allgemein übliche Form „Enderlein". Die bei Lebzeiten unseres Meisters bewirkten Einträge in Baseler Urkunden enthalten „Änderlin", „Änderly", „Enderlin" und „Enderli", die in Nurnberger Acten „Enderlein" (1594, 1604, 1613, 1614, 1615, 1616 und 1624), „Enndterlein" (1606), „Enterlein" (1616), „Enderla" (1583, 1591, 1603, 1604 und 1605), „Endterla" (1630) und „Enderle" (1586 und 1624). Es empfiehlt sich, etwas näher auf diese Varianten einzugehen, um den nicht fern liegenden Gedanken auszuschliessen, dass man es hier mit verschiedenen Familiennamen und folgeweise auch mit verschiedenen Personen zu thun habe, die nur zufälligerweise denselben Vornamen „Caspar" führten.

Was die in Baseler Registern u. s. w. angewendeten Schreibweisen anbelangt, so sei Folgendes bemerkt. Für Basel sind die Endungen „lin" und „lein" gleichwerthig. Dies geht so weit, dass jetzt noch die Mitglieder einer dort blühenden Familie sich bald „Zäslin", bald „Zäslein" schreiben — also der gleiche Fall, wie bei „Enderlin" und „Enderlein". Dass „Ä" für „E" in den Formen „Änderlin" und „Änderly" gesetzt ist, erklärt sich auch aus dem Baseler Dialekt, nach welchem das „E" ausgesprochen wird wie der Anfangsbuchstabe des Wortes „Ende" d. h. fast wie „Ä". Und die Endsilben „ly" und „li" für „lein" sind nach dieser Mundart bis auf den heutigen Tag gebräuchlich. Das Vorkommen von „la" und „le" statt „lein" in Nürnberger Niederschriften des Namens unseres Meisters ist aber auf die diese Endungen als gleichbedeutend anwendende Nürnberger Sprechart zurückzuführen. Werden wir doch auf den nachstehenden Seiten[91]) noch einem Zinngiesser Hans „Schlela", einem Zeit- und Amtsgenossen von Caspar Enderlein begegnen, welcher in der Vaterstadt Dürers thätig war und eigentlich den daselbst noch heute vorkommenden Familiennamen „Schlelein" trug. Es dürfte also aus den besprochenen Varianten ein Zweifel an der Identität der betreffenden Person, sofern nur im Uebrigen die bezüglichen Angaben übereinstimmen, nicht abzuleiten sein. Dass man in einem einzelnen Fall auch unter Caspar „Endres" den Concurrenten Briot's zu verstehen hat, wird im Folgenden noch näher dargelegt werden[92]).

Ueber die Jugendzeit Enderleins erfahren wir nur, dass er 1574 bei dem im Juni 1572 in die Hausgenossenzunft zu Basel aufgenommenen Zinngiessermeister Hans Friderich (Friderrich) als Lehrling eintrat. Es passt dies sehr gut zu dem Geburtsjahr 1560. Caspar war danach gerade im richtigen Alter, als er mit 14 Jahren in die Lehre kam. Im Archiv der genannten Baseler Innung befindet sich ein in Pergament gebundenes, mit einer Archivsignatur nicht versehenes oblonges Büchlein, welches das Lehrlingsverzeichniss und folgenden Anfangsvermerk enthält: „Angefangen im Jor 1554 vnd sind harin geschriben worden alle lerknaben so von Goldtschmiden vnd kanengiesern hyr das handwerch gelerdt handt vnd ouch die haffengiserlerknaben". In diesem bis 1726 fortgeführten Buch heisst es auf Blatt 9: „Hanns Friderich der kannengiesser erlegt für kaspar Bueffer[93]) Enderlin seinem lehrkhnaben den 25. hornnung[94]) a°. 1574: 2 ℔ 10 ß." Die genannte Geldsumme stellt sich dar als das sogenannte „Einschreibegeld", welches nach der von Seiten des Meisters bewirkten vorschriftsmässigen „Ansage" bei der Innung, dass er den Lehrbuben nach Absolvierung einer etwaigen, meist vierzehntägigen Probezeit endgültig behalten wolle, entweder vom Lehrherrn oder (wie z. B. in Bautzen und Regensburg) vom Lehrling für den — nach den einschlagenden Bestimmungen der Zinngiesserordnungen regelmässig erforderlichen — Eintrag des Namens des letzteren in das Lehrknabenregister zu entrichten war. Mit dem Tag der solchergestalt erfolgten förmlichen Annahme, für welche häufig (beispielsweise in Würzburg) der Ausdruck „Aufdingen" gebraucht wurde, begann erst die eigentliche Lehrzeit.

2. Die Baseler Zinngiesser.

Der Name Friderich, auch Fridenrich, Friederich, Friedrich und Fridrich geschrieben, kommt unter den Baseler Zinngiessermeistern des 16. Jahrhunderts mehrfach vor. Deren Namen sind nach den schon erwähnten Büchern der Hausgenossenzunft in der nach den Jahren, in denen die Zunft gekauft oder erneuert wurde, sich ergebenden Ordnung folgende: Andreas Suochdentrunk (zuerst 1500 erwähnt), ? Zhann (zum ersten Mal 1502 genannt), 1511 Jerg Werlin (Sohn des 1490 in Basel zünftig gewordenen und von den dortigen Kannengiessern am frühesten urkundlich vorkommenden Lienhart Werlin „von Augspurg"), 1512 Alexius Stetter („von Enyngen") und Jacob von Trier, 1520 Martin Zschan (Schan), 1521 Sigmund von Toll, 1527 (nach dem alten Zunftbuch) oder 1542 (nach dem neuen Zunftbuch) Hans Schlep („von Pforzheim"), 28. Juni 1536 Jacob Klein, 13. Juni 1540 Asinius Bauwald, 13. Juni 1542 Kilian Meier (im alten Zunftbuch schon 1535 erwähnt) und Diebold Fridrich, ?Asimus Barthander (Banhander), 1547 Philipp Brineus (Gringus? Familienname undeutlich geschrieben; wohl Grineus = Grynäus!) und Onophrion Werlin, 31. Januar 1552 Apollinarius (Paulus) Lochmann, 21. November 1557 Hermann Schor, 1. October 1562 Peter Stauffer, 5. März 1564 Jacob Mader, 28. Juni 1565 Jacob Fridenrich (gestorben am 25. Mai 1613 im Alter von 73 Jahren), 6. Juni 1566 Gotthart Hotinger (auch Hutinger) von Zürich, 3. Dezember 1568 Beat Huober (auch Huber; 1574 oder 1575 Lehrherr des „Steffan Biego von Mümpelgart" (Montbéliard!)), 23. Juni 1572 Hans Lochmann, ? Juni 1572 Hans Friderich (Fridenrich), 1579 Jacob Griner (Grineus oder Grynäus?), 7. Januar 1581 Lorentz Pfyster, 1583 Jeronimus Gebhardt, 1588 Michael Hummel, 1589 Matheus Liechtenhan „von Schneberg" (1589 Bürger von Basel; Schneberg = Schneeberg in Sachsen); 1590 Hans Jacob Fridenrich der Jüngere, wohl ein Sohn des 1565 zünftig gewordenen Jacob Fridenrich[22]).

Die hier aufgezählten Meister werden durchgehends „Kannengiesser" genannt. Erst gegen Ende des 17. Säculums taucht in den gedachten Zunftbüchern die Bezeichnung „Zinngiesser" auf, ein interessantes Beispiel dafür, wie diese Benennung sich nach und nach Bahn brach, um schliesslich die allein herrschende zu werden.

Die beiden berühmtesten Baseler Zinngiessermeister, Simon Grynäus (Grüneus)[23]) und Johannes Linder, gehören dem 17. bez. 18. Jahrhundert an. Ersterer (169) zünftig geworden) fertigte die vier schönen, grossen, im historischen Museum zu Basel befindlichen Weinkannen, welche der dortigen Universität gehören und für deren vier Facultäten bestimmt waren. Eine dieser Kannen ist auf Tafel 23 (Nr. 2) abgebildet. Sie haben einen kleinen, viereckigen und nach oben sich verjüngenden Fuss, auf welchem der kreisrunde, umfangreiche, die Gestalt einer Scheibe von entsprechender Stärke aufweisende Gefässkörper sitzt. In der Mitte von dessen Vorderseite (die Rückseite ist glatt) ist in das Zinn ein Rundmedaillon aus Messing eingelassen, welches in Relief ausser dem Universitätswappen (einer aus Wolken hervorragenden Hand mit einem aufgeschlagenen Buch, unter welchem ein Schildchen mit dem sogenannten Baselstab[24]) die Jahreszahl 1704 trägt. Die Oeffnung des schlanken runden Halses wird durch einen pfropfartigen hölzernen Deckel verschlossen. Bewegliche eiserne Henkel dienen zum Tragen der stattlichen und ziemlich schweren Stücke. Die auf sämmtlichen vier Exemplaren gleichen Stempel weisen links und rechts von dem durch eine Krone überragten Baselstab die Initialen S und G auf. Eine im historischen Museum zu Basel verwahrte glatte bauchige Kanne, welche 1711 datiert ist und in ihrem Baseler Zeichen die Lettern S G enthält, darf wohl ebenfalls Simon Grynäus zugeschrieben werden.

Ganz ähnliche Marken zeigt auch das meiste andere Baseler Zinngeschirr. Sie unterscheiden sich von einander nur dadurch, dass unter der Krone, dem Wappen der Hausgenossenzunft, zu beiden Seiten des Baselstabs, des Baseler Stadtwappens, die verschiedenen Anfangsbuchstaben der Meisternamen angebracht sind, und stellen sich sonach als eine der auch in anderen Städten z. B. in Nürnberg[25]) vorkommenden Vereinigungen von Meisterzeichen und Stadtzeichen zu einem einzigen Stempel dar[26]).

Von einem Baseler Zinngiesser Johannes Linder rühren die zwölf prächtigen Weinkannen her, welche früher vom kleinen Rath zu Basel bei festlichen Gelegenheiten benutzt wurden und jetzt ebenfalls im dortigen historischen Museum aufgestellt sind. Auf Tafel 23 unter No. 1 ist eine derselben wiedergegeben. Sie haben fast genau dieselbe Form wie die von Simon Grynäus gefertigten Exemplare, sind aber kleiner und zierlicher als diese und bestehen ausschliesslich aus Zinn. Ein reliefiertes Rundmedaillon mit dem Wappen der Stadt Basel und zwei Basilisken als Schildhaltern ziert die Mitte ihres ebenfalls scheibenartig gestalteten und etwas ausgebauchten Körpers, während auf dessen Rand, zu beiden Seiten des schlanken, mit einem Klappdeckel versehenen Kannenhalses, zwei massive, lebensvoll modellierte und voll heraustretende Basilisken angebracht sind. Dieselben schmiegen sich der Rundung des Gefässleibes an und haben um ihre umgebogenen Hälse die Ansatzringe zum Tragen der Kannen bestimmter ziemlich grossgliedriger Ketten. Die auf den zwölf einander ganz gleichen Stücken eingeschlagenen Stempel sind die nämlichen: je eine Marke mit einem gekrönten Hammer, zu dessen beiden Seiten man die Lettern I und L erblickt, und ein Zeichen mit dem Linderschen Familienwappen (zwei schräg gekreuzten Doppelhaken [doppelten Widerhaken], durch deren Schneidepunkt ein vertical und mit der Spitze nach oben gerichteter Pfeil gelegt ist) und denselben links und rechts von letzterem (zwischen den umgebogenen Enden der Haken) angebrachten Initialen.

Heyne[illegible]) schreibt „zufolge des Zinnstempels" diese sehr tüchtigen und erfreulich wirkenden Arbeiten einem Johannes Linder zu, „welcher allerdings erst 1723 zünftig wurde, aber als Sohn und Geschäftsnachfolger von Nicolaus Linder (zünftig 1694) viel mit alten Formen arbeitete." Wahrscheinlich sind sie aber auf einen gleichnamigen, 1611 geborenen Baseler Meister Johannes Lucas (Hans) Linder zurückzuführen, welcher 1668 Sechser d. h. Mitglied des Vorstands der Hausgenossenzunft wurde und am 10. März 1678 im Alter von 66³/₄ Jahren starb[illegible]). Der (von Heyne genannte) „Zinngiesser und Sensal" Johannes Linder, welcher erst 1769 verschied (Beerdigung am 29. April 1769), war vermuthlich dessen Enkel[illegible]).

Die Zahl und der Gesammteindruck der fraglichen Stücke legen übrigens den Gedanken nahe, dass sie auf eine Bestellung hin besonders angefertigt wurden und nicht unter Verwendung eines bereits vorhandenen Modells bez. einer schon existierenden Form entstanden. Jedenfalls sind sie gleich den von Grynäus gegossenen Kannen nicht nur in technischer Beziehung, sondern auch hinsichtlich ihrer Form und Ausschmückung anerkennenswerthe kunstgewerbliche Arbeiten, welche ein recht günstiges Zeugniss für die Tüchtigkeit und den Geschmack der Baseler Zinngiesser ablegen.

Wie sich schon aus dem Gesagten ergiebt, zählten die Linder zu den Baseler Zinngiesserfamilien, von denen ausser den Grynäus weiter noch namentlich die Iselin, Scholer (Scholler), Streckeisen, Uebelin, Wetzel und Wick anzuführen sind. Die Mitglieder dieser zum Theil sehr angesehenen Geschlechter waren in beachtenswerther Weise thätig, ohne jedoch mit ihren Leistungen den beschriebenen Weinkannen gleichzukommen. Das historische Museum zu Basel enthält eine grössere Anzahl ihrer Erzeugnisse[illegible]).

Die vorstehenden Angaben ermöglichen es, sich ein ziemlich deutliches Bild des Kreises von Gewerbtreibenden zu machen, in welchen Enderlein eintrat, als er am 25. Februar 1574 Lehrling bei Hans Friderich wurde. Wie lange er bei diesem Meister blieb und welche Zeitdauer überhaupt seine Lehrzeit hatte, wissen wir leider eben so wenig wie das Jahr, in welchem er Gesell wurde. Weder im Archiv der Hausgenossenzunft noch im Baseler Staatsarchiv befindet sich ein Verzeichniss der Zinngiessergesellen. Ein solches soll zwar noch bis in unser Jahrhundert hinein vorhanden gewesen, dann aber abhanden gekommen sein. Fest steht nur, dass Enderlein, wohl als Gesell und zunächst behufs Erfüllung der einem solchen obliegenden Verpflichtung, eine bestimmte Zeit zu wandern, um 1584 — wohl schon 1583 — Basel verliess und sich nach Nürnberg begab.

8. Enderleins Uebersiedelung nach Nürnberg und sein Eintritt in die dortige Meistersingergesellschaft.

„Uff Mittwoch den andern Decembris anno 1584 ist ebenmässiger Abscheidt Caspar Enderlin, wylend Meister Martin Enderlin und Regula Tschutscherin, Ehegemachten, Eherlicher Sohn, so gon Nuerenberg zu ziechen anzeigt, zu geben Erkannt worden"[illegible]).

„Vff Mittwoch den 2. Decembris Anno 1584 ist Caspar Enderli, so gon Nuerenberg gezogen, sein burgrecht die 2 Jar von dato anzurechnen vffzuhalten bewilliget worden."[illegible])

Aus diesen beiden Einträgen geht unzweifelhaft hervor, dass unser Meister das Bürgerrecht in Basel besass und unter Bewahrung desselben auf die Dauer von zwei Jahren um 1584 nach Nürnberg zog bez. dort sich aufhielt. Dass er an letzterem Ort um 1584 eintraf, erhellt auch aus einem geschriebenen Nürnberger Singschulbuch. Man findet darin auf den beiden ersten Blättern eine (hauptsächlich die von den Mitgliedern zu entrichtenden Geldbeiträge betreffende) „Ordnung der Nurmbergischen maistersinger so sie gemacht haben Im 1583 Jar Zu erhaldtung der singschuell“ und die Namen der folgenden „singer Die disser ordtnung sindt ein-gangen: Hans griesser, Brieffmaller .... Hans glöckler schwartz-ferber .... Caspar Enderla, Kandelgiessers-gesell .....[illegible])“

Der anscheinende Widerspruch zwischen der hier und der in den Baseler Urkunden zu lesenden Zeitangabe erklärt sicht leicht. Man könnte zunächst denken, dass die erwähnte Meistersingerordnung zwar bereits 1583 aufgestellt wurde, aber dem durch sie geschaffenen und mit Satzungen ausgestatteten Verband auch nachträglich noch Mitglieder beitraten. Dies war aber bei Enderlein, dessen Bezeichnung als „Kandel-giessers-gesell“ erkennen lässt, dass der Lehrling Hans Friderichs inzwischen Gesell geworden war, nicht der Fall. Denn die erwähnte Ordnung und das darunter ersichtliche Namensverzeichniss, in welchem unser Künstler als zwölfter erscheint, sind mit Ausnahme der letzten vier der neunzehn Namen von einer Hand geschrieben, nach Blatt 4 des fraglichen Buches hat als der erste „Anno 1583 am heiligen cristag Hanss Glöckler nach der neuen Ordnung schul gehalten“ und auf Blatt 6 wird „Caspar Enderla“ zum ersten Mal als Singer in der Schule erwähnt, die Veit Kessler am Pfingsttag 1584 abhielt. Man wird daher nach dem Wortlaut der Bemerkung in dem Baseler Oeffnungsbuch („so gon Nuerenberg gezogen“) annehmen dürfen, dass Caspar schon 1583, also vor dem 2. December 1584, seine Vaterstadt verliess und sich nach Nürnberg wendete, um „Aufbehaltung“ seines Bürgerrechts aber erst dann schriftlich nachsuchte, als ihm ein längerer Aufenthalt an letzterem Ort wünschenswerth erschien[illegible]).

Dass er gerade Nürnberg wählte, lässt sich zur Genüge schon daraus erklären, dass die dortigen Kannengiesser die hervorragendsten und berühmtesten von ganz Deutschland waren[illegible]). Es scheinen aber auch zwischen ihnen und ihren Handwerksgenossen in Basel gewisse nähere Beziehungen bestanden zu haben. Wenigstens findet sich in der Reihe der Nürnberger Zinngiesser ein 1597 Meister gewordener „Thomas Gröneas Von Basel“, dessen Name nur dieses eine Mal vorkommt und dessen Todesjahr, vielleicht weil er auswärts starb, nicht vermerkt ist. Er machte die Meisterstücke bei Jacob Koch, verheirathete sich „mit Jörg Christian Sonst Huter genant Nachgelassne Wittib“ und war wohl ein Angehöriger der Baseler Zinngiesserfamilie Grynäus (Grüneus, Grineus, Griner)[illegible]). Umgekehrt fand auch von Mitteldeutschland aus ein Zuzug nach Basel statt. Das beweist der dort 1589 zünftig und Bürger gewordene „Matheus Liechtenhan von Schneeberg“, welcher wahrscheinlich aus dem bekannten Schneeberger Kannengiessergeschlecht der Lichtenhan (Lichtenhahn) stammte[97]).

Der junge Schweizer bekundete dadurch, dass er sich so bald nach seiner Ankunft in Nürnberg „der Meistersinger holdseligen Kunst“ widmete, welche dort nach dem erst kurz zuvor — 1576 — erfolgten Tod von Hans Sachs noch in einer beachtenswerthen Blüthe stand (die freilich schnell genug dahin schwinden sollte), zugleich einen guten Geschmack und ein nicht geringes Verständniss für die an seinem neuen Aufenthaltsort herrschenden Richtungen und Bestrebungen. Und er bewies auch durch seinen Eintritt in die Meistersingergesellschaft, dass er nicht blos Handwerker war, sondern einen empfänglichen Sinn für das Schöne besass. Ohne diese Eigenschaft würde er wohl kaum mit solcher Sicherheit den hohen künstlerischen Werth der Briot-Schüssel und der Mars-Platte erkannt und nach diesen vortrefflichen, in so weit vom Schauplatz seiner Thätigkeit entfernten Gegenden entstandenen Vorbildern gearbeitet haben, während doch in Nürnberg selbst bedeutende Zinnarbeiten (wie die noch näher zu besprechende, häufig die Jahreszahl 1567 tragende N H-Gruppe[illegible]) gefertigt worden waren, die er als Modelle hätte benutzen können.

Obgleich er als Zinngiesser Hervorragendes leistete, war er nicht nur ein sehr eifriger, sondern auch ein tüchtiger und hochgeschätzter Meistersinger. Er wird in dem vorerwähnten Singschulbuch oftmals als Singer genannt. Hervorgehoben sei nur, dass er zu Pfingsten 1584 und am 5. Juli 1584 der „Davidsgewinner“ d. h. der beste Sänger war, dass er oft den „Schulkranz“ (den zweiten Preis) und den Zechkranz empfing und dass er Sonntag den 1. December 1589 Schule hielt. Folium 106ᵃ des fraglichen, 107 Blätter enthaltenden Manuscripts führt ihn als Betheiligten an einer am 10. November 1594 abgehaltenen Singschule zum letzten Mal auf. Auch ist ausdrücklich bezeugt, dass er 40 Jahre „gesungen“ hat[illegible]). Als 1624 ein unter dem 16. August dieses Jahres durch Vergleich erledigter Streit zwischen zwanzig jüngeren Meistersingern, welche allerlei Neuerungen (insbesondere an Stelle der von Hans Sachs geschriebenen eine neue Tabulatur) einführen wollten, und den älteren, diesem anscheinend willkürlichen und satzungswidrigen Treiben abholden Meistersingern ausbrach, unterzeichneten „Caspar Enderle, Jörg Haager, Thoma Grülenmayr, vnd Wolff Pautner“ einen an den Rath zu Nürnberg gerichteten „Gegenbericht“ und zwar „an statt der Alten 50 Jarigen Maistersingersgesellschafft“[illegible]). Hampe[illegible]) bemerkt hierzu: „Dass dabei sein (Enderleins) Name an die Spitze gestellt ist, hat er jedoch gewiss weniger seiner regen Thätigkeit als Meistersinger, als dem Ansehen, das er als kunstreicher Zinngiesser genoss, zu verdanken. Man wollte augenscheinlich mit ihm protzen, denn speziell als Meistersinger hätten wohl Georg Hager, Wolf Bautner und verschiedene andere den Vorrang verdient. Beglaubigte Gedichte sind mir von ihm nicht bekannt, doch zählt Benedikt von Watt von ihm zwei Töne auf: die ›harte, lautere Zinnweis‹ und die ›englische Zinnweis‹“. Eine Weimarische Handschrift[illegible]) besagt, dass in der „englischen Zinweis Caspar Enderleins“ 1616 der Meistersinger Klipisch einen Meistergesang „Als Campises in Persia“ dichtete. Und auch Wagenseil[illegible]) erwähnt „Die Englisch-Zinn-weis, Kaspar Enderles“. Die Namen dieser beiden Töne legen Zeugniss dafür ab, dass unser Künstler auch so wenig poetische Dinge, wie das in seinem Gewerbebetrieb verwendete Material, auf sinnige Weise zu höherer Bedeutung zu erheben wusste.

4. Enderleins Heirath und Nachkommen. Seine Aufnahme als Nürnberger Bürger und als Zinngiessermeister.

1586 verheirathete sich Enderlein und wurde auch Meister und Nürnberger Bürger. Dass diese drei so wichtigen Ereignisse seines Lebens gerade in dasselbe Jahr fielen, beruhte auf einer in Nürnberg nicht nur für die Zinngiesser, sondern auch für die anderen Handwerke bestehenden Vorschrift, wonach — trotz bestimmungsgemäss bewirkter Anfertigung der Meisterstücke — Niemand als Meister aufgenommen werden durfte, bevor er sich nicht verehelicht und das Bürgerrecht erworben hatte[illegible]). Dass letzteres „Caspar Enderle“ zu der angegebenen Zeit ertheilt wurde, ersehen wir aus den im königlichen Kreisarchiv zu Nürnberg aufbewahrten Meister- oder Bürgerbüchern dieser Stadt, in denen er unter dem Jahr 1586 als neuer Bürger aufgeführt wird. Und dass er am 24. Januar 1586 nicht nur in den Stand der Ehe, sondern auch in die Reihe der Meister eintrat, das ergiebt sich aus folgendem Eintrag im Meisterbuch der Nürnberger Kannengiesser[illegible]): „Anno 1586 dj (sic! wohl für „den“) 24 Januarj ist der Caspar Endres von bassel maister vndt Ehlich worden machet Seine stuck bey melchor koch im 1585 (sic!)“. Nach dem Tod von „Endres“ ist von einer anderen Hand hinzugefügt worden: „Anno 1633 Am andern ostertag den 22 Appril Ehrlich Zu Erden Bestadett worden.“

Es bedarf näherer Erörterung, ob dieser „Endres“ mit unserem „Enderlein“ identisch ist. Doppelmayr, dem wir die wenigen bis jetzt bekannten Angaben über unseren Meister verdanken[illegible]), hat für dieselben selbstverständlich die ihm zugänglich gewesenen Unterlagen verwerthet. Da nun die offenbar vielfach von ihm benutzten Neudörferschen Nachrichten und deren Fortsetzung von Gulden[illegible]) Enderlein gar nicht erwähnen, so liegt die Vermuthung nahe, dass Doppelmayr an andere bezügliche Niederschriften sich hielt. Es lenkt sich in dieser Beziehung der Blick zunächst auf das erwähnte Meisterbuch der Nürnberger Kannengiesser. Dasselbe enthält nun sowohl ein Verzeichniss der Meister wie ein solches der geschworenen Meister d. h. Obermeister. In ersterem suchen wir einen „Enderlein“, „Enderla“, oder „Enderle“ umsonst. Dagegen findet man in letzterem den berühmten Schweizer als „Enderla“, „Ennderlein“ „Enderlein“ und „Enterlein“. Lässt sich nun ohne besonderen Grund annehmen, dass gerade der hervorragendste Zinngiesser, mit dessen wohlbekanntem und hochgeachtetem Namen, wie wir gesehen haben, man gelegentlich zu protzen liebte, in der sonst so vollständigen und über einen jeden auch ziemlich ausführliche Bemerkungen enthaltenden Liste der Meister fehlt, obwohl er wiederholt das höchste Amt des Handwerks, das eines geschworenen Meisters, bekleidete und in dieser Eigenschaft in dem gedachten Buch auch mehrmals aufgeführt ist?

Diese Frage dürfte wohl kaum zu bejahen sein. Wurden doch gewissenhaft nicht nur alle neu aufgenommenen Meister eingetragen, sondern auch bei denjenigen Vermerke gemacht, welche den Betrieb des Zinngiesserhandwerks aufgaben[illegible]). Bei einer Prüfung des erwähnten Meisterverzeichnisses ergiebt sich nun, dass 1633, in dem von Doppelmayr angegebenen Todesjahr Enderleins, nur Sebald Reuter[illegible]), Endres Schulthes[illegible]) und jener Caspar Endres starben, über welchen der bereits wortgetreu wiedergegebene Eintrag berichtet. Vergleicht man aber letzteren aufmerksam mit dem, was im Vorstehenden bereits über Enderlein gesagt worden ist, so ergiebt sich — abgesehen von den abweichenden Familiennamen — hinsichtlich aller übrigen Punkte vollständige Uebereinstimmung: nämlich bezüglich des Vornamens Caspar, des Geburtsorts Basel, des Todestags (nicht nur des Todesjahrs 1633) und der Zeitpunkte der Anfertigung der Meisterstücke und der Erlangung des Meisterrechts. Wenn in dem fraglichen Eintrag bemerkt wird, dass die Beerdigung von Caspar Endres am 22. April 1633 stattgefunden habe, so passt dies genau zu der Angabe Doppelmayrs, dass unser Künstler am 19. April 1633 gestorben sei[illegible]). Denn es lässt sich an zahlreichen Beispielen nachweisen, dass die Todten in Nürnberg gewöhnlich am dritten Tag bestattet wurden[illegible]). Und andererseits zeigt eine einfache Berechnung, dass der 1560 geborene Enderlein, welcher 1574 Lehrling wurde und 1583 wohl bereits als Gesell nach Nürnberg kam, 1585 nach Beendigung der etwa zehn bis elf Jahre dauernden Lehr- und Gesellenzeit gerade in dem richtigen Alter war, um die Meisterprüfung ablegen zu können und, nachdem er sie mit Erfolg bestanden hatte, 1586 sich zu verheirathen und damit eine nach den bestehenden bezüglichen Bestimmungen unerlässliche Vorbedingung zu erfüllen, von welcher die ihm dann auch gewährte Aufnahme als Meister abhängig war. Es kommt noch hinzu, dass, wie wir noch sehen werden, am 22. August 1586 Caspar „Enderle" zum ersten Mal einen Lehrling Namens Jorgle Schwob erhielt. Es ist also doch wohl anzunehmen, dass er erst kurz zuvor Meister geworden war. Denn ohne einen Lehrbuben wollte und konnte sich ein junger Meister doch wohl nicht längere Zeit hindurch behelfen.

Will man nun trotz dieser völligen Uebereinstimmung der angeführten Hauptpunkte blos deshalb, weil „Endres" als eine Variante des in den verschiedenen Urkunden so verschieden geschriebenen Geschlechtsnamens unseres Künstlers in anderen Niederschriften nicht vorkommt, in Abrede stellen, dass der besprochene Eintrag sich auf Caspar Enderlein bezieht? Ein ausreichender Anlass hierzu liegt nicht vor. Es wäre doch ein höchst seltsames Zusammentreffen, wenn ein „Endres" und ein „Enderlein" verschiedene Personen gewesen und gleichwohl beide in Basel geboren, Caspar genannt und in denselben Jahren als Meister aufgenommen und dann auch begraben worden wären! Und man vergegenwärtige sich nur, wie abweichend, ungenau, ja geradezu nachlässig die Schreibweise der Familiennamen in den Schriftstücken des 16. und 17. Jahrhunderts ist. Das Meisterbuch der Nürnberger Kannengiesser liefert in dieser Beziehung besonders zahlreiche Beispiele. So findet sich darin der Name „Christian" auch in den Formen „Christan", „Cristan", „Criestan", „Criestann", „Christon" und „Criston".

Auch ist wohl zu beachten, dass die hier vertretene Ansicht, Caspar „Endres" sei identisch mit Caspar „Enderlein", zugleich in höchst einfacher Weise die sonst unverständlich bleibende auffällige Thatsache erklärt, weshalb der Rival Briot's nicht als „Enderlein", „Enderla" oder „Enderle" im Verzeichniss der Nürnberger Zinngiessermeister, deren berühmtester er war, vorkommt.

Andererseits würde, dafern man die Existenz eines von unserem Meister verschiedenen Caspar Endres annehmen wollte, über letzteren jede weitere Nachricht fehlen. Denn in dem Buch, in welchem die Lehrlinge der Nürnberger Kannengiesser eingeschrieben wurden[illegible]), wird er nirgends erwähnt, während Caspar „Enderle", „Enderla" bez. „Enderlein" darin, wie noch zu berichten sein wird, mehrmals angeführt ist.

Endlich sei noch bemerkt, dass nach dem Nürnberger Dialekt Enderla oder Enderle das Diminutiv von Endres (der alten, auch im Nürnberger Meisterbuch sehr häufig vorkommenden Form von Andreas) ist — wie noch heute Toberla oder Toberle das Diminutiv von Tobias, dass unser Künstler in Nürnberger Urkunden in frühester Zeit (1583, 1586 und 1591) nur „Enderla" oder „Enderle" heisst und diese mundartliche Form erst später (zum ersten Mal 1594) in die hochdeutsche „Enderlein" übergeht[214]) und dass möglicherweise auch der ehrsame Zinngiesser, der den fraglichen Eintrag in das Meisterbuch bewirkte, sich des Hochdeutschen befleissigte und deshalb den „Enderla" in einen „Endres" verwandelte.

Als der Melchior Koch, bei welchem Enderlein 1585 die Meisterstücke machte, darf übrigens nicht der bekannte gleichnamige Nürnberger Zinngiesser (über welchen noch Näheres zu berichten ist[illegible]) betrachtet werden, denn dieser war bereits 1567 gestorben, sondern Melchior Koch „der ander dises Namens", wahrscheinlich sein Sohn[illegible]), welcher (nachdem er 1560 die Meisterstücke bei Albrecht Harscher[illegible]) gemacht hatte) am 1. August 1567 Meister und in demselben Jahr Bürger, auch 1577 und 1585 „Geschworener" wurde, 1580 bez. 1588 „von dem Geschworenenamt abkam" und 1622 verschied (Begräbniss am 16. Januar)[illegible]).

Den Namen von Enderleins Gattin erfahren wir aus einem Nürnberger Rathsverlass vom 14. Juli bez. 3. August 1604, welcher lautet: „Ob Margaretha weiland Endressen Dampachs wittib yetzt Caspar Enderleins ehewirtin die begerte furschrift an den herren bischoff zu Bamberg mitt zu theilen zu erhebung Hansen Lechners von Vorchaimb erbschafft, soll man herren D. Remen zu bedencken zustellen."[illegible]) Es mag dahingestellt bleiben, ob Margaretha unseres Meisters erste Gemahlin war oder seine zweite, wie man vielleicht aus den Worten „weiland Endressen Dampachs wittib yetzt Caspar Enderleins ehewirtin" schliessen könnte, die bei einer schon seit 1586 mit dem aus Basel Zugewanderten verehelichten Frau in einem so kurzen Beschluss — aus dem Jahr 1604 — an sich entbehrlich gewesen wären. Vielleicht hing aber auch diese Bemerkung irgendwie mit der fraglichen Erbschaftsangelegenheit zusammen.

Ueber Kinder Enderleins findet sich, soviel zur Zeit bekannt ist, nur an einer Stelle eine Nachricht, nämlich in den Nürnberger Todtenbüchern[illegible]). Daselbst heisst es unter dem 24. September 1624 „† der ersam Hannss Enderlein, Kandengiesser und Jungergesell, dess ersamen Caspar Enderlein ehelicher sohn in der carthäuser gassen."[illegible]) Man wird diese Notiz unbedenklich auf unseren erst 1633 verstorbenen Meister und einen Sohn desselben beziehen und daraus zugleich entnehmen dürfen, dass die Familie Enderlein in der Carthäusergasse zu Nürnberg wohnte. Demmin[illegible]) sagt: „Jacob Endterlein in Schwaben, von Doppelmeier (sic!) als der Meister des Stechers Elias Barcelius (sic!) bezeichnet, scheint ein Sohn Caspars gewesen zu sein." Anhaltspunkte für diese Angabe fehlen. Vielleicht war auch der Goldschmied Veit Enderlein, welcher 1639 auf dem Johannis-kirchhof zu Nürnberg ein Erbbegräbniss besass[illegible]), ein Sohn und ein 1651 vorkommender Nürnberger Bildhauer Peter Enderlein[illegible]) ein Enkel unseres Künstlers. Ob man einen zweiten Vermerk in den Nürnberger Todtenbüchern, dass am 22. April 1633 „der ersam Hannss Enderlein Kandengiesser gegen dem Cartheuserkloster über" gestorben sei[illegible]), auf einen Sohn unseres Meisters deuten darf, erscheint fraglich, da letzterer doch wohl kaum zwei denselben Vornamen führende Söhne besass. Eher dürfte an einen Enkel zu denken sein. Auffallend bleibt jedenfalls, dass der Todestag dieses Hans auch der Begräbnisstag Caspars ist. Sollte etwa eine Verwechslung dieser beiden Daten vorliegen und ein Schreibfehler anzunehmen sein, so dass es statt „Hans" heissen müsste „Caspar"?

Des Zusammenhangs wegen sei gleich hier bemerkt, dass in den erwähnten Todtenbüchern weder unter dem Jahr 1633 noch überhaupt ein das Ableben unseres Meisters vermeldender Eintrag enthalten ist. Es dürfte diese Lücke, wenn man sie nicht auf die vorgedachte Art erklären will, wohl darauf zurückzuführen sein, dass um das Jahr 1633 in Nürnberg Verhältnisse herrschten, welche eine nachlässige oder unvollständige Führung der Todtenlisten ganz begreiflich erscheinen lassen. Im Meisterbuch der Nürnberger Kannengiesser[illegible]) ist nämlich zu lesen: „Hie ist Zu wissen dʒ (sic!) 1632 der könnig Auss schweden, ins Landt ist kommen, da dan diss Jahr die hitzige vngerische kranckheit starck grassirt hat, dar an viel meister, Weiber, kinder vnd gesindt gestorben, ist Auch von dissen Jahr an, biss auff 1635 eine grosse hungers Noth; neben dʒ (sic!) grossen krig gewest, dʒ ein Pfundt Ründt fleiss (Rindfleisch) 20 kl (Kreuzer) ein Pfundt kalb fleiss vnd schweines fleiss 30 kl ein Pfundt schmaltzs 48 kl vnd ein Sümmer korn auff 34 Reichs heller komen ist ist auch in herbst des 1635 ein grosse Pestilens gewest dʒ alles vnter ein and gang ist. vnd sindt d (sic!) Zeit vber 3 gesell nicht gelitert (sic!) wordt, ist auch dʒ alte Zin vnwert gewest dʒ das h: (sic!) für 6 kl ist kaufft wordt. Vnd weill dann vnter den Jahr Viel Meister gestorben sindt. so ist dʒ geschwore Ampt ihnen von einen Auff dʒ Andern gefohlen"[illegible]).

Das auf Seite 64 in natürlicher Grösse wiedergegebene Brustbild unseres Meisters[illegible]), welches — in handwerksmässiger Ausführung — ihn mit ähnlichen Zügen, wie auf dem auf Seite 31 ersichtlichen Medaillonportrait der von ihm copierten Temperantia-Schüssel, und von einer grossen Muschel sich abhebend darstellt, trägt die Unterschrift „Caspar Enderlein Ziengieser in Nürnb: Nat 15 (sic!) Denat. 1631." Dieser Zeitangabe ist aber kaum eine besondere Bedeutung beizulegen. Der in Rede stehende Stich rührt allem Anschein nach von einem anonymen Nürnberger Meister aus der Zeit von etwa 1650 bis 1660 her. Und dieser war ungefähr zwanzig Jahre später schwerlich so genau über das Datum des Todes Enderleins orientiert, wie derjenige Zinngiessermeister, welcher gleich nach dem (am 22. April 1633 erfolgten) Begräbniss von Caspar „Endres" zu dem (diese mit Enderlein identische Person betreffenden) mehrerwähnten Eintrag einen bezüglichen Zusatz machte. Dass letzterer ein gleichzeitiger und kein nachträglicher ist, lässt sich daraus entnehmen, dass im Nürnberger Meisterbuch der die Beerdigung des gleichfalls 1633 gestorbenen Sebald Reuter anzeigende Vermerk von derselben Hand geschrieben ist, während die Bestattungen der 1632 und 1634 Verschiedenen in anderen Handschriften beurkundet sind. Ein Epitaph Enderleins, welches am ersten Licht in dieses Dunkel bringen könnte, giebt es leider nicht mehr[illegible]).

6. Enderleins Lehrlinge und Gesellen.

Als Enderlein 1586 Meister geworden war, sah er sich alsbald nach einem Gehülfen um, da er einen solchen bei seinem Gewerbebetrieb nicht wohl entbehren konnte. Wurde doch an manchen Orten sogar den Zinngiessergesellen, welche die Meisterstücke anfertigten, ein Lehrjunge beigegeben, um ihnen gewisse Dienste zu leisten z. B. das Rad der so vielfach benutzten Drehbank (Drehlade)[illegible]) zu drehen[illegible]). Es wird daher im Lehrjungenbuch der Nürnberger Kannengiesser[illegible]) mehrfach über unseren Meister und seine verschiedenen Lehrlinge berichtet.

Auf Blatt 111 dieses Buchs heisst es: „1586 Caspar Enderle alhie ist adj 22 augusto verdingt worden Jorgle (Georg) Schwob thoma schwoben metzjerj (Metzgers) Sun alhie 4 Jahre lang zu lehren" und zwar von Jacobi 1586 bis Jacobi 1590 gegen 12 Gulden Lehrgeld, von denen 6 nebst 1 Thaler „Leihkauf"[illegible]) sofort, die übrigen 6 nach Beendigung der Lehrzeit zu zahlen waren; „für vntreu vndt muttwillig hinlauffen ist sein Vatter Thoma schwob und Elias Rumpler[illegible]) Kandegiesser alhie Burg worden vmb 20 fl ist eingeschriben bej dem Ruegschreiber[illegible]) adj 4 Sebtember. Testes geschworne Melchor koch[illegible]), Lienhart Prunsterer[illegible]), Endres Henickel[illegible])."

Auf Blatt 131 ist weiter gesagt „Kasper Enderla" habe am 4. Februar 1591 einen Lehrjungen „Mitt Namen Hanss Hainrich Linssner von Haidelperg (Heidelberg)" auf 4 Jahre und für ein Lehrgeld von 15 Gulden angenommen, von denen $7\frac{1}{2}$ nebst 1 Thaler Leihkauf sofort, die noch verbleibenden $7\frac{1}{2}$ nach Ablauf der Lehrzeit zu erlegen waren. Bürgen „vir vntreej vnd Mutwilches hinlauffen" waren „Kristoff Himler Kirssner (Kürschner), vnd jirg Krauss preÿ (Bräu) Master p 20 fl jber perg (Ueberbürge, Nachbürge) jst dess jungen Mutt(er) Mattalena .... jst gesch(ehen) jn obgemelt kasper Enderla Behausung jn Beysein diser ober zelten Berschonen (obenerwähnten Personen) vnd geschworenen. Ist beim Ruegschreiber[illegible]) vhlerich paur eingeschriben worden den 15 Aprilis A° 91. wolff Stoy[illegible]), Hanss Lucker[illegible]),

Kasper lebend[297]) jst An statt dess stoȳ Beȳ dem verdingen gewesen." — „Dȳser hirneben vermeltt Jung hatt Sich nitt wol gehaltten Jst Zum Dritten Mal hingeloffen vnd Mitt Dibstal befunden worden. Anno 1594 Adj 21 Februarij hatt Sich des Jungen Mutter Sampt den Birgen Mitt dem Master verglichen vnd Jm vir Seine Scheden 4 fl Bezaltt." — „Adj 25 Junij hatt Sich Casper Enderlein vor Der Rug[298]) Beklagtt vnd gebetten Man Sol Jm Einen andern Jungen Zulasen das Jst Jm vff Sein Begern durch Herrn Jockob Starck vnd Hans Nitzel vergundt worden. Geschworn Albrecht Preisensin[299]) Jorgl Kropff[300]) Hans Bledner[301])". Im Register des Lehrjungenbuchs, dem die vorstehenden Angaben entnommen sind, wird unser Meister auf Blatt 146 als „Caspar enderle" aufgeführt[302]).

Das im germanischen Nationalmuseum zu Nürnberg befindliche Gesellenbuch der dortigen Kannengiesser, welches von 1612 bis 1638 reicht (frühere und spätere Aufzeichnungen sind nicht vorhanden), enthält folgende Einträge, welche sich auf Gesellen beziehen, die bei Caspar Enderlein arbeiteten.

„Adij den 2. October (1615) zog ein Hanns von Nurmberg, bracht den grus von schwarzen Bernn, fandt Arbeytt bey Meister Caspar."

„Adi den 14 dito (14. April 1616) kam Endress (Andreas) von Nörnberg bracht den gruss von schwartzen bern, fand arbeyt bei Caspar Enderlein."

„Ady den 4. Juli (1624) kam Hans von Nörnberg bracht den grus vom Schwarzen bern fandt arbeit bey Casper Enderlein."

„Ady den 21. ditto (21. October 1624) zog ein Endrees (Andreas) von Nürnberg bracht den grus von Bamberg, fandt arbeitt bei Meister Casper Enderlein."

„Den 18 ditto (18. August 1630) kam Lorentz von Kulmbach bracht den gruss von schwartzen bern fandt arbeitt bey Caspar Endterla."

Dass der erste Vermerk, in welchem der betreffende Gesell nach der überall im fraglichen Buch befolgten Regel nur mit seinem Vornamen genannt ist, sich auf Enderlein bezieht, ist wohl nicht zu bezweifeln. Denn von den Nürnberger Zinngiessern, die seine Zeitgenossen und 1615 noch thätig waren, hiess nach dem in der Anlage enthaltenen Verzeichniss nur ein einziger Caspar, nämlich Caspar Wadel. Dieser aber wurde erst am 1. Mai 1615 Meister. Es ist also nicht sehr wahrscheinlich, dass er bereits am 2. October desselben Jahres einen Gesellen annahm. Sollte das aber auch wirklich der Fall gewesen sein, so würde man doch gewiss den soeben erst in die Reihe der Meister Aufgenommenen nicht einfach „Meister Caspar" genannt haben. Die Weglassung des Familiennamens deutet vielmehr darauf hin, dass es sich um eine bekannte Persönlichkeit handelte, zu deren Bezeichnung die kürzeste Angabe für ausreichend erachtet wurde. An wen sollte man aber bei dieser Sachlage denken, wenn nicht an Caspar Enderlein, dessen Temperantia-Schüssel 1611 datiert ist? Gleich dem Fehlen des Geschlechtsnamens dürfte übrigens bei der grossen Knappheit der fraglichen Benennung auch dem Prädikat „Meister", welches wenigstens im Anfang des Gesellenbuchs den mit ihren vollständigen Namen aufgeführten selbständigen Zinngiessern nicht beigelegt ist, eine besondere Bedeutung in dem Sinn beizumessen sein, dass Enderlein um seiner hervorragenden Leistungen willen anders angesehen und behandelt wurde, wie seine Handwerksgenossen.

Bei einem Vergleich ergiebt sich, dass er verhältnissmässig sehr wenig Gesellen in Arbeit genommen hat und dass solche in ganz bedeutend höherer Anzahl bei vielen seiner Mitmeister eingetreten sind. Der schwarze Bär, aus welchem sie den Handwerksgruss mitbrachten, war wohl in der Zeit von 1615 bis 1630 die Herberge der Nürnberger Kannengiessergesellen, welche sich um 1543 „am Vischpach doben bei der Sunen" befand[303]).

6. Enderlein als Geschworener.

Ueber den 1613 Meister und 1614 Bürger gewordenen und am 17. März 1639 zur Erde bestatteten Hans Buchner (Puechner) wird im Meisterbuch der Nürnberger Kannengiesser berichtet: „Anno 1613 den 1 Nouember ist in die stuck gesessen (hat die Meisterstücke gemacht) hanss Buchner beȳ Caspar Enderlein vnnd ist ihm die Kandel- (Kannen-) furm zerbrochen. Naher hat er beȳ denn Ruhs Herrn zuwegen bracht das er die stück in 3 wochen wieder gemacht hat welches aber vor (zuvor) nie geschehen ist vnnd ist beȳ denn hannsa spatzen[304]) bestanden anno 1614 den 7 Februarȳ hat er hochzeit gehabt. Anno 1639 den 7 Maretj hatt man Hans Buchner Zue Erden bestatt vnd sind Nur 3 geselln Alhie in Arbeit gestanden."

Dass Buchner einer der Gesellen Enderleins war, darf man wohl nicht annehmen, denn es war nicht üblich, die Meisterprüfung in der Werkstätte desjenigen abzulegen, bei welchem man bis dahin gearbeitet hatte[305]). Die ursprüngliche Wahl Enderleins und die spätere von Hans Spatz erklärt sich vielmehr daraus, dass diese beiden 1613 zugleich mit Michel Rösner (Rössner, Rösler) geschworene

Meister waren[illegible]) und im Haus eines solchen die Meisterstücke in Nürnberg gemacht werden mussten[illegible]).

An der Spitze des Nürnberger Kannengiesserhandwerks standen nämlich drei „geschworene“ Meister. Nachdem sie aus der Mitte der Handwerksmeister etwa um 1500 auf längere Zeiträume (oft für 10, 12 oder mehr Jahre) bestellt worden waren, wurden sie später alljährlich im Frühling — in der Regel auf die Dauer von drei Jahren — dergestalt gewählt, dass stets ein neuer an Stelle eines ausscheidenden zu den beiden schon vorhandenen hinzutrat und dass seit 1546 in jedem dritten Jahr die Wahl nur auf Jemand fallen durfte, der bereits einmal Geschworener gewesen war. Caspar Enderlein war nun vom 12. April 1603 bis zum 10. Mai 1606 und vom 24. April 1613 bis zum 20. April 1616 einer dieser drei geschworenen Meister. Das ersieht man aus den im Nachstehenden wiedergegebenen Einträgen in dem schon so oft angezogenen Nürnberger Meisterbuch[illegible]).

„Lauss deo Anno 1603 Adÿ (sic!) 12 Apprill Jst michell Hembersam[illegible]) vonn denn geschornenn (sic!) Ampt darann Er 3 Jare Lanng gebessenn Ab gedrettenn Vnnd Jst Casper Enderla Zum Erstenn Mall Ann sein stadt komenn (zu) Jockob Koch[illegible]) Vnnd Lorennz Lanngenn[illegible]).

„Lauss deo Anno 1604 Adÿ 29 Appriell Jst Jockob Koch Vonn denn geschbornenn Amptt Ab getrettenn darann Er Zum Anderrn Mall 3 Jar Lanng gebessenn Vnnd Jst hannss Lucker[illegible]) Zum Andernn Mall Ann seinn stadt Kombenn Nemblich Zue Lorennz Langenn Vnnd Casper Enderla“.

„Laus Deo Anno 1605 Ady 15 Apriel Jst Lorentz Lang von dem Geschwornen Ampt ab komen. Vnd Steffan Criestan[illegible]) An seine stat komen Zum Erstenmalh Zum Hans Lucker vnd Casper Enderla. Daran Lorentz Lang dreÿ Jar gewesen, Ady 17 Nouember ist Steffan Criestann in Got verschiedenn vnd den 19 Nouember zur Erdenn bestettiget. Als den (sic!) Jacob Brey[illegible]) an seine statt komen Welcher mit im in der Walh ist gewese vnd beÿ den Ruchshern seine pflicht gethan, 28 Nouember.“

„Lauss deo Anno 1606 Adÿ 10 Maÿ Jst Caspar Ennderlein Von dem geschwornen ampt abkumen. Jst franntz Preÿsensin[illegible]) Zum ersten mal ann sein statt kumen Zu hanns Lucker vnd Jacob Breÿ.“

„Laus deo Anno 1613 dan 24 apprill ist michel hemersem Zum anderen mall an das geschworn ampt kommen da er das selbig mit gottes hilff verricht hat ab dreten Vnnd Casper Enderlein an seÿn stat Zum anderen mal kommen Zue hans spatzen[illegible]) vnnd Michel rösner[illegible]) gott geb das sie es mit gesund lieb megen aus stehenn.“

„Lauss deo Anno 1614 den 15 Maÿ ist hansa spatz vonn dem geschwornen ampt ab dreten Zum ersten mal vnd ist Baltasar keim[illegible]) (am Rand beigefügt: Zum Casper Enderlein vnd mihel Rösler (sic!)) an sein statt Zum ersten mal an kumen gott geb sein sein (sic!) genodt das wirs mit gesundem leib auss stenn“.

„Lauss deo a 1615 den 3 Maÿ ist mihel Rösler (sic!) von dem geschwornen ampt die er vier Jar ver woltet hot vnd ist hanss schlela[illegible]) an sein stat Zu Casper Enderlein vnd boltasser keim got geb vnns sein segen lenger das wirs mit gesundem leib mit einander volenden mögen.“

„Ano 1616 Adj 20 Appril Jst Casper Enterlein von dem geschwornen Ambt. daran er 3 Jahr gewessen Abkomen vnd Jacob Preÿ Zum Andern mahl An sein statt komen Zu Balthasser keim vnd hanss schlela Gott gew sein genat dz wirss mit gesundem leib volenden.“

Der Vollständigkeit wegen sei noch hinzugefügt, dass in dem alphabetisch nach den Vornamen geordneten Register zu dem Verzeichniss der geschworenen Meister, welches sich ebenfalls in dem bereits häufig benutzten Nürnberger Meisterbuch befindet, bemerkt ist „Casper Enderla Erst mal“ und „Caspar Enderla das ander mal.“

7. Enderleins gewerbliche und künstlerische Thätigkeit. Sein angeblicher Zinngiesserstempel.

Doppelmayr[illegible]) berichtet über die gewerbliche und künstlerische Thätigkeit Enderleins, dass er nicht nur als Zinngiesser Hervorragendes leistete und beispielsweise zuerst Kronleuchter („hangende Leuchter“[illegible]) aus Zinn goss, sondern auch im Modellieren („Possiren“ = Possieren, Bossieren, in weicher Masse formen, überhaupt formen, bilden) Steinschneiden und Giessen von Figuren sehr geschickt war.

Maze-Sencier[illegible]) führt als zu der Collection Wasset-Paris gehörig auf: „Plat gravé, avec le portrait de l'auteur Gaspar Enderlein au revers.“ Was es für eine Bewandtniss mit diesem Stück hat, welches anscheinend als von unserem Meister graviert betrachtet worden ist, war leider nicht zu ermitteln. Gravierte Arbeiten, die man mit Sicherheit dem Rivalen Briot's zuschreiben kann, existieren wohl nicht.

„Den Meister Enderlein als Zinngiesser zeigt das Berliner Museum in einer zweihenkeligen gut profilierten Vase mit massigem Ornament an Fuss und Henkeln

(M 3144). Hier sind im Zinnstempel zwischen den Schrägbalken des Nürnberger Adlers die Buchstaben C E[75]). Die ziemlich undeutlichen Initialen C E der Marke dieser Vase, deren sehr einfache Verzierungen keinerlei Verwandtschaft mit denen der signierten, reichen Reliefschmuck aufweisenden Arbeiten Enderleins zeigen, könnten zwar, wie Lessing[76]) nach seinen soeben citierten Worten annimmt, auf unseren Meister hinweisen, eben so wohl aber auch auf den Nürnberger Zinngiesser Christoph Ernst, welcher am 24. Juli 1608 als Meister aufgenommen und am 25. Juli 1628 begraben wurde. Man beachte, dass die Lettern F B in den Stempeln einiger Exemplare des auf Seite 19 ff. beschriebenen und auf Tafel 11 No. 2 abgebildeten Krugs auch nicht auf François Briot zu deuten sind. Und andererseits kommen, soviel dem Schreiber dieser Zeilen bekannt ist, auf zweifellos von Enderlein herrührenden Zinngegenständen Nürnberger Marken mit den Buchstaben C E — auffallenderweise — nicht vor[77]). Es ist mithin die Möglichkeit nicht ausgeschlossen, dass unser Meister zwischen den Schrägbalken seines Stempels gar nicht seine Initialen führte, sondern ein anderes zulässiges „Beigemerk"[78]), wie Punkte oder Sterne, vielleicht mit Rücksicht darauf, dass seine Signatur C E ja bereits an anderen geeigneten Stellen — und zwar gleich den Ornamenten in gegossenem Relief — angebracht war.

Dass Enderlein seine Figuren in Zinn und nicht in einem anderen Material (Messing, Bronce, Edelmetall u. s. w.) goss, wird man unbedenklich annehmen dürfen, denn er wäre sonst auf die Arbeitsgebiete der Mitglieder anderer Handwerke z. B. der Rothschmiede gerathen. Diese hätten aber bei der eifersüchtigen Strenge, mit welcher von allen Betheiligten darauf geachtet wurde, dass Niemand die seinem Gewerbebetrieb mit peinlicher Genauigkeit gezogenen Grenzen überschreite, sicher Widerspruch erhoben und beim Nürnberger Rath den Erlass eines bezüglichen Verbots an unseren Meister erwirkt[79]). Von letzterem herrührende vollrunde Zinnfiguren, zinnerne Kronleuchter oder geschnittene Steine bez. Steinformen sind uns leider nicht erhalten geblieben.

Es ist wohl zu beachten, dass Caspar nicht nur ein bedeutender Zinngiesser war, sondern auch als Modelleur, Steinschneider und Giesser von Figuren sich auszeichnete. Denn ohne besondere Befähigung in den drei letzterwähnten Richtungen wäre er schwerlich im Stand gewesen, so hervorragende Zinnarbeiten zu liefern. Verdanken wir doch auch das herrliche Original der Temperantia-Schüssel dem Umstand, dass Briot seine ursprüngliche Profession als Zinngiesser aufgab und zu der künstlerischen Thätigkeit eines Graveurs überging.

Wohl unter dem Einfluss der früher fast allgemein verbreiteten und bereits bekämpften Meinung, dass die Hauptwerke des Edelzinngusses Nachbildungen bez. Abformungen von Edelmetallarbeiten seien, bezeichnet Demmin[80]), welcher erstere auch im Zusammenhang mit letzteren behandelt, Enderlein als einen Goldschmied, „welcher später, und mehr ausschliesslich, in Zinn gearbeitet hat." Und Graul[81]) nennt ihn Medailleur. Dass diese beiden Angaben nicht zutreffen und unser Meister vielmehr ein Zinngiesser war, welcher sich auch im Modellieren, Steinschneiden und Figurengiessen hervorthat, bedarf nach dem Gesagten keines weiteren Nachweises. Eben so wenig ist im Hinblick auf das, was auf den vorstehenden Seiten mitgetheilt worden ist, eine besondere Widerlegung der mehrfach aufgestellten, schon von Bapst[82]) als unrichtig verworfenen Behauptung erforderlich, dass Briot ein Schüler von Enderlein gewesen sei.

8. Enderleins Copieen der Temperantia-Schüssel (Modelle II, IIa, III und IV).

„Von Enderlein wird . . . direkt berichtet, dass er im Steinschneiden geschickt war, es ist wahrscheinlich, dass er die Form zu seiner Schüssel in Solenhofer Stein[83]), dem sogenannten Stechstein geschnitten hat."

„Als Enderlein daran ging, die Briot-Schüssel zu copieren, hatte er zwei Wege. Er konnte das Original in Gips oder Thon abformen und hierüber eine Messingform giessen. Diese Form hätte dann sorgfältig nachgestochen werden müssen und hätte dann eine wahrscheinlich vergröberte, aber doch in der Zeichnung identische Copie hergegeben. Sobald man jedoch eine Briot-Schüssel und eine Enderlein-Schüssel vergleicht, so erkennt man, dass von dieser oder einer anderen wesentlich mechanischen Nachbildung nicht die Rede sein kann. Rein äusserlich ist schon der Unterschied, dass auf dem äusseren Rand, von der Minerva aus, die sieben Künste bei Briot nach links, bei Enderlein dagegen nach rechts hin in derselben Ordnung auf einander folgen; ferner steht bei Briot das Feld der Minerva über dem Feld der Luft, bei Enderlein über dem Feld des Wassers, ferner aber zeigt der Vergleich jedes einzelnen Feldes eine Fülle von kleinen Abweichungen, nicht in der Anordnung, wohl aber im Detail; in den Hintergründen ist kein Baum, kein Architekturstück völlig dem Vorbild gleich. . . . ."

„Aller Wahrscheinlichkeit nach sind Bleiabgüsse der einzelnen Theile der Briot-Schüssel, welche das Berliner Kunstgewerbemuseum besitzt, diejenigen Exemplare, welche Enderlein sich nach einer zeitweilig in seinen Händen befindlichen Briot-Schüssel hergestellt hat, um danach zu arbeiten; dieselben sind mit den erhaltenen Zinnschüsseln von Briot völlig identisch. Alle Veränderungen kommen auf Enderleins Rechnung. Aus diesem freien Arbeiten nach der Vorlage erklärt sich denn auch die uns bei einer Copie anmaasslich erscheinende Bezeichnung — Casbar Enderlein sculpebat. Man war im 16. Jahrhundert gar nicht bedenklich, die von anderer Seite gemachte Erfindung als vorhandenes Freigut anzusehen, und so übte denn Enderlein seine von den Zeitgenossen bewunderte Kunst im Steinschneiden nach diesem ihm zusagenden Modell, das er in die deutsche Kunst herübernahm, gerade so wie Dürers Blätter von den Italienern und Franzosen copiert oder Holbeins Ornamente von den Lyoner Druckern einfach übernommen wurden."

„Enderlein hat seine Aneignung völlig durchgeführt, hat sein CE auch auf den Sockel der Temperantia gesetzt, wo bei Briot das FB steht, und überdies noch auf den Balken der Geometria ein 1611 CE. Auch am Abschnitt des Medaillonportraits findet sich das CE[273])."

Dass Enderlein in freier Weise die Temperantia-Schüssel Briot's copierte, mithin letztere das Original ist, wurde bereits näher dargelegt[274]), dabei aber noch nicht bemerkt, dass er dies mehrmals that. Lessing[275]) unterscheidet nämlich mit Recht die im Folgenden beschriebenen vier Modelle, deren jedes von den übrigen wesentlich abweicht.

Modell I. die von Briot geschaffene Temperantia-Schüssel mit dem die Umschrift SCVLPEBAT FRANCISCVS BRIOT tragenden Medaillonportrait dieses Künstlers auf der Rückseite. Durchmesser 45 Centimeter. Abbildung auf Tafel 1. Beschreibung und Angabe der Bezeichnungen auf Seite 12[276]).

Modell II: die von Enderlein nach I copierte Temperantia-Platte mit dem von den Worten SCVLPEBAT CASHAR ENDERLEIN umgebenen Brustbild dieses Meisters auf der Unterseite. Die Composition ist in der Hauptsache dieselbe wie auf Modell I. Abweichungen bestehen, abgesehen von gewissen meist geringfügigen Aenderungen der Einzelheiten[277]) und von der groberen und ungeschickteren Ausführung (insbesondere der Figuren) namentlich insofern als 1. die Randkartouchen mit der Astrologie, Geometrie u. s. w. nicht, wie bei I. links, sondern rechts von der Minerva in derselben Reihenfolge angebracht sind, 2. die zwischen diesen allegorischen Gestalten ersichtlichen Ornamente an anderen Stellen (z. B. die Verzierungen, welche man bei Briot zwischen der Arithmetik und der Geometrie erblickt, bei Enderlein zwischen der Arithmetik und der Musik) sich zeigen und 3. das Queroval der Minerva über dem des Wassers und nicht, wie bei I. über dem der Luft sich befindet. Durchmesser 46,2 Centimeter. Abbildung auf Tafel 2. Über die auf diesem Modell vorkommenden Bezeichnungen und die Stellen, an denen man dieselben zu suchen hat, ist bereits im Vorstehenden das Nähere gesagt worden[278]).

Modell IIa: eine Variante von II und diesem Modell bis auf das Mittelstück, in welchem die Figur der Temperantia durch Maria mit dem Jesusknaben ersetzt ist, völlig (auch hinsichtlich des Brustbilds Enderleins) gleichend. Durchmesser 46,2 Centimeter. Abbildung auf Tafel 3.[279])

Modell III: ebenfalls eine Arbeit Enderleins, ohne Medaillonportrait, der schwerfälligeren, ein deutsches Gepräge tragenden Ausführung nach mit II, den Details der Composition und der Anordnung bez. Reihenfolge ihrer einzelnen Theile (insbesondere der Vertheilung der Randfüllungen und dem Stand der Minerva über dem Feld der Luft und rechts von der Astrologie) nach mit I nahe verwandt. Durchmesser 45,5 Centimeter[280]). Abbildung auf Tafel 4. Dieses sehr seltene Modell ist an drei Stellen mit je zwei erhabenen gegossenen Buchstaben bezeichnet, die wahrscheinlich, aber nicht mit völliger Sicherheit als C und E zu lesen sind, nämlich auf dem Balken der Geometrie, welcher aber ausserdem keine Jahreszahl trägt, auf der linken unteren Ecke des der Temperantia als Sitz dienenden Sockels, also da, wo FB bei Modell I und CE bei Modell II steht, und endlich noch in der Randkartouche der Dialektik vor dem zurückgebogenen rechten Fuss dieser Figur[281]).

In Bezug auf Modell IIa bemerkt Lessing[282]): „Eine sehr eigenthümliche Veränderung des Originals hat Enderlein bei einigen Exemplaren vorgenommen (Modell IIa). Behufs Verwendung der Schüssel als Taufbecken hat er die Temperantia entfernt und ein Medaillonbild der Himmelskönigin eingefügt. Auf der Rückseite findet sich dann wieder sein Portrait mit der Umschrift in bekannter Form. Dieses Medaillon der Maria, für welches kein französisches Vorbild vorlag, sondern welches eigene Zuthat Enderleins war, zeigt die Abhängigkeit des Nürnberger Meisters in schlagender Weise. Bei der Einfügung des Marienbildes hatte sich dieses als etwas zu gross erwiesen und hatte beschnitten werden müssen. Das Berliner Museum besitzt einen aus Nürnberg stammenden Bleiabguss des unverstümmelten Rundbildes. Dieser Bleiabguss kann also nur in der Werkstatt Enderleins gemacht sein, und da die oben erwähnten Bleiabgüsse der Briot-Schüssel aus derselben Quelle in Nürnberg herrühren, durfte ich die Vermuthung aussprechen, dass sie die Handexemplare Enderleins gewesen sind. Aus dem Umstand, dass er zeitweilig Abgüsse der Theile und nicht die ganze Briot-Schüssel vor sich hatte, erklärt sich auch ohne Weiteres die oben erwähnte Versetzung und Verschiebung der Felder und Ringe."

Ueber Modell III heisst es bei Lessing[283]): „Diese Schüssel, von jedenfalls Nürnberger Arbeit, ist im Wesentlichen gleich der Temperantia-Schüssel des Enderlein von 1611, und zeigt dieselbe schwerfällige Behandlung der Körperformen, welche ihr gegenüber der Arbeit Briot's ein deutsches Gepräge giebt. Dieses Modell III ist aber nicht identisch mit dem Enderleinschen Modell II, ist auch nicht diesem, sondern augenscheinlich direkt dem Modell I des Briot nachgebildet; die Figuren der freien Künste stehen in derselben Reihe wie bei Briot, die Minerva steht wie bei Briot über der Luft, während sie bei Enderlein II über dem Wasser steht. Auch in Einzelheiten ist sie genauer Briot nachgebildet, z. B. ist zwischen dem Schild der Minerva und dem Rand des Feldes bei Briot und bei III ein Blumenstrauss, bei II nur Wellenlinien."

„Als äusseres Kennzeichen kann man die Abweichungen in den Inschriften festhalten."

„Modell I, Briot.	Modell II, Enderlein 1611.	Modell III, Enderlein Anno?
ARITHMETIQVA	ARITHMETIQVA	ARITMETIQVA
GRAMMATICA	GRAMATIG	GRAMMATIG
DIALECTICA	DIALECTICA	DIALEGTIGA"

„Die übrigen fünf Inschriften sind auf allen drei Modellen gleichlautend und richtig geschrieben."

„Wir stehen also vor der auffälligen Erscheinung, dass Enderlein die Briot-Schüssel zweimal modelliert hat, wahrscheinlich ist Modell III das ältere. Bei III muss er eine vollständige Briot-Schüssel vor sich gehabt haben, da die Anordnung völlig die nämliche ist."

„Wir können vielleicht annehmen, dass Enderlein die Briot-Schüssel nur leihweise in Händen gehabt hat und danach zuerst Modell III graviert hat, vor Abgabe des Originals hat er die — jetzt im Berliner Museum befindlichen — Bleiabgüsse der einzelnen Platten zu seinem Handgebrauch hergestellt und hat nach diesen ohne genaue Rücksicht auf die ursprüngliche Anordnung Modell II gefertigt, dem er dann die Jahreszahl und die volle Künstlerinschrift mit Medaillonportrait beifügte. Die nachlässige Verschiedenheit der Inschriften ist zu jener Zeit nicht auffällig."

Geht man nun auf dem von Lessing beschrittenen Weg weiter und berücksichtigt namentlich die Inschriften des Randes der Temperantia-Platte[95]), so gelangt man dazu, noch ein von Modell IIa freilich nur sehr wenig abweichendes Modell IV zu unterscheiden. Auf einer mit Modell IIa sonst völlig übereinstimmenden, in der evangelischen Kirche zu Neuenburg (im Kreis Schwetz in Westpreussen) befindlichen Taufschüssel, welche auch auf der Rückseite das bekannte Medaillonportrait Enderleins und die Worte SCVLPEBAT CASBAR ENDERLEIN und vorn auf dem Balken der Geometrie die Signatur 1611 C E zeigt, ist nämlich, während die Buchstabenreihen unter der Grammatik und der Dialektik mit denen auf Modell IIa durchaus harmonieren, unter der Arithmetik zu lesen: ARITEMETIQVA (statt ARITHMETIQVA). Das an Stelle des sonst vorkommenden H hinter dem ersten T stehende E ist unverkennbar und lässt sich auch nicht durch eine absichtliche oder unabsichtliche spätere Veränderung — durch Ueberarbeitung bez. Correctur oder zufällige Eindrücke an der betreffenden Stelle des Gussobjekts — erklären. Scheinbar wenigstens ist auch das H in der Unterschrift RHETORICA etwas abweichend gebildet. Mit Bestimmtheit lässt sich dies aber nicht sagen. Denn die stark abgenutzte Schüssel, deren Guss grob und sehr schwer ist, entbehrt in vielen Partieen der wünschenswerthen Schärfe und Deutlichkeit. Dasselbe gilt auch von der zu ihr gehörigen Kanne, welche sich von den sonst vorkommenden Exemplaren in nichts unterscheidet[96]).

Leider liess sich nicht feststellen, auf welche Weise die beiden — mit Zinnstempeln nicht versehenen — Stücke in den Besitz der seit 1773 bestehenden Kirchengemeinde zu Neuenburg gekommen sind. Von diesem Jahr an befinden sie sich als Taufgeräthe im Gebrauch.

Schon dem auf ihrer Rückseite angebrachten Brustbild Enderleins nach kann es wohl kaum einem Zweifel unterliegen, dass die Neuenburger Schüssel nicht in einer besonderen, sondern in derselben Form gegossen ist, wie Modell IIa, und dass man den so geringen, zwischen beiden Stücken bestehenden Unterschied auf eine spätere stellenweise Abänderung (nicht des Gussobjekts, sondern) der Gussform zu Modell IIa zurückzuführen hat. Derartige Umarbeitungen einzelner Partieen einer Form kommen auch anderweit vor und stellen sich als Reparaturen dar, welche in Folge nachträglicher Beschädigung oder (in einzelnen Fällen) auch anfänglicher Fehlerhaftigkeit der betreffenden Formtheile bez. ihres Materials erforderlich wurden.

Ein naheliegendes Beispiel einer solchen Ausbesserung bieten verschiedene Exemplare der Modelle II und IIa[97]). Die in einem der Randmedaillons dargestellte Musik umfasst nämlich mit der rechten Hand eine Laute, deren unterer breiterer Theil eine ziemlich grosse runde, zwar nicht erhebliche, aber doch deutlich erkennbare Vertiefung aufweist. Dieselbe ist wohl daraus zu erklären, dass der Stein (wenn man mit Lessing annimmt, dass Enderlein seine Schüsselform in Solnhofener Stein schnitt) oder das Messing an der fraglichen Stelle entweder einen Schaden bez. Gussfehler (Riss, Loch u. s. w.) schon von Anfang an hatte oder durch irgendwelche Einwirkungen später wesentlich beschädigt wurde, so dass ein neues Stück eingesetzt werden musste. Dieses war nun wahrscheinlich etwas zu hoch für die schon vorhandene Fläche oder es trat nachträglich ein wenig heraus und verursachte solchergestalt die in Rede stehende geringe Vertiefung. Umgekehrt zeigt eine auf ähnliche Weise zu erklärende Erhöhung ein 20 Centimeter im Durchmesser haltender flacher, reliefierter Zinnteller, von dem sich Exemplare (ohne Stempel) im Ferdinandeum (Landes-Museum) zu Innsbruck und in der Sammlung Demiani-Leipzig befinden. Seinen Rand schmücken vier Rundmedaillons mit Jesus und der Samariterin am Brunnen, der Verkündigung, der Heimsuchung sowie David und Goliath, welche durch vier Zierfelder mit sehr reichem Ranken- und Blattwerk, das je eine hermenartige Halbfigur umgiebt, getrennt sind. Das von einem mit Jagdscenen durchsetzten Rankenfries umzogene quergetheilte Mittelrund enthält in seiner oberen Hälfte das Brustbild eines Mannes unter einem Rundbogen und in der unteren die Inschrift ISIE (= Jesaias) VII. CA (= Capitel) EC CONCIPIET. ET. PARIT. FILIV ET. VOCABIT (= vocabit... AMEN. In der Mitte dieses aus der umliegenden Fläche sich nicht heraushebenden Nabelstücks erblickt man nun ein über Eck gestelltes, um ein Geringes höher, wie das Übrige, liegendes Viereck, auf welchem die Reliefs ihre ununterbrochene Fortsetzung finden. Dasselbe wurde wahrscheinlich aus einem ähnlichen Anlass eingesetzt, wie die beschriebene runde Einlage der Enderleinschen Form, und fiel dann ein wenig zurück, wodurch die unbedeutende Hervorragung auf den Abgüssen des fraglichen Tellers entstand.

Dem Geschilderten analog haben wir uns wohl den Vorgang zu denken, auf den der Unterschied zwischen Modell IIa und der Neuenburger Schüssel zurückzuführen ist. Dass die Abänderung bez. Ausbesserung auf letzterer nicht deutlich hervortritt, erklärt sich zur Genüge aus ihrem sehr mangelhaften Erhaltungszustand, aus ihrem groben und schlechten Guss und aus der Oxydschicht, welche ihre Oberfläche überzieht[illegible]).

Der Vollständigkeit halber sei hier noch folgende irrige Mittheilung Labarte's[illegible]) angeführt: „François Briot n'est pas le seul qui ait fait en France de l'orfèvrerie d'étain empreinte d'un cachet artistique. Cicognara dit avoir vu dans la collection du comte de Rio, à Padoue, un grand bassin, décoré dans le style de la Renaissance, dont le revers offrait un portrait avec l'inscription: DANIEL ENDERLEIN; les deux initiales C. S. se lisaient en outre au-dessous du personnage représenté. Le nom d'Enderlein est bien français (sic!), mais ce portrait et le nom sont-ils ceux de l'auteur du bassin? Ne s'appliquent-ils pas plutôt à celui qui l'avait commandé, et les initiales C. S. ne seraient-elles pas au contraire le sigle de l'artiste? La question ne saurait être résolue sans autre document que ce seul bassin." Liest man nun die Beschreibung nach, welche Cicognara[illegible]) von diesem Becken giebt, so findet man, dass es sich hier zweifellos um eine Temperantia-Schüssel von Caspar Enderlein handelt und dass deren Inschrift und Initialen nur unrichtig wiedergegeben sind.

Lessing nennt es mit Recht auffällig, dass (wie er annimmt) Enderlein die Temperantia-Schüssel Briot's zweimal copiert hat. Dies erscheint auf den ersten Blick so befremdend, dass der Schreiber dieser Zeilen zunächst geglaubt hat, Modell III nicht Enderlein, sondern einem erst noch zu ermittelnden Meister zuschreiben und denselben dem (namentlich in den schwerfälligeren Körperformen zu Tag tretenden) deutschen Gepräge dieses Stücks nach in Deutschland suchen zu sollen.

Folgender Gedankengang lag nahe. Es ist nicht gerade sehr wahrscheinlich, dass Enderlein ohne eine äussere Veranlassung — und von einer solchen ist uns zur Zeit nichts bekannt — zweimal der eben so mühseligen wie zeitraubenden Herstellung einer Form mit demselben figürlichen und ornamentalen Schmuck sich unterzogen hat. Und weshalb auch? Das Streben nach Vervollkommnung hat ihn schwerlich zu einer zweiten Copie der Briot-Schüssel bewogen. Wenigstens hätte er seinen Zweck nicht erreicht, denn Modell II steht nicht höher, als Modell III, das er nach Lessing zuerst angefertigt haben soll. Weiter aber sind die in der Aenderung der Reihenfolge der freien Künste und der dazwischen befindlichen Zierfelder sowie des Platzes der Minerva liegenden Abweichungen des Modells II vom Original wohl gar keiner bestimmten Absicht entsprungen[illegible]), jedenfalls aber so wenig von Belang, dass sie noch bis in die neueste Zeit hinein völlig unbemerkt blieben. Ihre Vornahme bildete also doch schwerlich den Anlass zu einer Wiederholung der Nachbildung und ist wohl auch kaum als der Grund anzusehen, aus welchem Enderlein Modell II mit seinem Portraitmedaillon und der Inschrift SCVLPEBAT CASBAR ENDERLEIN versah. Und that er dies, obgleich er copiert hatte, warum unterliess er es bei Modell III, bei dem die Arbeit sicherlich nicht weniger verdienstvoll ist? Diese Erwägungen verleiten nun zu dem Schluss, dass ein anderer deutscher Meister wie Enderlein gleich diesem die Briot-Schüssel direkt (d. h. ohne Anlehnung an Modell II) nachgebildet oder (wenn auch vielleicht nur in Gestalt einer Copie) ein Vorbild — möglicherweise italienischen Ursprungs — benutzt hat, welches auch Briot als Unterlage diente. Würde es doch bei der bekannten weitgehenden Unbefangenheit der Renaissance-Künstler in der Aneignung und Verwerthung fremder Erfindungen gar nichts Befremdendes haben, wenn ausser Enderlein noch ein anderer deutscher Meister eine so treffliche Vorlage wie die Temperantia-Schüssel Briot's verwendet hätte. Dass dies in der That auch geschah, lehren uns der Krug und die Schale, welche auf Tafel 12 (No. 2) und Tafel 15 abgebildet sind, deutliche Nürnberger Zinnstempel tragen und denen der Briot-Schüssel nachgebildete Figuren aufweisen.

Im Hinblick übrigens auf die erwähnte, im 16. und 17. Jahrhundert so oft bethätigte Neigung, ohne Weiteres die Schöpfungen Anderer den eigenen Zwecken dienstbar zu machen, erscheint die Möglichkeit nicht völlig ausgeschlossen, dass Briot gerade so Copist war wie Enderlein, der ja auch seine Nachbildungen mit seinem Portraitmedaillon und seinem vollen Namen versah. Bapst[illegible]) sagt zwar: „Du reste, est-il besoin de signaler que le plat de la Tempérance est une composition essentiellement française, pleine de légèreté et de finesse . . ." Allein nichts hindert, die Composition der Temperantia-Schüssel auf ein italienisches Vorbild zurückzuführen und dessen Ursprung wiederum im Atelier Primaticcio's oder eines seiner Genossen in Fontainebleau zu suchen. Das specifisch Französische, namentlich die graziösen, langgestreckten, überschlanken Körperformen, könnte ja erst Briot hineingebracht haben, wie Enderlein in sein Modell die plumperen Gestalten mit den grösseren Köpfen.

Der Gedanke aber, dass wir es bei Modell III etwa mit einem Abguss von Modell II zu thun haben könnten, bei welchem nur der zur Herstellung der Rückseite der Schüssel dienende ursprüngliche Theil der Form — vielleicht weil er beschädigt war — nicht benutzt und durch einen neuen ersetzt wurde, auf welchem man das Rundbild Enderleins nicht wieder anbrachte, ist deshalb abzuweisen, weil ja, wie schon erwähnt, die Anordnung bez. Reihenfolge der einzelnen Partieen der Composition auf den Modellen II und III eine verschiedene ist.

Die im Vorstehenden enthaltenen Ausführungen scheinen Manches für sich zu haben. Gleichwohl dürften sie kaum zutreffen. Ganz abgesehen davon, dass von sehr vielen bedeutenderen Zinnarbeiten, wie auf den folgenden Seiten noch häufig zu constatieren sein wird, Wiederholungen bez. Varianten (oft sogar in grösserer Anzahl) vorkommen, ist zunächst wohl zu beachten, dass die auf den wenigen erhalten gebliebenen Exemplaren von Modell III ersichtlichen Zinnstempel unzweifelhaft auf Nürnberg hinweisen, mithin diese Stadt als diejenige angesehen werden muss, in welcher die fraglichen Schüsseln gegossen wurden. Weiter aber kommt die wichtige Thatsache hinzu, dass die beiden Buchstaben, welche man in den (gleich den Reliefs gegossenen) Künstlerbezeichnungen auf den drei zur Zeit bekannten Abgüssen von Modell III erblickt, mit ziemlicher Sicherheit als C und E zu lesen sind und dass wenigstens mehr für wie gegen ihre Deutung als die Initialen Enderleins spricht. Endlich ist noch Folgendes zu erwägen. Unser Meister hat, wie schon Modell II beweist, unstreitig die Briot-Schüssel in den Händen gehabt und als Vorlage benutzt. Auf Modell III befindet sich die Signatur C E (ausser im Feld der Dialektik) auf dem Sockel der Temperantia und auf dem Balken der Geometrie, also an genau denselben Stellen wie bei Modell II bez. IIa, ein Umstand, der bei Annahme eines anderen Urhebers wie Enderlein nicht ohne Weiteres erklärlich sein würde. Und nach dem schon häufig angezogenen Nürnberger Meisterbuch war zu der für die Anfertigung von Modell III in Frage kommenden Zeit unter den Nürnberger Zinngiessern ausser Enderlein nur ein einziger Meister, auf den die Anfangsbuchstaben C E passen würden, nämlich der schon auf Seite 41 erwähnte Christoph Ernst, bezüglich dessen aber ein Nachweis, dass er in anderer Weise wie als einfacher Zinngiesser thätig gewesen sei und kunstvolle Gussformen geschnitten habe, gänzlich fehlt. Hiernach gewinnt die anfangs befremdende Vermuthung Lessings, dass auch Modell III auf Enderlein zurückzuführen sei, ganz bedeutend an Wahrscheinlichkeit. Und sie wird fast zur Gewissheit, wenn man noch in Betracht zieht, dass von Modell III nur sehr wenige Exemplare existieren, mithin dessen Form offenbar nicht oft gebraucht worden ist, und weiter auch die Möglichkeit sehr nahe liegt, dass die abermalige Nachbildung der Briot-Schüssel auf dieselbe Ursache zurückzuführen ist wie der geringe Unterschied zwischen Modell IIa und der Neuenburger Platte, nämlich auf die Beschädigung oder gar Zerstörung der Gussform.

Es ist eine bekannte Thatsache, dass von den Zinngiessern benutzte Steinformen, wenn sie nicht vorsichtig behandelt, insbesondere vor dem Einfüllen des Zinns nicht entsprechend erwärmt werden, leicht zerspringen[illegible]). Aber auch wenn Enderlein nicht, wie Lessing wohl mit Recht annimmt, Solnhofener Stein (Stechstein), sondern das dauerhaftere Messing zu der für die Herstellung der Temperantia-Schüssel bestimmten Form verwendet haben sollte, würde ein Schadhaft-, insbesondere Rissig- oder Brüchigwerden der letzteren keineswegs ausgeschlossen gewesen sein. Bereits auf Seite 39 wurde ja über Hans Buchner berichtet, dass ihm die Kannenform zerbrach, als er 1613 bei Enderlein die Meisterstücke machte[illegible]). Und wer weiss, ob nicht der Umstand, dass ganze Folgen in ihren einzelnen Exemplaren nur wenig von einander abweichender Zinnteller mit Kurfürsten, Blumen und Ranken, Scenen aus der Geschichte der ersten Menschen u. s. w. existieren, daraus zu erklären ist, dass die betreffenden Formen beschädigt bez. mit der Zeit unbrauchbar und deshalb neue für die weitere Herstellung der eingebürgerten und beliebten Muster angefertigt wurden, wobei sich dann gewisse Verschiedenheiten gleichsam von selbst ergaben.

Auch ist es ja denkbar, dass die fragliche Form unserem Meister gestohlen wurde oder sonst abhanden kam oder dass sie ihm etwa gar ein neidischer Concurrent böswillig zerstörte.

Es lassen sich also Gründe genug anführen, welche Enderlein bewogen haben könnten, die Briot-Schüssel ein zweites Mal zu copieren, und sie erscheinen um so glaubhafter, als die sehr geringe Anzahl bis jetzt bekannter Exemplare von Modell III ein Beweis dafür ist, dass dessen Form thatsächlich nur in einigen wenigen Fällen benutzt wurde.

Diese Seltenheit der Abgüsse von Modell III spricht ferner für die Annahme Lessings, dass die Form zu denselben die ältere sei. Und das Gleiche gilt auch von dem Medaillonportrait mit der Umschrift SCVLPEBAT CASBAR ENDERLEIN auf der Rückseite von Modell II. Da unser Meister hier Briot's Composition zum zweiten Mal — und zwar in noch selbständigerer Weise — verwerthete und dies wohl auch deshalb that, weil Modell III Beifall gefunden und den Erzeugnissen seiner Werkstatt als Empfehlung gedient hatte, so hielt er es wahrscheinlich für angemessen, die dreifache Bezeichnung dadurch zu verdeutlichen, dass er die Buchstaben C E in der Randcartouche der Dialektik wegliess, dafür aber auf der Rückseite sein Brustbild mit der bekannten Umschrift anbrachte. Unmöglich ist es ja auch nicht, dass er mit Rücksicht auf Concurrenten diesen so deutlichen Hinweis auf seine Person für angezeigter erachtete, als die Anbringung von Initialen, welche ja auch auf einen anderen Meister, wie z. B. den schon genannten Christoph Ernst, hätten bezogen werden können.

9. Die Zinnstempel auf Enderleins Arbeiten, insbesondere auf seinen Copieen der Temperantia-Schüssel.

Betrachtet man nun aufmerksam die Zinnstempel, welche auf Enderleins Werken, insbesondere auf den verschiedenen zur Zeit bekannten Exemplaren der Modelle II, IIa und III angebracht sind, so findet man, dass dieselben ohne Ausnahme entweder das Nürnberger Wappen (Adler und Schrägbalken) oder die dieses umschliessende Rose aufweisen, mithin als Nürnberger Marken für das „zehntheilige" (d. h. unter einem Centner Zinn zehn Pfund Blei enthaltende) bez. dasjenige Zinn „so auf Englisch art, Purgirt vnd gemacht ist" sich darstellen[illegible]), und ausserdem die Initialen MH, SS, G, IK oder CW zwischen den Schrägbalken des Wappens oder zu beiden Seiten der Rose zeigen[illegible]). Letztere Thatsache ist sehr auffällig. Könnte man doch, da Enderlein selbst Zinngiesser war, erwarten, auf einigen Exemplaren wenigstens Zeichen mit den Buchstaben CE oder anderen „Beigemerken" wie Punkten, Sternen u. s. w. anzutreffen, die sich als Hinweise auf Enderlein auffassen liessen. Es existiert aber, soviel man gegenwärtig weiss, keine einzige mit der gegossenen Künstlerbezeichnung CE versehene reliefierte Zinnarbeit, welche die Lettern CE auch in ihrem Stempel hätte, und nur ein derartiger Krug[illegible]), der zwischen den Schrägbalken seiner gewöhnlichen Nürnberger Marke keine Anfangsbuchstaben, sondern ein Merkmal erkennen lässt, welches einer heraldischen Lilie ähnelt, deren unterer Theil jedoch im Gegensatz zu ihrer gewöhnlichen Form denselben Umfang besitzt wie der obere.

Es liesse sich vielleicht annehmen, dass dies das Zeichen Enderleins sei und dass letzterer darin seine Initialen CE nicht angebracht habe, weil sie schon an anderen Stellen standen. Aber es dürfte dabei nicht ausser Acht gelassen werden, dass das im Kunstgewerbemuseum zu Leipzig befindliche Exemplar der im Folgenden noch näher zu betrachtenden, zwar nicht CE signierten, aber zweifellos von unserem Meister herrührenden Kanne zu dessen Temperantia-Schüssel[illegible]) mit dem Nürnberger Stadtwappen gestempelt ist, zwischen dessen Schrägbalken sich zwei Punkte befinden. Es erscheint mithin auch die Möglichkeit nicht ausgeschlossen, dass dieser Stempel der unseres Künstlers war. Dass die Lettern CE in der Nürnberger Marke einer im Berliner Kunstgewerbemuseum aufbewahrten Vase, deren Ornamente in keiner Weise an die der Werke Enderleins erinnern, schwerlich auf diesen Meister zu beziehen sind, wurde bereits auf Seite 41 näher dargelegt.

Wie erklärt sich nun die befremdende Thatsache, dass Enderlein, anscheinend wenigstens, die schönen von ihm geschaffenen Formen, insonderheit die zu der Temperantia-Schüssel (welche er doch so deutlich als seine Arbeit bezeichnete), nicht selbst zum Zinnguss benutzte, sondern andere Nürnberger Zinngiesser dieselben verwertheten und die daraus gewonnenen Stücke mit ihren Stempeln versahen? Zunächst sei hervorgehoben, dass die letzte Periode von Enderleins Thätigkeit in den dreissigjährigen Krieg und überdies in eine Zeit fiel, in der (wie schon auf Seite 38 berichtet wurde) Nürnberg noch besonders von mannigfachem Missgeschick heimgesucht wurde, und dass ferner die werthvollen und kunstreichen Formen unseres Meisters, deren Ausgüsse ihm Ruhm und Ehre eingebracht hatten, jedenfalls auch noch nach seinem Tod in Gebrauch genommen wurden. Es ist danach verständlich, dass die Erzeugnisse aus Enderleins eigener Werkstatt nicht in derselben Anzahl erhalten bleiben konnten wie die in späteren friedlichen Zeiten unter weit günstigeren Umständen mit Hülfe seiner Formen hergestellten Exemplare, welche vielleicht gerade damals, als in Folge des verheerenden Krieges jedwede künstlerische und kunstgewerbliche Thätigkeit darniederlag und viele Gemeinden aus Noth die geraubten oder in finanzieller Bedrängniss eingeschmolzenen Kirchengeräthe von Edelmetall durch zinnerne ersetzen mussten, besonders hochgeschätzt wurden. Könnte man doch sogar auf den Gedanken kommen, dass erst zu dieser Zeit von einer anderen Hand als der Enderleins durch Einfügung des Rundbilds der Mutter Gottes die Umwandlung der Temperantia-Platte in eine nach Lage der Verhältnisse begehrte und, wie die Exemplare der Lorenzkirche zu Nürnberg[illegible]) und der Kirche zu Neuenburg beweisen, auch thatsächlich als solche benutzte Taufschüssel vollzogen wurde.

Im Uebrigen sei noch Folgendes angeführt. Könnte nicht Enderlein in ähnlicher Weise wie Briot den Betrieb seines ursprünglichen Gewerbes als Zinngiesser, in der Hauptsache wenigstens, nach und nach aufgegeben und sich immer mehr der Herstellung kunstreicher Gussformen gewidmet haben, die er dann an Zinngiesser verkaufte oder gegen Entgelt, ja vielleicht sogar umsonst verlieh. Es würden sich solchergestalt das Fehlen Enderleinscher Stempel und das an der Spitze der Umschrift der Portraitmedaillons der Modelle II und IIa der Temperantia-Schüssel und des auf Tafel 27 wiedergegebenen Tellers gesetzte Wort SCVLPEBAT sehr einfach erklären. Auch wäre ein derartiges Verfahren nicht ohne einen ähnlichen Vorgang. Denn nach den Untersuchungen Rosenbergs[illegible]) ist es sehr wahrscheinlich, dass der bekannte Nürnberger Goldschmied Wenzel Jamnitzer (1508–1585) seine Modelle anderen kleineren Goldschmiedemeistern, deren Hülfe er neben seinen Gesellen und Lehrlingen in Anspruch nahm, zur Benutzung überliess.

Bezüglich der hiernach gleichfalls in Betracht zu ziehenden Möglichkeit, dass Enderlein etwa deshalb, weil er grossen

Zulauf hatte und die ihm gegebenen Bestellungen nicht allein bewältigen konnte, andere Meister seines Handwerks mit dem — ja fast rein mechanischen — Giessen des von ihm Benöthigten beauftragte und dass diese dann die von ihnen gefertigten Gegenstände auch (dem bezüglichen Gebot gemäss) mit ihren Stempeln versahen, sei bemerkt, dass zwar nach einer an verschiedenen Orten in Gültigkeit gewesenen Vorschrift die Zinngiesser nur ihre eigenen Arbeiten verkaufen durften**), dass aber in Nürnberg laut der dortigen Kannengiesserordnung von 1578 eine derartige Bestimmung nicht bestand und Enderlein von derselben bei dem Ansehen, das er genoss, und der Würdigung, die seine künstlerische Thätigkeit gefunden zu haben scheint, auf Ansuchen wohl auch dispensiert worden wäre. Wahrscheinlich gemacht wird die Vermuthung, dass er auf die angegebene Weise der Unterstützung von Zunftgenossen sich bedient habe, auch durch die bereits erwähnte Thatsache, dass er verhältnissmässig sehr wenig Gesellen in Arbeit genommen hat.

Abzuweisen ist wohl der Gedanke, dass die auf den Enderlein-Schüsseln befindlichen, andere Anfangsbuchstaben wie C E zeigenden Marken behufs Documentierung der festgestellten Vorschrifts- und Probemässigkeit nach erfolgter Beschau von den mit dieser betrauten geschworenen Meistern eingeschlagen worden seien. Denn einmal giebt es, wie schon auf Seite 8 erwähnt wurde, bei Zinn überhaupt keine Beschauzeichen von der bei Edelmetallarbeiten fast überall vorkommenden Art. Weiter findet sich unter den uns glücklicherweise in seltener Vollständigkeit erhalten gebliebenen Bestimmungen, welche damals für die Nürnberger Kannengiesser galten, keine, welche etwa eine Ausnahme von dieser Regel festsetzte. Endlich wäre aber auch eine solche Besonderheit bei dem in Nürnberg üblich gewesenen Stempelungsverfahren kaum denkbar. Es wurde ja dort nur eine Marke angebracht: das auf den Herstellungsort hinweisende Nürnberger Wappen mit dem den Verfertiger kennzeichnenden „Beigemerk" (Anfangsbuchstaben, Punkte u. s. w.) zwischen den Schrägbalken bez. die ersteres umschliessende Rose mit den Meisterinitialen zu beiden Seiten. Wie konnte nun dieser eine bereits zwei Funktionen erfüllende (combinierte) Stempel — ohne Hinzufügung eines weiteren Merkmals — noch einem dritten Zweck dienen? Man hätte ja nie gewusst, ob der Betreffende für sich, als Producent, oder in der Eigenschaft als geschworener Meister, als Beschauer, ein Stück markte.

Legt man sich nun die interessante Frage vor, wer die Zinngiesser MH, SS, G, IK und CW waren, welche die Enderleinschen Formen der Modelle II, IIa und III der Temperantia-Schüssel und des auf Tafel 27 ersichtlichen grossen Tellers benutzten**), so gelangt man mit Hülfe des in dem schon oft erwähnten Meisterbuch der Nürnberger Kannengiesser enthaltenen Meisterverzeichnisses zu folgenden Schlüssen.

Die Initialen MH wird man wohl auf Michel Hemersam den Jüngeren deuten dürfen, welcher am 24. Mai 1624 Meister wurde, 1630 bis 1633, 1637 bis 1640 und 1655 bis 1656 Geschworener war und am 18. Januar 1658 starb. Will man annehmen, dass Enderlein bereits bei Lebzeiten seine Formen aus den Händen gab, so könnte man auch an den 1626 verschiedenen Michel Hemersam den Aelteren**) denken sowie an den am 23. September 1583 Meister gewordenen und am 12. Juli 1623 begrabenen Melchior Horchaimer**), bei welchem jedoch zu beachten ist, dass über ihn berichtet wird: „gedachter horchhamer hat in seinem alter vom handwergk gelassen, ist ein wirth worden . . . ." Michel Hoss (Häss, Hoss), welcher am 19. März 1676 als Meister aufgenommen wurde und am 8. Juni 1713 starb, ist zeitlich von Enderlein ziemlich weit entfernt, wodurch freilich die Möglichkeit einer späteren Benutzung von dessen Modellen nicht ohne Weiteres ausgeschlossen wird, da sich gerade bei den Zinngiessern beliebte Formen und Muster oft lange Jahre hindurch im Gebrauch erhalten haben. Wenn Lessing**) bemerkt: „An den von Neudörfer hochgerühmten Zinngiesser Martin Harscher dürfen wir bei MH nicht denken, da derselbe 1523 starb, aber vielleicht an einen Enkel gleichen Namens", so ist hierzu zu bemerken, dass ausweislich des mehrgedachten Nürnberger Meisterbuches ein solcher Enkel nicht existiert hat.

Die Buchstaben SS beziehen sich sehr wahrscheinlich auf den am 10. April 1608 Meister gewordenen und von 1618 bis 1622 Geschworener gewesenen Sebald Stoy (dessen Todesjahr unbekannt ist), denn Sebald Stainmetz (Stainmezs) hörte bereits 1538 auf, „Meisterweiss (als Meister) Zue arbeittenn", Sebastian Seufferheldt starb schon 1577 und Stephan Stauler wurde erst 1770 Meister, während sein Todestag in das Jahr 1809 fiel.

Aus dem Vorkommen der Letter G Folgerungen abzuleiten, fällt schwer, da sie ganz allein steht. Unter der Voraussetzung, dass Enderlein selbst seine Formen Anderen zur Ingebrauchnahme überliess, könnte man auf Martin Gruner den Jüngeren (Meister am 22. Februar 1581, Todesjahr unbekannt) zukommen oder vielleicht noch richtiger auf den bereits auf Seite 35 genannten Thomas Gröneas (Grynäus?), welcher 1597 als Meister aufgenommen wurde und ebenfalls aus Basel zugewandert war. Geht man aber von der Ansicht aus, dass die Modelle unseres Künstlers erst nach dessen Tod von anderen Zinngiessern verwerthet wurden, so bieten sich folgende Namen dar: Michel Gohn (Meister 25. Februar 1646, begraben 17. Januar 1648), Hans Siegmund Geusser (Meister 7. August 1652, gestorben 7. März 1682), Jobst Siegmund Geusser (Meister 7. Juli 1689, Todesjahr unbekannt) und Johann Gräff (Meister 16. Mai 1696, Todesjahr unbekannt).

Die Initialen IK, welche blos in Stempeln von Exemplaren des Modells III vorkommen, wird man wohl auf einen der nachgenannten Nürnberger Zinngiesser beziehen dürfen: auf den schon erwähnten Jörg Kropff**), auf Jacob Koch den Aelteren (Meister 8. Mai 1583, gestorben 27. December 1619), dessen Sohn Jacob Koch den Jüngeren (Meister 17. September 1609, begraben 17. April 1630), oder

Joachim Koch (Meister 11. December 1616, gestorben 1632)[465].

Das „Beigemerk" CW in der Marke des auf Tafel 27 abgebildeten Tellers ist wohl das des am 1. Mai 1615 Meister gewordenen, 1622 bis 1626 und 1654 bis 1655 Geschworener gewesenen und am 14. April 1659 begrabenen Nürnberger Zinngiessers Caspar Wadel (Wadell). Ausser ihm könnte nur ein gleichnamiger, am 23. August 1636 als Meister aufgenommener und 1706 verstorbener Zinngiesser (vielleicht sein Sohn) in Frage kommen.

Die Zinnplatten, auf welche wie in vielen anderen Städten (z. B. in Augsburg und Dresden) so auch in Nürnberg die Meister des Zinngiesserhandwerks gleich nach ihrer Aufnahme als solche und vor Eröffnung ihres Gewerbebetriebes die Stempel, welche sie zu führen beabsichtigten, unter Beigravierung ihres Nanen seiner bezüglichen Vorschrift gemäss einzuschlagen hatten, sind leider aus der hier in Betracht kommenden Zeit nicht erhalten geblieben. Es ist uns damit sehr werthvolles Material für die Lösung der im Vorstehenden erörterten Fragen verloren gegangen[466].

10. Enderleins Kanne zu der Temperantia-Schüssel.

Zu der Temperantia-Schüssel Enderleins gehört nun eine Kanne, die ihm bisher ausnahmslos zugetheilt worden ist und die man ihm auch unbedenklich zuschreiben darf, obgleich sie auffallenderweise nirgends seine Bezeichnung CE trägt, welche doch auf den meisten seiner übrigen Arbeiten und auf einigen derselben sogar mehrere Male angebracht ist. Diese auf Tafel 7 abgebildete Kanne[467]) besitzt einschliesslich des Henkelbogens eine Höhe von 30 Centimetern. Es trifft aber diese Angabe nicht überall völlig zu, denn viele Exemplare haben, gleich denen der Briot-Kanne, neue Henkel. Und da, wo die ursprünglichen noch existieren, sind sie oft verbogen oder ungeschickt wieder angelöthet.

Die Kanne Enderleins hat im Wesentlichen dieselbe Form wie die Briot's, aber sie ist keine wirkliche Copie der letzteren, deren äussere Gestaltung bez. Umrisszeichnung übrigens, wie schon erwähnt, sich nicht als eine Erfindung des grossen Zinngiessers aus Damblain darstellt. Ihr figürlicher und ornamentaler Schmuck erscheint, wenn man von dem (vielleicht zufälligen) Umstand absieht, dass die untere Zone ihres Gefässkörpers gleich der oberen der Briot-Kanne mit Seepferden und mit Mascarons in Cartouchen — aber in anderer Anordnung und von anderer Zeichnung! — decoriert ist, nicht als Wiedergabe Briot'scher Reliefs. Die Figuren des mittleren Frieses sind allerdings Wiederholungen, aber nicht der Compositionen des Graveurs von Montbéliard, sondern der personificierten Erdtheile, welche die Randmedaillons der im Folgenden noch näher zu besprechenden, auf Tafel 24 wiedergegebenen Mars-Schüssel füllen. Das Werk des Nürnberger Meisters weicht sogar von dem des berühmten Lothringers insofern nicht unwesentlich ab, als ersterer den oberen Streifen des Gefässleibes mit genrebildartigen Darstellungen der Jahreszeiten verzierte, während letzterer eine harmonischere und vom künstlerischen Standpunkt aus ansprechendere Wirkung dadurch erzielte, dass er nur eine Zone mit menschlichen Gestalten bedeckte und unter sowie über derselben blos Ornamente anbrachte. Den Fuss der Enderlein-Kanne umzieht eine aus Blättern und Ranken gebildete Bordüre.

Der eiförmige Gefässkörper ist durch zwei hervorragende wagerechte Streifen in drei über einander liegende Abtheilungen geschieden, deren jede durch schmale senkrechte Buckel wiederum in drei neben einander stehende Felder zerlegt wird. Der obere Abschnitt enthält die mit lateinischen Unterschriften versehenen Bilder der Jahreszeiten, nämlich HYEMS vorn in der Mitte, links davon VER und rechts AVTVMNVS. Letzterer Darstellung begegnet man im Wesentlichen auch auf einer ebenfalls die Inschrift AVTVMNVS tragenden, im Kunstgewerbemuseum zu Dresden befindlichen querovalen Plakette (Nr. 24159). Dieselbe ist einschliesslich des sie umgebenden gebuckelten Randes 7,1 Centimeter breit und 5,8 Centimeter (mit dem oben in der Mitte angebrachten Mascaron 6,5 Centimeter) hoch und unterscheidet sich von dem entsprechenden Relief der Enderlein-Kanne — ausser durch etwas grösseren Umfang und vollendetere feinere Ausführung — hauptsächlich dadurch, dass sie ganz links an der Umrahmung noch einen Baumstumpf und vor (nicht neben) dem darüber ersichtlichen bespannten Wagen den zu diesem gehörigen Kutscher zeigt. Zu beiden Seiten der die Jahreszeiten umschliessenden drei Cartouchen erblickt man je einen letzteren den Kopf zuwendenden Delphin. Die Allegorieen des Frühjahrs, des Herbsts und des Winters sind, abgesehen von einigen unbedeutenden Abweichungen, nahezu dieselben, welche sich auch auf dem auf Tafel 38 (No. 1) abgebildeten, CE 1621 bezeichneten Zinnteller sowie auf der auf Tafel 32 ersichtlichen Prunkschüssel wiederfinden, welche wohl ebenfalls als eine Schöpfung Enderleins angesehen werden darf.

Die ziemlich breite Mittelzone schmücken drei von

reichem Rollwerk umrahmte, lateinische Beischriften aufweisende Querovale mit Figuren, die vom Rand der Mars-Schüssel entlehnt sind: nämlich vorn in der Mitte EVROPA, links AFRICA und rechts AMERICA. Der untere Streifen endlich wird durch drei Mascarons in kräftig gegliederten, anders wie bei Briot gezeichneten Cartouchen gebildet, zu deren beiden Seiten geflügelte Seepferde angebracht sind, welche aber nicht gleich denen des berühmten Lothringers den Masken die Köpfe zukehren, vorwärts sprengen und Decken tragen, sondern sich abwenden, aufrecht stehen und blosse Rücken zeigen.

Unter der Wölbung der Ausgussschnauze erblickt man eine bockbeinige Frauengestalt, welche in den Händen und im Kopfschmuck lange Aehren trägt, und unter dem mit einer weiblichen Halbfigur verzierten, ähnlich wie der der Briot-Kanne geformten Henkel einen von Rollwerk umgebenen geflügelten Engelskopf.

Dass die in Rede stehende Kanne gleich der zu ihr gehörigen Enderlein-Schüssel 1611 entstand, wird man wohl unbedenklich annehmen dürfen.

Enderlein hat also, wenn auch im Grossen und Ganzen unter Anwendung derselben Form und Eintheilung, welche die Briot-Kanne aufweist, eine Kanne geschaffen, die mit zum Theil von ihm selbst erfundenen, zum Theil fremden Compositionen — aber nicht denen Briot's! — entnommenen Reliefs geschmückt ist. Dieselbe kann aber nicht als eine Nachbildung in demselben Sinn wie seine Temperantia-Schüssel bezeichnet werden. Sie stellt sich vielmehr als eine in der Hauptsache selbständige sowie in künstlerischer Beziehung werthvolle und sehr beachtenswerthe Leistung dar. An diese Kanne vor Allem muss man denken, wenn man eine zutreffende Vorstellung von der Bedeutung Enderleins als Künstler gewinnen will. Es heisst ihm bitteres Unrecht thun, wenn man ohne nähere Berücksichtigung der damaligen Verhältnisse immer blos darauf hinweist, dass er die Temperantia-Platte des berühmten Lothringers copiert hat. Denn selbst diese Copie bekundet ein so vielseitiges technisches Können und ein so selbständiges und eigenartiges Verwerthen der fremden Erfindung, dass sie nicht als eine gewöhnliche Nachbildung, sondern gewissermaassen als eine den Stempel einer anderen bedeutenden Individualität tragende Neuschöpfung desselben Kunstwerks erscheint. Nirgends ahmt der Hauptmeister des deutschen Edelzinns sclavisch nach. Ueberall treten trotz der Benutzung des fremden Vorbilds seine Persönlichkeit und seine Auffassung hervor. Und wenn er auch nicht die unvergleichliche Schönheit und Vollendung der Briot'schen Werke erreicht, sondern (möglicherweise nur in Folge der auch ihn unwillkürlich beeinflussenden Anschauungsweise seiner Umgebung) schwerfälliger und derber ist, so zeigt er doch auch in mancher Beziehung einen richtigeren künstlerischen Blick wie der Graveur von Montbéliard, namentlich darin, dass er dessen beinahe überreiche und überzierliche Compositionen, in denen an vielen Stellen dem Detail und Füllwerk etwas zu grosse Bedeutung eingeräumt ist, vereinfacht und damit zu einer einheitlicheren und ruhigeren Wirkung gebracht hat.

Dass Enderlein Briot auf seine Weise copierte, lässt sich ja gar nicht bestreiten. Aber diese Thatsache muss nur auch von dem Standpunkt aus beurtheilt werden, den seine Zeitgenossen in dieser Beziehung einnahmen. Es ist bereits wiederholt hervorgehoben worden, dass dieselben die Benutzung fremder Entwürfe und Modelle ganz anders beurtheilten wie wir und für durchaus unbedenklich und erlaubt hielten. Legte man doch mit Recht gegenüber der Zeichnung und dem Gedankeninhalt eines Kunstwerkes besonders grossen Werth auch auf die Bethätigung technischer Fertigkeit und Ausbildung, welcher es zu dessen Hervorbringung bedurfte. Und noch heutzutage wird Niemand den Ruhm von Bernard Palissy deshalb schmälern wollen, weil dieser grosse Kunsttöpfer während seiner ersten Periode in der Natur vorhandene Gegenstände einfach abformte und später ihm als geeignete Vorbilder erscheinende Arbeiten Anderer, darunter — angeblich — auch die Temperantia-Schüssel Briot's, ohne Weiteres als Modelle für seine Erzeugnisse verwendete.

Wir dürfen, um Enderlein und andere nachschaffende Meister jener Zeit gerecht und unbefangen würdigen zu können, nie vergessen, dass dieselben gar nicht Neues erfinden, sondern nur den schon vorhandenen Schatz von Vorlagen verwerthen wollten und dass sie das Verdienstliche ihrer Thätigkeit blos in einer vollendeten Ausführung und in einer einsichtsvollen künstlerischen Benutzung bereits existierender fremder Motive zu ihren decorativen Zwecken erblickten. Das Erfinden war eben Sache anderer Künstler. Man denke nur an die zahllosen damals entstandenen Ornamentstiche und an die Fülle kunstgewerblicher Entwürfe Holbeins, Dürers und der Kleinmeister.

Auch ist nicht ausser Acht zu lassen, dass man gerade unter den Edelzinnarbeiten theils mit geringfügigen, theils auch mit recht wesentlichen Abänderungen vorgenommenen Wiederholungen derselben Compositionen in ganz überraschend grosser Anzahl begegnet. Man erinnere sich nur der vielen Varianten der sogenannten Briot-Vase. Und auch im Folgenden wird sich speziell an Werken Enderleins, wie an der Schale mit Loth und seinen Töchtern, der Schale mit St. Georg und dem Tellerchen mit dem Doppeladler und den Putten, deutlich zeigen, dass von den meisten bedeutenderen Stücken Copieen und zwar oft sogar mehrere existieren. Lässt sich doch dieses Vorhandensein mehr oder weniger getreuer Repliken bis in die schon an das Handwerksmässige streifenden Folgen der Teller mit Kurfürsten, Blumen und Ranken, Scenen aus der Geschichte der ersten Menschen, Wappen der schweizerischen Cantone u. s. w. verfolgen[87]).

Mit Recht sagt Graul[88]): „. . . il semble qu'on ait par trop rabaissé la valeur de ce dernier (Enderlein). Étudiez consciencieusement les différences que le maître de Nuremberg a su introduire dans son imitation, et vous conviendrez que le faire plus large, que la recherche d'une composition moins détaillée est d'un maître capable d'être original à son heure". Und wer bürgt übrigens dafür, dass Briot's Temperantia-Schüssel wirklich allenthalben ein Original ist und dass nicht eines Tages die Vorlage entdeckt wird, nach welcher sie angefertigt wurde?[40]).

Schliesslich ist auch nicht ausser Acht zu lassen, dass Enderleins Portraitmedaillon in Bezug auf Charakteristik und feine Durchbildung höher steht wie dasjenige Briot's. Der berühmte Nürnberger war also recht wohl im Stand, auch ohne Vorbild Bedeutendes zu schaffen.

11. Die Mars-Schüssel und die zu ihr gehörige Kanne.

So eifrig die französischen Autoren auch bestrebt gewesen sind, den Nachweis zu erbringen, dass Briot Franzose und der Schöpfer der Temperantia-Schüssel nebst Kanne, Enderlein aber nur der Copist war, so einmüthig haben sie merkwürdigerweise dem bekannten Nürnberger Meister die schon bei flüchtiger Betrachtung als eine um 1600 entstandene französische Arbeit sich darstellende, auf Tafel 24 abgebildete Mars-Schüssel zugeschrieben[41]). Dieselbe hat einen Durchmesser von 48,8 Centimetern und ist somit die grösste der verschiedenen uns erhalten gebliebenen Prunkschüsseln, von denen sie sich auch dadurch unterscheidet, dass sie die reichste und wohl auch die effectvollste Gliederung besitzt. Ohne — namentlich im Detail — die vollendete Schönheit und Durchführung der Briot-Platte zu zeigen, steht sie derselben, was die Gesammtwirkung anbelangt, keineswegs nach, sondern übertrifft sie sogar in mancher Beziehung.

Eine gleich ihrem Reliefschmuck gegossene erhabene Künstlerbezeichnung: Initialen, ein Medaillonportrait, eine den Namen des Graveurs ihrer Form enthaltende Inschrift oder Aehnliches weist sie nirgends auf. Und da auf den dem Schreiber dieser Zeilen bekannten Exemplaren auch weder Stadt- noch Meistermarken, sondern nur vereinzelt einen Anhalt nicht bietende Besitzerstempel[42]) vorkommen, so lässt sich leider zur Zeit der Künstler, dem wir dieses hervorragende Werk verdanken, nicht bestimmen[43]).

Einige im Folgenden noch zu erwähnende grössere figürliche Darstellungen auf der Mars-Schüssel zeigen Verwandtschaft mit Stichen von Etienne Delaune, während von den Einzelheiten, welche als Verzierungen die die Cartouchen mit diesen allegorischen Gestalten von einander trennenden Zwischenabtheilungen füllen, gar Manches an die Blätter von Theodor de Bry (1528–1598) und Johann Theodor de Bry (1561–1623) erinnert.

Die im Folgenden zu gebende Beschreibung muss etwas ausführlicher sein als die anderer Edelzinnwerke, weil die Mars-Schüssel dasjenige Stück ist, von welchem am häufigsten einzelne Theile der Composition zur Decoration anderer reliefierter Zinnarbeiten verwendet worden sind. Wir haben bereits gesehen, dass die in den Medaillons ihres Randes enthaltenen personificierten Erdtheile nicht nur auf dem auf Seite 19ff. besprochenen Zinnkrug (vergl. den Lichtdruck Tafel 11 No. 2), sondern auch auf der soeben geschilderten Enderlein-Kanne (Abbildung auf Tafel 7) wiederholt sind. Und wir werden im Nachstehenden auch noch einer grösseren Anzahl anderer Zinngeräthe begegnen, auf welchen nicht nur Figuren, sondern auch Ornamente sich finden, die von der Mars-Schüssel entlehnt sind. Ein aufmerksamer Vergleich der letzteren mit dieser ganzen Gruppe von Exemplaren, welche in der Ausführung (und zwar namentlich in der Behandlung der Körperformen) schwerfälliger und unvollkommener sind, ergiebt zur Genüge, dass die Mars-Platte das Original ist.

Schon aus diesem Grund dürfte die Behauptung, dass dieselbe von Enderlein herrührt, zurückzuweisen sein. Es wäre doch unerklärlich, weshalb dieser Meister die nämlichen Gestalten auf seiner angeblichen Schüssel um so viel anmuthiger und vollendeter dargestellt haben sollte wie auf seiner Kanne oder auf seinem Krug und seinem grossen Teller, die wir beide noch näher zu betrachten haben werden[44]). Er hat eben, wie bei der Temperantia-Platte, so auch hier copiert und ist in Folge seiner geringeren Virtuosität und seiner völlig deutschen, auf Eleganz keinen besonderen Werth legenden Anschauungsweise hinter dem durchgeführteren und graziöseren französischen Vorbild zurückgeblieben. Bapst[45]) sagt zwar: „Gaspard Enderlein n'en fut pas moins un artiste de talent. Il existe un plat, assez rare en France, qui porte toujours, à quelques exceptions près, sa signature. Au centre de ce plat est la figure de Mars assis tourné à droite . . . ." Und R. v. S.[46]) behauptet, dass die Mars-Schüssel Enderleins Portrait aufweise. Aber dies ist nicht richtig. Wie schon erwähnt wurde, findet man auf keinem der erhaltenen Exemplare der Mars-Platte (abgesehen von Besitzerstempeln) eine Bezeichnung irgendwelcher Art. Vielleicht hängt die Sage von dem angeblich vorhandenen Bildniss Enderleins mit dem auf Tafel 27 ersichtlichen grossen Teller zusammen, dessen breiter Rand mit den nach der Mars-Schüssel copierten Figuren der vier Erdtheile und dessen vorderes Mittelstück mit einem dem der Rückseite der Temperantia-Platte fast völlig gleichenden, die Umschrift SCVLPEPAT (sic!) CASPARVS ENDERLIN tragenden Portraitmedaillon Enderleins geschmückt ist.

Will man nun bei dieser Sachlage das französische Gepräge, welches die in Rede stehende Prunkschale dem Gesammtcharakter und den Einzelheiten ihrer reichen und eleganten Composition nach entschieden trägt und welches auch sogar von Bapst[406]) nicht in Abrede gestellt wird, nicht bereits ohne Weiteres als ausschlaggebend ansehen, so wird jeder Zweifel daran, dass nicht nur die Zeichnung, sondern auch die Ausführung von einem Franzosen herrührt, schwinden müssen, sobald man die Beischriften PAIX, ABONDANCE und GVERRE der drei allegorischen Figuren liest, welche in den drei Querovalen der mittleren Zone der zu der Mars-Schüssel gehörigen, auf Tafel 25 abgebildeten und im Folgenden noch zu besprechenden Kanne angebracht sind. Diese Allegorieen, welche mit einigen Abänderungen auch auf der Mars-Platte wiederkehren, sind nämlich auf Stiche von Etienne Delaune zurückzuführen, welche lateinische Beischriften (PAX, ABONDANTIA (sic!), BELLVM) haben[407]). Letztere aber hätte doch ein deutscher Formgraveur sicherlich durch deutsche und nicht durch französische Worte ersetzt.

Ganz abgesehen davon, dass die Mars-Schüssel mit keiner auf Briot, der doch seine sämmtlichen Arbeiten so sorgfältig bezeichnete, hinweisenden Signatur versehen ist, schwindet auch die Vermuthung, sie diesem Meister zuzuschreiben, bei einem längeren aufmerksamen Vergleich mit der Temperantia-Platte immer mehr und mehr. Denn während letztere an italienische Vorbilder erinnert und trotz ihres so reichen Reliefschmucks den maassvolleren Geschmack einer früheren Entstehungszeit bekundet, sind viele Motive der ersteren französischen Compositionen verwandt und lassen, wie auch die Anordnung des Ganzen, den mehr auf das Prunkvolle und rein Decorative gerichteten Sinn späterer, um 1600 zu setzender Jahre erkennen.

Die Mars-Schüssel hat ein etwas emporgetriebenes, der Kanne als Untersatz dienendes rundes Mittelstück, welches einen durch das unter ihm zu lesende Wort MARS als Kriegsgott bezeichneten, vollständig gerüsteten Krieger sitzend und nach rechts gewendet in einer Landschaft darstellt, deren Hintergrund eine brennende Stadt aufweist. Dieses erhöhte Rundbild umgeben zwei reich verzierte Zonen, von welchen die äussere an die völlig glatte, zu dem Rand überleitende Auswölbung anstösst. Der breitere innere gewölbte Fries umschliesst vier Medaillons, welche in rechts unter Mars, nach welchem die Schüssel ihren Namen führt, beginnender Reihenfolge die allegorischen Figuren BELLVM, INVIDIA, PAX und ABVNDANTIA enthalten. Den Krieg personificiert die nach rechts gekehrte Kriegsgöttin, welche in antiker Rüstung zwischen Waffenstücken (Panzern, Lanzen, Fahnenstangen, Pfeilbündeln, Helmen u. s. w.) sitzt. Die Inschrift INVIDIA, die vielleicht richtiger FAMES zu lauten hätte[408]), steht unter einer halbnackten, abgemagerten, weiblichen Gestalt, welche sich auf einer Rasenbank niedergelassen hat und mit der Rechten eine Schlange hält, mit der Linken aber einen nicht deutlich erkennbaren Gegenstand (Wurzel? Knochen? Pfeil?) emporhebt, als wollte sie ihn zum Mund führen. Der Friede erscheint als eine dem Beschauer voll zugewendete Frau, welche, vor einem wohlgepflegten, mit Schranken umgebenen Garten sitzend, in der erhobenen rechten Hand einen Oelzweig trägt, während sie mit der linken eine Fackel gegen ein Bündel von Waffen kehrt, das in Flammen aufgeht. Die ABVNDANTIA endlich stellt sich als ein bekleidetes Weib auf einer vor einem Baum befindlichen Rasenbank dar, welches mit der Rechten eine Schale hoch hält und mit der Linken nach in einer Vase neben ihr stehenden Früchten greift. In den vier Feldern zwischen den beschriebenen Medaillons ist je eine Maske mit fächerartig geordneten Blättern in den Haaren und einem unten ausgebogten Tuch um das Kinn angebracht. Darunter erblickt man auf den Abtheilungen zu beiden Seiten des Mittelstücks je zwei Fruchtbündel, auf denen gerade unter und über dem Nabelrund je zwei einander den Rücken zukehrende Putten.

Das Hauptmotiv der zweiten schmäleren Zone bildet ein Vogelweib, welches mit ausgebreiteten Flügeln auf einem in verschiedener Weise (mit Räuchergefässen oder mit Blumenstücken und Fransentüchern) decorierten niedrigen Gestell hockt. Derartige Figuren finden sich auf den beiden Axen der Schüssel, also genau über und unter dem Mars sowie rechts und links von demselben (stets in gleicher Linie mit den Masken der ersten Zone). Dieses sonach viermal sich wiederholende Hauptmotiv wird zu beiden Seiten von je einer spiralig endenden, mit langen Blättern versehenen Ranke flankiert, auf deren oberer Windung eine geflügelte Schnecke sitzt. Die den ovalen Cartouchen des ersten Frieses der Lage nach entsprechenden Partieen des zweiten zeigen insgesammt zur Rechten und zur Linken einer die Mitte bildenden Gruppe verschiedener Motive Ziegenböcke, die kleine geflügelte, gegen einander ankämpfende Putten tragen und auf seitwärts in die vorerwähnten Ranken übergehenden niedrigen Gestellen stehen. Sowohl diese Böcke und Gestelle wie auch die zwischen ihnen befindlichen Motivgruppen (je zwei Mal Fruchtbündel unter lambrequinartigen Gehängen bez. weibliche Masken unter gewölbten Baldachinen) sind in zweierlei Weise gebildet und dergestalt geordnet, dass immer die correspondierenden Abtheilungen (also z. B. die über BELLVM und die über PAX) bis in alle Einzelheiten hinein in gleicher Weise verziert sind.

Der Rand zeigt in gewissen Abständen abwechselnd vier eckige und vier ovale Bildfelder, erstere mit den Figuren berühmter Feldherren und Herrscher, letztere mit — theilweise wenigstens — etwas an Stiche von Etienne Delaune[409]) erinnernden Darstellungen der Erdtheile. Gerade über dem Mars des Mittelstücks erblickt man AFRICA, dann folgen nach rechts CYRVS, AMERICA, ALEXANDER MAGNVS, EVROPA, C. IVLIVS CAESAR, ASIA, NINVS. Die Umrahmungen dieser Darstellungen sind durch kräftiges Band- und Rollwerk mit einander verbunden, das mit verschiedenen, theils figürlichen theils ornamentalen Motiven durchsetzt ist. Letztere lassen die zwischen den vorgenannten Gestalten verbleibenden Zwischenräume als angemessene Unterbrechungen bewirkende Zierfelder erscheinen und kehren mit geringen Abweichungen je zwei Mal und zwar stets an den einander genau entsprechenden Stellen wieder. Es ergiebt sich somit die nachstehende Reihe: 1) zwischen AFRICA und CYRVS eine Trophäe, unter welcher ein Mascaron und zwei einander zugekehrte phantastische Vögel in der Art der de Bry; 2) zwischen CYRVS und AMERICA eine männliche Gestalt mit gespreizten Bocksbeinen, welche in beiden Händen Fackeln hält; zu ihren Häupten Grillen, zu ihren Füssen Schnecken; 3) zwischen AMERICA und ALEXANDER MAGNVS unter einem Baldachin ein Behälter mit Blumen und Früchten sowie zwei Zweigen, auf denen zwei den schon unter 1) erwähnten gleichende Vögel sitzen; 4) zwischen ALEXANDER MAGNVS und EVROPA die Halbfigur eines gehörnten Weibes mit ausgebreiteten Flügeln anstatt Armen; 5) zwischen EVROPA und C. IVLIVS CÆSAR eine etwas anders gebildete, aber mit demselben Beiwerk wie die unter 1) versehene Trophäe; 6) zwischen C. IVLIVS CÆSAR und ASIA dieselbe Gestalt wie die unter 2), aber statt der Schnecken qualmende Lämpchen und an Stelle der Grillen Gehänge mit Ringen; 7) zwischen ASIA und NINVS ein hoher korbähnlicher Blumenbehälter von etwas anderer Form wie der unter 3) angeführte; Beiwerk (Baldachin u. s. w.) identisch; 8) zwischen NINVS und AFRICA genau dieselbe Halbfigur wie die unter 4) beschriebene; in den umrahmenden Einzelheiten ganz geringfügige Abweichungen.

Der Gedanke, welcher zwischen den einzelnen Partieen des reichen figürlichen und ornamentalen Schmucks der Mars-Schüssel einen inneren Zusammenhang herstellt, ist der, die Wirkungen des durch Mars verkörperten Kriegs und seines Gegensatzes, des Friedens, zu veranschaulichen und die Bedeutung des ersteren an vier der berühmtesten Feldherren und Herrscher zu zeigen, welche sich durch die Gewalt ihrer Waffen die in den allegorischen Figuren ihrer vier damals bekannten Theile dargestellte Welt unterwarfen. Diese Grundidee gelangt auf sinnige Weise auch in dem Beiwerk zum Ausdruck, welches nebst Anderem kriegerische Trophäen und die Segnungen der Friedenszeiten versinnbildlichende Gefässe mit Früchten und Blumen aufweist.

Verwandt mit der Mars-Schüssel scheint eine grosse Platte gewesen zu sein, welche Cicognara[illegible]) zu Anfang dieses Jahrhunderts in Padua bei einem gewissen Moisè Trieste (der sie mit anderen Antiquitäten nach dem Metallwerth in Brescia gekauft hatte) sah und in der nachstehenden ausführlichen Weise beschrieb. „Es ist dies ein grosses Becken (bacino), in dessen Mitte sich früher eine kleine Erhöhung (uno scudetto rilevato) befand, die man entfernt hat, um seine Herkunft oder vielleicht auch den Namen der Familie oder der kirchlichen Anstalt (santuario) zu verbergen, denen es früher gehörte. Die erste Zone der Abtheilungen (il primo giro dei compartimenti) stellt die vier Erdtheile und die vier Jahreszeiten unter vielen Emblemen (mediante molti emblemi) dar, welche von verschiedenen, sehr anmuthig gezeichneten Kinderfiguren (vari putti benissimo scherzati) gehalten werden. Der zweite Fries zeigt acht Haupttugenden in sehr hübschen Feldern (vaghissimi compartimenti), die überdies mit besonders schönen Thierchen und Masken geschmückt sind. Der Rand ist in ansprechender Weise ausgefüllt mit sehr verschiedenen Thieren, Trophäen, Musikinstrumenten und Arabesken von feinster und zierlichster Ausführung." Wohin diese interessante Platte, die bei der Aehnlichkeit und dem besonderen Reichthum ihrer Composition an den Meister der Mars-Schüssel denken lässt, später gekommen ist, war leider nicht in Erfahrung zu bringen. Ein anderes Exemplar aber ist nicht bekannt.

Bestimmt, mit der Mars-Schüssel ein Ganzes zu bilden, ist die auf Tafel 25 reproducierte, einschliesslich des Henkelbogens ungefähr 29 Centimeter hohe[illegible]) Kanne[illegible]), welche im Wesentlichen dieselbe Form und Gliederung hat wie diejenige Briot's und erhabene gegossene, also bereits in der Form angebracht gewesene und auf deren Schöpfer hinweisende Buchstaben nirgends trägt. Auf der unteren Seite des gewölbten vorderen Theils des Ausgusses befindet sich ein Puttenkopf in reicher ornamentaler Umrahmung, unter dem Henkel, welcher dem der Briot-Kanne ähnelt, eine Faunsmaske. Der eiförmige Gefässkörper ist ebenfalls in drei horizontale Streifen zerlegt, von denen jeder wieder in drei Abtheilungen zerfällt. Die obere Zone enthält, zwischen ihre drei Abschnitte trennenden langgezogenen verticalen Buckeln, dreimal dieselbe von der Briot-Kanne entlehnte bockbeinige Frauenfigur mit Flügeln, beseitet von Fruchtbündeln, Rollwerk und phantastischen Vögeln in der Art der de Bry. Der mittlere Fries zeigt drei querovale, von Band- und Rollwerk umgebene und durch solches auch mit einander verbundene Medaillons, zwischen denen Zweige, schlanke Behälter mit Früchten und lambrequinartig angeordnete Tücher mit gezackten Rändern angebracht sind. Vorn in der Mitte erblickt man die ABONDANCE, welche mit der ABVNDANTIA der Mars-Schüssel in der Hauptsache übereinstimmt; im Beiwerk einige Abweichungen, z. B. statt der Vase ein hohes korbähnliches Behältniss mit Früchten. Links von dieser allegorischen Darstellung befindet sich die des Friedens (PAIX), ähnlich dem mit der Unterschrift PAX versehenen Relief der Schüssel, aber mit nicht unwesentlichen Unterschieden im Detail: so fehlt der Garten im Mittelgrund und links vorn ist noch ein Hund hinzugefügt. Rechts von der Personification des Ueberflusses ist die von der Beischrift GVERRE begleitete des Kriegs, welche dem BELLVM der Platte sehr nahe kommt und nur einige geringfügige Verschiedenheiten z. B. darin zeigt, dass die beiden Helme nicht auf, sondern über dem Schild stehen, welcher unter dem Fuss der Kriegsgöttin liegt. Die angegebenen französischen Beischriften befinden sich nicht, wie die entsprechenden lateinischen der Schüssel, auf der Mitte des unteren Randes der Cartouchen, sondern links und rechts von letzteren auf dem mit kleinen runden Erhöhungen gleichmässig bedeckten Grund hart an der unteren Kante der Mittelzone. Der Streifen endlich, welcher über der auf den Fuss folgenden Einschnürung liegt, ist durch längliche Buckel in drei Felder getheilt und weist entfernt an den oberen Fries der Briot-Kanne erinnernde Ornamente auf, nämlich drei verschiedene Mascarons, welche mit Rollwerk, Fruchtbündeln und gefransten Tüchern von nahezu gleicher Zeichnung umgeben sind.

Es kommen auch Mars-Kannen vor mit zungenförmigen gewölbten Deckeln, welche eine von Rollwerk, Stoffgehängen und Zweigen umschlossene weibliche Halbfigur mit schneckenartig gebildeten Armstumpfen schmückt. Ob diese Deckel etwa spätere Zuthaten bez. die mit ihnen versehenen Exemplare Nachgüsse sind, mag dahingestellt bleiben. Völlig unverdächtige derartige Deckel dürften wohl kaum existieren. Jedenfalls haben gerade die schönsten der uns erhalten gebliebenen Mars-Kannen keine Klappdeckel.

12. Zinnarbeiten mit der Mars-Schüssel entlehnten Darstellungen:

Die Enderlein-Kanne mit Krieg, Ueberfluss und Frieden, der Enderlein-Krug, der grosse Enderlein-Teller mit den Erdtheilen, der Teller mit dem Vogelweib-Fries, der Leuchter mit Vogelweibern u. s. w., die Kanne mit Grottesken sowie Figuren von Feldherren und Erdtheilen, Plaketten sowie Sand- und Tintenfässer mit Reliefs nach der Mars-Schüssel.

Einzelheiten der Mars-Schüssel sind nicht nur, wie schon bemerkt wurde, zur Ausschmückung der Kanne Enderleins (Tafel 7) und des auf Tafel 11 No. 2 abgebildeten sogenannten Briot-Krugs, sondern auch zur Decoration anderer Zinnarbeiten mehrfach verwendet worden.

An die Spitze der hier in Frage kommenden, zahlreiche beachtenswerthe Stücke umfassenden Gruppe ist die auf Tafel 26 wiedergegebene, 28 Centimeter hohe Kanne zu stellen, da sie gewissermaassen als eine zweite, deutsche Mars-Kanne sich erweist. Nach der an ihrem Bauch befindlichen Bezeichnung CE 1610 hat man sie Enderlein zuzuschreiben. Sie ist, abgesehen von einzelnen Theilen, welche bei näherer Betrachtung als spätere Zuthaten erscheinen, im Wesentlichen eine Nachbildung der Mars-Kanne und legt den Gedanken nahe, dass der berühmte Nürnberger sie als Aufsatz zu einer Schüssel schuf, die er in ähnlicher freier Weise wie die Temperantia-Platte nach der Mars-Schüssel copierte.

Der Gefässkörper zeigt die gewöhnliche Eintheilung in drei horizontale Zonen, von denen die untere und die mittlere in der Hauptsache mit den entsprechenden Theilen der Mars-Kanne übereinstimmen, also Mascarons in Cartouchen bez. Darstellungen von Krieg, Ueberfluss und Frieden in Beischriften entbehrenden Medaillons zeigen. Abweichungen finden sich in Einzelheiten, z. B. verdeckt das linke Knie der Kriegsgöttin den einen der beiden Helme bei Enderlein mehr wie auf dem französischen Original. Die gesammte Ausführung, deren Charakter (namentlich bezüglich der Körperformen) völlig mit dem der Enderlein-Schüssel und -Kanne übereinstimmt, ist auf der Nürnberger Copie schwerfälliger und derber.

Der obere Streifen, welcher in drei querovalen, mit den Unterschriften HORATIVS, CAIVS MVTIVS und MARCVS CVRTIVS versehenen Feldern Krieger aufweist, und wohl auch der Hals sowie der Henkel sind spätere Ergänzungen. Es ergiebt sich dies für den besprochenen Fries daraus, dass in dem HORATIVS unterschriebenen Relief die berittene Mittelfigur auf ihrem Schild die erhabenen, gegossenen Buchstaben IK trägt. Dieselben Initialen sind auch zu beiden Seiten einer das Nürnberger Wappen umschliessenden Rose (Qualitätsmarke) angebracht, welche auf der Unterseite des Fusses eingestempelt ist. Es hat also der zugleich als Zinnmodelleur und als Zinngiesser thätig gewesene Nürnberger Meister IK, über welchen auf Seite 47 ff. und 61 Näheres gesagt ist, zu der fraglichen von Enderlein geschaffenen Kanne, deren (Theil-) Formen er in den Händen hatte und zum Guss benutzte, eine neue Form für das Oberstück geschnitten und verwendet, vielleicht weil die alte schadhaft geworden war. Der Hals ist mit dem der Briot-Kanne identisch und auch deren Henkel ähnelt sehr demjenigen des in Rede stehenden Gefässes. Man wird also vielleicht auch hier nachträgliche Zuthaten zu Enderleins Arbeit annehmen dürfen. Die beschriebene Kanne ist bis jetzt nur in einem einzigen Exemplar bekannt, welches der Sammlung Stroganoff in Rom angehört. Dort entdeckte es Lessing und machte über seine Existenz und Bedeutung dem Schreiber dieser Zeilen dankenswerthe Mittheilungen.

Angeführt sei weiter, da er gleich der besprochenen Kanne ein Werk Enderleins ist, der auf Tafel 11 unter No. 1 wiedergegebene, einschliesslich des Deckelknopfes eine Höhe von 17,3 Centimetern besitzende Krug. Der in drei Abtheilungen zerfallende Mantel desselben ist mit den nämlichen Figuren der Erdtheile vom Rand der Mars-Schüssel geschmückt wie die Mittelzone der Enderlein-Kanne (Tafel 7). Aber während beide Stücke die Europa vorn in der Mitte zeigen, erscheinen auf dem Krug rechts Afrika und links Amerika, auf der Kanne dagegen links Afrika und rechts Amerika. Ausser den die genannten allegorischen Gestalten einschliessenden, mit Inschriften in grossen lateinischen Buchstaben versehenen Cartouchen erblickt man in jedem der drei Felder dieselben (im Wesentlichen dem zweiten der um das Mittelrund der Mars-Schüssel gelegten Friese entnommenen) Ornamente: oben je ein Vogelweib zwischen zwei Fruchtbündeln, unten je ein Mascaron, umgeben von Rollwerk, welches nach beiden Seiten in mit Blättern versehene, spiralig endende Ranken ausläuft, auf denen Schnecken kriechen. Die erhabenen, also bereits in der Gussform angebracht gewesenen Buchstaben C E, welche man unbedenklich als die Initialen von Caspar Enderlein wird betrachten dürfen, finden sich dreimal vor: im Medaillon der Amerika links unten bei der Spitze des von derselben gehaltenen Pfeils, im Queroval der Europa an dem ihr als Sitz dienenden Sockel und in der Cartouche der Afrika links am Rand neben dem gewundenen Ende des den Köcher umschlingenden Bandes. Die Dreitheilung ist auch auf den Deckel übertragen, welcher drei einander gleiche und durch lange verticale Buckel getrennte geflügelte Engelsköpfe aufweist. Dem auf Tafel 11 No. 1 wiedergegebenen Exemplar der Sammlung Demiani-Leipzig ist der bereits auf Seite 46 beschriebene Nürnberger Stempel eingeschlagen.

Als eine Arbeit Enderleins ist auch der auf Tafel 27 reproducirte, einen Durchmesser von 30,5 Centimetern besitzende Teller anzusehen. Ein prächtiges, mit dem gewöhnlichen Nürnberger Stempel (in Herzform, zwischen den Schrägbalken die wohl Caspar Wadel — vgl. Seite 48 — zu lesenden Buchstaben C W) versehenes Exemplar desselben, welches 1883 auf der schweizerischen Landes-Ausstellung zu Zürich (siehe Seite 207 No. 39 des Spezial-Catalogs der Gruppe XXXVIII „Alte Kunst") gerechte Bewunderung erregte, befindet sich im Eigenthum der Familie Hanhart-Graf in Dietikon (Schweiz).

Der etwas abwärts gebogene breite Rand enthält in vier queroyalen Medaillons Reliefs der Erdtheile, welche in der Hauptsache mit den entsprechenden der Mars-Schüssel übereinstimmen. Die Felder zwischen diesen Cartouchen füllen reiche Verzierungen, welche nach dem Rand von Briot's Temperantia-Platte copiert und mit Rücksicht auf die verschiedenen Raumverhältnisse etwas verschoben und verändert sind. Zwischen Europa und Amerika erblickt man (in seiner Mitte die erwähnte Nürnberger Marke tragend) das die Grammatik von der Dialektik trennende Ornament, zwischen Amerika und Afrika die zwischen der Arithmetik und Geometrie angebrachten Motive, zwischen Afrika und Asia (die Unterschrift lautet AISA) das Füllwerk, welches von der Minerva zur Astrologie überleitet, und zwischen Asia und Europa die durch Bandverschlingungen sich windenden Schlangen, welche den Platz zwischen der Rhetorik und Musik einnehmen. Das von einem völlig glatten ausgetieften Streifen umzogene Mittelrund zeigt ein dem auf der Rückseite der Modelle II und IIa der Temperantia-Schüssel ersichtlichen sehr ähnliches Portraitmedaillon Enderleins mit der Umschrift SCVLPEPAT (sic!) CASPARVS ENDERLIN.

Der durch die Schreibweise des Familiennamens nahegelegte Gedanke, dass man es hier mit einem frühen, bald nach der Uebersiedelung unseres Meisters von Basel nach Nürnberg geschaffenen Werk zu thun haben konnte, verdient wohl nicht, weiter verfolgt zu werden, da die Mars-Schale, welche das Vorbild für die Figuren der Erdtheile abgab, wohl kaum früher als um 1600 entstand und jedenfalls schwerlich eher in weiteren Kreisen bekannt wurde und weil ein Blick auf das Portraitmedaillon lehrt, dass sein Schöpfer bereits ein Mann in reiferen Jahren war.

Ferner ist zu erwähnen der auf Tafel 28 wiedergegebene, einen Durchmesser von 18,2 Centimetern besitzende Teller der Sammlung Demiani-Leipzig. Sein Rand ist in der Hauptsache ebenfalls der äusseren der beiden das Mittelstück der Mars-Platte umschliessenden Zonen nachgebildet. Als Hauptmotive wechseln Vogelweiber auf Gestellen und Mascarons unter Baldachinen ab und dazwischen kehren auch die bereits näher beschriebenen Ranken wieder, auf welchen aber hier verschiedenartige Vögel sitzen. Die zum grössten Theil glatte und sehr wenig vertiefte Mittelfläche zeigt lediglich ein rosettenartiges Ornament von recht mittelmässiger Zeichnung. Es scheint erst in späterer Zeit entworfen zu sein und darauf hinzudeuten, dass dieser Teller von wesentlich jüngerem Datum ist wie die Mars-Schüssel. Das dem Schreiber dieser Zeilen nur in einem Exemplar bekannte Stück trägt den gewöhnlichen Nürnberger Stempel mit einem Punkt zwischen den Schrägbalken.

Dem Vogelweib der Mars-Schüssel und den Mascarons, welche auf derselben zwischen BELLVM, INVIDIA, PAX und ABVNDANTIA angebracht sind, begegnen wir auf zwei einander völlig gleichen Leuchtern, die 1896 auf der schweizerischen National-Ausstellung in Genf zu sehen waren. Der Catalog der Gruppe 25 (Art ancien) giebt auf Seite 265 unter No. 2763 folgende Beschreibung: „Deux chandeliers de style Renaissance; sur la base quatre médaillons représentant les quatre saisons; provenant de Brigue. — XVIIe s. — M. Marc Francillon, Lausanne." Und auf Tafel 57 der Veröffentlichung „L'art ancien à l'exposition nationale suisse" (Genf 1896) befindet sich auch eine Abbildung. In ornamentaler Umrahmung erblickt man an dem zur Aufnahme des Lichts bestimmten Theil die gedachten Mascarons, am Leuchterschaft oben Vogelweiber, unten wieder Mascarons und auf dem Fuss Darstellungen der vier Jahreszeiten, welche den bereits erwähnten und den noch zu besprechenden sehr ähnlich sind. Zinnstempel fehlen.

Als Unicum darf vielleicht die auf Tafel 29 wiedergegebene, einschliesslich der Deckelfigur 34 Centimeter und bis zum oberen Deckelrand 42 Centimeter hohe, einen Bodendurchmesser von 19,5 Centimetern besitzende und der Sammlung Demiani-Leipzig angehörige Kanne gelten. Dieselbe ist über und unter dem facettenartig gegliederten (neun spitzwinkelig auslaufende und mit ihren geraden Längsseiten an einander stossende Flächen aufweisenden) Mitteltheil ihres Leibes mit je einem Fries geschmückt, welchen dem Rand der Mars-Schüssel entnommene Reliefs zieren. Der obere derselben, 7 Centimeter hoch, zeigt in rechts vom Henkel beginnender Reihenfolge auf sieben unvermittelt aneinander gesetzten Feldern theilweise in zweimaliger Wiederholung die auf Seite 52 unter 2, 1, 8, 7, 2, 1 und 8 des Näheren beschriebenen Motive, während der untere, 6,5 Centimeter hohe acht ebenfalls nur nothdürftig verbundene, blos vereinzelt mit Unterschriften versehene Abtheilungen und in diesen rechts vom Henkelansatz die Figur des Cyrus enthält, auf welche Afrika, Ninus, Asia, Alexander Magnus und dann wieder Cyrus, Afrika und Ninus folgen. Auf dem Henkel erblickt man drei Stempel: der mittlere — eine Stadtmarke — lässt zwei gekreuzte Bergmannshämmer unter einem anscheinend von zwei Thürmen beseiteten Wappenschild mit einem Querbalken erkennen, während die beiden rechts und links befindlichen völlig gleichen Meisterzeichen je eine schlanke Kanne und über derselben die Lettern LDI umschliessen. Eine Deutung dieser Marken ist bis jetzt noch nicht gelungen. Der „Bindenschild" scheint auf Oesterreich hinzuweisen. Die Art der Arbeit erinnert an sächsische Edelzinngeräthe. Die offenbar zu sehr verschiedenen Zeiten eingravierten Initialen und Jahreszahlen, welche auf den erwähnten neun Flächen des breiten Mittelstreifens des Mantels angebracht sind, zeigen an, dass diese interessante Kanne lange von einer Innung benutzt wurde, deren Mitglieder die Anfangsbuchstaben ihrer Namen und Anderes an geeigneten Stellen eingruben[illegible]).

Mit den entsprechenden Darstellungen in den Cartouchen der inneren gewölbten Zone, welche um das Mittelstück der Mars-Schüssel liegt, stimmen völlig überein die vier auf Tafel 30 ersichtlichen, zu der Sammlung Demiani-Leipzig gehörigen Plaketten mit den allegorischen Figuren von BELLVM, PAX, INVIDIA und ABVNDANTIA[illegible]). Sie unterscheiden sich von ihren Vorbildern nur dadurch, dass sie nicht wie diese gewölbt, sondern flach sind. Dies hat gewisse auffallende Verschiebungen einzelner Theile der Compositionen zur Folge gehabt, welche beweisen, dass wir es hier mit (übrigens sehr guten und sehr getreuen) Copieen nach den durchaus harmonisch wirkenden Reliefs der Mars-Schüssel zu thun haben. Die Sammlung Thewalt-Köln enthält eine viereckige, buntfarbig bemalte, einschliesslich ihrer profilierten Umrahmung 10 Centimeter breite und 7 Centimeter hohe (Zinn- oder Blei?) Plakette, auf welcher man die nämliche Gestalt Alexanders des Grossen wie auf dem Rand der Mars-Schüssel erblickt. Im Nationalmuseum zu München sind vier in derselben Weise wie die auf Tafel 30 No. 1, 3 und 4 wiedergegebenen umrahmte Plaketten ausgestellt, welche mit den vier Erdtheilen der Mars-Schüssel um so genauer übereinstimmen, als letztere gleichfalls in ebenen (und nicht in gewölbten) Feldern angebracht sind. Und die Sammlung Périlleux-Paris soll ebenfalls derartige Reliefs mit Ninus, Alexander und drei Erdtheilen bergen[illegible]). Das Vorkommen solcher Stücke macht recht anschaulich, auf welche Weise die französischen Modelle in den Handel und Verkehr gelangten und ihren Weg nach Deutschland fanden.

Endlich ist noch eine Gruppe mit der Mars-Schüssel entlehnten reliefierten Darstellungen verzierter Tinten- und Sandfässer zu erwähnen, deren sämmtliche Exemplare sich merkwürdigerweise in Dresden befinden. Das dortige Kunstgewerbemuseum besitzt die auf Tafel 13 No. 3 abgebildete, 7,3 Centimeter hohe und einen Durchmesser von 9 Centimetern besitzende runde Streusandbüchse (Nr. 24174), auf deren Mantel in vier direkt zusammen stossenden, ungeschickt an einander gefügten rechteckigen Abtheilungen die den entsprechenden Figuren des Randes der Mars-Platte nachgebildeten und in derselben Ordnung wie dort auf einander folgenden Gestalten von Cyrus, Alexander Magnus, Caesar und Ninus, aufweist. Unterschriften fehlen. Auch Zinnstempel sind nicht vorhanden. Die derben und stumpfen Reliefs machen den Eindruck, als seien sie aus Gussformen gewonnen, welche einfach von den betreffenden Theilen der Mars-Schüssel oder danach hergestellten Plaketten abgeformt waren. Vielleicht wurde nach an einander gelegten Plaketten eine lange streifenartige Form und in dieser ein entsprechender Zinnstreifen gegossen, den man um eine Walze rund bog, an der durch den Bedarf gegebenen Stelle abschnitt und dann an den Enden zusammenlöthete. Wenigstens scheint das fragliche Stück nur eine Löthstelle, aber drei Gussnähte zu haben. Auch ist das Bild Caesar's unvollständig und lässt von der Fahne nur die Stange erkennen. Drei aus dem Dresdener Rathhaus stammende, sehr verbogene, durch Gebrauch und Putzen abgestumpfte und mit Inventarnummern nicht versehene Sandfässer von gleicher Verzierung und Ausführung enthält das Stadtmuseum zu Dresden. Dieselben sind von verschiedenem Umfang. Zwei (6,7 bez. 7,6 Centimeter hoch und mit einem oberen Durchmesser von 8 bez. 8,2 Centimetern) sind kleiner wie die Streusandbüchse des Dresdener Kunstgewerbemuseums und zeigen nur Cyrus, Caesar und Ninus, während eins (7,9 Centimeter hoch und mit einem oberen Durchmesser von 10,6 Centimetern) grösser ist und auch noch Alexander den Grossen aufweist. Die dazu gehörigen Tintenfässer sind wohl mit der Zeit durch die Tinte unbrauchbar gemacht bez. zerfressen worden. Auch in der Sammlung Mansberg-Dresden befinden sich ein derartiges Tintenfass und ein ihm genau entsprechendes Sandfass. Diese beiden runden, leider etwas verputzten und in neuerer Zeit theilweise abgedrehten Zinngeräthe sind bis auf den oberen Abschluss völlig identisch, haben eine Höhe von 7,5 Centimetern und einen Durchmesser von 9,2 Centimetern (einschliesslich der oben und unten angebrachten Ausladung, ohne dieselbe nur von 7,4 Centimetern) und sind mit den Bildern der vier Feldherren und Herrscher vom Rand der Mars-Platte decoriert. Endlich kam ein solches Fass 1895 bei einem Dresdener Antiquitätenhändler vor. Da Marken auf sämmtlichen Exemplaren nicht eingeschlagen sind, lässt sich leider deren Ursprung nicht verfolgen. Möglicherweise könnte er in der Werkstatt eines nach fremden Modellen thätig gewesenen Dresdener Zinngiessers zu suchen sein. Wenigstens steht fest, dass in ähnlicher Weise mit Reliefs geschmückte Tinten- und Streusandbehälter während des 16. und 17. Jahrhunderts in den kurfürstlichen Kanzleien und den städtischen Amtsstuben Sachsens benutzt worden. Ein gutes Beispiel solcher Schreibgeräthe bietet das auf Tafel 13 (No. 4) abgebildete, 7,2 Centimeter hohe und einen Durchmesser von 10,5 Centimetern besitzende Sandfass der Sammlung Demiani-Leipzig, dessen Mantelfläche drei verschiedene Jagdscenen in der Art der Kleinmeister zeigt und dessen sächsischer Ursprung unzweifelhaft ist.

13. Die Adam und Eva-Schüssel.

Mit der Mars-Schüssel hat die einen Durchmesser von 46,5 Centimetern besitzende, auf Tafel 31 ersichtliche Platte, welche man nach der Darstellung auf ihrem Mittelstück als die Adam und Eva-Schüssel bezeichnet, das gemeinsam, dass sie bei näherer Betrachtung als eine um 1600 entstandene französische Arbeit sich erweist, gleichwohl aber von Vielen — und zwar gerade von Franzosen! — Caspar Enderlein zugeschrieben und fast ausnahmslos als ein deutsches bez. Nürnberger Erzeugniss angesehen wird[46]). Sie ist, obgleich für ihre figürlichen Reliefs Stiche von Etienne Delaune als Vorbilder gedient haben, von den bekannten grossen Prunkschalen wohl diejenige, welche in Bezug auf die Gesammtwirkung wie auf die Einzelheiten der Composition als die am wenigsten gelungene erscheint. Ihre Gussform wurde offenbar durch einen Meister von geringerer technischer Ausbildung und von weniger entwickeltem Kunstverständniss ausgeführt. Der nur theilweise befriedigende, gewissermassen unorganische Eindruck, den sie hervorbringt, beruht auch darauf, dass die sie schmückenden figürlichen Darstellungen mit einander und den Ornamenten der zwischen ihnen befindlichen Zierfelder in keinem ideellen Zusammenhang stehen, so dass dem Ganzen eine höhere künstlerische Einheitlichkeit fehlt. Zinnstempel trägt kein einziges der dem Schreiber dieser Zeilen unter die Hände gekommenen Exemplare des nicht seltenen Stücks. Auch eine gleich dem Uebrigen gegossene Künstlerbezeichnung lässt sich nicht entdecken.

Das wie bei den schon beschriebenen Schüsseln gestaltete Mittelrund enthält Adam und Eva unter dem Baum der Erkenntniss, um welchen sich die in einen Menschenleib endigende Schlange windet. Dieses nach einem Stich von Etienne Delaune[47]) copierte Relief umrahmen zwei ornamentierte Streifen, an deren äusseren ganz wesentlich schmäleren sich die nicht verzierte Hohlkehle anschliesst, welche die Verbindung mit dem Rand herstellt. Die innere breitere Zone schmücken sechs hochovale Cartouchen mit gleichfalls Blättern des genannten Künstlers[48]) entsprechenden weiblichen Figuren, welche schon durch die Unterschriften als ASTRONOMIE, MINERVE, RETORIQVE, MVSIQVE, GRAMATIQVE und AREMETIQVE gekennzeichnet werden. Zwischen diesen Frauengestalten, von denen die erstgenannte genau über der Eva des Nabelstücks steht und die übrigen nach rechts in der angegebenen Ordnung auf einander folgen, erblickt man sechs Halbfiguren mit schneckenartig gebildeten Armstumpfen auf eigenthümlichen Postamenten. Letztere bestehen aus unten in Palmetten endigenden, nach oben zu kelchartig auseinander gebogenen und dann in Voluten wieder zusammenstossenden Bändern, welche Masken umschliessen. Die gedachten, abwechselnd männlichen und weiblichen Figuren, zu deren beiden Seiten vom Fuss ihres Untergestells aus bis zum oberen Rand des Frieses je ein schlanker zierlicher Zweig mit Blättern, Blumen und kleinen Früchten in die Höhe steigt, stehen mit den benachbarten Bildcartouchen durch (die Zierfelder halbierende) Querbänder in Verbindung, oberhalb welcher über Stoffgehängen auf einander zuspringende Hasen dargestellt sind. Der äussere wesentlich schmälere Streifen zeigt ebenfalls ein durchlaufendes Querband und wird von in regelmässigen Abständen angebrachten, in die Länge gezogenen Ringen in eine Reihe viereckiger Abtheilungen geschieden, welche abwechselnd aus Blättern oder aus Ranken zusammengesetzte rosettenartige Ornamente aufweisen. Den Schüsselrand zieren zwölf querovale Medaillons mit den theilweise an Stiche von Etienne Delaune[49]) erinnernden Reiterbildnissen römischer Kaiser, deren Namen nach den Unterschriften in der durch die beigefügten arabischen Ziffern angezeigten, über der RETORIQVE beginnenden Ordnung[50]) folgende sind: .C. IVLIVS CESAR. 1. — OCTAVIVS. C. AVGVSTVS. 2. — GLAVDIVS TIBERIVS. 3. — .CAIVS. GALIGVLA. 4. — CLAVDIVS. NERO. 5. — DOMITIVS NERO. 6. — .SERGIVS. GALBA. 7. — • M • SILVIS• OTHO. 8. — A.

VITELLIVS . 9. — FLAVIVS: VSVS· 10 — ·TITVS· VESPASIAVS 11. — + DOMITIANVS + 12. Wie schon aus dem vorstehenden Druck erhellt, sind in der 8. und 9. Beischrift die beiden ersten Buchstaben, ein M und ein A, etwas grösser als die übrigen bez. zwischen zwei kleine Rosetten gesetzt. Man hat sie deshalb als eine Künstlerbezeichnung M A ansehen wollen, ohne zu bedenken, dass die betreffenden vollen Kaisernamen Marcus Salvius Otho und Aulus Vitellius lauten, mithin die fraglichen Lettern offenbar als Abkürzungen von Marcus und Aulus sich darstellen, und dass zwischen den Worten SILVIS und OTHO dieselbe kleine Rosette wiederkehrt. Die Zierfelder zwischen den Kaisermedaillons enthalten abwechselnd hohe, mit Blumen reich gefüllte Vasen und Halbfiguren von sehr ähnlicher Art und (bis auf die fehlenden Hasen) auch in fast derselben Umrahmung von Motiven wie auf der das Mittelstück umziehenden breiten Zone.

Einen Hauptgrund für die Annahme, dass die Adam und Eva-Schüssel eine französische Arbeit ist, bilden neben der Zeichnung der Figuren, insbesondere der überschlanken hageren Frauengestalten, die der Minerva und den freien Künsten beigegebenen französischen Unterschriften. Legt schon die Thatsache, dass die figürlichen Darstellungen auf dieser Platte nach Stichen des in Paris oder Orléans geborenen und wohl 1583 in ersterer Stadt auch verstorbenen Etienne Delaune theils direct copiert, theils in freier Weise modelliert sind, den Gedanken an einen französischen Ursprung nahe, so wird letzterer auch durch die fraglichen französischen Unterschriften sehr wahrscheinlich gemacht. Ein deutscher Meister hätte dieselben doch um so gewisser in lateinische oder deutsche verwandelt, als sie ja nach ihrem Wortlaut im Zusammenhalt mit den durch Attribute deutlich gekennzeichneten Figuren auch für einen Nichtfranzosen leicht verständlich waren. Wollte man aber auch annehmen, dass der deutsche Künstler die französischen Worte von den Stichen Delaune's, unter denen sie stehen, einfach herübernahm, was bei der grossen Selbständigkeit, mit der man damals fremde Erfindungen verwendete und je nach Bedarf ummodelte, nicht gerade wahrscheinlich ist, so müsste man doch wohl davon ausgehen, dass er die französischen Worte, da ihm deren Beibehaltung angezeigt erschien, auch buchstabengetreu wiedergab. Dies ist aber nicht der Fall. Die Unterschriften der Delaune'schen Blätter stimmen mit denen der entsprechenden Reliefs der Adam und Eva-Schüssel insofern nicht überein, als es dort ARISMETIQVE, hier dagegen AREMETIQVE heisst. Wenn nun Lessing mit Recht in dem Umstand, dass Enderlein auf seiner Temperantia-Schüssel die auf einen französisch sprechenden Meister hinweisende Form Arithmeti-qua statt -ca gebraucht hat, einen Beweis dafür erblickt, dass dieser Künstler die Briot-Schüssel copierte[illegible]), so wird man daraus, dass auf der Adam und Eva-Platte die betreffende Unterschrift von der des entsprechenden Stichs von Delaune hinsichtlich der Schreibweise wesentlich abweicht, folgern dürfen, dass der Schöpfer dieser Platte der französischen Sprache mächtig war und deshalb nicht sclavisch nachschrieb, sondern mit jener Ungenauigkeit und Nachlässigkeit verfuhr, welche die Orthographie der damaligen Zeit charakterisiert.

Auch mag nicht unerwähnt bleiben, dass in gewissen nur scheinbar belanglosen, in Wirklichkeit aber für die Beurtheilung der Herkunft und der Verwandtschaft der einzelnen Stücke sehr wichtigen Details, z. B. in der Verwendung und Zeichnung der denen des Lorbeers ähnelnden Zweige, in den eigenthümlichen knollen- und büschelartigen Formen, in welchen die Baumstämme aus dem Erdboden hervorwachsen, und in den aus gewundenen Bändern bestehenden Postamenten der Halbfiguren, eine Aehnlichkeit mit den beiden auf den Tafeln 18 und 19 ersichtlichen, als französische Arbeiten zu bezeichnenden Schüsseln mit Scenen aus dem Gleichniss vom verlorenen Sohn sich zeigt.

Eine zu der Adam und Eva-Schüssel gehörige Kanne ist nicht bekannt.

14. Enderleins Susanna-Schüssel.

Waren einerseits — im Widerspruch mit der herrschenden Meinung — die Mars-Schüssel und die Adam und Eva-Platte nicht als Werke Enderleins zu bezeichnen, so dürfte man andererseits diesem Meister gleichsam als Ersatz vielleicht die auf Tafel 32 abgebildete, bereits im Catalog der 1893 versteigerten Collection Germain Bapst[illegible]) als deutsche Arbeit aus dem Ende des 16. Jahrhunderts angesprochene Prunkschüssel zuweisen, auf welcher eine erhabene, also gleich den Reliefs gegossene Künstlerbezeichnung fehlt[illegible]).

Das runde emporragende Mittelstück dieses schönen, selten vorkommenden, einen Durchmesser von 45,5 Centimetern besitzenden Stücks, dessen bekannte Exemplare keine Zinnstempel tragen, zeigt Susanna im Bad und die beiden Aeltesten in einer Darstellung, deren Gruppierung an das denselben Gegenstand behandelnde Relief auf dem Gefässkörper der auf Seite 26 erwähnten Kanne des Leipziger Kunstgewerbemuseums und in gewisser Beziehung auch an einen Stich von Etienne Delaune erinnert. Zwei Zonen bilden die Umgebung. Die innere gewölbte weist in kräftigem Relief drei männliche und drei weibliche, in den erhobenen Händen theils eiförmige (Salben?) Gefässe, theils lange schmale Tücher haltende Halbfiguren auf und dazwischen sechs Cartouchen mit Mascarons. Die Verbindung zwischen diesen mit einander abwechselnden Motiven wird durch Band- und Rollwerk hergestellt. In der Anordnung des Ganzen zeigt sich eine entfernte Aehnlichkeit mit dem das Nabelstück der auf Tafel 18 wiedergegebenen Schüssel umziehenden inneren Fries. Zwischen dem geschilderten Streifen und der völlig glatten, zum Rand überführenden Auswölbung liegt ein zweiter, welcher breiter und mit reichen, sehr flach gehaltenen und vortrefflich gezeichneten Arabesken in der Art des Balthasar Sylvius bedeckt ist, wie sie auf durch ihre Stempel unzweifelhaft als Nürnberger Erzeugnisse gekennzeichneten Zinnarbeiten so häufig vorkommen. Den Rand schmücken acht Cartouchen, von denen vier queroval sind und denen auf der Enderlein-Kanne sehr nahe verwandte allegorische Darstellungen der Jahreszeiten enthalten, während die dazwischen stehenden vier übrigen hochovale Form haben und die vier Facultäten personificierende weibliche Gestalten umschliessen: die Jurisprudenz mit Schwert und Wage, die Medicin mit dem Aeskulapstab, die auch die schönen Künste zu ihrem weiten Bereich zählende Philosophie, an einen Säulenstumpf gelehnt und ein Kapitäl in der Rechten haltend, endlich die Theologie, welche aus einer mit beiden Händen gehaltenen Kanne in eine vor ihr auf dem Boden stehende flache Schale eine Flüssigkeit giesst, also gleichsam das, was sie aus dem Quell des Heils geschöpft hat, der Erde mittheilt.

Was im Einzelnen die Bilder der Jahreszeiten anbelangt, so erweisen sie sich den entsprechenden der Enderlein-Kanne (Tafel 7) gegenüber als feiner durchgeführt und als vollendeter in Bezug auf die Zeichnung, namentlich der Körperformen. In dem Medaillon des Frühlings, welches sich gerade über dem Mittelstück befindet, ist die Figur in der Hauptsache dieselbe wie auf der Kanne, während sich in der Staffage Abweichungen zeigen. Die Gebäude im Hintergrund des auf beiden Stücken vorkommenden, in Quadrate getheilten Gartens haben auf der Kanne zwei Kuppeln, auf der Schüssel nur eine. Dort erblickt man links am Rand einen Brunnen, welcher hier fehlt. Neben dem VER der Kanne steht auf dessen Sitz und auf dem Erdboden je eine niedrige Blumenvase, während man rechts von derselben Gestalt der Platte nur einen hohen schlanken Korb mit Blumen erblickt. Die Darstellung des Herbstes auf der Platte enthält links von der allegorischen Figur eine Weinlaube und vor dieser ein viereckiges Postament, auf dem eine flache Schale steht, während man an der entsprechenden Stelle der Kanne eine Landschaft und darin im Hintergrund reichgegliederte Gebäude, im Mittelgrund einen bespannten, mit einem Fass beladenen Wagen und im Vordergrund auf der Erde eine flache Schale und daneben eine Kanne gewahrt. Die beiden Reliefs des Winters haben grosse Aehnlichkeit mit einander. Doch sind im Hintergrund auf der Schüssel zwei ovale Oeffnungen, auf der Kanne dagegen zwei vergitterte viereckige Fenster angebracht und es fehlen auf ersterer die schmale Thüre in der linken Seitenwand und das Männchen neben derselben sowie der Hund links im Vordergrund.

Beginnt man mit der gerade über dem Mittelrund ersichtlichen Cartouche des VER, so folgen sich die erwähnten Darstellungen nach rechts in nachstehender Ordnung: Frühling, Medicin, Sommer, Philosophie, Herbst, Theologie, Winter, Jurisprudenz. Sollte diese Nebeneinanderstellung etwa eine wohlüberlegte sein und die Wechselbeziehungen zwischen den Entwickelungsphasen der Natur und des Menschen versinnbildlichen? Der zarte Sprössling bedarf hier wie dort der sachverständigen Pflege. Mit der Zeit der sich vollziehenden Reife und der der Ernte, des Erfolgs verbindet sich leicht die Vorstellung speculativer Geistesthätigkeit. Und die Tröstungen der Religion sucht besonders das im Winter verkörperte Alter, dem der Gedanke an das bevorstehende Gericht über die Thaten des Lebens so nahe liegt. Wollte man diese Deutung annehmen, so wäre wohl die keusche Susanna im Mittelrund als eine Personification der Reinheit des Geistes und des Leibes zu betrachten, welche jedem Wechsel der Zeiten widersteht, aus jeder Anfechtung siegreich hervorgeht.

Zwischen Jurisprudenz und Frühling, Medicin und Sommer, Philosophie und Herbst und Theologie und Winter erscheinen, mit einander abwechselnd, zwei männliche und zwei weibliche denen der inneren gewölbten Zone ähnliche Halbfiguren, welche in ihren emporgehobenen Händen ebenfalls ovale Gefässe tragen. Letztere kommen auch auf dem Rand der Mars-Schüssel vor, wo sie auf dem Rollwerk rechts und links von den auf Seite 52 unter 4) und 8) erwähnten weiblichen Gestalten liegen. Zwischen Frühling und Medicin und Herbst und Theologie befinden sich unter Baldachinen Mascarons, zu deren Seiten je ein Zweig angebracht ist. Sowohl zwischen Sommer und Philosophie wie auch zwischen Winter und Jurisprudenz gewahrt man je unter einem Baldachin einen hohen korbähnlichen Behälter mit Blumen. Beides stimmt mit den auf Seite 52 unter 7) erwähnten Ornamenten der Mars-Schüssel beinahe überein. Auf der Mars-Kanne dagegen finden sich die beiden seltsamen, mit eigenthümlichen langen aufwärts gebogenen Schnäbeln versehenen Vögel wieder, die abwechselnd mit zwei Decken tragenden Hirschen (welche an diejenigen auf dem äusseren Fries des Mitteltheils der auf Tafel 19 abgebildeten Schüssel erinnern) bald über, bald unter den Querbändern angebracht sind, welche die Randcartouchen mit einander verbinden und nach unten zu ausgebogt sind.

Geht man nun auf das Gesagte näher ein und zieht daraus die entsprechenden Folgerungen, so könnte man vielleicht zu dem Schluss kommen, dass die fragliche Schüssel ein Werk von Caspar Enderlein sei. Die äussere Ornamentzone der Tiefung enthält Arabesken in der Manier des Balthasar Sylvius, wie sie auf durch ihre Marken als Nürnberger Arbeiten deutlich bezeichneten zinnernen Tellern und Schüsseln sehr oft sich finden. Ein Hinweis auf Nürnberg als Entstehungsort liegt also vor. Und dieser Fingerzeig würde auch dann bleiben, wenn man etwa die erwähnten Verzierungen mit den ihnen gleichfalls in gewisser Weise verwandten Blättern der Nürnberger Künstler Virgil Solis und Peter Flötner in Beziehung bringen wollte. Namentlich auf dem Rand kehren einzelne Motive desjenigen der Mars-Schüssel wieder, welchem ja Enderlein die Figuren der Erdtheile für seine Kanne (Tafel 7), seinen auf Tafel 11 unter Nr. 1 ersichtlichen Krug und seinen auf Tafel 27 abgebildeten Teller entnommen hat, und ebendort begegnet man auch den allegorischen Darstellungen der vier Jahreszeiten, welche im Wesentlichen mit den Medaillons des oberen Frieses der Enderlein-Kanne und des Randes des im Folgenden noch zu besprechenden, auf Tafel 38 (No. 1) reproducierten Enderlein-Tellers von 1621 übereinstimmen. Zu der Hindeutung auf Nürnberg gesellt sich mithin eine solche auf Enderlein.

Warum sollte nun dieser Meister, dem besonderes Geschick im Steinschneiden ausdrücklich nachgerühmt wird, nicht der Schöpfer des schönen Stucks sein? Unter den Nürnberger Zinngiessern war, so weit zur Zeit unsere Kenntnisse reichen, ausser ihm keiner, welcher eine solche Form hätte herstellen können. Die Anklänge an die auf Seite 26 erwähnte Leipziger Kanne und die Schüssel auf Tafel 18, welche man im Mittelstück und auf der an dasselbe sich anschliessenden gewölbten Zone bemerkt, stehen nicht entgegen. Denn Enderlein könnte diese französischen Arbeiten oder Theile derselben doch eben so gut gekannt haben wie die Mars-Schüssel und die Briot-Platte. Der Umstand, dass die erhabene, also bereits in der Gussform angebracht gewesene Künstlerbezeichnung CE fehlt, spricht ebenfalls nicht wider die Urheberschaft Enderleins, da dieser ja auf seiner Kanne seine Initialen auch nicht angebracht hat. Endlich darf man auch aus dem Umstand, dass die Reliefs der fraglichen Schüssel hinsichtlich der Zeichnung (namentlich der Körperformen) edler und schöner und bezüglich der Ausführung feiner und vollendeter sind als diejenigen der Enderleinschen Temperantia-Platte und der zu ihr gehörigen Kanne, nicht den Schluss ziehen, dass hier eine andere Hand thätig war, als die unseres Meisters. Derselbe schuf ja die Temperantia-Schüssel und ihre Kanne schon 1611 und starb erst 1633. Kann er nicht seine gepriesene Geschicklichkeit immer weiter ausgebildet, immer mehr und mehr sich vervollkommnet und immer ausschliesslicher, wie schon auf Seite 46 angedeutet wurde, nur der Anfertigung kunstvoller Gussformen sich gewidmet haben? Warum will man Stillstand, Beharren annehmen, wo doch gewiss Entwickelung und Fortschritt stattfand? Weshalb soll nicht Enderlein, wie er Briot's Temperantia-Schüssel zweimal copierte, seine Vorliebe für Wiederholungen ihm gerade sympathischer Motive auch dadurch bethätigt haben, dass er die erwähnten Darstellungen der Jahreszeiten, für welche übrigens zur Zeit fremde Vorbilder nicht bekannt sind, bei einer grösseren Anzahl seiner Arbeiten verwendete?

Ein Bedenken liesse sich gegen die hier ausgesprochene Vermuthung, welche ausdrücklich nur als solche bezeichnet sein möge, allerdings geltend machen. Wie schon bei der Enderlein-Schüssel das Vorkommen von Nürnberger Marken mit durchweg anderen Initialen wie CE Schwierigkeiten bereitete, so fällt auch bei den wenigen bekannten Exemplaren der in Rede stehenden Platte das Fehlen jedweden Stempels auf. Müssten sie nicht wenigstens eine der beiden Nürnberger Marken, wenn auch vielleicht mit anderen als den Anfangsbuchstaben der Namen unseres Meisters, tragen? War etwa Enderlein zu der Zeit, als er — in späteren Jahren — die fragliche Schüssel schuf, in Anerkennung seiner künstlerischen Leistungen und mit Rücksicht auf sein persönliches Ansehen eine Art Ausnahmestellung eingeräumt, welche ihn von der Verpflichtung, seine Werke zu stempeln bez. stempeln zu lassen, befreite? Jedenfalls ist wohl zu beachten, dass nicht nur, abgesehen von der Enderlein-Platte, beinahe sämmtliche bekannte Exemplare von Prunkschüsseln mit Zinngiesserstempeln nicht versehen, sondern letztere bisweilen auch auf einzelnen Zinnarbeiten zu vermissen sind, welche nach den auf anderen identischen Stücken angebrachten Marken oder sonstigen untrüglichen Zeichen sich als Nürnberger Erzeugnisse erweisen. Und im Einzelnen sei noch bemerkt, dass das in der Sammlung Demiani-Leipzig befindliche Exemplar der im Folgenden noch eingehender zu betrachtenden Enderleinschen Schale mit St. Georg nur eine Besitzermarke zeigt[illegible]) und dass auch ein völlig ungestempelter Abguss der im Nachstehenden noch näher zu behandelnden Enderlein-Schale mit Loth und seinen Töchtern existiert[illegible]).

Zu der in Rede stehenden Schüssel gehört möglicherweise die auf Seite 19 besprochene und auf Tafel 10 abgebildete Kanne, welche in diesem Fall auch als eine Schöpfung Enderleins anzusehen sein dürfte.

16. Die Diana und Aktäon-Schüssel.

Hinsichtlich ihrer Ausschmückung mit sehr flach reliefierten Arabesken in der Manier des Balthasar Sylvius zeigen die beiden äusseren Ornamentbänder, welche die Mittelmedaillons der auf Seite 57 ff. beschriebenen und der auf Tafel 33 ersichtlichen, selten vorkommenden Schüssel[illegible]) umziehen, eine ziemlich nahe Verwandtschaft. Hierauf beschränkt sich aber auch die Aehnlichkeit dieser beiden Stücke, von denen das zuletzt erwähnte in Bezug auf seinen Urheber und den Ort seiner Herkunft schwer zu bestimmen ist. Sämmtliche gegenwärtig bekannte Exemplare entbehren nämlich jedweder Künstlerbezeichnung (Portrait, Initialen u. s. w.) und tragen eben so wenig irgendwelche Stempel. Hätte man nur das Mittelrund dieser einen Durchmesser von 45,5 Centimetern besitzenden Schüssel, welches den theilweise in einen Hirsch verwandelten Aktäon darstellt, wie er Diana und ihre Nymphen im Bad überrascht, die an dasselbe sich anschliessende, leicht gewölbte Zone, welche durch zwei mit einander abwechselnde, von Rollwerk umgebene Motive (sechs langgezogene Buckel und sechs von stylisierten, symmetrisch angeordneten Ranken und Blättern beseitete Masken) belebt wird, und den schon besprochenen Fries mit Arabesken nach Art derjenigen des Balthasar Sylvius in Betracht zu ziehen, so könnte man wohl an eine nach 1600[47]) entstandene Nürnberger Arbeit denken.

Diese Annahme würde aber, auf den ersten Blick wenigstens, nicht recht mit dem Charakter in Einklang stehen, welchen die an niederländische Stiche erinnernde Zeichnung und zum Theil auch die breite und derbe Ausführung der Reliefs des Randes trägt. Letztere weisen ein seltsames, willkürliches und einer einheitlichen Wirkung entbehrendes Gemisch der verschiedenartigsten decorativen Elemente auf. Vier von Cartouchen umschlossene, in gleichen Entfernungen von einander angebrachte Löwenköpfe, welche eine gewisse Aehnlichkeit mit denen der auf Tafel 19 abgebildeten, im South Kensington Museum aufbewahrten französischen Schüssel haben, bringen wenigstens einige Regelmässigkeit in die verworrene Composition des Randes. Je rechts und links von den beiden in der nämlichen Axe liegenden Löwenhäuptern erblickt man dieselben bez. ganz ähnliche Darstellungen: von Schlangen und Stoffgehängen durchzogenes Rollwerk, in welchem zwei phantastische, ebenfalls an französische Vorbilder gemahnende, mit langen gewundenen Leibern ausgestattete Ungeheuer hocken, oder plumpe weibliche Halbfiguren in niedrigen, aus verschlungenen Bändern bestehenden Gestellen, auf deren oberen Rand sich Thiere (namentlich Vögel) zeigen, während am unteren sich Schlangen ringeln. Zwischen den solchergestalt aus je einem Löwenhaupt und den beiden zu dessen Seiten ersichtlichen, einander entsprechenden Reliefs gebildeten vier Motiv-Gruppen erscheint weiterer theils figürlicher, theils ornamentaler Schmuck. Derselbe ist aus je zwei mit einander in keiner ideellen Verbindung stehenden Sujets zusammengesetzt und von den bereits besprochenen Verzierungen dadurch unterschieden, dass er sich zum Theil nicht an den in derselben Axe befindlichen Stellen, sondern — neben den schon beschriebenen Figurationen — je rechts und links von dem nämlichen Löwenkopf wiederholt und zwar dergestalt, dass wir hier nicht, wie gewöhnlich bei anderen Prunkschüsseln, überall an einander gegenüberliegenden Punkten, sondern zum Theil auf derselben Hälfte des Randes in symmetrischer Anordnung die gleichen bez. sehr ähnliche Darstellungen wiederkehren sehen. Die auf diese Weise sich ergebenden vier Zwischendecorationen bestehen je aus verschieden gebildeten, derbgegliederten, ungeschlachten und wie zusammengedrückt aussehenden Halbfiguren und durch ausgezackte Tücher und andere Zierstücke belebtem Rollwerk oder Masken in cartouchenartigen, mit einer Art Untersatz versehenen Umrahmungen.

Mag man nun über den Ursprung der fraglichen Schüssel urtheilen, wie man will, ein ausreichender Anlass, sie Enderlein zuzuschreiben, ist jedenfalls nicht gegeben. Vielleicht ist sie in Nürnberg entstanden, dessen Zinnarbeiten Verwandtschaft mit niederländischen Stichen ja auch insofern zeigen, als sie häufig Arabesken in der Art des in Antwerpen thätig gewesenen Balthasar Sylvius[illegible]) aufweisen. Für deutschen Ursprung dürfte auch sprechen, dass die Deutschen von jeher viel eher geneigt waren, fremde Motive eklektisch aufzunehmen wie die Franzosen. Gerade die befremdende Mischung der verschiedensten Vorbilder lässt mehr an Deutschland denken als etwa an das den Niederlanden benachbarte Nordfrankreich.

Der im Vorstehenden geschilderte Rand macht einen so eigenthümlichen Eindruck und weicht so erheblich von dem Uebrigen ab, dass man versucht ist, ihn für eine spätere, nicht gerade glückliche Zuthat zu halten. Es wäre ja nicht undenkbar, dass der für den Rand bestimmte ursprüngliche Theil der betreffenden Gussform eine Beschädigung erlitt und deshalb durch einen nach einer anderen Vorlage gefertigten neuen ersetzt wurde. Zwar lässt sich eine derartige Reparatur aus der Beschaffenheit und dem Aussehen der wenigen erhalten gebliebenen Exemplare nicht ohne Weiteres nachweisen. Aber man muss andererseits auch berücksichtigen, dass sich eine in Folge einer solchen Ergänzung bez. einer durch dieselbe entstandenen Ansatzfuge etwa verursachte Gussnaht oder Unebenheit durch Ueberarbeiten und Verputzen sehr leicht beseitigen liess.

Eine gewisse Unterstützung wenigstens erfährt die ausgesprochene Vermuthung durch eine Prunkschüssel der theilweise im Kunstgewerbemuseum (Rudolphinum) zu Prag ausgestellten Sammlung Lanna. Dieses interessante ungestempelte Stück mit einem Durchmesser von 46,5 Centimetern zeigt zwar den in Rede stehenden Rand, welcher nur nach aussen zu durch einen schmalen, von feingraviertem Rankenornament bedeckten Streifen verbreitert ist, die sämmtlichen übrigen Theile jedoch sind völlig andere. Das erhabene Mittelstück, dessen Diameter 7 Centimeter beträgt, enthält zwischen zwei Hunden Diana, in der Linken einen Pfeil tragend und mit der Rechten ein Jagdhorn an die Lippen führend; rechts befindet sich die Inschrift PAR VBIQ. POTESTAS. Dieses Rundmedaillon umschliesst eine Zone mit gravierten Mascarons und Ranken, auf welche eine zweite folgt, die mit denselben eingeschlagenen bez. gepunzten Verzierungen[illegible]) versehen ist wie der Rand der auf Tafel 34 unter No. 1 wiedergegebenen, einen Durchmesser von 44,4 Centimetern besitzenden Prunkschüssel. Die gewöhnlich glatte Auswölbung schmückt hier reiches graviertes Rankenwerk, welches dem der beiden auf Tafel 34 ersichtlichen Platten sehr ähnlich ist.

Letztere sind einmal um des aus dem Gesagten sich ergebenden Zusammenhangs willen, weiter aber auch deshalb abgebildet worden, weil sie zwar — streng genommen — nicht Werke des Edelzinngusses in demselben Sinn wie die bisher behandelten Exemplare, wohl aber Edelzinnarbeiten sind. Dass auch ihre Schöpfer sie als solche betrachteten, beweisen schon ihre schönen Mittelstücke aus werthvollem Limoges-Email[illegible]), deren wenig farbige bez. grau in grau gehaltene Darstellungen, ein Imperatorenkopf und Venus mit Amor (Beischrift VENVS SVIS), sich von einem dunkelblauen bez. schwarzen Hintergrund wirkungsvoll abheben. Abgesehen von dünnen glatten halbrunden Streifen, weisen auf diesen beiden sehr seltenen Stücken (wohl französischen Ursprungs) gegossenes Relief nur die schmalen Ornamentbänder auf, welche die erwähnten, gleich den Nabelmedaillons anderer Prunkschüsseln erhöht angebrachten Emailplatten einfassen. Die meisten übrigen Partieen sind mit fein gravierten Ranken, Bandverschlingungen u. s. w. von sehr schöner Zeichnung decoriert, während einzelne Stellen — nämlich der ganze Rand der auf Tafel 34 No. 1 dargestellten, mit einer Marke nicht versehenen Platte und je ein schmaler Streifen an der äusseren Kante des Randes und zwischen den beiden das Mittelrund umschliessenden Friesen der auf Tafel 34 unter No. 2 ersichtlichen, ungestempelten Schüssel (mit einem Durchmesser von 42,2 Centimetern) — eingeschlagene bez. gepunzte Verzierungen zeigen.

16. Kleinere Arbeiten von Enderlein:

Die Schale mit Loth und dessen Töchtern (1608), die Schale mit St. Georg (1615), der Teller mit den vier Jahreszeiten (1621) und das Tellerchen mit Doppeladler und Putten.

Zu einer vollständigen Aufzählung und Besprechung aller Enderlein theils mit Recht, theils ohne Grund zugeschriebenen Zinnarbeiten bedarf es noch des näheren Eingehens auf eine Reihe kleinerer und einfacherer Stücke.

Wenigstens der Zeitfolge der Datierungen nach ist als frühestes Werk unseres Meisters die auf Tafel 35 abgebildete, stellenweise ganz glatte Schale anzuführen, deren Durchmesser 24,5 Centimeter beträgt[illegible]). Ihr Loth mit seinen Töchtern veranschaulichendes, von einem Streifen mit länglichen Buckeln und kleinen Rosetten umgebenes Mittelrund zeigt ganz unten am Fuss der rechts am Rand stehenden grossen Kanne die bekannten erhabenen, schon in der Gussform angebracht gewesenen Initialen Enderleins CE und auf der linken Seite neben den Füssen der sitzenden Frauengestalt ein viereckiges Täfelchen, das in Relief (mithin gleich dem Uebrigen gegossen) das Nürnberger Wappen und die Jahreszahl 1608 enthält.

Von dieser Schale giebt es die drei auf Tafel 36 wiedergegebenen, schon den auf einigen angebrachten Bezeichnungen nach von anderen Künstlern herrührenden Varianten.

No. 1[illegible]) mit einem Durchmesser von 25 Centimetern lässt links an der oberen Kante des mauerähnlichen Baues, welcher Loth und einer seiner Töchter als Sitz dient, die erhabenen Buchstaben IK erkennen. Man darf dieselben vielleicht auf einen der auf Seite 47 ff. erwähnten, mit den Lettern IK beginnende Namen führenden Zinngiessermeister deuten, unter denen sich wahrscheinlich auch derjenige befindet, welcher mehrere Exemplare von Enderleins Modell III der Temperantia-Schüssel goss. Auch an die Nürnberger Zinngiesser Jörg Koller (Meister 1548, Geschworener 1565 bis 1568, gestorben am 15. December 1577), Jacob Köpell (Meister 1551, verstorben am 16. März 1582) und Jacob Koch, (Meister 1552, gestorben am 26. Juni 1572), an den 1583 erwähnten Nürnberger Formschneider Jörg Kuhn[illegible]) oder den bereits 1533 vorkommenden Nürnberger Bildhauer Hans Kremer, welcher 1567 oder 1568 starb[illegible]), könnte man denken, müsste dann aber annehmen, dass Enderlein auch hier copierte und zwar eine bereits in der zweiten Hälfte des 16. Jahrhunderts entstandene Arbeit.

No. 2[444]) hat einen Durchmesser von 31,7 Centimetern und zeigt unten am Rand des Nabelmedaillons in dem Raum, welcher gewissermaassen durch die auseinander stehenden Beine Loths abgegrenzt ist, zwei schmale länglichviereckige Täfelchen mit erhabenen Initialen. Auf dem oberen liest man IP, auf dem unteren M G S/F. Erstere Lettern sind möglicherweise auf den schon auf Seite 40 erwähnten Jacob Brey (Prey) als den Besteller und letztere auf einen der beiden Nurnberger Zinngiesser Martin Gruner den Jüngeren (Meister am 22. Februar 1581, Todesjahr unbekannt) oder Michel Gohn (siehe Seite 47) als Verfertiger der Form (F = Fecit) zu beziehen. Vielleicht änderte aber auch ein späterer Besitzer der Gussform dieselbe nachträglich durch Hinzufügung seiner Namensbuchstaben[445]). Nur das Mittelrelief und der dasselbe umsäumende Buckelfries sind Theile des ursprünglichen Stücks; das Andere, insbesondere auch das am Rand angebrachte Trauttmansdorffsche Wappen ist spätere Zuthat.

No. 3[446]) trägt keine Künstlersignatur und besitzt einen Durchmesser von 23 Centimetern.

Die angegebenen Merkmale genügen, um diese vier ähnlichen Stücke von einander zu unterscheiden. Hinsichtlich ihrer Darstellungen weichen sie nur in ziemlich unbedeutenden Einzelheiten von einander ab, z. B. in der Form der Blumen, welche Loth in seiner linken Hand hält.

Weiter sei der auf Tafel 37 unter No. 2 ersichtlichen Schale gedacht, welche bis auf das runde, St. Georg im Kampf mit dem Drachen darstellende Mittelstück und einen dasselbe umgebenden Streifen mit länglichen Buckeln und kleinen Rosetten ganz glatt ist[447]). Auf Grund seiner erhabenen, mithin schon der Form einverleibt gewesenen Künstlerbezeichnung CE 1615, welche sich unter dem Drachen befindet, haben bereits Bapst[448]) und Lessing[449]) dieses einen höheren künstlerischen Werth nicht besitzende Becken, dessen Durchmesser 24,3 Centimeter beträgt, unserem Meister mit Recht zugewiesen. Nicht zu verwechseln ist die fragliche Schale mit der neben ihr auf Tafel 37 unter No. 1 abgebildeten[450]). Abgesehen von den nicht übereinstimmenden Buckelfriesen, besteht der Unterschied zwischen den beiden Stücken in der Hauptsache nur darin, dass das letzterwähnte einen Diameter von 24,5 Centimetern, das erstgedachte dagegen ein etwas grösseres Mittelstück mit ein wenig grösseren — übrigens auch weniger gut und fein ausgeführten — Figuren hat; die Composition ist bis auf unwesentliche Abweichungen dieselbe.

Graul[451]) sagt über Enderlein: „Wir übergehen jene beiden Schalen, wahrscheinlich frühe Arbeiten des Meisters, mit religiösen Bildern in der Mitte — einmal Maria im Glorienschein, das andere Mal Mariä Himmelfahrt . . . ." und bleibt damit eine Begründung seiner Annahme und überhaupt nähere Angaben schuldig, ohne welche sich nicht einmal die von ihm gemeinten Objekte genau bestimmen lassen. Da es nun verschiedene Schalen und Teller mit Darstellungen der erwähnten Art giebt, welche mit Rücksicht auf ihre Bezeichnungen oder Stempel oder aus sonstigen Gründen als Arbeiten Enderleins anzusehen, eine genügende Veranlassung nicht vorliegt, und Graul andererseits auf bezügliche Anfrage ausdrücklich erklärt hat, dass er „die Schalen, die er 1886 für frühe Enderleins halten zu dürfen glaubte, nicht mehr nachweisen könne", so erledigt sich vorläufig seine angezogene Bemerkung. Dieselbe ist jedoch einmal der Vollständigkeit wegen und weiter deshalb hier wiederholt worden, weil ja die Möglichkeit nicht ausgeschlossen erscheint, dass solche von Enderlein herrührende Stücke existieren bez. sich wiederfinden.

Wegen seiner Bezeichnung CE 1621 und auch wohl um der allegorischen Darstellungen der Jahreszeiten auf seinem Rand willen, welche mit denen der oberen Zone der Enderlein-Kanne zwar nicht identisch, aber sehr nahe verwandt sind, darf man mit Lessing[452]) als eine — freilich nicht gerade hervorragende — Arbeit Enderleins auch den auf Tafel 38 unter No. 1 ersichtlichen Teller ansehen[453]). Sein Durchmesser beträgt 18 Centimeter. Im Mittelstück gewahrt man Evas Erschaffung. Auf dem Rand befinden sich zwischen vier Mascarons, über denen abwechselnd je zwei Fruchtbündel oder je zwei auf langen Hörnern blasende Putten angebracht sind, in vier querovalen Medaillons die schon erwähnten Allegorieen. Fast sämmtliche Exemplare dieses sehr häufig vorkommenden Tellers tragen den gewöhnlichen Nürnberger Wappenstempel.

Wir begegnen hier nochmals den von unserem Meister auch anderwärts verwendeten, mit lateinischen Unterschriften (VER u. s. w.) versehenen Personificationen von Frühling, Sommer, Herbst und Winter. Dieselben gleichen weit mehr denen auf der Enderlein-Kanne (Tafel 7) als denen auf der durch Tafel 32 veranschaulichten Schüssel, stehen aber nicht nur letzteren, sondern auch ersteren in Bezug auf Schönheit der Zeichnung, Vollendung der Modellierung und Feinheit der Ausführung nach. Das auf dem Tellerrand ersichtliche Relief des Frühlings ist demjenigen der Enderlein-Kanne sehr ähnlich. Wichtigere Unterschiede treten nur in den Einzelheiten hervor. Der links am Rand erscheinende Brunnen ist auf der Kanne eckig und unmittelbar auf den Boden gestellt, auf dem Teller dagegen als rundes Becken mit hohem Fuss gestaltet. Dort hat VER kurzgeschorenes Haar und eine durchaus natürliche Haltung; der Ellbogen seines linken Arms ruht auf der hinter ihm stehenden Blumenvase. Hier trägt er langwallende Locken, auf denen ein Kranz liegt; die Stellung des linken Arms ist zwar die nämliche, derselbe schwebt aber ohne Stütze in der Luft. Details wie das letzterwähnte würden uns zu der Folgerung berechtigen, dass der Teller später wie die Kanne entstanden und dieser theilweise nachgebildet sei, wenn wir nicht schon wüssten, dass jene bereits 1611, dieser erst 1621 aus Enderleins Händen hervorging. Letztere Jahreszahl bemerkt man in reliefierten Ziffern unter dem rechten Fuss der Figur des Frühlings, während die bekannten erhabenen Buchstaben

CE am unteren Rand des ihr als Sitz dienenden Sockels in ähnlicher Weise wie auf dem Mittelstück der Temperantia-Schüssel angebracht sind. Gestalt und Haltung des Herbstes sind auf beiden Stücken in der Hauptsache identisch. Aber hinsichtlich der Staffage bestehen grosse Verschiedenheiten. Der diese Jahreszeit verkörpernde Mann lehnt sich mit dem zurückgebogenen linken Arm auf der Kanne an einen runden niedrigen Bottich mit Weintrauben, auf dem Teller an ein hohes aufrecht stehendes Fass. Der rechts am Rand befindliche Baum ist hier mehr nach der Mitte zu gerückt und von einer Rebe mit Trauben umschlungen, welche dort fehlt. Links von AVTVMNVS erblickt man auf der Kanne eine mit einem Fuss versehenene runde Schale und eine wie die Briot's geformte Kanne, auf dem Teller nur die letztere. Die Gebäude im Hintergrund haben auf jedem der beiden Stücke ein anderes Aussehen. Die grössten Abweichungen aber zeigen sich im Mittelgrund, dessen linke Seite auf der Kanne einen mit einem Fass beladenen Wagen, auf dem Teller einen Hügel mit Weinstöcken aufweist. Die Darstellung des Winters ist auf der Kanne und auf dem Teller im Wesentlichen die gleiche. Erheblichere Abweichungen bemerkt man nur im Detail. Während dort links von dem sitzenden, sich wärmenden Alten ein Hündchen steht, liegt hier rechts zu seinen Füssen eine Katze. Ferner erblickt man hier im Mittelgrund rechts von dem Mann eine hohe cylindrische Kanne, welche dort fehlt. Und das Männchen, welches in dem links angebrachten Thürbogen neben einem Baume erscheint, ist auf der Kanne etwas anders gezeichnet wie auf dem Teller.

Nicht uninteressant ist ein Vergleich des vorstehends beschriebenen mit dem neben ihm auf Tafel 38 unter No. 2 abgebildeten Teller, welcher etwas grösser ist und einen Durchmesser von 22,8 Centimetern hat[illegible]). Auch hier begegnen wir auf dem Rand mit lateinischen Beischriften (VER u. s. w.) versehenen allegorischen Darstellungen der vier Jahreszeiten, welche an die auf den Enderleinschen Arbeiten erinnern, obwohl sie durchweg roher sind. Sie unterscheiden sich von den Reliefs unseres Meisters in der Hauptsache dadurch, dass, abgesehen von HYEMS, die Staffage eine viel einfachere ist und Hintergründe völlig fehlen weiter aber auch die Figuren eine mehr liegende wie sitzende Stellung haben und demgemäss die Anordnung der Beine eine andere ist. Im Queroval des Frühlings erblickt man links an Stelle des Brunnens ein niedriges Geländer mit einer Blumenvase darauf; der Baum rechts fehlt. Die Cartouche mit AESTAS weist rechts zwar ebenfalls zwei Aehrenbündel, aber in einer viel weniger natürlichen Lage, und links auch ein Gefäss mit Früchten auf, das jedoch wesentlich höher und schlanker ist. Die den Herbst personificierende Figur hält in der erhobenen Rechten nicht Trauben, sondern eine flache Trinkschale; links befindet sich ein viereckiger, mit einer Decke belegter Tisch, auf welchen die Kanne gestellt ist, die bei Enderlein auf dem Boden steht. Das Medaillon des Winters zeigt den Alten statt nach rechts nach links gewendet. Die Kanne, die Katze, der Hund, die schmale Nebenpforte in der dem Kamin gegenüber befindlichen Seitenwand und der Baum und das Männchen in dem vorderen Thürbogen dieser Wand fehlen. Die viereckigen Fenster der Rückwand sind ohne Gitter. Es liegt durchaus kein Anlass vor, Enderlein diesen Teller zuzuschreiben. Letzterer stellt sich vielmehr als eine spätere und schwächere handwerksmässige Arbeit dar, auf welcher übrigens von den den Rand zwischen den Querovalen der Jahreszeiten schmückenden Gestalten der vier Elemente diejenige des Wassers mit der entsprechenden Figur der Temperantia-Schüssel eine gewisse entfernte Verwandtschaft besitzt.

In der Sammlung A. Ritleng sen.-Strassburg begegnet man zwei Zinnplaketten mit HYEMS und VER, welche mit derselben perlstabähnlichen, oben durch ein Mascaron abgeschlossenen Umrahmung versehen sind wie die auf Tafel 30 ersichtlichen Stücke. Sie ähneln mehr den Reliefs auf der Enderlein-Kanne (Tafel 7) und dem Enderlein-Teller von 1621 als denen der auf Tafel 32 wiedergegebenen Platte. Dies folgt schon daraus, dass im Feld des Winters die nicht vergitterten Fensteröffnungen des Hintergrunds viereckig (und nicht oval wie auf dieser Schüssel) sind und dass auf der linken Seite des Reliefs des Frühlings ein eckiger Brunnen sich befindet, welcher auf der fraglichen Platte fehlt.

Endlich ist noch als ein Werk unseres Meisters zu bezeichnen das auf Tafel 39 unter No. 1 abgebildete, einen Durchmesser von 13,7 Centimetern besitzende Tellerchen, dessen Mitte einen doppelköpfigen Adler und dessen Rand zwischen Blättern und feinen Ranken, in die Putten und Delphine eingeordnet sind, die bekannten erhabenen, also schon in der Gussform angebracht gewesenen Initialen CE zeigt[illegible]). Von diesem hübschen und verhältnismässig selten vorkommenden Stück giebt es zwei nur sehr wenig abweichende Varianten, welche aber nicht CE signiert sind. Die eine ist kaum merklich grösser, hat einen Durchmesser von ungefähr 14 Centimetern und unterscheidet sich namentlich dadurch, dass die spiralenförmigen Enden des stylisierten Adlerschwanzes reicher gestaltet sind und dass das Blatt- und Rankenwerk des Randes bei näherer Prüfung in einzelnen Theilen eine etwas andere Zeichnung erkennen lässt[illegible]). Bei der zweiten bemerkt man die sehr unbedeutenden Verschiedenheiten am leichtesten an dem das Mittelstück bildenden Doppeladler, über welchem die Buchstaben L L angebracht sind, die man vielleicht auf den am 6. Juni 1588 Meister gewordenen Nürnberger Zinngiesser Lorenz Lang[illegible]) beziehen darf, dessen Todesjahr aus dem Nürnberger Meisterbuch nicht zu ersehen ist[illegible]).

17. Irrthümlich Enderlein zugeschriebene kleinere Stücke:

Der Teller mit dem Opfer Noahs und auf Adam und Eva bezüglichen Darstellungen (von 1619) und der Deckelbecher mit Arabesken in der Art des Balthasar Sylvius.

R. v. S.[illegible]) sagt über Enderlein: „Weiter gehört ihm .. zu . . eine Anzahl von kleineren Tellern und Schalen, von denen viele noch sein Monogramm tragen, wie z. B. der Teller mit dem Opfer Noahs im Fond und 4 Medaillons mit Darstellungen aus der Geschichte der ersten Menschen um den Rand, den wir übrigens in mehrfachen Varianten getroffen haben, darunter eine mit der Jahreszahl 1619." Und auch in dem Catalog der 1882 in Köln versteigerten Sammlung Paul[illegible]) wird letzteres Stück unserem Meister zugeschrieben. Allein dies ist nicht richtig. Die vollständige Folge der auf Adam und Eva bezügliche Darstellungen aufweisenden Teller ist auf Tafel 40 abgebildet, dabei unter No. 1 das hier in Rede stehende, 1619 datierte Exemplar (Durchmesser 17,5 Centimeter)[illegible]). Aber weder auf diesem noch auf den übrigen ist die Bezeichnung C E zu entdecken. Und auch sonst fehlt es an einem Anlass, diese ziemlich unbedeutenden, mehr handwerksmässigen Erzeugnisse mit Enderleins Namen in Verbindung zu bringen.

In der Zeitschrift des Kunst-Gewerbe-Vereins in München[illegible]) ist der auf Tafel 39 (No. 2) ersichtliche, einschliesslich des Deckelknopfs 15 Centimeter hohe Deckelbecher[illegible]) wiedergegeben und dazu bemerkt: „Der Zinnbecher, versehen mit dem Nürnberger Stempel, dürfte wohl eine Arbeit des berühmten Zinngiessers Caspar Enderlein sein ..... Gefunden wurde der Becher in Italien. Da Enderlein bekanntlich weitläufige Geschäftsverbindungen und besonders auch mit Italien hatte, werden dort immer noch hie und da Arbeiten von ihm gefunden." Auch von diesem hübschen, mit den erhabenen gegossenen Initialen, dem Namen oder dem Portrait des Herstellers der Form nicht versehenen Stück, welches man zwar den auf seinen selten vorkommenden Abgüssen angebrachten Nürnberger Stempeln nach als eine Nürnberger Arbeit aus der zweiten Hälfte des 16. Jahrhunderts ansehen darf, deshalb aber noch nicht Enderlein zuzuschreiben braucht, für dessen Urheberschaft irgendwelche Anzeichen nicht vorliegen, giebt es eine der Beachtung werthe Variante[illegible]). Man erkennt dieselbe zunächst daran, dass ihre einzelnen Theile in einem anderen Verhältniss zu einander stehen wie diejenigen des bereits besprochenen Exemplars. Die Einschnürung des Fusses ist erheblich höher und schlanker, die untere Zone des Gefässkörpers, obgleich hinsichtlich der Ornamente im Wesentlichen identisch, gedrückter und niedriger, der glatte Streifen dagegen, welcher den Abschluss nach dem Deckel zu bildet, wiederum höher. Der die Mitte der Leibung einnehmende Arabesken-Fries zeigt wohl dieselben Bandverschlingungen, dazwischen aber (zum Theil wenigstens) auf etwas andere Weise geformte Ranken und Blätter. Der Deckel ist mit sehr ähnlichen Verzierungen versehen. Gegossene erhabene Buchstaben oder sonstige auf den Schöpfer der Gussform hinweisende Merkmale fehlen auch hier.

Dass der auf Tafel 11 No. 2 abgebildete Krug mit den allegorischen Figuren PATIENTIA, SOLERTIA und NON VI nicht Enderlein zuzuschreiben ist, wurde bereits auf Seite 19 ff. dargelegt.

Der Kandelgiesser.

Das Zin mach ich im Fewwer fliessn/
Thu darnach in die Mödel giessn/
Kandel/Flaschen/groß vnd auch klein/
Darauß zu trincken Bier vnd Wein/
Schüssel/Blatten/Täller/der maß/
Schenck Kandel/Saltzfaß vnd Gießfaß/
Ohlbüchsen/Leuchter vnd Schüsselring/
Vnd sonst ins Hauß fast nütz ding.

18. Nürnberger Zinngiesser und Edelzinnarbeiten des 16. und 17. Jahrhunderts.

Der Versuch, auf den vorstehenden Seiten ein Bild Enderleins und seiner Thätigkeit zu entwerfen, wäre unvollständig, wenn nicht auch mit einigen Strichen der Hintergrund gezeichnet würde, von welchem dasselbe sich abhebt, nämlich der Gewerbebetrieb und die sonstigen Verhältnisse der Nürnberger Zinngiesser und diejenigen unter letzteren, welche als bedeutendere Vorläufer Enderleins, als seine Zeitgenossen, seine Gehülfen oder seine Concurrenten Beachtung verdienen. Es wird damit auch nur einer Anforderung der Gerechtigkeit entsprochen. Denn Enderlein hat nicht nur in Vieler Augen noch bis vor kurzem als der Schöpfer des Originals der Temperantia-Schüssel gegolten und dergestalt des Briot gebührenden Ruhmes sich erfreut, er ist auch von den Meisten als der einzige überhaupt in Betracht kommende Nürnberger Zinngiesser angesehen worden und dadurch zu einer Berühmtheit gelangt, die er von Rechts wegen mit einer Reihe tüchtiger und schätzenswerther Meister theilen müsste.

Die Nürnberger Zinngiesser oder, wie sie zu Enderleins Zeit genannt wurden, Kannen(Kandel)giesser, in deren Thätigkeit uns der vorstehends reproducierte Holzschnitt von Jost Amman und die ihm beigegebenen Verse von Hans Sachs einen interessanten Einblick gewähren[264]), sind nicht nur die um ihrer Tüchtigkeit und ihrer hervorragenden Leistungen willen berühmtesten[265]), sondern anscheinend auch diejenigen, welche am frühesten erwähnt werden. Denn vor 1285, um welches Jahr nach Scharrers[266]) Angabe Nürnberg, die Heimath des deutschen Edelzinns, bereits Kannengiesser besass, dürften diese Gewerbtreibenden in anderen Städten wohl kaum urkundlich vorkommen[267]).

Ein Verzeichniss der Nürnberger Handwerker aus dem Jahr 1363 nennt die „Zingiezzer“ im Verein mit den Messingschmieden, Gürtlern und Spenglern und giebt die Zahl der zu dieser Gruppe Gehörigen auf 33 an, während es 14 „Kanelgiezzer“ für sich allein aufführt[268]).

In den Nürnberger Rathsbüchern[269]) heisst es: „Item den gesmeidmachern oder zingiessern ist ir begeren, ir werck zu einem hantwerck zu machen abgeleint und sol solich ir werck ein freie kunst und zu arbaiten niemand verbotten sein, wie von alter herkomen ist. Act. sabb. post Viti 1485“. Und andererseits wird in der „Vorrede“ des schon häufig erwähnten Meisterbuches der Nürnberger Kannengiesser ausdrücklich gesagt, dass es 1517 bereits dreizehn Meister des Zinngiesserhandwerks gab. Unsere Gewerbtreibenden verbanden sich mithin in Nürnberg erst während der Zeit von 1485 bis gegen 1517 zu einer fest organisierten und als solche anerkannten Körperschaft. Gleichwohl blieben sie auch in den folgenden Jahren in einer solchen Abhängigkeit von dem allem zünftigen Wesen abholden Rath, dass man ihre Vereinigung nicht als eine eigentliche Zunft d. h. als eine Corporation mit politischen Rechten und politischem Einfluss, sondern (wie dies übrigens in älterer Zeit thatsächlich geschah) nur als Handwerk bezeichnen kann[470]).

Die älteste Nürberger Bestimmung, die sich auf die „Kanlgiesser" bezieht, ist wohl die folgende, bei von Murr[471]) wiedergegebene.

„Vor 1300".

„Im uralten Polizeybuche in fol. steht Pag. 55:"

„Es ist auch gesetzet, daz kain Kanlgiesser kain kanlen noch flaschen noch schüzzeln niht giessen schol vnd swaz er gevsset von Cine vnd von pley denne daz er allezeit niht mer giessen sol denne ain pfunt pleys vnder cehen pfunt eins wer daz brichet daz gibt ie von dem stücke. lx. haller. als of ers brichet des suln sie sweren."

Die hier erwähnte Mischung aus zehn Theilen Zinn und einem Theil Blei ist die sogenannte Nürnberger Probe, deren häufig auch in anderen Zinngiesserordnungen gedacht wird. Das Privileg der Prager Kannengiesser von 1371, welches namentlich das Verhältniss regeln sollte, nach welchem dem Zinn ein Bleizusatz gegeben werden durfte, nahm Bezug auf die in dieser Hinsicht in Nürnberg und Wien gültigen Bestimmungen[472]). Und auch z. B. in der bereits auf Seite 6 angeführten „Policey Ordnung der Stend im Elsass" vom Jahr 1552 wird auf die „Nürenbergische vermischung" verwiesen. Dieselbe wurde an so vielen Orten Deutschlands[473]) verarbeitet, dass man sie auch als die „Reichsprobe" („gemeine Reichsprobe") bezeichnete. Aus letzterer Benennung ist aber nicht etwa mit Berling[474]) zu folgern, dass damals eine bezügliche, für das deutsche Reich gültige gesetzliche Vorschrift bestand, wie sie neuerdings durch §§ 1 und 3 des Reichsgesetzes, betreffend den Verkehr mit blei- und zinkhaltigen Gegenständen, vom 25. Juni 1887[475]) für Ess-, Trink- und Kochgeschirr, Flüssigkeitsmaasse u. s. w. in gewissem Umfang gegeben worden ist. Der Umstand, dass zahlreiche Zinngiesserordnungen ganz andere und meist bleihaltigere Legierungen festsetzten bez. zuliessen[476]), und ausdrückliche Bemerkungen sowie deutliche Hinweise in den einschlagenden Urkunden[477]) gestatten vielmehr die Annahme, dass „die Proba Zum Zehenden" auf einem Handwerksgebrauch beruhte, welcher vermuthlich einer Nürnberger Satzung seine Entstehung verdankte.

Im königlichen Kreisarchiv zu Nürnberg befindet sich ein Pergamentcodex (M. S. No. 452), welcher den Titel „Aller Hanndthwerk Ordennunng vnd Gesetze, verneut anno 1535" trägt und sämmtliche in Nürnberg von Anfang des 16. bis zum ersten Viertel des 17. Jahrhunderts ergangenen, auf die Handwerke bezüglichen Vorschriften enthält. Auf Blatt 84 ff dieses Codex, welchen Stockbauer seiner auch die Zinngiesser berücksichtigenden Abhandlung über „Nürnbergisches Handwerksrecht des XVI. Jahrhunderts"[478]) zu Grund gelegt hat, ist eine Zinngiesserordnung vom 12. August 1536 mit Zusätzen aus den Jahren 1545, 1551, 1554, 1560, 1570, 1575, 1586 und 1617 eingetragen. Dieselbe wurde — unter Aufnahme der seit ihrem Erlass erfolgten Ergänzungen und Erweiterungen — 1578 „verneuert"[479]). In einer im städtischen Archiv zu Nürnberg verwahrten Handschrift (M. S. No. 118.): „Aller handtwerk in dieser statt Nürmberg Gesetz vnd Ordnungen, verneuet vnd zusammen getragen im Jar 1629" ist nämlich auf Blatt 258 ff. eine aus 25 Artikeln bestehende, im Wesentlichen dieselben Bestimmungen enthaltende „Kandengieser Ordnung" zu lesen, an deren Schluss (Blatt 265) es heisst: „Diese vorstehende Articul dieser Ordnung sindt beÿ einem Edlen Ernuesten Rath, verneüert vnd decretirt worden den 7. Martij Anno 1578." Zusätze aus den Jahren 1578 (8. März), 1617, 1630, 1640, 1645, 1657, 1688, 1695, 1698, 1701, 1704, 1705, 1732, 1760 und 1762 erhöhen die Zahl ihrer Artikel auf 41. Sie ist als die wichtigste der die Nürnberger Kannengiesser betreffenden Satzungen anzusehen, da sie zur Zeit der Blüthe des Nürnberger Zinngiesserhandwerks, welche von etwa 1550 an ungefähr bis gegen die Mitte des 17. Jahrhunderts währte, in Geltung war, auch — wie ihre bis 1762 reichenden Ergänzungen beweisen — sehr lange in Kraft blieb und endlich insofern als maassgebend bezeichnet wurde, als man das Jahr ihres Erlasses in dem „Gewerbesiegel" der Nürnberger Kannengiesser anbrachte.

Dieses mit der Umschrift S. EINER. ER: MAISTERSCHAFT. D. ZIHNGIESS: IN. NURNB• versehene Siegel zeigt einen Wappenschild, in welchem unten quervor ein Kanonenlauf liegt, über dem in der Mitte eine Glocke, links (vom Beschauer) eine gehenkelte Kanne und rechts eine bauchige Flasche mit einer Kette zum Aufhängen dargestellt sind, während zwischen der Glocke und dem Kanonenrohr die Jahreszahl 1578 steht[480]). Das betreffende Petschaft — wohl das älteste der Nürnberger Handwerke — ist aus Silber gefertigt und mit einem eisernen Griff versehen. Es befindet sich in der Lade der Zinngiesser von Nürnberg, welche nebst ihrem vollständigen Inhalt und der „Gewerbsfahne" gegen Revers unter Vorbehalt des Eigenthums- und Benutzungsrechts dem dortigen germanischen Nationalmuseum von den letzten alten Zinngiessermeistern, einschliesslich ihrer beiden „Vorsteher" 17 an Zahl, übergeben wurde, nachdem in Bayern durch Artikel 26 des am 1. Mai 1868 in Kraft getretenen Gesetzes vom 30. Januar 1868, das Gewerbewesen betreffend, die Zünfte aufgelöst worden waren.

Diese Lade, welche gleich denen anderer Innungen insofern von besonderer Bedeutung war, als sie nicht nur zur Aufbewahrung wichtiger Schriftstücke (z. B. der Ordnung, der Meisterverzeichnisse, der Gesellenbücher), der Gilde gehöriger Gelder (Beiträge, Abgaben, Strafgelder etc.), der Zunftgeräthe (Willkommen, Pokale, Trinkkrüge, Schenkkannen u. A.) u. s. w. diente, sondern auch bei allen feierlichen Gelegenheiten nicht fehlen durfte, wie denn beispielsweise die Handwerksversammlungen, die Lossprechungen der Lehrlinge und die Aufnahmen neuer Meister „vor offener Lade" stattfinden mussten, birgt auch das schon oft angezogene und so beachtenswerthe, 1560 angelegte Meisterbuch der Nürnberger Kannengiesser[illegible]). Und dieses wiederum enthält ein sehr ausführliches Verzeichniss des gesammten Inhalts der fraglichen Lade[illegible]), welches sehr lehrreich ist, weil es einen interessanten Einblick gewährt nicht nur in die Gegenstände, welche zum Eigenthum einer Zinngiesserinnung zu gehören pflegten, sondern auch in die Organisation und die Thätigkeit einer solchen.

Beim aufmerksamen Durchlesen der mehrerwähnten, im Vergleich mit anderen gleichzeitigen Rollen sehr umfangreichen Ordnung von 1578 findet man nun, abgesehen von geringfügigen, durch locale Verhältnisse veranlassten oder wohl auch rein zufällig entstandenen Abweichungen, dieselben oder wenigstens sehr ähnliche Bestimmungen wie in anderen Zinngiesserartikeln. Ja man darf sagen, dass die Grundzüge der Organisation, soweit nicht die Eigenart des in Rede stehenden Gewerbebetriebs maassgebend war, als fast die nämlichen sich darstellen, welche auch bei auf völlig verschiedenen Beschäftigungsgebieten thätigen Gilden in Geltung waren. Es hat dies durchaus nichts Befremdendes, denn es sind, wie Ortloff[illegible]) mit Recht bemerkt, „alle Zunftgesetze und Handwerksordnungen, in jedem Zeitalter, einander ähnlich". Es lässt sich daher im Allgemeinen nicht behaupten, dass es für die Nürnberger Kannengiesser besondere Vorschriften oder Einrichtungen gegeben hätte, wenn man nicht etwa ihre grosse, aber von äusserlich erkennbarem Einfluss wohl kaum gewesene Abhängigkeit vom Rath, welche sie nicht zu derselben Selbständigkeit gelangen liess wie anderwärts ihren Sitz habende Innungen, als eine Singularität hinstellen will.

An der Spitze des Handwerks standen zu Enderleins Zeit die drei geschworenen Meister. Ueber die Art, auf welche sie gewählt wurden, ist bereits auf Seite 40 berichtet worden. Ihre unter der Oberaufsicht einer besonderen Deputation des Raths, der „Rugs(Ruegs)herren", „verordneten Herren an der Rug (Rueg)"[illegible]), auszuübende Thätigkeit, auf deren getreuliche Erfüllung sie vereidigt wurden, bestand nach dem Eingang und Artikel 11 der Ordnung von 1578 im Wesentlichen in der Vertretung und Leitung des Handwerks, der Förderung seiner Interessen, der Ueberwachung der strikten Einhaltung der Ordnung (welche sie in der Lade „gehaim halten" mussten und nur die Gewerbsgenossen lesen lassen, auch abschriftlich Niemand mittheilen durften) und in der drei oder vier Mal im Jahr, nach ihrem Gutdünken aber auch häufiger, vorzunehmenden Beschau bez. Zinnprobe[illegible]), wobei das, was „am giessen oder drehen verwahrlost were", zu zerschlagen und bei uber ein halbes Pfund schweren Stücken noch eine an den Rath abzuführende Geldstrafe zu erheben war. Darüber, wie die „Zinn- oder Kannengieser-Schau" in Nürnberg erfolgte, macht Roth[illegible]) folgende bemerkenswerthe Mittheilungen: „Die geschwornen Meister gehen etlichemal im Jahr in alle Werkstätten, sehen, was man vor Zinn unter der Arbeit hat, und machen die Probe wegen des Zusatzes von Bley, indem sie besondere Formen haben, worein sie giessen, und alsdann durch das Wägen finden, ob nicht zuviel Zusatz dabey ist."

Die unterste Stufe nahmen die auf vorherige Anmeldung von Seiten ihres Meisters durch den Rugschreiber[illegible]) in ein zu diesem Zweck angelegtes Verzeichniss „einzuschreibenden" Lehrlinge ein, deren Lehrzeit mindestens vier Jahre betrug (Artikel 1 der Ordnung von 1578)[illegible]).

Ein Meister durfte, abgesehen von seinen Söhnen, nur einen „Leerknecht" und überhaupt nicht mehr wie drei Gesellen haben (Artikel 1). Letztere waren nicht eher berechtigt, selbständig („meisterweiss") thätig zu werden, als bis sie nicht drei Jahre lang ununterbrochen bei einem oder zwei Nürnberger Meistern „gesellenweiss" zur Zufriedenheit gearbeitet, die Meisterstücke vorschriftsmässig gefertigt, sich verehelicht und das Bürgerrecht erworben hatten (Artikel 2)[illegible]). Ein anschauliches Bild von dem Thun und Treiben der Nürnberger Kannengiessergesellen giebt ein im Jahr 1543 von keinem Geringeren als Hans Sachs verfasstes Gedicht, welches sich auf die Nürnberger Kannengiesser überhaupt bezieht und deshalb auch noch weitere werthvolle Aufschlüsse enthält. Es findet sich in dem schon so oft angeführten Meisterbuch eingetragen und ist von Bösch[illegible]) in dankenswerther Weise veröffentlicht worden, zugleich mit einem anderen, im Juli 1560 entstandenen Spruchgedicht desselben Poeten über „Die hantwercks daffel Der kandel giesser" (scil. der nürnbergischen)[illegible]), welche 1560 als eine „Gedächtnisstafel" von dem noch zu erwähnenden Nürnberger Zinngiessermeister Albrecht Harscher[illegible]) vermuthlich nach einem Modell des Kannengiessergesellen Melchior Kost (Cost) aus Königsberg (Meister 1561, Geschworner 1571 bis 1574 und 1579 bis 1580, gestorben am 3. September 1580) in Zinn gegossen wurde.

Wir ersehen aus den 1543 niedergeschriebenen Versen, dass die Nürnberger Zinngiessergesellen, gleich denen anderer Orte, in einer bestimmten Herberge jeden Monat eine nicht nur geselligen Zwecken, sondern auch der Regelung ihrer Angelegenheiten dienende officielle Versammlung („Schenke"[illegible]) abhielten. Bei derselben führten die sogenannten Oertenmeister[illegible]) (Zuschickmeister, Altgesellen) den Vorsitz, hielten streng auf Ordnung und erhoben gewisse Beiträge sowohl von den Anwesenden wie von den Fehlenden. Die zugewanderten Gesellen kehrten bei einem Meister ein, baten sofort die Oertenmeister[illegible]), nach Arbeit für sie sich umzuschauen, und wurden, falls sich solche nicht fand, zum Stadtthor begleitet, nachdem ihnen zuvor auf der Herberge — da der Zinngiesser Handwerk ein „geschenktes" war[illegible]) — „ausgeschenkt" d. h. ein Ehrentrunk gereicht worden war[illegible]). „Bösses stuckh" und „vnredliche Tückh" ahndete man, indem man an die anderen Innungen schrieb und mit deren Hülfe den Delinquenten, nachdem er Nürnberg verlassen hatte, so lange verfolgte („austrieb"[illegible]), bis er sein Unrecht sühnte bez. seine Strafe erlegte. In derselben Weise wie die zugereisten wurden auch die einheimischen Gesellen „gefördert" d. h. mit Arbeit versorgt, wenn sie im Einverständniss mit ihrem Meister oder wegen eines Verschuldens desselben ihre Thätigkeit einstellten; nahmen sie aber muthwillig „Urlaub" oder wurden sie aus gerechter Ursache entlassen, so waren sie verpflichtet, „stracks hinaussazuziehen, vnd ein viertel Jars draussen zubleiben", bevor ihnen wieder Beschäftigung verschafft wurde (Artikel 25 der Ordnung von 1578).

Zahlreich sind die — auch in anderen Rollen vorkommenden — Vorschriften, welche für die Meister galten. So war z. B. einem Zinngiessermeister bei Vermeidung von Strafe verboten, Mägde, Stiefkinder, kurz alle Personen, „die dess Handtwercks nit sein", zu gewerblichen Verrichtungen (genannt wird das „Schlagen"[illegible]), „Flecheln"[illegible]), „Ketten"[illegible]), „Spiegeln"[illegible]), „Hengeln"[illegible]) und „Giessen"[illegible])) zu verwenden (Artikel 6), Zinngeräth mit der Marke von Nürnberg zu versehen, „das In dieser Statt oder in seiner Werckstatt nit gemacht were" (Artikel 9), „verdechtig herkommendes" d. h. anscheinend gestohlenes oder veruntreutes Zinn aufzukaufen (Artikel 10), Kannen und Flüssigkeitsmaasse anders als unter Beobachtung sehr ausführlicher Anordnungen zu aichen (Artikel 12 und 13) und „kein alte Arbeit von Messing gemacht" zu kaufen, zu erneuern, zu flicken, zu bessern und wieder zu verkaufen (wogegen die Rothschmiede, Kupferschmiede, Geschmeidmacher, Gürtler u. s. w. nur diejenigen Mengen von Zinn kaufen und verwenden durften, die sie unbedingt bei ihrem Gewerbebetrieb brauchten; Artikel 14 und 15). Weiter war untersagt, mehr als einen offenen „Kram" (Laden) zu haben (Artikel 16), an den Sonn- und Feiertagen feilzuhalten (Artikel 17), abgesehen von gewissen Stücken (wie Giesspfannen, Giesslöffeln, Windöfen, Henkelsteinen („Hengstein"[illegible]), Löthkolben, Feilen, „allerley drehe eÿsen"[illegible]) u. s. w.), „einigen frembden ausländischen Kandengiesern, oder andern, einigen Zugerichten Werckzeüg ermelts Hanndtwercks, hinauss zuuerkauffen" oder auf sonstige Weise zukommen zu lassen, eine Bestimmung, die auch für die „Rodtschmidt, Geschmeidtmacher, Schreiner oder andere die der Kandel giesser Werckzeug machen können", galt (Artikel 18)[illegible]), und auswärts gefertigte, anscheinend der Nürnberger Probe nicht entsprechende („betriegliche") Zinngeräthe, ohne an den Rath resp. die Rugsherren eine bezügliche Anzeige zu erstatten, im Handelsverkehr zu dulden (Artikel 19; einem Antrag der Zinngiesser, „kein frembde Zienene Arbeit, als beschlagene Krüeg vnd ander ding vngeschaut vnd vnprobiert hie nit lassen fail zuhaben", hatte der Nürnberger Rath als „zu weitleüffig" nicht stattgegeben, aber bei Vermeidung von Strafe angeordnet, dass „die hieigen Burger . . . . nicht macht haben sollen, frembde Arbeit hiehero zubringen, die der hieigen Schau vnd Prob nit gemees were"). Endlich war nicht gestattet, an anderen Orten aus vorschriftswidriger Mischung hergestellte Schraubendeckel zum Verschluss der Flaschen ausserhalb der Messen überhaupt einzuführen und während derselben auszubieten resp. ohne Meldung an die Obrigkeit über bezügliche Wahrnehmungen von dritten Personen (Händlern u. s. w.) ausbieten zu lassen (Artikel 20; es sollte vermieden werden, dass derartiges schlechtes und minderwerthiges Material „vnder das gute Zien verschmelzt, vnd etwa ein ganzer guss damit verderbt" werde), in Nürnberg gemachte „Zienene Schrauben, die vber ein Vierdung eines pfundts schwer" waren, nach auswärts zu verkaufen oder zu verschicken (Artikel 21; man wollte verhindern, dass mit dem Nürnberger Stempel bezeichnete Schraubendeckel in anderen Städten „vf boese Ziene betriegliche arbeit" kamen, welche dann auch als Nürnberger Erzeugnisse angesehen wurden und dergestalt dem guten, sorglich gehüteten Ruf der dortigen Kannengiesser schadeten), und durch Andere „gemacht Zinwerck alhier In den Wirthsheüssern oder anderstwo vmbtragen vnd verhausiren zulassen" oder selbst dies zu thun (Artikel 24) u. s. w.

Diese theilweise in Einzelheiten sich verlierenden, gleichwohl aber für das damalige Nürnberger Gewerbeleben und die dasselbe beherrschenden Ansichten sehr charakteristischen Bestimmungen legen in ihrer reichen Casuistik Zeugniss ab für die Bedeutung des Nürnberger Zinngiesserhandwerks und die Verschiedenartigkeit der Fälle, die bei dessen ausgebreiteter und vielseitiger Thätigkeit vorkamen. Neben den erwähnten Vorschriften begegnet man nun, hauptsächlich allerdings in den späteren Zusätzen der Ordnung von 1578, einer Gruppe von Normen, die um der sogenannten Zunfthändel willen erlassen sind. Darunter versteht man die namentlich seit der zweiten Hälfte des 16. Jahrhunderts häufigen Streitigkeiten wegen der dem Gewerbebetrieb der verschiedenen Innungen gezogenen resp. zu ziehenden Grenzen. Letztere sind zwischen dem Beschäftigungsgebiet der Zinngiesser und dem anderer ähnliche Arbeiten liefernder Handwerker in den fraglichen Bestimmungen mit thunlichster Genauigkeit festgesetzt. Es möge genügen, in dieser Hinsicht auf die beiden in der gedachten Ordnung selbst enthaltenen Artikel 22 und 23 hinzuweisen. Ersterer besagt: „Betreffendt die Zienen Salzfass schüsslein vnd ander Zienes Kinderwerck, da ein Stuck über 10 oder 12 ₰ nit werth ist, vnd sich zwischen den Kandelgiessern vnd Geschmeidtmachern bisshero Strit verhalten hat, Jst den 9. Martij Anno 1560 beÿ einem Erbaresten Rath, dieser entschiedt ergangen, dass den geschmeidtmachern, nochmahls anders vnd mehrers Zugiessen nicht zugelassen werden soll, dann allein Kindtswerck, vnd sich alles anders giessen von Zien alss Salzfässlein[illegible]), Salzen-Schüsselein[illegible]), Teller, Fleschlein, Kändlein, vnd was man zum Haushalten gebraucht, zuenthalten, weder zugiessen noch fail zuhaben, vnd sich allein des Kindts vnd Torkenwercks[illegible]), vber den obgemelten zugelassenen werth nit zu gebrauchen . . . . ." Artikel 23 nimmt Bezug auf eine Streitigkeit zwischen den Kannengiessern und dem Rothschmied Peter Schmidt und führt einen dieselbe betreffenden Rathsbeschluss vom 17. Januar 1570 an, worin es heisst:

„Weil die Rodtschmidt nit leiden könten, dass die Kandelgiesser Messing giessen oder solchen Zeüg arbeiten, so were ebensowohl für billich erachtet, dass die Rotschmidt nit von Zien giessen sollen."

Ungleich wichtiger als die im Vorstehenden besprochenen Bestimmungen sind die in Artikel 4 und 5 getroffenen Anordnungen über das von unseren Gewerbtreibenden zu verarbeitende Material bez. den Bleizusatz, welcher dem Zinn gegeben werden durfte, und die je nach der Qualität des verwendeten Stoffs anzubringenden Stempel. Sie seien um ihrer Bedeutung willen hier wortgetreu wiedergegeben.

„Zum Vierten soll allen Kandengiessern beÿm Aÿdt verpotten sein, kein geschlagen noch Englisch Zien anderst dann von lautern guetten Zien, ohne einigen Zusatz dess Pleÿes zu machen, vnd das hernach solchs Arbeit, Nemblichen die geschlagen[307]) mit dem Adtler vnd einer Cron, aber das so auf Englisch art, Purgirt vnd gemacht ist, mit dem Adtler der Cron vnd einer Roesen soll gezeichnet werden, bei Straff zehen pfundt Nouj."

„Zum fünfften so sollen auch die Kandengiesser alhier ihr treü geben, vnd darauf zu Gott ein Aÿdt schweren, dass sie nach ihr Gewalt kein Kandel, Flaschen, Schüssel oder ander Werck von hieigen gemeinen Zien anderst nit giessen, dann vnter Zehen pfundt Zien ein Pfundt Pleÿ, vnd vnter ein Centner Zien Zehen pfundt Pleÿs, welches Zien oder die darauss gemachte Arbeit, anderst nicht dann mit gemeiner Statt Adtler soll gezeichnet werden, vnd weil auf dem Handtwerck mit alters Herkommen, dass ein Jeder Meister ein sondern Adtler, vnd in der Veldung desselben ein klein beÿ gemerck hat, darbeÿ man erkennen kann, welchem Meister derselb Adtler zustehet, so sollen Sie vnd ein Jeder Jnsonderheit schuldig vnd verpunden sein, zuvor vnd ehe Er sich desselben seines Adtlers Zum aufschlagen gebraucht, den die geschwornen Meister besichtigen zulassen, vnd Ihne in das darzu Verordente Zienplat zuschlagen vnd zubringen[308]), damit keiner dem andern zu nachtheil oder sonst betrieglich handle."

Auf diesen Vorschriften beruht die Verwendung der beiden im Vorstehenden so häufig erwähnten Nürnberger Stempel: desjenigen mit dem länggetheilten Wappen, dem halben Adler („Statt Adtler"[309]) und den Schrägbalken, zwischen denen sich als „Beigemerk" Initialen, Sterne, Punkte u. s. w. befinden, für das „zehntheilige" Zinn und der gekrönten Rose mit demselben Wappen als Herzstück und den Anfangsbuchstaben des Meisternamens zu beiden Seiten für das feine Zinn. Eine Ergänzung dieser Bestimmungen bildet der bemerkenswerthe Artikel 8. Darin wird gesagt, dass zwar in der Ordnung von 1536 den Kannengiessern nachgelassen gewesen sei, auf ausdrückliche Bestellung Zinnarbeiten zu liefern, welche einen grösseren als den nach Artikel 5 statthaften Bleizusatz enthielten (deshalb aber mit dem Nürnberger Stempel nicht versehen werden durften), dass jedoch diese Vergünstigung zu Betrügereien geführt habe und deshalb aufgehoben werde. Eine Ausnahme gelte nur für „Prunnenwerck, Rohrn, Padt (Badewannen), Wassertrög vnd ander ding, darmit man nicht Handierung treibt, vnd in ein Hauss zum täglichen gebrauch kombt damit kein falsch getrieben werden möcht. Doch auch mit der massen, dass kein Meister dergleichen zulessige Stuck ohne Vorwissen vnd erlaubtnus der geschwornen, zumachen macht hab, vnd das auch obgemelte zulessige Arbeit mit der Statt Adtler nicht gezeichnet werde, beÿ Straff Zehen pfundt Nouj."

Besondere Beachtung dürften endlich noch die in Artikel 3 enthaltenen, mit Zusätzen vom 22. November 1732 und 17. März 1760 versehenen Vorschriften über die anzufertigenden Meisterstücke verdienen. Denn diese ausführlichen Bestimmungen geben nicht nur ein anschauliches Bild von der Art und Weise, auf welche ein Zinngiesser sein Gewerbe betrieb, sondern sie lassen auch deutlich den Entwickelungsgang erkennen, welchen die vor 1500, bei den Kannengiessern wenigstens, nicht vorkommende Einrichtung der Meisterprüfungen nahm. Und sie sind um so interessanter, als auch in dieser Beziehung das Vorgehen Nürnbergs für andere Städte maassgebend gewesen zu sein scheint. Wird doch in der Leipziger „Kandelgieser ordenunge" vom „Dornstage nach Elitzabeth" 1538[310]) ausdrücklich gesagt, die Meisterstücke wurden eingeführt, „Dieweil man Zu Nurmbergk auch Zu Wien, vnnd in andern Nahmhafftigen Stedten, auf deme Kandelgieser Handtwerge maisterstucke pflegen Zumachenn."

In Nürnberg, wo doch die Zinngiesserkunst in besonderer Blüthe stand und deshalb zu einer eingehenden Regelung mehr Anlass gegeben war als an anderen Orten, wurden gleichwohl die ersten Meisterstücke nicht früher als um 1500[311]) durch den 1540 verstorbenen Jörg Fell (Feld, Feel) genannt Puechner (Buechner, Buchner, Puchner) gemacht, „welche stuckh gewessenn Sein, ein pauchette masskandell ein Schusel vonn Zwaÿ pfunden, vnd ein schlechtt gemeines giesfass, welche stuckh Jm brauch gewessem Sein, ettwan Vngeüerlich, bei den Fier oder Funf vnd treisig Jarenn.

Aber nach volgends im Jar 1534 sein die meister allhie, aus Ettlichen gutten bewegenden vrsachenn darumb kumen vnd Zue Ratth worden, solche maisterstuckh Zue bessernn, doch mitt wissenn vnd wollenn, Eines Erbarn Ratths alhie vnserer herren, Nemblich ein gefueste schenckh kandll — darein ein Viertl dranckx getth, ein schussell von vier pfunden vnd ein giesfass, darein vier oder funff mass wassers getth, mitt einem Hochem lid[312]) od (sic!) tach, mitt Welchem stuckenn Allbrecht harscher, eins burgers Sonn alhie, der erste gewessen ist[313]) . . . . ." „Der leztte maister mitt den altten stuckenn" war der 1533 Meister gewordene Zinngiesser Hans Zierman aus Kronach.

In der Ordnung von 1536 werden als Meisterstücke gefordert „ain gefuesste schenckkandel, darein ein Viertel geet, nicht über 8 Pf., vnnd ein schüssel die nit über 4 Pf. schwer sein soll vnnd ein güssfass[314]) mit einem hohen Lid oder techlein, darein vngeferlich vier oder funff mass geet"[315]).

Dieselbe Bestimmung findet sich wieder unter „Zum dritten" der Ordnung vom 7. März 1578. Nur soll das „Giessfas" noch zwei Hähne haben und fünf oder sechs Maass fassen sowie folgender Zusatz gelten: „(sampt Jhren wolgestelten gueten furmen (Formen)) ohne allen falsch, Flax, Stumel, Raif oder anders, so im laimen (Lehm) möcht eingelegt vnd gebraucht werden, vnd dass auch ein Jeder der die Stuck machen will, seine Stein, so er darzu gebrauchet, mit seiner ains Handt poren und vergiessen soll, beў dem Ayd den er der Stuck halben vor dem geordenten Fünffergericht (einem aus fünf Rathsdeputierten bestehenden Gericht, welches über Injurien und geringere Delicte zu entscheiden hatte) darumb leisten muss".

Fast das Gleiche galt auch noch nach dem Decret vom 22. November 1732, aus dessen geringfügigen Abänderungen nur die hervorgehoben seien, dass zu der „Sauberen geschweifften" Kanne, die nicht über 5 Pfund schwer sein durfte, und zu deren „hohen Deckel . . . der Kern[illegible]) von Stein, der Hobel[illegible]) aber von Laўmen (Lehm) gemacht", zu der Schüssel, welche „nachdem in der Laden habenden Maas oder grösse, nach jedesmahliger Neuester façon" sein musste, „Hobel und Kern von Stein gemacht", auch „2 Steinerne Blätterstein[illegible]) mit selbst eigener Hand auf einander gerieben und verfertiget" werden sollten, „darein man saubere und gleiche Blech zu dem Handvass giessen möge."

Doch scheint diese unbedeutende Neuerung Schwierigkeiten bereitet zu haben. Denn im Meisterbuch heisst es in Bezug auf den 1733 Meister gewordenen und 1752 gestorbenen Nürnberger Zinngiesser Johann Christoph Schwambach: „Diesser ist der erste gewesen, der die neue Maisterstück hat machen sollen (weilen er aber Zu wenig wissenschaft von formm machen gehabt) so hat er solche nit Verfertigen können. Die Geschworne aber haben sichs bei den Ältesten Rugs Herrn ausgebeten dz (sic!) man ihn hot dörfen an die hand gehen. Also ist er an Sontag darauf (d. i. Sonntag nach dem 12. April 1733) geschaut u. Zum Maister gesagt Worden."

Anders wurde es erst 1760. „Weil aber vorbeschriebene Meisterstüke heutiges Tages völlig ausser Gebrauch und Mode, so sind solche nach dem beschehenen Vorschlag der Meisterschaft mit Ratification Eines hochlöbl. Magistrats sub dato 17. Martii 1760 anderweit abgeändert worden, und zwar dahin, dass ein Gern-Meister in Formen, die er entweder selbst schon hat, oder beў einem guten Freund endlehnen darff, giesen und verfertigen solle: an statt jener Altvätterischen Schüssel Eine Schüssel nach jedesmalig Neuester Façon: und an statt der Kanne und des Giessfasses, Ein Lavoir samt dem Aufguss nach jedesmaligmoderner weisse, welche vorjezo die gewundene bassigte[illegible]) Art. Wo ansonst es, sowohl beў denen 20 fl. in die Laden, als bey deme, das fernere Verbleiben behält, dass der Gern-Meister, auch diese neue Meisterstücke mit selbsteigenen Handen, in eines Geschworenen Meisters Hauss und Werkstatt, und inner Sechs Tagen, zu gewählen habe." Letztere Herstellungsmodalitäten galten schon 1530[illegible]).

Bereits gegen Ende des vorigen Jahrhunderts scheint man sich aber nicht mehr genau an die Vorschriften über die Meisterstucke gehalten zu haben. Denn schon über den 1784 Meister gewordenen Johann Paulus Zerwick berichtet das Meisterbuch: „ . . . mit seiner Viertel Kanen und Schüssel bestanden". Und im 19. Säculum werden daselbst die als Probestücke gefertigten Gegenstände in der Regel angegeben. Wir erhalten dergestalt ein Bild von grosser Mannigfaltigkeit. Geliefert wurden z. B. eine „mössinge figuröse Leichter Forme, nebst 1 Parr darinn gegossene Leichter", „eine von Schiefferstein gefertigte Figuren Form", „drei Schachteln Zinnfiguren welche die Eisenbahn Kunstreiter, u. kämpfende Ritter darstellten" u. s. w.

Dass die Nürnberger Zinngiesser das Zinn, dessen sie bedurften, hauptsächlich aus Böhmen und Sachsen bezogen, liegt nahe. Namentlich aus ersterem Land wurden grosse Mengen dieses Metalls nach Nürnberg eingeführt[illegible]). Unter den sächsischen Bergstädten wird besonders Altenberg als diejenige bezeichnet, welche einen lebhaften Handelsverkehr mit dem Geburtsort Albrecht Dürers unterhielt[illegible]). Und im Einzelnen ist noch bekannt, dass die Nürnberger in Eger viel für besonders gut geltendes „Egrisch Zin" erwarben, welchem sie dann einen Bleizusatz gaben[illegible]), und dass zu Schlackenwald (Schlaggenwald) im 16. Jahrhundert die Gewerkschaft „Schnöde" aus Nürnberg mit gutem Erfolg den Zinnbergbau betrieb[illegible]). Auch den Zinnbergwerken im Fichtelgebirge wendeten die Bürger Nürnbergs ihre Aufmerksamkeit zu. 1495 erhielt der der bekannten dortigen Patrizierfamilie angehörige Hans von Pleben (Ploben) das Bergwerk am Ochsenkopf zum Lehn[illegible]). 1670 nahmen zwei Nürnberger Lang und Creussner (oder Craussner) die Arbeiten in der Fürstenzeche bei Weissenstadt wieder auf und hatten damit anscheinend eine kurze Zeit hindurch Glück[illegible]). Und noch 1806 war eine Nürnberger Gesellschaft in der Scheffellohe hinter Vordorf thätig[illegible]).

Ueber den Nürnberger Zinn- und Bleihandel berichtet Roth[illegible]): „Der Bley- und Zinn-Handel im Grossen und ausschliesslich im Kleinen ist schon sehr lange in dem untern, oder Frohn-Waag-Amte. Schon im 14. Jahrhundert hatte ein Wäger oder Waagmeister daselbst die Erlaubniss, Zinn und Bley im Kleinen zu verkaufen. Seit 1554 ist er allemal bei den zweyen ältesten Waagmeistern gewesen."

„Von dem J. 1617 an biss auf die neuesten Zeiten haben die Rathsdeputirten zu dem Waagamte Antheil an dem Zinn- und Bleyhandel in der Frohnwaage, wozu sie ein Kapital anlegen, und hiedurch von gedachtem Handel Vortheil ziehen. In einer alten handschriftlichen Nachricht befindet sich folgende Stelle: ›Der Bleyhandel in der Waage wird von E. E. Rath verlegt; darein mag ein jeder Rathsherr legen 200 fl. auf Gewinn und Verlust‹."

„Die Administration hierüber erhielt im J. 1617 der vorderste Waagmeister mit dem Prädikat des Zinn- und Bley-Verwalters, allein und priuative al minuto. Veit Spengler war der erste Verwalter. Es wurde ihm auferlegt, alle Quartale Rechnung über diesen Handel abzulegen, und deswegen zwey Bürgen zu stellen, welches auch am 23. Mai 1618 geschehen ist. Es wurde hiebey das Monopol so gesichert, dass kein Zinn und Bley unter zwey Zentnern ausserhalb der Frohnwaage verkauft werden durfte, wie solches die Oberherrliche Waag-Ordnung vom J. 1555, ein Extrakt aus deren Erneuerung, vom J. 1583, und ein Rathsverlass vom J. 1614 mit Mehrerm darthun."

„. . . . . In dem Rathsverlasse von 1614 ist bereits einer den zweyen Handwerken, den Kannengiesern und Glasern, gelassenen Lüftung gedacht, und in den neuern Zeiten connivirt worden, damit dieser Zinn- und Bleyhandel in der Waage den verhassten Namen eines Monopols nicht tragen möge."

Roth[144]) giebt ein Verzeichniss der sächsischen und böhmischen Städte, aus deren Bergwerken Zinn nach Nürnberg geführt wurde, und bemerkt, dass man daselbst auch Zinn aus Banka[145]), Malakka[146]) und England verarbeitete.

Der Nürnberger Rath setzte wiederholt den Preis des Zinns in besonderen Erlassen fest[147]).

Verschiedene Nürnberger Zinnhändler wurden „Genannte" d. h. Mitglieder des grösseren Raths, z. B. Johann Vogt 1568, Georg Pohl 1587, Hans Wilhelm Haller („insgemein der Zinnhaller genannt") 1669 u. s. w.[148]).

Nürnberger Zinnwaaren fanden schon frühzeitig die weiteste Verbreitung. „In Nürnberg spielten die Kandlgiesser und Rothschmiede eine grosse Rolle, und ihre Erzeugnisse werden es vorzugsweise gewesen sein, welche man gern nach Nord- und Ostdeutschland brachte. Schon 1401 waren die Kaufleute, die damit Handel trieben, den Preussen so unbequem, dass man auf dem Tag von Marienburg in Erwägung zu ziehen beschloss, »wy man dy bussen dem lande beholden möge«; auch im Jahr 1448 bestimmte man, dass die Nürnberger sowie die andern ausländischen Krämer, welche mit »Venedischer Ware«, d. h. Gewürzen, in Preussen auftraten, nur 2 Jahrmärkte »und sost keyne merkte mehe« in jedem Jahr besuchen durften. Sie zeichneten sich in Lübeck, wo ihnen ständiger Aufenthalt vergönnt war — die Nürnberger Keller —, durch unreelle Concurrenz aus, so dass der Rath sich im Jahr 1471 genöthigt sah, den Apengetern[149]) zuzugestehen, durch ihre Aelterleute das Treiben der Nürnberger Händler überwachen zu lassen und insbesondere auf die Wandelbarkeit der von ihnen verkauften Producte das Augenmerk zu richten"[150]).

Werfen nun auch die vorstehenden Angaben, bei denen man nicht ausser Acht lassen darf, dass Missgunst und Furcht vor Concurrenz gewiss Manches schlimmer und bedenklicher dargestellt haben, als es in Wirklichkeit war, ein weniger günstiges Licht auf die Nürnberger, so ist doch andererseits auch überliefert, dass deren Zinnarbeiten während des 16. Jahrhunderts in einer anderen nordischen Stadt, nämlich in Riga, als aus besserer und zinnreicherer Mischung bestehend angesehen wurden wie die einheimischen Erzeugnisse[151]).

Auch nach Süden wurden Nürnberger Zinngeräthe gebracht. Aus einer Wiener Satzung von 1475[152]) erhellt, dass die dortigen Zinngiesser sich beschwerten „von der gesst wegen die von Nurmberg und andern ennden gemachts zinwerch her in die stat fuereten und ausserhalb der zwaird gewondlichen jarmerkht im jar hie verkauften und verhandleten, das doch nicht guet noch gerecht were", und es dahin brachten, dass der Rath zu Wien den Nürnbergern und überhaupt den Auswärtigen den Handel mit Zinnwaaren zu anderen Zeiten als gelegentlich der beiden daselbst abgehaltenen Jahrmärkte ausdrücklich untersagte.

Nürnberg lässt sich unbedenklich — es genüge, an Enderlein zu erinnern! — als Entstehungsort der schönsten und in künstlerischer Beziehung werthvollsten Zinnarbeiten deutschen Ursprungs bezeichnen. Ja man darf vielleicht geradezu die Präsumtion aufstellen, dass ein deutscher Zinngegenstand von erheblicherer kunstgewerblicher Bedeutung in Nürnberg gefertigt worden ist.

Dass gerade in dieser Stadt so zahlreiche kunstvolle Zinngeräthe hergestellt wurden, erklärt sich zum grossen Theil auch daraus, dass es dort zu der in Frage kommenden Zeit so viele Künstler und Kunsthandwerker gab, welche die Fähigkeit, als Zinnmodelleure zu arbeiten, besassen und wohl jedenfalls auch bethätigten. Die Bezeichnung „Zinnmodelleure" ist bereits an einer früheren Stelle auf die Schöpfer kunstreicher Gussformen für Edelzinn im Gegensatz zu den Zinngiessern, zu denen sie zwar thatsächlich gehören konnten, aber nicht begrifflich gehören mussten, angewendet worden. Zwar wird man davon auszugehen haben, dass die Kannengiesser die Formen, deren sie — namentlich für einfachere Waaren — bedurften, gewöhnlich selbst fertigten, wie denn ja auch die Ordnungen in der Regel bestimmen, dass die für die Meisterstücke erforderlichen von den zu prüfenden Gesellen mit eigener Hand zu machen seien. Dies schliesst aber keineswegs aus, dass die Zinngiesser sich in einzelnen Fällen, wenn es sich um besondere Stücke handelte, wegen Herstellung der Formen an nicht zu ihrem Handwerk gehörende Künstler wendeten. Dass diese nicht auch äusserlich — etwa unter einer gemeinsamen Benennung — als eine abgegrenzte Gruppe erscheinen, beruht wohl darauf, dass sie eben nur ausnahmsweise in Anspruch genommen wurden und ihre Hauptthätigkeit auf anderen Gebieten entfalteten.

Es kann nun zwar nicht bestritten werden, dass verschiedene Zinngiesser wie z. B. Enderlein die Formen ihrer Edelzinnwerke selbst schufen. Aber andererseits ist es kaum ein blosser Zufall, dass die Herstellung und Verbreitung reich reliefierter Zinnarbeiten fast in demselben Grad zunahm, in welchem auch die Stempelschneidekunst und die ihr verwandten Techniken Fortschritte machten. Und sicherlich würden wir doch eine weit grössere Anzahl verschiedener Modelle besitzen, als die thatsächlich vorhandene und im Vergleich zu der ehemaligen allgemeinen Beliebtheit der Zinngeräthe sehr geringe, wenn jeder Zinngiesser die Fertigkeit besessen hätte, Gussformen für reliefiertes Edelzinn hervorzubringen. Beweisen doch die vielen Varianten gewisser weniger Muster und das Vorkommen der letzteren mit ganz verschiedenen Meistermarken, dass die schöpferische Thätigkeit eine ziemlich beschränkte war und dass man die einmal vorhandenen und vielleicht über Gebühr geschätzten Modelle thunlichst ausnutzte. Es wird daher kaum unrichtig sein, wenn man annimmt, dass die Nürnberger Zinngiesser für kunstvolle Formen häufig fremder Hülfe sich bedienten, und diejenigen, an welche sie sich in dieser Beziehung wendeten, unter der überraschend zahlreichen Schaar von Nürnberger Künstlern und Kunsthandwerkern sucht, über die Neudörfer, Doppelmayr, von Rettberg und Andere berichten. Unter den uns genannten Formschneidern, Bildhauern, Bildschnitzern, Steinschneidern (Wappensteinschneidern), Münzstempelverfertigern, Eisengrabern, Eisenschneidern, Siegelgrabern, Medailleuren, Graveuren, Modelleuren, Aetzkünstlern, Harnischätzern, Wachsbossierern, Gipsarbeitern, Silberstechern, Goldschmieden u. s. w. wird sich wohl gar Mancher befinden, der gelegentlich auch als Zinnmodelleur seine Kunstfertigkeit an den Tag legte.

R. v. S. sagt (auf Seite 110): „. . . wir wissen, dass im 16. Jahrhundert eine ganze Reihe hervorragender Künstler in Nürnberg lebte, die sich fast ausschliesslich mit der Anfertigung von in Stein und Metall geschnittenen Gussformen für Goldschmiede, Zinngiesser etc. befassten. So der Goldschmied Ludwig Krug, der nebenbei nicht blos Maler und Kupferstecher, sondern auch Stein- und Eisenschneider war, wie auch sein älterer Bruder Hans Krug d. j. Hans starb 1519, Ludwig 1535; Peter Flötner, † 23. 9. 1546 schnitt fast ausschliesslich in Stechstein kleine Gussmodelle, die sehr stark begehrt waren, und von denen sich einzelne bis auf unsere Zeit erhalten haben; Christoph Ritter, 1610—1676, ein Goldschmied, besonders durch künstliche Treibarbeit berühmt, aber auch geübt im Eisen- und Stechsteinschneiden; Georg Schweigger, ein Bildhauer (1613—1690), Hans Lobsinger † 1570, der sich speziell mit geätzter Arbeit befasste u. v. A. m."

Diesen allgemeinen Angaben, deren Richtigkeit im Einzelnen zu vertreten, R. v. S. überlassen bleiben möge, seien folgende einzelne, urkundlich beglaubigte Beispiele angereiht. Zu dem zinnernen Taufbrunnen, welchen 1560 der Zittauer Zinngiesser Paul Weise für die alte, 1757 zerstörte Johanniskirche in Zittau herstellte, fertigte der Bildhauer Jacob Frisch die hölzernen Formen. 1590 erhielt der Dresdener Kannengiesser Ambrosius Reichenbach 72 Gulden 1 Pfennig „von dem nackenden Weibsbilde aus Zinn abzugiessenn", zu welchem Valentin Silbermann das Modell geschnitzt hatte. Georg Hermann Söhlke, Zinngiesser in Cassel, goss die Medaille auf die Einweihung der Fahnen für die dortige Bürgergarde — im Mai 1831 — in Formen, welche seiner eigenen Mittheilung nach in Hannover hergestellt waren. Und die Nürnberger Kannengiesser liessen, wie übrigens schon die auf Seite 68 angeführte Bestimmung in Artikel 18 der Ordnung von 1578 nahelegt, im 16. Jahrhundert und noch später bei den dortigen Rothschmieden ihre „gedrehten" und wohl auch andere Formen machen[407a]).

Nach dem Gesagten wird man wohl nicht bezweifeln können, dass es — namentlich in Nürnberg — Künstler gab, welche man „Zinnmodelleure" nennen darf. Was insbesondere diesen Ausdruck anbelangt, so sei noch auf die in der deutschen Uebersetzung des Buches von Salmon (auf Seite XIV)[36]) sich findende Bemerkung hingewiesen: „Former, Formenverfertiger, Modeleur und Mouleur, (Zinngiesser), derjenige, der Modelle zu seiner Schmiede und Hämmerei[408]) macht, und Formen vor sich selber anfertiget."

Eine Art Muster- und Modellschutz gewährte der unter dem 3. December 1688 erlassene Zusatzartikel 36 der Nürnberger Kannengiesserordnung von 1578, indem er bei Vermeidung von Strafe verbot, „die von andern Mitmeistern inventirte Arbeit nachzumachen" und anordnete, dass „derjenige Meister, der etwas neues inventiret, solches vorhero beÿm lobl. Rugs Ambt anzeigen und vorweisen solle."

Einer der bedeutendsten Nürnberger Zinnmodelleure scheint der berühmte, 1546 verstorbene Peter Flötner gewesen zu sein, auf dessen sonstige vielseitige künstlerische Thätigkeit näher einzugehen, hier zu weit führen würde. Bekannt sind seine zahlreichen, meist in Blei- oder Zinnabstössen, zum Theil aber auch in Bronceabgüssen uns erhaltenen Reliefs mit Figuren von Tugenden, Lastern, Planeten, Musen, deutschen Königen u. s. w. Diese Gestalten finden sich nun häufig auf Zinnarbeiten wieder, welche aber merkwürdigerweise in der Regel sächsischen und nicht nürnbergischen Ursprungs sind. Erinnert sei in dieser Beziehung an die im städtischen Museum zu Zittau befindliche, 1562 datierte, 47 Centimeter hohe, prächtige Zunftkanne der dortigen Maurerinnung, wohl eine Arbeit des schon genannten Zittauer Kannengiessers Paul Weise (drei oben abgeschliffene Marken: zwei Zittauer Stadtstempel mit einem Z und dazwischen ein Meisterzeichen mit einem W, über welchem wohl ursprünglich noch ein P stand), eine ähnliche, 51,5 Centimeter hohe, demselben Meister zuzuschreibende Kanne im South Kensington Museum zu London (927. '53; mit denselben drei Marken, das P über dem W hier aber deutlich sichtbar), den sehr beachtenswerthen, 1577 gefertigten Fries am Taufstein der St. Marienkirche zu Zwickau, eine viereckige Platte mit acht Figuren von Lastern und Tugenden in der Collection Zeller-Leipzig (ein Stempel mit dem kursächsischen und dänischen Allianzwappen, über welchem die in einander gelegten Buchstaben A und V), das hübsche, auf Tafel 47 abgebildete, einschliesslich der Bekrönung des Deckelcharniers 27,9 Centimeter hohe Weinkännchen mit den Gestalten von Tugenden und deutschen Königen (drei Marken: ein Schneeberger Stadtzeichen, welches die Lettern SB und zwei schräg gekreuzte Bergmannswerkzeuge, Fäustel und Eisen, aufweist, und zwei auf ein Mitglied der Schneeberger Zinngiesserfamilie

Lichtenhan zu deutende Meisterstempel mit einem Hahn und den Initialen H L; grosse Aehnlichkeit mit diesem Stück der Sammlung Demiani-Leipzig haben zwei Kännchen in der Collection des Vereins für Geschichte Leipzigs in Leipzig (ohne Stempel) und in der Sammlung Schönherr-Innsbruck (mit demselben Schneeberger Stadtzeichen und einer einen Hahn und die Buchstaben P H zeigenden Meistermarke!) u. s. w. Neben diesen sehr beachtenswerthen Exemplaren, welche das bis jetzt noch gar nicht gebührend gewürdigte sächsische Edelzinn in vortheilhaftestem Licht erscheinen lassen, finden sich aber auch einzelne mit Flötnerschen Vorbildern entlehntem figuralem Schmuck versehene Zinngeräthe, die anscheinend in Nürnberg entstanden sind, z. B. ein kleiner, 14 Centimeter hoher, originale vielfarbige Bemalung aufweisender Krug des Berliner Kunstgewerbemuseums (75,620) mit sechs ziemlich rohen Gestalten von Tugenden, dessen Boden die Nürnberger Wappenmarke trägt. Derselbe unterscheidet sich aber von den vorerwähnten sächsischen Arbeiten namentlich dadurch, dass er in einer unter Benutzung Flötnerscher Modelle hergestellten besonderen Form gegossen ist. Die Reliefs auf jenen dagegen scheinen, theilweise wenigstens, vermittelst direkter Abformung Flötnerscher Plaketten (von denen z. B. das Kunstgewerbemuseum zu Dresden 11 mit Tugenden und Lastern und 7 mit deutschen Königen enthält) auf ähnliche Art wie die plastischen Darstellungen des auf Tafel 13 (No. 3) abgebildeten und auf Seite 55 näher besprochenen, wohl ebenfalls in Sachsen (Dresden?) angefertigten Streusandfasses gewonnen zu sein.

Wie sich der Zusammenhang zwischen dem Nürnberger Flötner und dem sächsischen Edelzinn erklärt, das zu entdecken, wird einem glücklichen Forscher hoffentlich noch gelingen. Jedenfalls waren die Beziehungen keine unmittelbaren, denn die angeführten Stücke sind offenbar erst nach Flötners 1546 erfolgtem Ableben in der zweiten Hälfte des 16. Jahrhunderts entstanden. Ueberhaupt wird man mit Rücksicht auf sein Todesjahr und die vor 1550 nicht beginnende Blüthezeit des Edelzinns diesen Meister wohl als Zinnmodelleur im weiteren Sinn d. h. als einen Künstler zu bezeichnen haben, welcher den Zinngiessern zwar brauchbare Vorbilder, aber in der Regel nicht gleich fertige Gussformen lieferte. Damit stimmt auch das überein, was Neudörfer (Seite 115)[illegible] über Flötner berichtet: „Seine Lust aber in täglicher Arbeit war in weissen Stein zu schneiden, das waren aber nichts anders dann Historien, den Goldschmiden zum Treiben und Giessen, damit sie ihre Arbeit bekleideten, geordnet . . . . . Den mehrern Theil seiner Kunst und Arbeit hat Jacob Hoffman, Goldschmid, von ihm erkauft." Wie dergestalt Flötner speziell für Goldschmiede Vorlagen schuf, so stellte er vermuthlich auch eigens für die Zinngiesser oder für Kunsthandwerker überhaupt Modelle zum Zweck der Nachbildung her[illegible]). Dass er in Verbindung mit einem Zinngiesser stand, lässt sich übrigens nachweisen. 1543 erschien nämlich in Nürnberg ein Buch betitelt: VRsprung vnd Herkumen der zwölff ersten alten König vnd Fürsten Deutscher Nation, wie vnd zů welchen zeytten jr yeder Regiert hat. Dasselbe enthält zwölf von Flötner herrührende, die ersten deutschen Könige darstellende Holzschnitte nebst erläuternden Versen und am Schluss ein Gedicht: „Ein Lobspruch der alten Deutschen", in welchem sich der bekannte, um 1556 verstorbene Burkard Waldis, welcher während seines bisweilen recht abenteuerlichen Lebens auch längere Zeit als Zinngiesser thätig war, als den Urheber des Werkes bezeichnet.

Ein Nürnberger Künstler, dessen Arbeiten ebenfalls Zinngiessern als Vorbilder dienten, war Hans Sebald Beham (geboren 1500 in Nürnberg, gestorben 1550 in Frankfurt a/M., wohin er um 1530 übersiedelte). Die Sammlung Demiani enthält einen schönen, 17,7 Centimeter hohen Deckelkrug mit Scenen aus dem Gleichniss vom verlorenen Sohn nach Stichen dieses Meisters (Stadtmarke von Heidelberg: aufspringender 'pfälzischer' Löwe; unbekannter Meisterstempel: Eichel, Initialen P G u. s. w.).

Dass in Franken, insbesondere in Nürnberg, und in Sachsen die Zinngiesserkunst auf so hoher Stufe stand, erklärt sich zur Genüge schon aus der grossen Nähe der reichen erzgebirgischen (böhmischen und sächsischen) Zinnlager, welche zum Theil bereits im 12. Säculum erschlossen wurden und gerade während des 16. und zu Anfang des 17. Jahrhunderts besonders ergiebige Ausbeute lieferten. Haben doch auch die Kannengiesser der übrigen diesem wichtigen Bergwerksbezirk benachbarten Länder: Böhmen, Mähren und Schlesien Hervorragendes geleistet.

Die böhmischen Zinngiesser, über welche Grueber[illegible]) und von Riha[illegible]) Näheres berichten, waren oft zugleich Glockengiesser[illegible]) und schufen jene für Böhmen charakteristischen grossen zinnernen Taufbecken, welche in der Regel die Form einer umgestürzten, auf drei Füssen stehenden Glocke haben und sehr häufig — fast in jeder älteren böhmischen Pfarrkirche — vorkommen. Besonders schöne Exemplare befinden sich z. B. in der Decanat-Kirche zu Tabor (von 1455), in Nimburg (ein 1488 gefertigtes Werk des berühmten Kuttenberger Meisters Andreas Ptáček), in Nezamyslic bei Schüttenhofen und im Dom zu Leitmeritz (laut Inschrift aus dem Jahr 1521).

Mähren, dessen Zinngiesserhandwerk Schirek[illegible]) zwei werthvolle Abhandlungen gewidmet hat, kann sich ebenfalls sehr tüchtiger Arbeiten rühmen. Die beiden auf Tafel 49 wiedergegebenen Schüsseln sind ihren einen Igel aufweisenden Stadtmarken nach in Iglau hergestellt worden. Die grössere mit einer sceptertragenden, Europa personificierenden Frauengestalt hat einen Durchmesser von 47,5 Centimetern und zeigt als Meisterstempel unter einer Krone die eng zusammengezogenen Buchstaben MB oder MZ(?), während die kleinere mit einem Diameter von 45,5 Centimetern am ihrem Rand, welcher das mit einer Asia (oder Afrika?) geschmückte Mittelstück umgiebt, als Meisterzeichen die Initialen L G und darunter zwischen zwei Sternen eine Glocke erkennen lässt (also auch in Mähren ein Zinngiesser zugleich Glockengiesser!). Die Vorbilder zu den Darstellungen der beiden Erdtheile sind in der im historischen Museum zu Basel ausgestellten Amerbachischen Sammlung von Goldschmiedemodellen (Blei- oder Zinnplaketten) enthalten[209]) und dürfen vielleicht auf einen Nürnberger Meister zurückgeführt werden.

Schlesien endlich verdanken wir jene mächtigen gravierten Kannen, deren mehrere Schultz (I. Halbband, Seite 120ff.)[208]) besprochen und auch abgebildet hat. Das älteste dieser interessanten Exemplare ist wohl das 1497 datierte, 67,5 Centimeter hohe der Breslauer Bäcker, dessen reiche Gravierungen (Christus am Kreuz, Heilige, Apostel u. s. w. in gothischen Umrahmungen) zum Theil nach Stichen des Meisters E. S copiert sind (vier Marken: je zweimal die beiden Breslauer Stadtstempel mit einem W und dem Haupt Johannes des Täufers). Dasselbe befindet sich nebst der schon Renaissance-Ornamente aufweisenden Kanne der Breslauer Seiler von 1511 (drei Zeichen: zwei W und eine runde Marke mit einem bärtigem Männerkopf), und der der Tuchmacher von Löwenberg aus dem Jahr 1523 (vier Stempel, von denen je zwei identisch: die Löwenberger Stadtmarke mit dem dortigen Stadtwappen, dessen gespaltener Schild heraldisch rechts auf einem Berg einen stehenden gekrönten Löwen und links einen geschachten Adler aufweist, und ein Meisterzeichen mit einem einfachen gothischen g) im Museum schlesischer Alterthümer zu Breslau. Die auf Tafel 48 wiedergegebene, noch nicht abgebildete Kanne der im Kunstgewerbemuseum (Rudolphinum) zu Prag ausgestellten Zinnabtheilung der Sammlung Lanna ermöglicht eine sehr gute Vorstellung von der in Rede stehenden Gruppe. Einzelne der auf dem Lanna'schen Exemplar gravierten Darstellungen sind nach Stichen von Martin Schongauer ausgeführt. Die Höhe beträgt 56 Centimeter. Auf dem Henkel drei Marken: zwei Breslauer W und ein wohl das Breslauer Johanneshaupt enthaltender undeutlicher runder Stempel. Die spätesten Stücke der nicht langen und sehr geschätzten Reihe bilden zwei beachtenswerthe Kannen der Collection Demiani-Leipzig. Die eine ist 1564 datiert und einschliesslich der Deckelfigur 51,3 Centimeter hoch; sie zeigt auf den Mittelflächen ihres siebenseitigen Körpers die Figuren der sieben freien Künste sowie am oberen Rand sechs Rundbilder (Köpfe) nach einem Blatt von Virgil Solis. Der Henkel trägt zweimal das Stadtzeichen von Schweidnitz, das nach links (vom Beschauer) gewendete Schwein (darunter links unten die Initialen I S und darüber rechts ein Stern), und eine Meistermarke mit den Buchstaben I S über einer heraldischen Lilie. Die andere Kanne, welche aus der Sammlung Gedon stammt, ist mit der Jahreszahl 1580 versehen und zeichnet sich vor Allem durch ihre wohl einzig in ihrer Art dastehende Form aus. Den cylindrischen Leib zieren vier Reihen genau über einander angebrachter, mit fein gravierten Brustbildern geschmückter, durch rautenförmige Vertiefungen getrennter runder Abflachungen. Auf dem Henkel des einschliesslich der Bekrönung des Deckelcharniers 41 Centimeter hohen Stücks sind das Breslauer W und ein mit einem Kreuz belegter Wappenschild als Stempel eingeschlagen.

Kehren wir nach der vorstehenden nur scheinbaren, in Wirklichkeit aber für die Beurtheilung und Abgrenzung des Nürnberger Edelzinns kaum entbehrlichen Abschweifung zu unserem speziellen Thema zurück!

Das aus den Werkstätten Nürnbergs hervorgegangene Edelzinn zeigt in der Regel erhabenen figürlichen und ornamentalen Schmuck, der zugleich mit den übrigen Theilen der betreffenden Geräthe in nach Art der für die Herstellung von Medaillen bestimmten, vertieft geschnittenen Formen gegossen ist. Neben einzelnen Werken ersten Ranges, wie z. B. der Temperantia-Schüssel Enderleins, der dazu gehörigen Kanne und der prächtigen, auf Tafel 32 abgebildeten Susanna-Platte, finden sich ganze Folgen einander oft sehr ähnlicher Teller und Schüsseln, welche ausschliesslich oder wenigstens in weitaus überwiegendem Maass Ornamente aufweisen. Sie lassen sich in zwei Klassen theilen. Erstens in solche mit den schon wiederholt erwähnten, für die Nürnberger Zinnarbeiten in gewissem Sinn charakteristischen Arabesken (ein vorzügliches Beispiel bildet der auf Tafel 41 ersichtliche, dem Kunstgewerbe-Hohenlohe-Museum zu Strassburg gehörige Teller mit dem Nürnberger Stempel auf dem Rand und einem Durchmesser von 35,8 Centimetern). Und zweitens in solche mit anders gezeichnetem feinem Ranken- und Blattwerk, in welchem häufig einzelne Blumen, Früchte, Vögel u. s. w. angebracht sind (siehe den auf Tafel 42 unter No. 2 wiedergegebenen Teller). An diese beiden meist sehr schöne und vortrefflich componierte Exemplare umfassenden Gruppen schliesst sich eine dritte an, welche in ihrer bisweilen mehr handwerksmässigen und stellenweise etwas kleinlichen Ausführung schon auf der Grenze zwischen dem Edelzinn und dem Gebrauchszinn steht, obwohl sie ebenfalls nur Schau- bez. Prunkgeräth enthält. Hierher gehören die bekannten, je aus einer Anzahl von Tellern bestehenden Folgen, auf denen man grössere oder kleinere Blumen um ein glattes Mittelrund, die Kurfürsten zu Pferd oder hinter ihren Wappen stehend um ein Nabelmedaillon mit Kaiser Ferdinand III. bez. der Auferstehung Christi, das Opfer Noahs, umgeben von Querovalen mit auf Adam und Eva bezüglichen Scenen, die Apostel in ganzer oder halber Figur um ein Mitteltheil mit der Auferstehung des Erlösers bez. dessen Brustbild, u. A. erblickt. Vereinzelt finden sich deutsche Kaiser, Gustav Adolf und Feldherrn des dreissigjährigen Kriegs, der Sultan und europäische Fürsten u. s. w. Eine Anzahl derartiger Stücke ist auf den Tafeln 40 und 42 abgebildet. Diese meist einen Durchmesser von 17,5 bis 20 Centimeter besitzenden Teller, auf deren verschiedene Varianten einzugehen, hier zu weit führen würde, dürfen schon ihren Stempeln nach als Nürnberger Erzeugnisse gelten. Damit soll selbstverständlich nicht gesagt sein, dass nicht auch an anderen Orten, vielleicht erst unter dem Einfluss der besprochenen Nürnberger Vorbilder, einzelne ähnliche Stücke entstanden seien. Finden wir doch sogar auf dem interessanten, dem Kunstgewerbemuseum zu Düsseldorf (11783) gehörigen orientalischen (persischen) Gefäss, welches Tafel 43 wiedergiebt, den bekannten auf Tafel 42 No. 1 ersichtlichen Nürnberger Gustav Adolf-Teller ziemlich getreu, sogar bis auf die Buchstaben über den Figuren, copiert. Aber vollständige grössere Reihen, an denen sich eine gewisse Entwickelung verfolgen lässt, kommen ausser in Nürnberg nur noch in der Schweiz vor: nämlich die Walliser Blumenteller und die in St. Gallen hergestellten Wappenteller. Jene, im Canton Wallis entstanden, wo auch originelle, theils gedrungene bauchige, theils sechseckige, nach oben sich verjüngende Kannen mit herzförmigem Halsrand und Deckel hergestellt wurden, zeigen kräftig reliefierte und etwas derbe Ranken und Blumen auf dem schmalen Rand. Diese tragen an derselben bald ausgebogten, bald nicht mit Einschnitten versehenen Stelle die Wappenschilder der dreizehn alten Cantone und meist auch die erhabenen gegossenen Marken der Stadt St. Gallen und der dortigen Zinngiesser Hans Jacob Schirmer (1657 bis 1727, Zinngiesserprobierer von 1699 bis zu seinem Tod) und Zacharias Täschler (1657 bis 1717, Zinngiesserprobierer von 1709 bis 1713). Sie sind mithin wohl erst in der Zeit von 1709 bis 1713, also viel später entstanden wie die besprochenen Nürnberger Exemplare.

Letztere und die ihnen verwandten Stücke werden häufig als „gepresst" bezeichnet. Schon eine aufmerksame Betrachtung lehrt, dass diese Benennung irrig ist[illegible]).

Eben so falsch, wie von „gepresstem" Zinngeräth zu reden, ist es, diejenigen Schüsseln und Teller als „geätzte" hinzustellen, von denen man zu sagen pflegt, dass sie in der „Holzstockmanier" ausgeführt seien. Diese alten Holzschnitten nachgebildeten Arbeiten, bei deren erstem Anblick man glauben könnte, dass sie in den für solche bestimmten Holzstöcken bez. in Holzformen hergestellt wurden, dürfen gleichfalls, obschon sie vereinzelt auch anderwärts vorkommen, in der Hauptsache als Nürnberger Erzeugnisse gelten. Zwar kennt man z. B. je eine schöne Schüssel mit der Signatur B I bez. A P und eine prächtige, reich ornamentierte Platte mit der Künstlerbezeichnung z M[illegible]). Die weitaus grösste Anzahl ist aber mit den Initialen N H und überdies oft mit einer Kanne in der Form derjenigen Briot's versehen. Und diese beiden aus der Fläche hervortretenden, also nicht eingestempelten, sondern schon in der Gussform angebracht gewesenen Merkmale weisen in Verbindung mit den häufig ausserdem noch angebrachten Jahreszahlen (gewöhnlich 1567 bez. 67) auf den Nürnberger Zinngiesser Nikolaus Horchaimer hin. Da sonach die fragliche Gruppe im Wesentlichen aus der Hand dieses einen Meisters hervorgegangen ist, wird sie auch am passendsten in den demselben noch zu widmenden Zeilen zu besprechen und dort auch darzulegen sein, dass die dazu gehörigen, nur in der zweiten Hälfte des 16. Jahrhunderts angefertigten Stücke in besonders geätzten Formen gegossen wurden.

Wirklich geätzte Zinngeschirre, welche sehr selten sind und als deren glänzendste Beispiele 1549 für ein Mitglied der Familie Khuen von Belasi und wohl fast um dieselbe Zeit für „Jorg khuen zu welsy" hergestellte Prachtservices[illegible]) angesehen werden können (siehe die auf Tafel 44 abgebildeten, in ihren Ornamenten theilweise an Stiche Aldegrevers erinnernden Schüsseln), hat Nürnberg, soviel bekannt ist, nicht hervorgebracht. Auch nach Spuren von getriebenen Arbeiten, deren Existenz in älterer Zeit vielfach bezweifelt wird, sucht man vergeblich. Und dasselbe gilt von Geräthen mit aus aufgelegtem bez. eingelegtem Messing bestehenden Verzierungen, wie solche vereinzelt (mit einfachen Reifen u. s. w.) im benachbarten Sachsen und vor Allem, häufig mit reichsten Ornamenten, in Bremen (Peter Jost, 1643 Bürger und wohl auch Meister, 1682 gestorben[illegible]) vorkamen. Ja sogar gravierte Exemplare von einiger Bedeutung findet man kaum. Und das Gleiche lässt sich von den Schüsseln, Tellern u. s. w. sagen, deren Verzierungen vermöge mit dem Hammer eingeschlagener, entsprechend geformter Punzen hergestellt sind. Mit einem Punzen, dessen unteres Ende die Gestalt einer Halbkugel hatte, wurde eine grosse, im germanischen Nationalmuseum (Zimmer XLV) aufbewahrte Schüssel decoriert, deren Vorderseite ganz mit dicht an einander gerückten runden Vertiefungen bedeckt ist. Und die Ausschmückung eines zu der Sammlung Demiani gehörigen, mit Reihen verschiedener stempelartiger Eindrücke versehenen tiefen Tellers erfolgte durch Anwendung zweier Punzen, von denen der eine ein menschliches Antlitz, der andere drei neben einander liegende, durch schmale Streifen getrennte, stabförmige halbrunde Aushöhlungen trug. Auf beiden Stücken sind ausser nicht übereinstimmenden Meisterzeichen noch je dieselben beiden Stempel angebracht: das bekannte Nürnberger Wappen und eine Marke mit einem gekrönten Hammer, welcher vielleicht auf die Technik des Hämmerns oder Schlagens[illegible]) hinweist.

Dass man in Nürnberg die Zinngeräthe auch vergoldete, erhellt schon aus den im Folgenden abgedruckten Versen von Hans Sachs. Ein versilberter Kurfürsten-Teller mit dem Nürnberger Stempel ist in der Sammlung Demiani enthalten. Und im Berliner Kunstgewerbemuseum sieht man den kleinen auf Seite 73 erwähnten Nürnberger Zinnkrug mit originaler vielfarbiger Bemalung. Nürnberger Zinnarbeiten, welche mit einer grösseren Anzahl von Farben bedeckte Theile und daneben auch Partieen mit goldigen Ornamenten auf schwarzem Grund zeigen, sind dem Schreiber dieser Zeilen eben so wenig vorgekommen wie dort entstandene Reliquienkästen u. s. w., die mit aufgelegten durchbrochenen Zinnornamenten bedeckt sind.

Einen klaren Überblick über die zahlreichen und verschiedenartigen Gegenstände, welche aus den Werkstätten der fleissigen und geschickten Nürnberger Kanngiesser hervorgingen, gewährt uns die ausführliche Beschreibung, welche einem derselben von Hans Sachs in seinem schon angeführten, 1543 verfassten Spruchgedicht in den Mund gelegt wird. Sie sei deshalb hier nach Goetzes Veröffentlichung wortgetreu wiedergegeben.

„Er antwortt mir wise das jch bin
ein kandtengiesser, mach aus Zin
kandell, pauchett, schwebisch vnnd glatt
ausgestochenn Nach kunstlichem Rattli
mitt piklwerckh geweechsenn vnd plumen
die kantten mitt Rören auch von vns kumen
schenckh kantten[illegible]) darmitt man Fursten thutt schencken
vnd leuchtter die man auff thutt hencken[illegible])
Schussel geschlagenn[illegible]) vnd vngschlagenn
darin man thutt zue essenn tragen
Senfftschussell, vnd schusell mitt Oren
So fur kindtpetterin gehörenn
dischteller, plecz, vnd grosz plattenn,
darauff man tregtt fisch vnd das pratten
vnd auch die Engelschenn patten[illegible])
auch kantten so auff drey fussen sten
(Groszatendner[illegible]) vnd auch Zinen stuczen[illegible])
die man Nur zue dem Bier ist Nuczen
geschrauffit allerlei kunstlich flaschenn,
klein vnd grosz, Sackpfeiffen vnd Taschen
Buecher, Narenkapenn puchssen vnd partten[illegible])
daraus einer mag Eins truncklis gewarttenn
Salczusz verguldett vnd auch Schlechtt[illegible])
Salczuasz So man Indt kuchen hechtt[illegible])
der kandell hett ich Schier Vergessenn,
darmitt man thutt den Wein auszmessenn,
pecher Schusselein zue pranttem wein
zum meth kunstlich Schallen fein
auch puchsenn jnn die apodeckenn[illegible])
aus den manch Specerei ist schmecken
puchsenn zue Milraum[illegible]) vnd Öll
darin allding Rein bleiben soll
die prennheutt scherbenn vnd schusselring
pecher grosz vnd clein kupfferling[illegible]),
auch bschlagen wir manchen gieszkalter[illegible])
O kunstlicher vil, dan vor altter
mitt aichelun vnd mancherlei giefasz
zirlich geschmuckhtt Neben das
mach wir kunstlich vnd woll Besünen
vill lustiger Springender prunen,
die man schenckhtt jn die Landt von ferenn
auch machen wir Bad[illegible]) fur Fursten vnd herren
Auch beschlagen wir die kirchenthurn
Samltt knopffenn So darauff gehorn
also hab ich erzellett jn eyll
vnsers hanttwercks den maisten theil
welches Zirett vberall
manches Fursten tisch vnd Saal
gannze heusser, Clöster vnd Stett"[illegible]).

Zu den neueren, erst im 18. Jahrhundert vorkommenden Nürnberger Erzeugnissen gehören die von Duplessis[illegible]) in einem lesenswerthen Aufsatz behandelten „Zinnsoldaten", zu denen häufig bekannte Künstler wie Heideloff, Camphausen, Paul Ritter und Wanderer die Zeichnungen geliefert haben[illegible]).

Wesentlich befördert wurde in Nürnberg die Anfertigung schöner kunstvoller Zinngegenstände durch die daselbst in früherer Zeit sehr eingebürgerte Sitte, sogenannte Prunk- oder Schauküchen einzurichten, welche häufig mehr gesellligen Zwecken und zum Schmuck des Hauses als zu wirklicher Benutzung dienten. Dieser, wie es scheint, besonders in Nürnberg herrschend gewesene Brauch führte naturgemäss zu luxuriösen Ausstattungen, welche die dortigen Kannengiesser lieferten. Weigel[illegible]) sagt: „. . . Ferner in tausenderley Küchen-Geräthe ist eine fast nichts darinnen zu finden, welches nicht einige allzulüsterende Frauen in ihren eitlen Prang-Küchen zu haben verlangen, und muss so gar der Besen einen zienernen Stiel, und der Flederwisch eine zienerne Handhebe haben." Und im Ehrenbuch[illegible]) heisst es: „. . . man findet in alten sogenannten Prunkküchen sogar die Kehrigfässer von Zinn . . . . Auch sind die Nürnberger Prunkküchen, welche mit blankem Zinn neben dem blanken Kupfer ausgeschmückt sind, berühmt"[illegible]).

1568 wurde der Abbruch des äusserst baufälligen und den Einsturz drohenden Tuchhauses (Gewandhauses) am Fischmarkt zu Nürnberg auf Antrag der daneben Wohnenden, insbesondere des Caspar Neumayr, gestattet. Letzterer zahlte dafür 1200 Gulden und erhielt vom Rath als Ausgleich gewisse Vergünstigungen, insbesondere Bauarenl, unter der Bedingung, dass er Verkaufsläden („Krämе") „fürnehmlich für die Kannengieser, die zuvor ihre Kräme an den Fleischbänken gehabt, dahin bauen sollte, doch dass er sie mit dem Zinse nicht zu hoch beschwehren solhe"[illegible]).

Auffallend bleibt übrigens, dass in den vielen Nürnberger Kunstsammlungen, die von Sandrart[illegible]) und von Murr[illegible]) unter genauer Angabe ihres Inhalts aufzählen, sich keine zinnernen Prunkgeräthe befanden. Ein Uebersehen bez. Nichtberücksichtigen des Zinns lässt sich doch wohl nicht ohne Weiteres annehmen, da jener[illegible]) „Eine Romanisch-perspectivische Kirch, auf Zinn gemahlt" erwähnt und dieser[illegible]) berichtet, dass das Münzcabinet der Hagenischen Collection ausser einer grossen Anzahl Originalmünzen 30000 aus Zinn hergestellte Abgüsse enthalten habe.

Fassen wir nun die einzelnen Nürnberger Zinngiesser ins Auge, welche als bedeutendere Vorläufer Enderleins, als seine Zeitgenossen oder seine Concurrenten Berücksichtigung verdienen, so ist zunächst hervorzuheben, dass während der in die Periode von etwa 1550 bis 1650 fallenden Blüthezeit des Nürnberger Zinngiesserhandwerks, in welcher ja auch Enderlein seine so bedeutsame Thätigkeit entfaltete, die Anzahl der dortigen Kandelgiesser eine sehr grosse war. „Aus den Todtenbüchern der Stadt (Nürnberg) ergiebt sich, dass innerhalb der zweiten Hälfte des 16. Jahrhunderts 44 Zinngiesser hier starben; von 1600 bis 1600 waren es 56. Aus der ersten Hälfte des 16. Jahrhunderts sind dagegen nur 14 verzeichnet"[illegible]). Wie anderwärts[illegible]), so finden wir auch in Nürnberg ganze Familien, deren Mitglieder sich hauptsächlich dem Zinngiessergewerbe gewidmet zu haben scheinen. So werden uns im Meisterbuch 4 Kannengiesser Namens Rudolff genannt, 5 heissen Lang, 7 Gruner, 9 gehören dem Geschlecht der Christan[364]), eben so viel dem der Koch an u. s. w.

Als älteste Nürnberger Zinngiesser nennt von Murr[365]): „Ratpot Zingizzer" 1300, „Michel Zingiezzer" 1370, „Heinrich Schürz Kandelgizzer", welcher 1375 eine Zahlung erhielt für „fünf Püchsen, die er den Purgern gemacht hett, darauz man schewzet[366])", „Herman Kanlgiesser" 1403 und unter dem Jahr 1466 den 1435 geborenen Martin Harscher. Mit diesem bekannten Meister beginnt die Reihe der bedeutenden Vorläufer Enderleins, welche in Melchior Koch und Hans Lobsinger, die ebenfalls oft angeführt werden, ihre Fortsetzung findet und mit dem bis jetzt nur sehr selten genannten Nikolaus Horchaimer abschliesst, dessen originelle Arbeiten besonders zu beachten sind.

Ueber Martin Harscher sagt Neudörfer[367]): „Dieser Kandelgiesser hat einen solchen Fleiss fürgewandt, was ein jeder gemeiner Goldschmid von Silber gemacht hat, das hat er also rein von Zinn zu wegen gebracht. Er konnte das Zinn also läutern und mischen, dass es dem Englischen Rang und Glanz gleich ward. Er macht nicht allein Kandel, Schüsseln und Teller, sondern auch Leuchter, Becken, Giesskandeln, Hofbecher[368]), Magellein[369]). Dieweil aber sein Vater ein Pulvermacher gewest war, nahm er nach desselben Tod seinen Handel an[370]). Dieser Harscher war bei dem Wöhrderthürlein wohnhaft, starb 1523, seines Alters 83 Jahr[371])."

Uebereinstimmend lauten die Angaben Doppelmayrs, welchem der Neudörfersche Text vorgelegen zu haben scheint; nur lässt er unsern Meister „zu Ende des 1523ten Jahrs, nachdeme er sein Alter auf 88. Jahr gebracht," sterben, also 1435 und nicht 1440 geboren sein[372]).

Ausdrücklich auf Doppelmayrs Bericht Bezug nimmt die spätere Notiz von Murrs[373]), welche nichts Neues enthält ausser der Bemerkung, dass Harscher „in einigen Abschriften des neudörferischen Künstlerverzeichnisses irrig Haisser genannt wird." Trautmann[374]) führt neben einander die Schreibweisen „Harsser" und „Harscher" auf. Demmin[375]) sagt „Harser oder Harscher".

Wie Maze-Sencier[376]) zu der Behauptung kommt, dass Harscher der Schöpfer von Schenkkannen, Schüsseln und Tellern „à reliefs historiques" sei, mag dahingestellt bleiben. Auch Trautmann[377]) berichtet, dass die von Harscher hergestellten Zinngegenstände „mit Figürchen und allem möglichen Ornament" geschmückt waren und dass er „auch einzelne Figuren und Figürchen in menschlichen oder Thiergestalten" fertigte.

Wahrscheinlich ein Nachkomme unseres Harscher ist der 1534 Meister gewordene Nürnberger Kannengiesser Albrecht Harscher[378]), welcher 1534 als der erste die in diesem Jahr eingeführten „verbesserten" Meisterstücke bei dem 1537 verstorbenen Dietrich Kremer anfertigte[379]), 1559 Geschworener wurde und 1562 von diesem Amt „abkam"[380]), 1560 die bereits auf Seite 67 erwähnte zinnerne „hantwercks daffel Der kandel giesser" goss und 1563 nach Krakau zog, wo er auch starb.

Wenn Lessing[381]) in dem Meister M H, welcher einige Exemplare der Enderleinschen Temperantia-Schüssel (Modelle II und IIa) gegossen hat, einen gleichnamigen Enkel unseres Martin Harscher vermuthet, so ist entgegenzuhalten, dass dieser Name in dem Nürnberger Meisterbuch überhaupt nicht vorkommt.

Arbeiten sind uns, so viel zu ermitteln war, weder von Martin Harscher noch von Albrecht Harscher erhalten. Auch wissen wir nicht, welche Stempel beide führten. R. v. S.[382]) sagt über Martin Harscher: „Es befindet sich zwar im Louvre in Paris in der Sammlung Sauvageot eine ihm zugeschriebene Schüssel und Kanne[383]), die ihm aber unmöglich angehören kann, da sie schon die voll entwickelten Formen deutscher Hochrenaissance aufweist[384]). Ausserdem trägt die Schüssel im Fond ein Medaillon mit dem Portrait des Kurfürsten August I. von Sachsen (1553—1586), worüber sich der Catalog der Sammlung dadurch leicht hinweghilft, dass er dieses Portrait erst später eingesetzt sein lässt — leider technisch unmöglich, wie eine einfache Betrachtung der Schüssel lehrt. Der Rand trägt in 16 architektonisch reich aufgebauten Nischen, zwischen denen sich schmälere leere Flächen befinden, verschiedene mythologische Figuren und Gruppen. Auf einer der leeren Flächen Nürnberger Schaumarke und Monogramm M H. Der dabei befindliche hohe cylindrische Krug zeigt um den unteren und oberen Rand einen Fries von spielenden Kindern, dazwischen in 2 Etagen, durch profilierte Friese getrennt, ebenfalls reiche Nischen mit allegorischen Figuren; den Deckel mit Rankenornament." Abbildungen dieser Schüssel (Durchmesser 36 Centimeter), welche in viermaliger Wiederholung Herkules, die Zwietracht, Adam und Eva, Mars und Venus aufweist, und dieses 25 Centimeter hohen Krugs, der mit den mehrfach wiederholten Figuren des Glaubens, der Stärke und der Klugheit geschmückt ist, finden sich auf den Tafeln 45 und 46[385]). Das letzterwähnte Stück, welches auf dem Henkel ausser zwei einander gleichen Meisterstempeln (Blume mit rechts und links je einem Blatt, darüber C G W) die Annaberger Stadtmarke (zwei gekreuzte Bergmannshämmer, darüber S A B) trägt, ist eine sächsische Arbeit. Und dasselbe lässt sich wohl auch von der Schüssel sagen.

Die so häufig wiederholte Behauptung, dass die fragliche Platte die Nürnberger Wappenmarke mit den Buchstaben M H trage, löst sich in Wohlgefallen auf, wenn man den rechts oben auf ihrem Rand befindlichen, auch auf der Abbildung (Tafel 45) erkennbaren Stempel genau betrachtet. Derselbe enthält ein mit Helm und Helmdecken versehenes Wappen, dessen Schild eine einem unvollständigen Pfeil ähnelnde Hausmarke aufweist. Oben zu beiden Seiten des Helms dieses zweifellos als Besitzerzeichen anzusehenden Wappens erblickt man (noch innerhalb des Stempels) die ganz willkürlich auf Martin Harscher gedeuteten Initialen M H, welche mit irgend einer Person in Beziehung zu bringen sind, der früher einmal die Schüssel gehörte. Es erledigt sich damit auch die Bemerkung Demmins[illegible]: „Da aber August I. seinem Bruder Moritz erst 1553 in der Regierung gefolgt ist, so scheint Harscher später geboren und gestorben zu sein, als gemeinlich angenommen wird, oder — Nachfolger gehabt zu haben, die fortfuhren, mit seinem Stempel zu arbeiten."

Auf Martin Harscher folgt der Zeit nach Melchior Koch, über welchen Doppelmayr[illegible]) Folgendes erzählt: „Melchior Koch, ein Zien- und Kannen-gieser, triebe seine Nahrung mit grosen Fleiss, und fande bey Gelegenheit derselben eine besondere Materie aus, womit er die zienerne Becher, Schüsseln, Teller und anderes Geräthe tingirte, und dardurch solchen ein so schönes Ansehen machte, eben als wann sie mit dem besten Gold verguldet wären, welches es, auch bey dem stäten Gebrauch, immerfort behielte. Er liese diese Kunst mit sich absterben, dessen Todt ist den 24. April A. 1567. erfolget."

Im Nürnberger Meisterbuch wird gesagt, dass er am 26. April 1567 im Alter von 72 Jahren gestorben sei, nachdem er 1517 Meister geworden war und zuvor in demselben Jahr bei Dietrich Kremer[illegible]) die Meisterstücke gefertigt hatte. 1518 erwarb Koch das Nürnberger Bürgerrecht[illegible]).

Macht[illegible]) bemerkt: „Sollte er es vielleicht verstanden haben, das goldglänzende und dabei haltbare Zinnsulphid zu diesem Zweck (d. i. dem Goldigfärben des Zinns) in irgend einer Art zu verwenden? — Sichere Antwort ist auf diese Frage wohl nicht zu erbringen."

In der Vorrede des Nürnberger Meisterbuchs wird berichtet, dass dasselbe 1560 angelegt worden sei, „zue welcher Zeitt der Eltist meister hie gewessenn ist mitt Namen melcher koch welcher anno 1517 meister worden ist, Jn welchem Jar hie gewessen Sindtt, Nitt mehr dan dreyzehen Meister, wie Dann dieselbigenn hernach mitt Namen genennt werden. vntter welchen gemeltter Melcher koch, der zeitt der Jungst gewessenn ist, ..."

Koch gehörte einer zahlreiche Mitglieder aufweisenden Zinngiesserfamilie an. Das mehrerwähnte Meisterbuch zählt ausser ihm noch folgende Kandelgiesser desselben Namens auf: Jacob Koch (1552 Meister geworden, 26. Juni 1572 gestorben), Melchior Koch „der ander dises Namens" (1. August 1567 Meister geworden, 16. Januar 1622 begraben)[illegible]), Jacob Koch „der Eltter" (8. Mai 1583 Meister, 1596 bis 1599 und 1601 bis 1604 Geschworener, 27. Dezember 1619 gestorben), Caspar Koch (9. Juli 1598 Meister geworden, 1603 verschieden), Jacob Koch der Jüngere (17. September 1609 Meister, 1619 bis 1623 Geschworener, 17. April 1630 begraben), Joachim Koch (11. Dezember 1616 Meister geworden, 1632 in Hersbruck gestorben), Conrad Koch (4. Juni 1621 Meister geworden, 1632 an der „hitzigen Krankheit" gestorben) und Conrad Koch „der Ander" (4. September 1627 Meister geworden, 21. November 1659 begraben)[illegible]). Der letztgenannte und Joachim Koch werden als Söhne des ehrsamen Melchior Koch bezeichnet, unter welchem wir nicht unseren Meister, sondern den gleichnamigen, 1622 verstorbenen Zinngiesser zu verstehen haben. Caspar Koch, der 1609 Meister gewordene Jacob Koch und Conrad Koch (Meister 1621) waren Söhne von Jacob Koch dem Aelteren. Wie die Uebrigen mit einander verwandt waren, ist eben so wenig bekannt wie die Beziehungen, in denen der in den Nürnberger Meister- oder Bürgerbüchern[illegible]) erwähnte, 1536 Bürger gewordene Kannengiesser Hans Koch zu unserem Meister stand. Doch wird man wohl annehmen dürfen, dass Melchior Koch „der ander dises Namens" der Sohn von Melchior von Koch dem Aelteren war[illegible]).

Der Zinngiesser Stephan Gruner (1537 Meister geworden, 1558 gestorben) wird angeführt als „der lezte, der die stuckh Erlich gemachtt hatt bei Melchor koch." Melchior Koch der Aeltere wurde 1536 und 1555 zum Geschworenen gewählt und trat 1539 bez. 1558 von diesem Amt wieder zurück[illegible]).

Arbeiten von ihm, der ja den Beginn der Blüthezeit des Nürnberger Kannengiesserhandwerks kaum noch erlebte, sind uns nicht erhalten. Auch über seine Marke wissen wir nichts. Dass nur handwerksmässige Fertigkeiten an ihm gerühmt werden, dürfte als Beleg dafür dienen, dass er blos als Zinngiesser und nicht auch zugleich als Zinnmodelleur thätig war.

Etwa drei Jahre später wie Melchior Koch, um 1570, starb der 1510 geborene Nürnberger Hans Lobsinger[illegible]). Er war von Haus aus „ein in vielen Sachen sehr geübter Mechanicus"[illegible]) und scheint nur gelegentlich in Zinn gegossen zu haben. Gleichwohl entwickelte er in dieser Beziehung eine solche Geschicklichkeit, dass er zu den hervorragenden Nürnberger Zinngiessern gerechnet wird, obschon er in deren Meisterbuch nicht erwähnt ist[illegible]). Er muss, wenigstens seinen eigenen Angaben nach, denen Doppelmayr Glauben geschenkt hat und gefolgt ist[illegible]), ein wahrer Tausendkünstler gewesen sein. Näheres über seine vielseitige Thätigkeit auf dem Gebiet der Hydraulik, des Mühlenbaues, der Modellier-, Giess-, Aetz- und Steinschneidekunst u. s. w. und über seine Erfindungen, „um 1550 die hölzernen Blasbälge, vielleicht auch die Windbüchse 1560, und die Metallpresse", ist bei Doppelmayr, von Murr und von Rettberg nachzulesen[illegible]).

Hier interessiert nur dasjenige, was die Zinngiesserei betrifft. Und in dieser Beziehung erfahren wir durch Doppelmayr, dass er „vielerley Bilder aus Zien und Wachs gantz hohl" machte, und dass er „geschickt war, das Zien so weich wie den Leimen zu machen, daraus zu formiren und darein zu drucken was er wollte, darauf aber wiederum solchem seine Härte zu geben, und es, der Güte nach, dem Englischen gleich zu richten." Hierzu bemerkt Macht[illegible]): „Belächelt aber wurde in unserer Zeit schon oft seine vorgebliche, in der Fachlitteratur mehrfach erwähnte Kunst, das Zinn so weich wie Leim zu machen und es nach entsprechender Verarbeitung wieder zu härten. Diese Angabe beruht jedoch zum Theil auf einer irrthümlichen

Auslegung des Doppelmayrschen Textes, deren Berichtigung vielleicht hier am Platz ist. Es heisst nämlich von ihm, »er habe das Zien so weich wie den Leimen (d. h. wie Lehm oder Thon) zu machen verstanden[illegible]) ....« Offenbar haben wir es hier mit der Verwendung von Zinnamalgam zur Herstellung von Abdrücken kleiner plastischer Arbeiten, Medaillen etc. zu thun und bedarf diese Sache keiner weiteren Erklärung".

Wohl zu beachten ist endlich, dass Lobsinger auch in Wachs modellierte sowie in Silber arbeitete und dass ihm eine Denkmünze auf Lorenz Stayber und dessen Frau (1535) zugeschrieben wird[illegible]). Er könnte also recht wohl gelegentlich nicht blos Zinngiesser, sondern auch Zinnmodelleur gewesen sein.

Die Bemerkung Buchers[illegible]), dass der Name Lobsinger an die schweizerische Stadt Lobsingen (Lucens) erinnere, erledigt sich dadurch, dass diese nicht, wie mehrfach behauptet worden ist, der Geburtsort Briot's und eben so wenig der Niederlassungsort von dessen Familie war.

An diese drei bekannten und häufig angeführten Meister schliesst sich als der letzte und vielleicht hervorragendste der bedeutenden Vorläufer Enderleins der bisher nur äusserst selten genannte Nikolaus Horchaimer an, über welchen nähere Angaben zur Zeit noch nicht veröffentlicht sind. Er ist der fruchtbarste aus der kleinen Anzahl von Meistern, denen wir die in der sogenannten Holzstockmanier ausgeführten, an gleichzeitige oder ältere Holzschnitte gemahnenden Schüsseln, Teller u. s. w. verdanken, welche nur in der Zeit von etwa 1550 bis 1600 gefertigt wurden. Man bezeichnet sie um des weitaus grössten Antheils willen, den der N H signierende Horchaimer an ihrer Entstehung hat, auch als die „N H-Gruppe". Sie zerfallen in zwei Klassen, von denen die eine reiche figürliche, theils biblische, theils allegorische, mythologische oder historische Darstellungen, die andere dagegen nur ornamentalen Schmuck in der Art der auch auf sonstigen Nürnberger Zinngeräthen so häufig vorkommenden Arabesken aufweist. Ihre flachen Reliefs machen den Eindruck, als seien sie aus der Oberfläche heraus geätzt, weshalb man sie irrigerweise „geätzte" genannt hat. Sie sind aber nur in Formen aus (Kelheimer oder Solnhofener) Stein, Messing, Kupfer oder Eisen gegossen, in welchen die Zeichnung bez. das Muster durch Tiefätzung hervorgebracht war[illegible]).

Wenn in dem kürzlich erschienenen Werk über die Kunstsammlungen der Kaiserin Friedrich[illegible]) behauptet wird, dass die fraglichen Stücke *auch* in Gussformen hergestellt wurden, die „auf besondere Art in Holz geschnitten" waren, so trifft dies wohl kaum zu. Holzformen wurden und werden bekanntlich nur ausnahmsweise und blos da angewendet, wo lediglich eine kleine Anzahl von Ausgüssen in Frage kam bez. kommt[illegible]). Man kann aber nicht sagen, dass von den einzelnen Zinnarbeiten in Holzstockmanier wesentlich weniger Exemplare existieren als von Zinngegenständen, die auf andere Weise decoriert sind. Der Gedanke an Holzformen hängt wohl mit dem an die Formschneider zusammen, welche die Stöcke zu den Holzschnitten lieferten. Allein diese Künstler hätten nicht auf ihre gewöhnliche Art, bei welcher die Linien, die beim Druck die schwarzen Umrisse hervorriefen, erhaben stehen blieben, vorgehen, sondern ein gerade umgekehrtes Verfahren einschlagen und, um Reliefs auf dem Gussstück zu erzielen, die Linien vertieft in den Grund eingraben müssen. Von einer Anwendung derselben Herstellungsweise auf Holzstöcke und hölzerne Gussformen kann mithin bei näherer Erwägung wohl nicht die Rede sein, womit der die bekämpfte Annahme plausibel machende Grund sich erledigen dürfte.

Dass man aber für die in geätzten Stein- oder Metallformen gegossenen Objekte gerade Holzschnitte als Vorbilder wählte und dieselben thunlichst getreu nachahmte, ist leicht zu erklären. Mit Recht sagt Meyer[illegible]), dass uns die geätzten Rüstungen, Waffen u. s. w. darüber belehren können, „welche Art der Ornamentik der Aetztechnik sich am besten anpasst und gewissermaassen einen eigenen »Aetzstil« bildet. Eine gewisse Derbheit und Breite sind diesem Stil von Haus aus eigen". Die genannten beiden Eigenschaften besitzen nun aber die im 16. Jahrhundert entstandenen und auch die wenigen älteren Holzschnitte, welche als Vorlagen benutzt wurden, in ganz hervorragendem Maass. Es lag daher nahe, dass man sie nicht nur copierte, sondern auch ihre Eigenthümlichkeiten möglichst genau wiedergab, da ja eben auf diesen jene besonderen Wirkungen beruhten, deren der „Aetzstil" bedurfte.

Obgleich die Zinnarbeiten in Holzstockmanier um ihrer Eigenartigkeit willen lebhaftes Interesse erwecken, so sind sie doch — streng genommen — weder zinngemäss noch sinngemäss. Denn das Verfahren, welches sie nachahmen, der Holzschnitt, ergiebt sich nicht aus der Natur des Zinns, welches vielmehr als ein Gussmaterial allerersten Ranges sich darstellt. Es ist daher leicht erklärlich, dass sie in demselben Grad, in welchem während der zweiten Hälfte des 16. Jahrhunderts die Vervollkommnung des Edelzinns fortschreitet, immer mehr zurücktreten, bis sie schliesslich (noch vor 1600) völlig verschwinden und, gleich der unter dem Einfluss der Gothik vorherrschend gewesenen Gravierung, dem den Anforderungen des Zinngusses genau angepassten flachen Relief Platz machen.

Der Name Horchaimers wird sehr verschieden geschrieben. Im Meisterbuch der Nürnberger Kannengiesser finden wir am häufigsten „Horchaimer", aber oft auch „Horchamer", bisweilen „Horchhamer" und „Horchemer", ja sogar „Hoëchinner"[illegible]), in den Nürnberger Meister- oder Bürgerbüchern „Horchaimer" und auf dem Epitaph unseres Künstlers „Horchamer" und „Horcheimer". Es dürfte hiernach die Schreibweise „Horchaimer" die richtigste sein. Die Form „Horchummer", welche in der vorerwähnten Publikation über die kaiserliche Sammlung in Friedrichshof[illegible]) gebraucht ist, kommt an den angeführten Stellen und wohl auch anderwärts nicht vor. Sollte sie aber auch wirklich irgendwo vereinzelt stehen, so würde sie nur auf eine Ungenauigkeit bez. Nachlässigkeit zurückzuführen sein und jedenfalls im Hinblick auf das Gesagte nicht als ausschlaggebend angesehen werden können. Heutzutage würde man wohl um so gewisser „Horchheimer“ buchstabieren, als unser Meister aus Koblenz stammte[illegible]) und in der Nähe dieser Stadt nicht nur ein Dorf, sondern auch ein Gut Namens „Horchheim“ liegt.

Eben so wenig dürfte die in jener interessanten Veröffentlichung enthaltene Bemerkung zutreffen, dass Horchaimer in der gedachten Collection durch einen kleinen ornamentierten Teller vertreten ist, „der seine Provenienz durch den Stempel  bekundet.“ Es ist zuzugeben, dass sich auf den meisten in von Horchaimer herrührenden Formen gegossenen Zinnarbeiten die bekannte Marke mit dem Nürnberger Wappen befindet, zwischen dessen Schrägbalken ein Punkt (eine halbkugelförmige Erhöhung) angebracht ist. Allein derselbe Stempel kommt nicht selten auch auf Stücken vor, die gar nicht in der Holzstockmanier ausgeführt sind und schon ihrer aus ihrem Stil sich deutlich ergebenden Entstehungszeit nach von unserem Meister nicht herrühren können, z. B. auf dem auf Tafel 28 abgebildeten Teller[illegible]). Auch ist im germanischen Museum zu Nürnberg ein Zinnteller (H. G. 2095) ausgestellt, welcher mit einem auf Grund seiner Künstlerbezeichnung zweifellos Horchaimer zuzuschreibenden Arabesken-Teller bis auf das fehlende Mittelstück völlig übereinstimmt und zwischen den Balken seines Nürnberger Stempels die Buchstaben NH (N und H) aufweist. Und die nämliche Marke findet sich auch auf verschiedenen Exemplaren der auf Tafel 50 No. 4 abgebildeten, NH 1567 signierten und einen Durchmesser von 35,5 Centimetern besitzenden Schüssel mit drei Rundmedaillons (Hannibal, Horatius, Marcus Curius) auf dem Rand, zwischen denen ein Triumphzug, der musicierende Orpheus und eine Kampfscene dargestellt sind. Man könnte also eben so gut dieses Zeichen mit dem „Beigemerk“ NH als dasjenige Horchaimers betrachten. Wäre aber auch wirklich festgestellt, dass der Stempel mit dem Punkt von unserem Meister geführt wurde, so würde nur bewiesen sein, dass die mit diesem Merkmal gestempelten Zinngegenstände von Horchaimer gegossen sind, nicht aber, dass auch ihre Formen von ihm herstammen. Die Anfertigung der letzteren aber erscheint dem im Wesentlichen rein mechanischen Guss gegenüber als die Hauptsache.

Dagegen weisen auf Nikolaus Horchaimer als Zinnmodelleur folgende vier Kennzeichen hin, welche in Verbindung mit einander oder zu je zwei oder drei auf sämmtlichen ihm mit Recht zugeschriebenen Holzstockmanier-Arbeiten wiederkehren: nämlich die Anfangsbuchstaben NH, welche mit denen seiner Namen übereinstimmen, die Jahreszahlen 1567 bez. 67, die zu der Zeit seiner Thätigkeit passen, die derjenigen Briot's ähnelnde — Henkelkanne, das Emblem der Zinngiesser[illegible]), welches uns berechtigt, auf einen aus ihren Reihen zu schliessen, und die Nürnberger Stempel, die Nürnberg als Entstehungsort bezeichnen. Die drei zuerst erwähnten Merkmale sind erhaben und gleich den Verzierungen gegossen. Sie waren mithin bereits in der Form angebracht. Man darf also annehmen, dass sie von deren Schöpfer herrühren.

Zur Ergänzung und Unterstützung des Gesagten möge das dienen, was sich bis jetzt über Horchaimers Lebensverhältnisse hat ermitteln lassen. Nach dem Meisterbuch der Kannengiesser von Nürnberg in Verbindung mit den dortigen Meister- oder Bürgerbüchern wurde er 1561 Bürger und Meister, erhielt 1574 das Geschworenenamt übertragen, von welchem er 1577 wieder abtrat, starb am 10. Februar 1583 und hinterliess in seinem Testament, dessen Executor der Nürnberger Zinngiesser Lienhard Prunsterer[illegible]) war, seinem Handwerk einen Betrag von 100 Gulden, dessen „Jherliche Zinssung Zu Osterlichen walh eines Neuen geschwornen sein Nielas horchaimer im Besten Jeder zeitt zugedencken verdruncken werden“ sollte. Am 15. Juli 1576 machte der schon erwähnte Nikolaus Rumpler[illegible]) die Meisterstücke bei ihm. Sein von ihm selbst gefertigtes Grabmal befindet sich unter No. 627 auf dem St. Rochuskirchhof zu Nürnberg. Es weicht in seinem Typus vollständig von den Epithaphien ab, welche die dortigen Rothgiesser herstellten, und besteht aus zwei Theilen, dem reich ornamentierten, auf Seite 82 abgebildeten Hauptstück und einer unmittelbar darunter angebrachten besonderen Tafel, die viereckig und ziemlich schmucklos ist. Das erstere wird durch eine wagerechte Platte in zwei Abtheilungen geschieden. Die grössere obere weist in einer Umrahmung von Rollwerk eine stattliche, gothisch stilisierte Henkelkanne zwischen zwei geflügelten Kindergestalten auf, die kleinere untere links von einer ähnlich wie diejenige Briot's geformten Henkelkanne das Monogramm NH und rechts die Jahreszahl 1575. Auf der erwähnten Platte des Haupttheils steht: „. . . . aus (undeutlich) Horcheimer ein Kandelgiesser Bin Ich genandt Form guss vnd Berchst (? wohl = bereit) auss diss stück mit ajgener Handt.“ Eine auf der gedachten einfachen Tafel enthaltene Inschrift besagt, dass der Kandelgiesser Nikolaus Horchamer den 7. Februar 1583[illegible]), Elisabeth Bayrin, seine erste Ehewirthin, am 15. Januar 1579 und Barbara Fehlin, seine zweite Frau, den . . . (unleserlich) starb[illegible]).

Ob der im Meisterbuch aufgeführte Melchior „horchaimer“, welcher am 23. September 1583 Meister wurde, 1599 bis 1602 das Geschworenenamt bekleidete, in seinem Alter die Zinngiesserei aufgab, als Gastwirth thätig war und 1623 starb, ein Verwandter, vielleicht der Sohn unseres Nikolaus war, lässt sich nach den zur Zeit vorhandenen Unterlagen nicht bestimmen[illegible]).

Wenn in dem Catalog der Sammlung Felix[illegible]) die Initialen NH auf Nikolaus Hopfer gedeutet werden, so steht dieser Vermuthung schon die Thatsache entgegen, dass wir von diesem NH signierenden Meister, über welchen Näheres nicht bekannt ist, ja dessen Namen nicht einmal feststehen, nur Stiche und Holzschnitte aus den Jahren 1522, 1523, 1524 und 1525 besitzen. Die hier in Frage kommenden Zinntellerformen sind aber zum grössten

Theil erst 1567 entstanden. Vielleicht beruht die Angabe darauf, dass Demmin[88]) sagt, N H sei der Zinnstempel „eines Nürnbergers, v. 16. Jahrh. (Nikolaus Hopfer?).“

Von dem Meister A P, welcher vielleicht mit dem schon genannten Nürnberger Zinngiesser Albrecht Preisensin[89]) identisch ist, rührt die schöne, auf Tafel 50 unter No. 3 abgebildete, einen Durchmesser von 28,2 Centimetern besitzende Schüssel in Holzstockmanier her, deren Mittelstück eine weibliche geflügelte Gestalt mit einem Füllhorn und deren Rand zwischen Blatt- und Rankenwerk, in dem Vögel angebracht sind, Luna, Mars, Sol, Saturn, Venus, Jupiter und Merkur aufweist[90]). Die Sammlung von Frau M. Kautsch in Steyr enthält eine in derselben Art ausgeführte beachtenswerthe Schüssel mit einem Diameter von 36,5 Centimetern, in deren Mittelrund man das Urtheil des Paris und die Jahreszahl 1560 gewahrt, während auf dem mit der Künstlerbezeichnung B I versehenen Rand Tugenden dargestellt sind[91]). Und in der Collection A. Ritleng sen.-Strassburg befindet sich eine prächtige, in der nämlichen Weise decorierte Platte, deren Durchmesser etwa 47 Centimeter beträgt. In der Mitte dieses Stücks, welches wohl das schönste, grösste und reichste ist, das in der fraglichen Technik hergestellt wurde, zeigt sich eine Maske, umgeben von einer Zone mit Figuren (SOLL, VENVS, MERCVRI9, LVNA, SATVRN9, IVPITER, MARS). Auf dem Rand erscheinen zwischen Ornamenten, die aus Linienverschlingungen bestehen, sechzehn mit Ueberschriften versehene weibliche Gestalten (die sieben freien Künste und die neun Musen). Neben dem Wort CLIO steht die Signatur 2 M[92]). Diese Beispiele, die sich noch vermehren liessen, beweisen, dass Horchaimer nicht der einzige Meister war, welcher in der Holzstockmanier arbeitete. Zweifellos ist er aber als derjenige anzusehen, dem wir die weitaus grösste Anzahl der zu dieser Gruppe gehörigen Werke verdanken. Und mit derselben Bestimmtheit darf man sagen, dass Nürnberg der Ort war, an welchem vorzugsweise diese originelle, etwa um 1550 aufgetauchte und bereits vor dem Schluss des 16. Jahrhunderts wieder verschwundene Technik geübt wurde.

Auf Tafel 50 sind einige Arbeiten Horchaimers abgebildet. Eine nähere Besprechung derselben würde eben so aus dem Rahmen dieser Zeilen fallen wie die Aufstellung eines Verzeichnisses aller Stücke, welche ihm zuzuschreiben sind.

Ausser den genannten sind noch die Zinngiessermeister zu erwähnen, welche gleichzeitig mit Enderlein, also in dem Zeitraum von 1583 bis 1633, zu Nürnberg thätig waren. Mancher unter ihnen wird in näheren Beziehungen zu ihm gestanden und Anregung von ihm empfangen, Mancher vielleicht auch fördernd auf ihn eingewirkt haben. Ueber diejenigen seiner Handwerksgenossen, welche zusammen mit ihm in Urkunden aufgeführt sind, ist bereits im Vorstehenden berichtet worden. Es bleiben aber noch viele seiner Mitmeister übrig, die zu berücksichtigen bisher ein Grund nicht vorlag. Gleichwohl verdienen auch sie Beachtung.

Der berechtigte Wunsch, hervorragende Zinnarbeiten auf eine bestimmte Person zurückzuführen, hat namentlich da, wo die Zinnstempel oder andere Merkmale auf Nürnberg deuteten, Anlass gegeben, dass Enderlein, welcher wegen seiner früher meist als Original bewunderten Copie der Temperantia-Schüssel so bekannt war, zahlreiche Werke zugeschrieben wurden und noch werden, die aus ganz anderen Händen hervorgegangen sind. Wie man noch heutzutage in Frankreich bei französischem Edelzinn sofort an Briot denkt, so hat man noch bis vor kurzem in Deutschland deutsche und besonders Nürnberger Erzeugnisse ohne weitere Prüfung Enderlein zugetheilt. Dieser ist solchergestalt zu dem — fast einzigen — Repräsentanten der bedeutenden deutschen Zinngiesser im Allgemeinen und der weitaus berühmtesten unter ihnen, der Nürnberger, im Besonderen geworden. Er hat somit, zum Theil unverdienter Weise, allein den Ruhm eingeerntet, der ausser ihm auch verschiedenen anderen sehr bemerkenswerthen Meistern, z. B. dem bisher noch fast unbekannten Nikolaus Horchaimer, gebührt. Diese bescheidenen Künstler trugen durch die Bethätigung ihres Talents ebenfalls zum Weltruf der Nürnberger Zinngiesserkunst bei, unterliessen es aber meistens, durch Anbringen ihrer Initialen, Portraits u. s. w. auf ihre Person hinzuweisen. Ihre Namen und ihre wichtigeren Schöpfungen noch auszumitteln, wird hoffentlich glücklichen Findern beschieden sein. Es lag nahe, in erster Linie im Kreis derer zu suchen, die Zeitgenossen Enderleins und gleich ihm Mitglieder des Nürnberger Kannengiesserhandwerkes waren. Dabei war aber eine so grosse Anzahl von Meistern zu berücksichtigen, dass es nicht angezeigt erschien, ihre Namen, die Jahre, in denen sie Meister wurden, und ihre Todesjahre auf den vorliegenden Seiten des Textes zu geben und letzteren durch Einschiebung einer so umfangreichen Zusammenstellung zu unterbrechen. Die bezüglichen Angaben sind deshalb in die Anlage aufgenommen worden. Das dort enthaltene Verzeichniss führt diejenigen auf, welche, wenn auch nur zum Theil, neben Enderlein den Anspruch erheben können, als Vertreter der Blüthezeit des nürnbergischen und damit des deutschen Zinngiesserhandwerks überhaupt zu gelten.

Bei von Říha[93]) lesen wir: „Trautmann bringt in seinem Buch über Kunst und Kunstgewerbe folgende Daten, welche auf die Zinngiesserei Bezug haben. Albrecht Dürer († 1528), Georg Pencz (Mitte 16.) und Sebald Beham († 1567 [sic!]) werden als Kunstgiesser von zinnernen Figuren und Medaillons gerühmt.“ Dies ist aber nicht richtig. Der Abschnitt seines Werkes, in welchem Trautmann[94]) die Genannten als Meister bezeichnet, die sich ausnahmsweise im Guss versuchten, ist überschrieben „Blei-, Zinn- und Silberguss.“ Und gehen wir auf die darin angegebene Quelle zurück, nämlich auf Kuglers Beschreibung der in der königlichen Kunstkammer zu Berlin vorhandenen Kunstsammlung[95]), so finden wir Folgendes. Es werden dort Bleiabgüsse angeführt von zwei Dürers Monogramm tragenden, angeblich seine Gattin Agnes und seinen Lehrmeister

Wohlgemuth darstellenden Portraitmedaillons, von einem Rundbild mit dem Besuch des Nicodemus bei Christus, das ein aus den Buchstaben G und P zusammengesetztes (von dem sonstigen des Georg Pencz etwas abweichendes) Monogramm aufweist, von zwei Reliefs, welche den Beham'schen Compositionen aus der Geschichte des verlorenen Sohns nachgebildet sind und deren eines mit den Buchstaben L D[illegible]) bezeichnet zu sein scheint, und von verschiedenen Reliefs, welche die Thaten des Herkules, ebenfalls nach Stichen von Hans Sebald Beham, veranschaulichen. Wollte man nun auch trotz der entgegenstehenden, nicht unwesentlichen Bedenken annehmen, dass die Originale dieser Stücke wirklich von den genannten Meistern herrühren, so würde daraus doch noch nicht folgen, dass letztere ebenfalls die Bleiabgüsse herstellten. Auch haben wir uns in den vorliegenden Zeilen lediglich mit Zinnguss und nicht mit Bleiguss zu beschäftigen.

Wenn von Ráiha[illegible]) unter Berufung auf Trautmann weiter berichtet, dass der Giesser Hans Maslitzer aus Nürnberg († 1574) hervorragend schöne Becher, Kannen, Teller und Schüsseln geliefert habe, so trifft auch diese Angabe nicht zu. Denn Trautmann[illegible]) sagt in dem mehrerwähnten Capitel über „Blei- Zinn- und Silberguss" nur, dass der Genannte „für Gold- und Silberschmiede Würmchen, Pflänzchen u. s. f. goss." Und durch Doppelmayr[illegible]) und von Rettberg[illegible]) erfahren wir lediglich, dass Maslitzer Goldschmied war und nicht blos aus Edelmetall, sondern auch aus Kupfer und Blei „Gedächtnis-Müntzen" herstellte.

Wohl liesse sich noch gar Manches sagen zum Ruhm des trefflich organisierten, mit Recht so hochgeachteten und in ganz Deutschland als maassgebend anerkannten Nürnberger Zinngiesserhandwerks, dessen hervorragende Mitglieder das ganz überwiegend als deutsch zu bezeichnende Edelzinn (auch das Original der Temperantia-Schüssel entstand ja unter der Meisterhand des Lothringers Briot auf deutschem Boden im Auftrag eines deutschen Fürsten!) zu einer solchen Höhe führten. Es ist äusserst verlockend, mit liebevoller Sorgfalt in das anziehende Bild sich zu vertiefen, welches das Kunst- und Gewerbeleben der Geburtsstadt Dürers in der Zeit von 1550 bis 1650 bietet, und jene feinen Wechselbeziehungen zu verfolgen, die es ermöglichten, dass dem Boden eines hochentwickelten, schaffensfrohen und schaffenskräftigen Handwerks die strahlende Blüthe der Kunst entspross. Ja vielleicht ist nach dem Urtheil Mancher der Verfasser dieser Versuchung bereits unterlegen. Er eilt daher zum Schluss. Denn so sehr auch das Verständniss der Kunstwerke jener Blüthezeit gerade durch eine genaue Kenntniss der eigenartigen Verhältnisse, unter denen sie an das Tageslicht traten, gefordert wird, so muss doch nach der Aufgabe dieser Zeilen ein Name immer im Vordergrund bleiben: derjenige Caspar Enderleins, des grossen Rivalen von François Briot.

Anlage.

Verzeichniss der in Nürnberg während des Zeitraums von 1583 bis 1633 thätig gewesenen Zinngiessermeister.

(Entnommen aus dem Meisterbuch der Nürnberger Kannengiesser; siehe Anmerkung 481 unter 4. Die zuerst angeführte Schreibweise der Namen entspricht genau derjenigen des Meisterbuchs an den Stellen, an welchen die Betreffenden als neu aufgenommene Meister eingezeichnet sind. Die in Parenthese beigefügten Varianten beruhen meist gleichfalls auf dem Meisterbuch, theilweise aber auch auf anderen Urkunden.)

	Meister geworden:	gestorben:
Hainrich Fehl (Fell, Feel), puechner (buechner, Buchner, Puchner) genandtt	1544	1594
Michell Öttinger . . .	1548	1586
Jorg Christan (Christon, Criston, Cristan, Criestan, Criestann, Christian), der amd (sic!), huetter (hutter, huter) genandtt	1554	1596
Endres pulzs (bulz, bultz, Bultz, Pültz)	1556	1593
Jörg lang	1559	1586
vlrich pawer (pauer, Bauer)	1560	1595
Niclaus Hoechinner (horchaimer, horchhamer, horchamer, horchemer)	1561	1583
Jörg Maier (Georg Maÿr)	1563	1588
Albrechtt Breisensin (Breissensin, Breussensin, Breusensin, Preussesien, Preisensin, preisensin)	1564	1598
hans Derunger (Deringer)	1565	?
Melchor (Melchior) Koch der ander dises Namens	1567	1622
Leonhartt Brunsterer (lienhart Prunsterer, prunster und Prunst, Lienhardt Prinsterer)	1567	1607
Conratt Rumpler . . .	1567	1586
Lorenz furst	1568	?
Jorg Dost	1568	1612
Endris (Endres) Hennickell (Henickel, hennickel) .	1569	1599
Valentin Seiferhelt (Seifferhelt, Seufferhelt, Seÿferhelt, Seÿfferhelt) . . .	1571	1593
Caspar Lebenter (Lebender, Lebennder, Lebentes) .	1572	1594
Hanns Sebastian Seÿfferhelt (Seÿferhelt, Seufferheldt, Seiferhelt, Seifferhelt)	1573	?
wolff Stoÿ	1574	1605
Nickglas Rumpler . . .	1577	1607
Hanns Luckher (Lucker) .	1578	1616
Jorg Kropff	1581	1632
Martin Gruner (grunner) der Junger	1581	?
Heinrich Kaÿser . . .	1581	1600 [illegible] geworden.
Hans Jorg Seÿferhelt (Seÿfferhelt, Seufferheldt, Seiferhelt, Seifferhelt)	1581	1595
hansz plettner (Blettner, Blattner, Bledner) . .	1582	?
Jörg Cristan (Criestan, Criestann, Criston, Christon, Christan, Christian) der Jünger	1582	1596
Jörg Häsz (Häsz, Hosz) .	1582	?
Veitt Zipffel	1582	1611
Jacob Koch	1583	1619
melchior horchaimer (Hoechinner, horchemer, horchhamer, horchamer)	1583	1623
ludwig hoffmon	1583	?
Heckor (Hektor!) bulz (pulzs, bultz, Bültz, Pültz)	1584	?
Corneli Sigel	1586	1594
hansz Zatzer (Zaser) . .	1587	1618
Sebastian Fell (Fehl, Feel)	1588	1599
Lorentz Lang	1588	[illegible] geworden.
Paulus Beham (Baulus Böhem)	1589	1610
Jacob Preÿ (Breÿ) . . .	1589	1627
Georg Fuxs	1591	1601
Georg Bauer (pauer, pawer)	1593	1614
Michel hemmerszam (hemmersam, hemmersem, Hemerschem, Hemersam, Hemersem, Hemersamer, Hamersamer)	1594	1626

	Meister geworden:	gestorben:
Michel Rössner (Rösner, Rössler, Rüsler)	1596	1635
Frantz Breussensin (Breusensin, Breussensün, Breissensin, Breisensin, Preisensin, preissensin, Preussesien)	1595 (oder 1598?)	1632
Steffan Christan (Christon, Criston, Cristan, Criestan, Criestann, Christian) huter (hutter, huetter) genant	1596	1605
Paulus Rumpler	1597	1632
Thomas Gröneas	1597	?
Jörg Dost der Junger	1597	?
Caspar Koch	1598	1603
hansz Spatz (Spaz)	1595 (oder 1600?)	1641
Jörg bender	1602	?
Nicklas Christon (Criston, Christian, Christan, Cristan, Criestan, Criestann)	1602	1632
Paulus Eham (Öham, Öhem)	1604	1634
Balthasar Keim (Khaim, Kaim)	1606	1632
hansz schlela	1607	1632
Sebald Stoÿ	1608	?
Christoff Ernst	1608	1628
Michel Christan (Christon, Criston, Cristan, Criestan, Criestann, Christian)	1608	1615
Jacob koch	1609	1630
Sebald Reuter (Reutter, Reitter, Reüder)	1611	1633
hansz Buchner (puechner)	1613	1639
Caspar wadel (Wadell)	1615	1659
Endres schulthes (Schuldes)	1616	1633
Pongratz Koller	1616	1644
Joachim koch	1616	1632
Martin Schweinfurter	1617	1632
Conrat Koch	1621	1632
Jeorg Seger	1622	1647
Jeorg friederich Leÿpols	1623	1632
Christoff fischer	1623	1634
Zacherias Mager	1624	1632
Michel Hemersem (hemmersem, Hemerschem, Hemersamer, Hamersamer, hemmersam, Hemersam, hemmersam)	1624	1658
Conrat Breÿ (Preÿ)	1624	1625
Michael Rössner (Rösner, Rössler, Rüsler)	1624	1632
Christoff Christan (Christian, Cristan, Criestan, Criestann, Christon, Criston)	1625	?
Jeorg Häsz (Hösz, Hosz)	1625	1675
Conrat koch der Ander	1627	1659
Andreas Dambach	1627	1650
Jeorg Schmausz (Schmaus)	1628	1639
Hansz Rumpler	1628	1660
Jörg Christan (Christon, Criston, Cristan, Criestan, Criestann, Christian) sunst hutter (huetter, huter) genant	1628	1634
Hans Spaz (Spatz) der Junger	1630	1670
Heinz Mager	1630	1632
Lorenz Appel (Apelt, Aboldt)	1630	1658
Jerg Rossler (wohl aus der Familie Rösler, Rössler, Rüsner, Rössner)	1633	?

ANMERKUNGEN

UND

LITTERATUR-NACHWEIS.

Anmerkungen.

[1]) Jal I. Aufl. (1867) S. 284. Der vollständige Titel des Dictionnaire findet sich in dem am Schluss der vorliegenden Veröffentlichung anzutreffenden alphabetischen Verzeichniss der mehrmals benutzten Bücher und Abhandlungen. Dasselbe gilt von der im Folgenden mehrfach angezogenen Litteratur, während die Titel nur einmal in Bezug genommener Arbeiten gleich an den betreffenden Stellen angegeben sind. Diese Citierweise ist gewählt worden, um in den Anmerkungen Wiederholungen und Verweisungen (wie „a. a. O.") zu vermeiden.

[2]) Labarte II. Aufl. (1873) Bd. II S. 144.

[3]) de Champeaux Bd. I S. 186.

[4]) Aehnlich sprechen sich auch Martin S. 83 und Ducat S. 4 ff. aus.

[5]) Macht S. 431.

[6]) Vgl. das in Anm. 1 angezogene Verzeichniss. Bei Bapst findet sich der einschlagende Abschnitt auf S. 243 ff.

[7]) Das Briot François ähnet, ist unbestritten. Nur in der Zeitschrift des Kunst-Gewerbe-Vereins in München, München, Hirth, Jahrg. 1885, S. 96 wird er Eugen genannt.

[8]) Jal S. 284. Castan 1. S. 11. Chabouillet S. 395. Bapst S. 257, 270. Tuetey S. 31, 64. Jouve S. 53, 58, 76. Nach de Champeaux Bd. I S. 186 soll Briot um 1560 geboren sein.

[9]) Bapst S. 257, 270.

[10]) Castan 1. S. 10 ff. Bapst S. 270 ff. de Champeaux Bd. I S. 186. Siehe auch Anm. 20.

[11]) Tuetey S. 49 ff.

[12]) Vergl. S. 3 ff.

[13]) Castan 1. S. 7 ff., insbesondere S. 10, 11. Die an der letzterwähnten Stelle wörtlich wiedergegebenen beiden Einträge in den das Finanzjahr 1614—1615 betreffenden Rechnungen der Stadt Besançon lauten: „*Item*, deux cens unze frans bolets gros, poyez au sieur Françoys Bryot, de Montbéliard, tant pour l'effigie de Sa Majesté l'Empereur pour marquer les pièces de Monsieurs et des sieurs Vingt-huicts, que pour la presse, comme par passé en mise cy rendu; pour ce . . . . II° XI fr. VIII gr." „*Item*, vingt-neufs frans deux gros, pour la valeur de dix ducatons jetons envoyez audit Abryot (sic!) à Montbéliard, pour faire l'essay desdites pièces, comme par passé en mise cy rendu; pour ce . . . . . XXIX fr. II gr." Zu dem ersten Vermerk sagt Chabouillet S. 386 Anm. 3: „Messieurs, ce sont les XIV viri, c'est-à-dire les gouverneurs des 7 bannières ou quartiers de Besançon, deux par bannière. Les Sieurs Vingt-huit étaient les 28 notables, 4 par bannière." Diesen Personen hatte nach einer bezüglichen Vorschrift der Münzmeister von Besançon alljährlich Ehrenmünzen (pièces d'honneur) zu überreichen, für welche ihm die genannte Stadt den Münzstempel liefern musste. Castan 1. S. 7 ff. Vgl. auch Jouve S. 56.

Was die angebliche Erfindung von Nicolas Briot anbelangt, so sagt von Murr, Nürnberg, S. 733 ff.: „Vor 1575 erfanden die Deutschen Walzwerke und Druckwerke (Balanciers) zum Münzen, welche nachher erst durch Franzosen bekannt gemacht worden." Diese Apparate dienten dazu, die Münzen, welchen früher Stempel mit dem Hammer eingeschlagen wurden, durch Einpressen des Gepräges vermöge eines entsprechenden Mechanismus herzustellen. Näheres über Nicolas Briot's monnayoir findet sich bei Beckmann, Anleitung zur Technologie u. s. w., Göttingen, Vandenhoeck und Ruprecht, IV. Aufl., 1796, S. 634 ff. Die dort aus der „Relation de Henry Poullain etc." abgedruckte Beschreibung ergiebt allerdings, dass die fragliche Münzpresse mit den damals in Deutschland schon seit längerer Zeit gebräuchlichen Walzwerken grosse Aehnlichkeit hatte. Vgl. auch Chabouillet S. 394 ff., woselbst die presse à monnayer als deutsche, von Nicolas Briot nur verbesserte Erfindung bezeichnet wird. Nordhoff, die Kunst- und Geschichts-Denkmäler des Kreises Warendorf (Stück II der Kunst- und Geschichts-Denkmäler der Provinz Westfalen), Münster, Coppenrath, 1886, S. 33 berichtet: „Von den Münzgeräthen (der Stadt Warendorf in Westfalen) befinden sich seit Jahren in der Sammlung des Westfälischen Alterthumsvereins zu Münster eine sehr gut erhaltene Walze zum Strecken des Kupfers, aus dem Jahre 1630 dreizehn Münzstempel und die Münzwalzmaschine; das Briot'sche Taschenwerk (von 1616); dies wich erst vor den Stosswerken." Näheres über Nicolas Briot, „graveur général des monnoyes de France" (1606—1625), zugleich Münzgraveur Herzog Heinrichs II. von Lothringen (1613—1623) und seit 1626 oder 1627 erster Graveur der Münze zu London, und die Kämpfe, welche es kostete, bis endlich (um 1645) sein balancier in Frankreich eingeführt wurde, enthalten z. B. die Arbeiten von Dauban, Lepage, Guiffrey, Haag-Bordier Sp. 139 ff., Chabouillet S. 386 ff. und Jouve S. 54, 56 ff. und 76. Nach Nicolas Briot's eigenem Zugeständniss war übrigens seine Münzmaschine nicht eine neue Erfindung, sondern nur eine Vereinfachung und Verbesserung in Frankreich bereits bekannter und anderwärts, namentlich in Deutschland, schon im Gebrauch befindlicher Instrumente.

[14]) Tuetey S. 60, 62. In Folge der Thatsache, dass Briot noch 1616 urkundlich erwähnt wird, erledigt sich die Angabe: „He worked during the reign of Henry II of France (1547—1559)" in „The South Kensington Museum" (London, Sampson Low, Marston, Searle and Rivington, 1881) Bd. I S. 88.

[15]) Bapst S. 257. Tuetey S. 72. Jouve S. 56. de Champeaux Bd. I S. 186 sagt von Briot: „. . . . mort dans les premières années du XVII° siècle."

[16]) Tuetey S. 58, 60—63, 67 ff.

[17]) Castan 2. S. 7 ff., wo sich auch eine übersichtliche Zusammenstellung der auf das Leben Briot's bezüglichen Daten befindet.

[18]) Tuetey S. 67 ff., woselbst Näheres über Willermin und den vor dem „souverain baffet de Blamont" (über Blamont siehe Anm. 20; baffet hier = Gerichtstafel, Gerichtshof) wider ihn von seinen Gläubigern (insbesondere vom Herzog Friedrich von Württemberg, Grafen von Mömpelgard [Montbéliard]) geführten Process berichtet und aus der letzteren

abschliessenden Entscheidung vom 29. April 1601 die auf Briot bezügliche Stelle wörtlich wiedergegeben wird. Dieselbe lautet: „En 25e lieu et ordre, l'on colloque François Briot, graveur, à la somme de 675 florins, 11 batzes, monnoie d'Allemagne, pour l'arrest et finito du compte fait entre lui et ledit Willermin, deffendeur, le 18e jour du mois de juing 1595, par lequelle icelluy deffendeur lui est demeuré dorbgeant à lad. personne, aux causes et moiens rapportes audit compte, comme dessus, les interests y compeins au dessus et plus hault leur que de 5 pour cent par an."

19) Tuetey S. 56 ff. Der betreffende Passus des Testaments von Esibel Guenetat hat (nach Tuetey S. 57) folgenden Wortlaut: „A faict en outre declaration que ledit Briot luy est redebvable ses salaires de deux ans, assavoir de l'an 1588, 1589, ayant faict marchefs pour chascun an douze frans, et recea sur 10 chu gros, item, quelque saye pour faire ung garde habit jusques environ la valeur de VI frans. Ledit Bryot luy doibt oultre ce que dessus vingt gros d'argent presté."

20) Tuetey S. 49, 54, 55, 58, 69, 70, 71. Castan 2. S. 7 ff. Jouve S. 55 ff. v. Stälin Theil IV S. 801 ff., insbesondere S. 803, 807, 808. Pfaff Bd. I Abth. II S. 480 (woselbst bemerkt wird, dass der fragliche Einfall besonders dem Grafen Friedrich von Württemberg-Mömpelgard, dem Erben des württembergischen Herzogthums, galt, da die Beseitigung dieses Fürsten den Katholiken deshalb erwünscht sein musste, weil ohne ihn nach dem Tod des kinderlosen Herzogs Ludwig das streng lutherische Württemberg als eröffnetes Lehn an Oesterreich heimgefallen und damit die Möglichkeit eingetreten wäre, jenes Land zur katholischen Lehre zurückzuführen), 490, 491, 498, 499, 502. Auf S. 471 berichtet Pfaff: „Zu Ende des Jahres 1570 wurde Württemberg auch, wie die angrenzenden Länder, von einer durch schändlichen Wucher noch vermehrten Theuerung heimgesucht . . ." Montbéliard, auch Montbéliard, deutsch: Mömpelgard oder Mümpelgard, im heutigen französischen Departement Doubs gelegen, war früher die Hauptstadt einer gleichnamigen, seit dem Ende des 14. Jahrhunderts dem Haus Württemberg gehörigen souverainen Grafschaft, welche gegen Ausgang des vorigen Säculums von französischen Truppen besetzt und in Folge des Friedens von Lunéville 1801 Frankreich einverleibt wurde. Herzog Christoph von Württemberg (1550—1568) überliess 1553 nebst einigen anderen Herrschaften (darunter Blamont und Reichenweier [Riquewihr]) die von dem württembergischen Hausgesetz der Untheilbarkeit des Landes ausgenommene Grafschaft Mömpelgard (Montbéliard), für welche auf dem deutschen Reichstag eine eigene fürstliche Stimme abzugeben war (v. Stälin Theil IV S. 507 ff.), seinem Oheim, dem Grafen Georg von Württemberg, zur eigenen selbständigen Regierung und als vererbliches Eigenthum. Die Mitglieder der solchergestalt begründeten Nebenlinie nannten sich Grafen von Württemberg und Mömpelgard. Der Nachfolger des 1558 verstorbenen Grafen Georg war dessen 1557 geborener und 1608 verschiedener Sohn Graf Friedrich, welcher, nachdem er bis dahin unter Vormundschaft gestanden, 1581 die Regierung der Grafschaft Mömpelgard antrat und 1593 nach dem Tod des Herzogs Ludwig, welcher männliche Leibeserben nicht hinterliess, auch Herzog von Württemberg wurde. Auf ihn folgte, sowohl als Herzog von Württemberg wie als Graf von Mömpelgard, sein 1582 geborener Sohn Johann Friedrich (1608—1628). Wir werden die beiden zuletzt genannten Fürsten wohl im Auge behalten müssen, da Briot als Graveur in ihren Diensten stand. Näheres hierüber siehe S. 9.

21) Die Zinngiesser gehörten z. B. auch in Hammelburg (Unterfranken), Reval, Strassburg i/E. und Ulm sowie anfänglich in Frankfurt a/M. zu der Schmiedezunft.

22) Tuetey S. 49 ff.

23) Anlässlich der in Aussicht genommenen Ernennung von Nicolas Briot zum graveur général des monnaies de France wurden über dessen Persönlichkeit und Vorleben 1606 Erhebungen angestellt. Die auf diese „information de bonne vie et moeurs" bezüglichen Schriftstücke hat Guiffrey in den Nouvelles archives de l'art français, Paris, Baur, Jahrg. 1877, S. 406 ff. publiciert. Darunter befindet sich (S. 415 ff.) die Aussage eines gewissen Pierre Oudin, in welcher es heisst: „. . . a dit et depposé sur ce enquis, cognoistre led. Nicolas Briot dès son jeune aage, mesme a cogneu ses pére, grand mère, grand pére, mère, oncles et tantes, pour estre led. depposant de Brouvier en Bassigny, duché de Bar, distant d'une petite demie lieue de Damblain, assy en Bassigny, duché de Bar, d'où led. Briot est natif et où sont demeurans tous ses parens, et tous lesquels père, mère, grand mère, grand parens et mesme led. Nicolas Briot, led. depposant a hanté et fréquenté familliérement . . ." Jouve, welcher S. 57 diese Aussage vollständig abdruckt, bemerkt, dass man statt Brouvier lesen müsse Brevannes, welcher Ort kaum 4 Kilometer von Damblain entfernt sei (Guiffrey S. 416 Anm. 1 und Chabouillet S. 391 Anm. 1 wollen Brauvilliers lesen).

24) Chabouillet S. 390 ff.

25) Castan 1. S. 10 ff.

26) Bapst S. 270 ff.

27) de Champeaux Bd. 1 S. 186.

28) Bapst S. 278 ff.

29) Demole Folge IV S. 46 ff. „Die Franzosen hatten sich diesen Künstler (Briot) lange schon angeeignet, als der Verfasser ihn im Jahr 1862 seinem Vaterland, der Schweiz, wieder zurückgeben konnte. Im Museum zu Lausanne, wo einige schöne Erzeugnisse Briot's aufbewahrt sind, gelangte der Verfasser auf die Fährte des wahren Ursprungs. Alte Standesregister in Lobsingen (nicht zu Peyorne [sic! statt Payerne], wie fälschlich von einem Compilator angenommen worden ist) bekunden nämlich, dass die protestantische Familie Briot, den Henkern Heinrichs III. in Frankreich entronnen, sich 1605 in der Schweiz niederliess, wo auch Franciscus, der 1615 zu Montbéliard und später in Brüssel gearbeitet hat, geboren wurde, auch 1640 das Bürgerrecht erlangte." Vgl. auch Bapst S. 293 und „Das Zinn im Kunstgewerbe" S. 377 ff.

30) Auch die noch bei Bucher Bd. III (1893) S. 98 ff. sich findende Behauptung, Briot's Familie habe sich 1604 in Lobsingen niedergelassen, entbehrt der Begründung. Weder Briot noch die Seinigen standen zu diesem Ort in irgendwelchen Beziehungen.

31) Bapst S. 244: „Nous nous efforcerons de mettre en lumière le nom de Briot par tous les moyens possibles et de démontrer, autant que nous le pourrons, qu'il était purement Français . . ." Vgl. auch Bapst S. 261.

32) Vgl. Anm. 23.

33) Chatelain, „Le livre ou cartulaire de la nation d'Angleterre et d'Allemagne" in den Mémoires de la société de l'histoire de Paris et de l'Isle-de-France, Bd. XVIII (Paris 1891), S. 95 ff.

34) Toul, 1552 französisch geworden.

35) Lignéville im heutigen französischen Departement Vosges, Arrondissement Mirecourt, Canton Vittel.

36) Verdun, 1552 französisch geworden.

37) Rambervillers im heutigen französischen Departement Vosges.

38) Nancy, deutsch: Nanzig, Residenz der Herzöge von Lothringen.

39) Jouve S. 43.

40) Lepage S. 196.

41) Ruding, Annals of the coinage of Great Britain, III. Aufl., London, 1840, Bd. 1, S. 385. Citiert nach Chabouillet S. 391 Anm. 3.

42) Siehe Anm. 23.

43) Chabouillet S. 391 ff.

44) Wenn Chabouillet S. 393 Anm. 1 zur Unterstützung seiner Behauptung noch anführt: „On ne voit nulle part que Nicolas Briot ait demandé des lettres de naturalisation au moment d'être pourvu de l'office de graveur général des monnaies de France, comme il lui en fallut lorsque Charles Ier lui accorda un office analogue en Angleterre", so kann diesem Argument eine wesentliche Bedeutung nicht beigemessen werden. Denn wollte man auch ohne Weiteres einräumen, dass Nicolas Briot für den Fall, dass er Lothringer gewesen wäre, sich wirklich in Frankreich hätte naturalisieren lassen müssen, um dort graveur général des monnaies werden zu können, so würde doch daraus, dass zur Zeit ein urkundlicher Nachweis dieser Naturalisation fehlt, keineswegs sich ergeben, dass dieselbe nicht erfolgt ist. Wie leicht ist es nicht möglich, dass die sämmtlichen auf diese Angelegenheit bezüglichen Documente vorhanden und nur deswegen noch nicht zu Tag gefördert sind, weil es bei derartigen Nachforschungen meist weniger auf planmässiges Suchen als auf zufälliges Finden ankommt. Man bedenke nur, wie zahlreiche urkundliche Belege für

François Briot's Lebensverhältnisse Tuetey erst 1887 beigebracht hat und wie lange es dauerte, bis das Dunkel gelichtet wurde, welches diesen Künstler früher umgab! Die angefochtene Anmerkung Chabouillet's befremdet um so mehr, als er der weit verbreiteten und in Frankreich sehr beliebten Ansicht, dass der berühmte Naturforscher Cuvier, welcher 1769 in Montbéliard das Licht der Welt erblickte, geborener Franzose sei, offen entgegentritt (S. 390 Anm. 1): „Légalement parlant, Georges Cuvier n'est pas né Français, puisqu'en 1769 Montbéliard appartenait aux ducs de Wurtemberg, comtes de Montbéliard; mais il ne faut pas oublier qu'il y eut longtemps des contestations entre l'Empire germanique et la France sur la mouvance de certaines parties du comté." Vgl. auch Anm. 58.

49) Siehe Anm. 23 und vgl. dazu Castan 1. S. 13. Chabouillet S. 390 ff., Bapst S. 270 ff., Tuetey S. 50 ff., Jouve S. 57 ff.

50) Castan 1. S. 13.

51) Nach Jouve S. 63 starb Nicolas Briot 1646 in England, also nicht, wie gewöhnlich behauptet wird, 1650 in Frankreich, wohin er angeblich zurückgekehrt war.

52) Vgl. ausser Daubau z. B. Robert-Dumesnil Bd. X S. 199 ff. Anm. 1, Jouve S. 60 ff. und Haag-Bordier Sp. 159. Daselbst auch Verzeichnisse der von Nicolas Briot herrührenden Stiche.

53) Germain nennt S. 61 ff. eine grosse Anzahl vor ihm noch unbekannter, Briot genannter und in Damblain wohnhaft resp. zu diesem Ort in Beziehung gewesener Personen, von denen ein vor 1543 verstorbener Didier Briot am frühesten vorkommt. Seine Söhne Urbain und Etienne wurden durch Urtheil vom 12. April 1543 im Besitz eines ihnen gehörigen, in Damblain nahe bei der Kirche gelegenen Hauses geschützt.

54) Guiffrey S. 407. Castan 1. S. 13. Chabouillet S. 392. Bapst S. 270. Tuetey S. 51. Jouve S. 65.

55) Lepage S. 199. Vgl. auch Guiffrey S. 406 ff. und Jouve S. 68.

56) Castan 1. S. 13. Castan 2. S. 3 ff. Chabouillet S. 395, 398. Bapst S. 270 ff. Tuetey S. 50 ff. Jouve S. 54, 57 ff.

57) 1602 finden wir Nicolas Briot in Paris, nachdem er sich zuvor längere Zeit bei unserem Künstler in Montbéliard aufgehalten hatte. Was ihn bewog, nach letzterem Ort von Damblain überzusiedeln, wissen wir nicht. Vielleicht war es der Wunsch, unter der Leitung eines bereits berühmten Meisters sich auszubilden, vielleicht auch eine ausdrückliche Aufforderung seines, wie es scheint, als Junggesell lebenden Onkels, der möglicherweise einen Haus- und Arbeitsgenossen zu haben wünschte. Ob die Ursache der späteren Trennung beider in einer Disharmonie ihrer Charaktere und in der beständigen Geldnoth von François zu suchen ist, mag dahin gestellt bleiben. Vgl. Jouve S. 56, 58 ff.

58) Castan 1. S. 13 ff. Castan 2. S. 3 ff. Jouve S. 50, 59. Das 14 Centimeter hohe und 10 Centimeter breite Blatt ist bei Castan 1. S. 14 reproducirt. Montbelg: = Montbéliard.

59) Tuetey S. 58, woselbst es u. A. heisst: „. . . Le cordonnier Briardet offroit de faire la preuve de ses dires par serment, »s'estant, allégant-il, que le nepveu du demandeur, (c'est-à-dire Briot), dont mention est faicte en son livre de raison, estoit lors et au temps y rapporté domestique d'icelluy demandeur«" und Tuetey mit Recht bedauert, dass dieses livre de raison, welches gewiss werthvolle Aufschlüsse über die von unserem Künstler ausgeführten Arbeiten gegeben haben würde, uns nicht erhalten geblieben ist. Siehe auch Jouve S. 58 und Castan 2. S. 3 ff.

60) Daubau S. 14 ff. Lepage S. 188 ff. Haag-Bordier Sp. 159 ff. Jouve S. 56 ff. Bei diesen Autoren ist auch Näheres über Medaillen nachzulesen, welche wir Nicolas Briot verdanken. Die ältesten von ihm herrührenden (mit seinem Namen bezeichneten) französischen Münzen stammen aus dem Jahr 1605. Daubau und Lepage geben auch Abbildungen.

61) Chabouillet berichtet S. 398: „De cette famille était aussi certainement Isaac Briot, qui fut graveur, éditeur et marchand d'estampes, puis, circonstance à noter, directeur de la fabrication des monnaies d'argent. J'ai supposé (Dict. crit. p. 281, col. 2), que cet Isaac fut le frère cadet de Nicolas, dont il pourrait n'avoir été que le cousin." Und in der Anmerkung zu dieser Stelle sagt Chabouillet: „P. Oudin, dans sa déposition citée plus haut, ne parle pas de ce frère de N. Briot." Dass Nicolas und Isaak Brüder waren, erhellt unzweifelhaft aus einem Registerauszug, welchen Jouve in einer „Note sur les Briot" im Journal de la société d'archéologie lorraine et du musée historique lorrain, quarantième année, 1891, p. 7—9 mittheilt. Dieser Auszug lautet: „Le 1er octobre 1618 honorable homme Nicolas Briot, tailleur général des monnaies de France, et son frère Isaac Briot, graveur en taille douce à Paris, réclament de l'argent prêté à Jean Martin de Damblain." Vgl. auch Germain S. 63, 65 und Anm. 67 sowie Haag-Bordier Sp. 156 ff. und Robert Dumesnil Bd. X S. 198—244, woselbst auch Verzeichnisse der Arbeiten von Isaak Briot und (S. 200 Anm. 2) eine Liste der Marie Briot zugeschriebenen Blätter. Isaak Briot scheint seine eigenen Stiche herausgegeben zu haben.

62) Tuetey bemerkt (S. 52 Anm. 1): „Le nouvel éditeur de *La France protestante*, notre savant confrère, M. Henri Bordier, comprend avec raison Nicolas et François Briot dans son dictionnaire, mais il se trompe absolument en les jugeant originaires de Montbéliard et en les rattachant au peintre Montbéliardais, Guillaume Briot, avec lequel Nicolas et François n'ont de commun que le nom." Dazu erklärt Jouve (S. 63 ff.) mit Recht: „Existait-il à Montbéliard en 1580 une famille Briot qui n'eut de commun que le nom avec celle du Bassigny? Telle est la question qui se pose dès l'abord. M. Tuetey le croit, mais il n'établit pas la preuve que le premier connu de cette famille dans cette ville de langue française, quoique de terre allemande, y ait pris naissance, bien qu'il fouille dans les registres de l'état civil tenus par les ministres du culte réformé et dans d'autres archives précieuses. Son affirmation en pareil cas n'est plus qu'une conjecture. Il eût fallu rechercher et citer les actes de naissance, de mariage et de décès de Briot le tanneur, qui nous eussent appris s'il était fils d'anciens bourgeois montbéliardais. M. Tuetey, dont le travail sur François Briot est fait d'une main si sûre et si heureuse, se tait complètement sur le père de Guillaume Briot le peintre."

63) Jouve S. 72.

64) Dieser Pierre Briot wird von Jouve gar nicht erwähnt. Er scheint von Jouve in verschiedenen Beziehungen mit Nicolas Briot verwechselt worden zu sein, z. B. bei den Angaben über die Kinder des letzteren. Vgl. den Stammbaum bei Jouve S. 76, Haag-Bordier Sp. 156 und die nächste Anm. War dieser Pierre Briot etwa ein Bruder von Nicolas und Isaak? Man beachte, dass Pierre mit Esther Petau und Nicolas mit Anne Petau, in denen man vielleicht Schwestern erblicken darf, vermählt war, dass letztere bei dem Sohn Isaaks, dem 1613 geborenen Pierre Briot, Gevatter stand und dass eine wohl nahe mit ihr und Esther verwandte Marie Petau, verwittwete de Monvoisin, 1614 Esther Briot, eine Tochter des fraglichen Kupferstichdruckers und Münzgraveurs Pierre Briot, aus der Taufe hob.

65) Ob dieser 1678 verstorbene Pierre Briot, von welchem in der Zeit von 1666 bis 1670 geschätzte Uebersetzungen aus dem Englischen erschienen, identisch ist mit dem 1636 geborenen gleichnamigen Sohn des Malers Guillaume, woran Haag-Bordier Sp. 156 denkt, oder mit dem 1613 geborenen Pierre Briot, einem Sohn von Isaak Briot, wie Jouve S. 73 ff. annimmt, mag dahingestellt bleiben. Erstere Vermuthung erscheint deshalb als die wahrscheinlichere, weil ein Mann, der bereits 1613 das Licht der Welt erblickte, mit der erst von 1666 ab erfolgten Veröffentlichung seiner Arbeiten sehr lange gezögert haben würde. Jedenfalls irrt Jouve, wenn er S. 73 sagt: „Mais il y a deux Pierre Briot". Ausser dem schon erwähnten Kupferstichdrucker und Münzgraveur und den beiden in Rede stehenden Mitgliedern der Familie Briot kommt noch ein vierter, von Jouve S. 76 auch aufgeführter Pierre Briot vor, welcher 1666 getauft wurde und (als Sohn des genannten 1613 geborenen Pierre) ein Enkel von Isaak war. Es mag bei dieser Gelegenheit nicht unerwähnt bleiben, dass die im Uebrigen sehr ansprechenden und überzeugenden Ausführungen von Jouve S. 57 ff. mit den auf urkundlicher Unterlage beruhenden Angaben von Haag-Bordier Sp. 155 ff., auf die sie sich offenbar stützen (vgl. Jouve S. 66 Anm. 1), nicht allenthalben übereinstimmen. So nennt z. B. Jouve die Gemahlin von Nicolas Briot S. 61, 63, 76 Esther Petau, während sie nach Haag-Bordier S. 156 ff. Anne Petau hiess, und bezeichnet S. 70 den Maler Ferat und den Bildhauer Le Perdrix als Gatten von Töchtern des Malers Guillaume Briot, obgleich diese Künstler nach Haag-Bordier Sp. 156 ihre Pathen waren. In die

Genealogie der Familie Briot sich zu verlieren, liegt um so weniger Veranlassung vor, als ja in dieser Beziehung sehr Vieles dem Gebiet der Vermuthung angehört. Das gilt auch bezüglich des von Jouve S. 76 aufgestellten Stammbaums dieses Künstlergeschlechts.

[62]) Jouve S. 46. Vgl. auch Lepage 1875 S. 110 und Meaume, „Médailles gravées par Pierre Woeiriot de Bouzey" im Journal de la société d'archéologie lorraine et du musée historique lorrain, vingt-troisième année, 1874, p. 171—173.

[63]) Mantz S. 95.

[64]) „La mère de notre artiste, Urbaine de Bouzey, descendait d'une illustre famille de l'ancienne chevalerie de Lorraine, qui, au XVe siècle, forma cinq branches distinguées entre elles par les noms des fiefs que chacune possédait. Claude I de Bouzey, de la branche de Melley et de Damblain, était le père d'Urbaine, qui eut de Jacquemin Woeiriot deux fils, Pierre, le célèbre graveur, et Claude qui a peu fait parler de lui." Jouve S. 42. Näheres über die Familien Woeiriot und Bouzey und ihre mannigfachen Beziehungen zu einander und zu Damblain bez. dem in diesem Ort belegenen Edelsitz Champjannon siehe ausser bei Jouve S. 39 ff. auch bei Germain, Woeiriot, S. 102 ff.

[65]) „1576. Pierre Voiriot, écuyer, seigneur de Champjannon" . . . „1580. Lorsque, en 1580, les Etats s'assemblèrent à La Mothe, pour la rédaction des coutumes du baillage du Bassigny, Pierre et Claude Woeiriot y comparurent *dans l'état de la noblesse, pour ce qu'ils tenaient au village de Damblain*" . . . . „1582. Pierre Viriot de Bouzey, seigneur de Champenon (= Champjannon), reprend ce qu'il a à Damblain en 1582, à lui cédé par Jacquemin Viriot et damoiselle Urbaine de Bouzey" . . . Germain, Woeiriot, S. 113 ff.

[66]) Man hat übrigens bisweilen Woeiriot und Briot bez. ihre Arbeiten mit einander verwechselt. So sind es z. B. Briot's Temperantia-Schüssel und die Susanna-Kanne (Tafel 16), von denen das am Schluss der nachfolgenden Notiz Gesagte gilt. „C'est en 1560, que Pierre Woeiriot, artiste lorrain, qui à laissé un nom dans l'orfèvrerie, vint s'établir à Lyon, où il fit »dans le goût italien tant de bijoux charmants«. Le musée de cette ville n'a de cet artiste qu'un plat et une buire d'étain." L'orfèvrerie religieuse lyonnaise à l'exposition de Lyon 1862 S. 9.

[67]) Die auf S. 4 zu lesenden Angaben beruhen hauptsächlich auf den Ausführungen von Lepage S. 196 ff., Chabouillet S. 307 ff., Haag-Bordier Sp. 155 ff., Jouve S. 39 ff., 51 ff. und Germain S. 60 ff., 102 ff. Auf die von letzterem Autor S. 60 ff. beigebrachten zahlreichen Notizen über bisher noch unbekannte Personen Namens Briot näher einzugehen, würde den Rahmen dieser Zeilen überschreiten. Uebrigens kann davon um so eher abgesehen werden, als Germain den Zusammenhang der von ihm bez. seinem Gewährsmann Marchal entdeckten Briots mit François Briot nur in einigen wenigen Fällen mit Bestimmtheit nachzuweisen vermag. Doch sei aus diesem immerhin werthvollen Material Folgendes erwähnt. Die Familie Briot war eine recht zahlreiche oder wenigstens der Name Briot ein sehr häufiger. Zwischen den verschiedenen Personen, welche ihn führten, und dem Ort Damblain bestanden in der Regel gewisse Beziehungen. Gegen die Identificierung eines (1560 und) 1582 in Damblain vorkommenden François Briot mit dem berühmten Graveur spricht — wenn man nicht einen vorübergehenden Aufenthalt annehmen will — doch schon dessen Ende 1579 oder Anfang 1580 erfolgte Niederlassung in Montbéliard (abgesehen davon, dass in der zweiten Hälfte des 16. Jahrhunderts unser Meister nicht der einzige Träger der Namen François und Briot war — vgl. S. 10). Die Vermuthung endlich, ein gewisser bisher unbekannter Kaufmann Jean Briot sei der Vater von Nicolas und Isaak Briot gewesen, weil diese beiden 1618 die Versteigerung des Grundbesitzes eines Jean Martin in Damblain betrieben, welcher möglicherweise der Erbe des Nicolas Martin war, des 1563 zum Tod durch den Strang verurtheilten Mörders von Jean Briot, dürfte sich durch den Hinweis darauf erledigen, dass deshalb dieser Jean nicht gerade der Vater der Genannten zu sein braucht, sondern ebensowohl ein anderer Anverwandter gewesen sein kann (vgl. auch Anm. 57; man beachte ferner, dass Nicolas erst um 1580 geboren wurde).

[68]) Lepage 1875 S. 8 ff., 100 ff.

[69]) Tuetey S. 52. Haag-Bordier Sp. 157.

[70]) Tuetey S. 48, 52. Jouve S. 54, 59.

[71]) Rauder bei v. Zahn S. 242 und Reihe II S. 44.

[72]) Tuetey S. 48 ff. v. Stälin Theil IV S. 801.

[73]) Tuetey S. 64.

[74]) Tuetey S. 49.

[75]) Siehe S. 9 ff.

[76]) Vgl. S. 11.

[77]) Bapst S. 258 ff.

[78]) Tuetey S. 63.

[79]) Siehe Anm. 20.

[80]) Siehe S. 14 ff.

[81]) Vgl. S. 19 ff. Das dort Gesagte ergänzt die S. 5 ff. zu lesenden Ausführungen insofern, als darin die Stempel mit der ganzen und der halben Lilie und das die Initialen I F enthaltende *Zinngiesserzeichen* in directe Verbindung gebracht werden mit der Stadtmarke von Strassburg, welche das dortige Stadtwappen („der Statt schilt") aufweist.

[82]) Archiv der Stadt Stadt Strassburg i/E. M. O. V. No. 8. Bl. 20 ff.

[83]) In diesem Gerichtsbuch, welches im Stadtarchiv zu Strassburg aufbewahrt wird, sind nur diejenigen Zunftgenossen eingetragen, welche im Zunftgericht ein Amt bekleideten. Dass man zu einem solchen nur hervorragendere Personen berief, darf wohl angenommen werden. Vgl. auch Schricker, „Zur Geschichte der Schmiedezunft in Strassburg i/E." im Kunstgewerbeblatt 1887 S. 67 ff.

[84]) Tuetey S. 70 ff.

[85]) Tuetey S. 61 ff.

[86]) Briot'sche Temperantia-Schüsseln befinden sich z. B. im South Kensington Museum zu London (2063.'55; nebst Kanne 4289.'57; ohne Stempel!), im Musée du Louvre in Paris (C. 279; mit Kanne, welche dieselbe Catalognummer trägt; beide sind mit den besprochenen zwei Marken [Lilie und Initialen I F] versehen und stammen aus der Collection Sauvageot; siehe deren Catalog von Sauzay, Ausgabe von 1861, No. 714 und Sauzay ss. Tafel 41—43), im Hôtel de Cluny zu Paris (2 Exemplare, Catalog von 1883: 5190 und 5192; mit 1 Kanne 5189; ohne Stempel!), im Museum zu Lyon (ohne Stempel!), im Musée archéologique zu Genf (ohne Stempel!), im Musée cantonal zu Lausanne (ohne Stempel!), im Musée des arts décoratifs et industriels zu Brüssel (4208; im Feld der Musik in einer Reihe, aber einzeln eingestempelt, die sehr grossen Buchstaben A D V), im Nordböhmischen Gewerbe-Museum zu Reichenberg (L. VIII/68; nebst Kanne L. VIII/69; beide ungestempelte Stücke ausserordentlich schön und scharf; die Kanne vielleicht das beste Exemplar), im Kunstgewerbemuseum zu Berlin ('88.624; gemarkt mit dem Stadtwappen von Lunéville [Schrägbalken mit 3 Halbmonden] und einem streifenförmigen Stempel mit den Buchstaben B S N.; Abbildungen dieser beiden Zeichen bei Lessing S. 174; mit Kanne '91.213), im Kunstgewerbemuseum zu Dresden (6562; mit denselben beiden Stempeln wie das Exemplar des Louvre), im Bayerischen Nationalmuseum zu München (nur das Nabelstück mit der Temperantia und Briot's Portrait auf der Rückseite; ohne Zinnstempel!), im Gewerbe-Museum zu Ulm (888; mit einer Klappdeckel tragender Kanne 889, die wohl ein Nachguss ist) u. s. w. sowie in verschiedenen Privatsammlungen z. B. in der der Kaiserin Friedrich zu Schloss Friedrichshof (mit Kanne), der Frau Jubinal de St. Albin in Paris (mit Kanne; Marc-Sencier S. 224), des Herrn Maillet du Boullay in Paris (mit denselben beiden Marken wie der Abguss im Louvre; nebst Kanne), Graf Stroganoff in Rom (ohne Stempel!), A. Ritleng sen. in Strassburg, Zschille in Grossenhain (die beiden darauf ersichtlichen Besitzermarken [das Wappen der Familie Taxis und dasjenige eines noch nicht ermittelten Geschlechts] sind bei Lessing S. 174 abgebildet), Demiani in Leipzig (ausgezeichnetes Exemplar ohne Stempel; mit aus der Sammlung Rousset-Paris stammender nicht gemarkter Kanne), Dutuit in Rouen (mit Kanne; Marc-Sencier S. 224), de Laroville in Paris (Marc-Sencier S. 224) u. s. w.

[87]) Catalog des Musée du Louvre, Abtheilung C, 1874: C. 279. Catalog des Musée du Louvre, Abtheilung C, 1880: C. 279. In beiden Abbildungen der Stempel.

[88]) No. 1582 des Inventars.

89) Bei diesen drei Schüsseln sind die besprochenen beiden Marken an genau derselben Stelle eingeschlagen, nämlich auf der Oberseite des Rands zwischen den Figuren der Rhetorik und der Musik. Von den Briot-Kannen trägt nur die des Musée du Louvre (C. 270) die fraglichen beiden Stempel.

90) Vgl. Anm. 98.

91) Diese Vorschrift, welche gleichzeitig das Recht und auch die Pflicht der Zinngiesser, gewisse Stempel zu führen, festsetzte, bestand z. B. in Württemberg, in den Städten des Ordenslands Preussen (insbesondere in Königsberg) und seit 1614 im Kurfürstenthum Sachsen sowie in Augsburg, Bautzen, Berlin, Bremen, Brünn, Hamburg, Leipzig (bereits seit 1446), Regensburg, Rostock und Ulm. Vgl. auch Havard Bd. II Sp. 499 und Mass-Sancier S. 222.

92) Die Ausdrücke „Stadtzeichen“ und „Meisterzeichen“ finden sich bereits in älteren Zinngiesserordnungen: „Statt Zeichen“, „Stattzaichen“, „der Stadt Zeichen“, „des Maisters gewondlich Zaichen“, „des Meysters Zeychen“, „des Meisters merck“ u. s. w. Ebenso Wendungen wie: „uff das man dabey die werk und arbeit, welchir meister und in welcher stad es gemachet ist, erkennen moge“ (Ordnung für das Ordensland Preussen vom 2. December 1435, Copie des 15. Jahrhunderts in der offiziellen Hochmeister-Registrande No. 13 S. 308/9 im Staatsarchiv zu Königsberg), „So sol auch der Maister sein Zaichen auch darauff schlagen, damit man erkhenne, wer solche Arbait gemacht hab“ (Punkt 51 der Regensburger Zinngiesserordnung von 1383, Regensburger Stadtarchiv, Polit. II Fasc. 10 No. 8. Z.), „wie denn auch jeder Meister sein eigen Zeichen hat, welches er auf seine Arbeit schlagen muss; darnach man allzeit erkennen kann, ob er so löthig gearbeitet oder nicht“ (Bericht der „Verordneten zum Kunst-Gewerb- und Handwerks-Gericht“ in Augsburg an den Kurfürsten von Bayern vom 7. Januar 1780, Augsburger Stadtarchiv, Zinngiesser-Akten II 1724—1792 No. 36).

93) Beschau ist der weitere Begriff. Es war dabei z. B. nach Art. 11 der im städtischen Archiv zu Nürnberg aufbewahrten Ordnung der dortigen Kannengiesser von 1578 nicht nur festzustellen, dass das Zinn keinen grösseren als den gestatteten Bleigehalt hatte, welche Thätigkeit man speciell als Zinnprobe bezeichnete, sondern auch auf alle Fehler zu achten, welche etwa beim Giessen oder Abdrehen (d. h. dem Ueberarbeiten und Vollenden der rohen Gussstücke auf der sogen. Drehbank [Drehlade] vgl. Anm. 330) vorgekommen waren. Vgl. auch S. 67.

94) Vgl. S. 66 und Anm. 473.

95) Auch dieser gewöhnlich nicht erwähnte Gesichtspunkt war massgebend und verdient Beachtung. Vgl. Stieda, Vereinbarungen, S. 130.

96) Vgl. auch die Bedenken, welche v. Justi (Vollständige Abhandlung von den Manufacturen und Fabriken, Berlin, Pauli, 1789, III. Ausgabe, Theil II, S. 378) gegen die seiner Ansicht nach gar nicht zu gestattende „elende und in vielem Betracht schädliche Legirung des Zinnes mit Bley“ erhebt.

97) Mit Recht sagt Lessing S. 175 ff.: „Das Händewaschen nach Tisch, mit Kanne und Schale, war um 1600, als der Gebrauch der Gabel schon allgemein war, nur noch eine Form; die beiden Stücke sind augenscheinlich Schaugeräth, dessen Schönheit man auch bei wechselnder Mode noch würdigte, ohne durch den Metallwerth, wie bei gleichzeitigen Silberarbeiten, zum Einschmelzen verleitet zu sein.“ Wie Havard Bd. II Sp. 531 ff. berichtet, findet man im Inventaire de Pierre de Capdeville, bourgeois et marchand (Bordeaux. 1591), unter zahlreichen anderen Stücken „ung plat bassin d'estaing faict en fasson d'argent, servant à laver les mains, ung cannet ou fontaine, aultrement lavemains d'estaing de belle fasson, tenant envyron un quarton et demy.“ In ihrem 1693 bis 1697 von Claudine Bouzonnet Stella selbst niedergeschriebenen Testament und Vermögensverzeichniss (publiciert von Guiffrey in den Nouvelles archives de l'art français, Jahrg. 1877, S. 1 ff.) ist (auf S. 101) vermerkt: „Plus, cent treze livres estain fin et commun; sçavoir, en estain fin: Un bassin à laver les mains, nos armes vont gravé au millieu . . . .“ Ueber grosse, zweifellos nur als Prunkgeräthe gedachte Handbecken nebst Giesskannen aus Email, Elfenbein, Serpentin in Edelmetallfassung, Silber u. s. w. vgl. z. B. Kugler S. 152, 203 ff., 212 ff., Kunstgewerbeblatt 1885 S. 168 ff., 1892 S. 78 und Mantz S. 31 ff.

98) Dass kein Zwang zur Abstempelung bestand, schloss selbstverständlich deren Vornahme nicht aus. Dienten doch die Zinnmarken gewissermassen auch als Adress- bez. Empfehlungskarten. Eine in dieser Beziehung bemerkenswerthe Bestimmung enthält Art. 5 der im Museum schlesischer Alterthümer zu Breslau verwahrten, am 3. Mai 1736 durch Kaiser Karl VI bestätigten Breslauer Zinngiesserordnung (deren älteste Fassung vom 1. Juli 1405 datiert ist). „Alldieweilen sich gar öfters zu ereignen pfleget, dass sowohl ein- als ausländische Leüthe den gearbeiteten Zinn gerne beÿ einem Maister, und unter einem Zeichen einkauffen; So wird einem jedwedern Innungs-Verwandten auff das genaueste, und beÿ Straffmäßigkeit auferleget, dass, wenn dergleichen Personen beÿ einem Maister umb die Wohnung, und Aufenthalt desjenigen Innungs-Verwandten, welcher obiges Zeichen führet, Nachfrage halten, er selbigem hierauf getreüliche Nachricht ertheilen, und die Kunden durch hinterlistige Wurth seinem Mittels-Verwandten nicht zu entziehen trachten.“

99) Bendiner, „Eine Ordnung der Kannengiesser zu Lüneburg vom Jahre 1597“ in den Mittheilungen aus dem germanischen Nationalmuseum Bd. II (1887—1889) S. 221 ff.

100) Lessing S. 175.

101) Lessing S. 174 f., woselbst auch (auf S. 174) Abbildungen der fraglichen beiden Stempel.

102) Bapst S. 301.

103) Lessing S. 175.

104) Brinckmann S. 782.

105) Rosenberg theilt (in seinem Aufsatz „Beschauzeichen“ im Kunstgewerbeblatt 1886 S. 169 ff.) die verschiedenen Stempel, welche sich auf alten Gold- und Silberarbeiten finden, in drei Gruppen: „1. Beschauzeichen, an welchen man die Stadt erkennt, in der die betreffende Arbeit gemacht ist“, 2. Meisterzeichen, 3. Wardeinzeichen (Feingehaltszeichen, Marken der Stempelpächter und Wardeine, Einfuhrmarken u. s. w.). Aus dieser Classificierung hat man nun den Ausdruck „Beschauzeichen“ ohne Weiteres auf Zinngegenstände übertragen, ohne zu bedenken, dass er hier keineswegs in demselben Maass angebracht ist wie bei Edelmetallwaaren. Denn nur bei letzteren und nicht auch bei ersteren wurde in der Regel von den mit der Vornahme der Beschau Beauftragten (also nicht von den Verfertigern selbst) als Nachweis, dass dieselbe erfolgt und das Geprüfte vorschriftsmässig befunden worden sei, auf den untersuchten Objekten eine häufig das Wappen der betreffenden Stadt enthaltende Beschaumarke angebracht. Und andererseits liegt es doch wohl auch näher, einen Stempel, aus welchem man die Stadt ersieht, in der ein Zinngeräth hergestellt wurde, im Gegensatz zum Meisterzeichen, welches den Zinngiesser kenntlich macht, Stadtzeichen zu nennen. Vgl. auch Lastig, Markenrecht und Zeichenregister, Halle, Niemeyer, 1889, S. 37 ff.

106) Der Ausdruck „Qualitätsstempel“ findet sich zwar nicht in den Quellen, wohl aber kommen darin ganz gleichbedeutende Benennungen vor. So reden z. B. Art. IV ff. des württembergischen Zunftbriefs der Kannengiesser vom 28. März 1713 (Sammlung derer sämtlichen Handwercks-Ordnungen Des Hertzogthums Würtemberg u. s. w., Stuttgart, Stoll, 1758, S. 508 ff.) und die §§ III ff. der in der vom 12. März 1715 datierten Lands-Ordnung Der Fürstenthummer und Landen Der Marggrafschafften Baden u. s. w. (Durlach, Hecht, 1715, S 183 ff.) enthaltenen Zinngiesserrolle von „Prob-Zeichen“. Ohne ihre ursprüngliche Funktion als Erkennungsmerkmale für den Verfertiger bez. den Herstellungsort zu verlieren, dienten auch Meister- und Stadtmarken bisweilen insofern als Qualitätszeichen, als sie bestehenden Bestimmungen gemäss auf Zinngegenständen aus anderer — in der Regel schlechterer — Mischung, als der normalen, nicht in Verbindung mit einander, sondern nur vereinzelt angebracht werden durften und solchergestalt die Beschaffenheit des verwendeten Materials anzeigten.

107) Das Wort „Besitzerzeichen (Besitzermarke)“ kommt in den Quellen wohl nicht vor. Es finden sich aber ganz ähnliche Ausdrücke, z. B. „Hauszeichen“ in Art. 10 der Nürnberger Kannengiesserordnung vom 7. März 1578. In einer wahrscheinlich im 16. Jahrhundert erlassenen Bamberger Zinngiesserordnung, von der eine Abschrift in den im städtischen Archiv zu Bamberg (ohne besonderes Aktenzeichen) verwahrten

Viendamanns-Akten enthalten ist, heisst es: „Es soll auch ein jeglicher Meister gänzlichen Fleiss haben zu Erkennen die Zeichen, Erstlich des Handwerckhs, geistlicher undt weltlicher Inwohner zu Bamberg, auf dass Er durch solche Zeichen an Zinnwerckh, das ihm zu Kaufen angetragen wirdt, erkennen möge, wem Es abgetragen, undt wo Es herkommen sey."

[108]) Lessing S. 174.

[109]) Vgl. auch Bergau S. 89 ff.

[110]) Näheres über Arten, Form, Bedeutung u. s. w. der Zinnstempel behält der Verfasser einer späteren, umfassenderen Schrift vor. Hier ist nur in Kürze dasjenige gegeben worden, was zum Verständniss der vorliegenden Seiten unbedingt erforderlich erschien. Neben den Stadt-, Meister-, Qualitäts- und Besitzermarken kommen in vereinzelten Fällen auch noch besondere Zeichen vor, z. B. auf schweizerischen Zinngefässen, welche als Preise bei den Schiessen vertheilt wurden, eingestempelte Flinten. Obrigkeitlicher Bestimmung gemäss musste der Augsburger Conrad Mayr, um Zollfreiheit zu geniessen, unter den bereits vorhandenen Ursprungs(Stadt)zeichen eine besondere Marke einschlagen lassen, die documentierte, dass das betreffende Zinn aus der Zeit (circa 1549—1554) herrührte, zu welcher er die gesammte Ausbeute der böhmischen, insbesondere der Graupener Gruben gepachtet hatte (Statthalterei-Archiv Innsbruck, Copialbuch Embieten und befelch 1555 Bl. 283 ff.).

[111]) Havard Bd. II. Sp. 535.

[112]) R. v. S. S. 106.

[113]) Auch von Germain S. 63, Jouve S. 51 ff. und auf S. 3 des wohl nicht ohne Mitwirkung des bekannten Verfassers des Buchs *L'étain* entstandenen Catalogs der im December 1893 versteigerten Zinnsammlung von Germain Bapst wird Briot als „célèbre potier d'étain" bezeichnet. Und bereits Mantz (1861) S. 83 nennt ihn „potier d'étain".

[114]) Siehe Anm. 20.

[115]) Tuetey S. 53 ff. Jouve S. 54 ff. Castan 1. S. 12 ff. Castan 2. S. 4 ff., 7, 9, 11. Chabouillet S. 395 ff. Bapst S. 250. Die von Castan 1. S. 12 ff. und 2. S. 7, 9, 11 und von Chabouillet S. 395 ff. genau beschriebenen Medaillen sind folgende:

1583. Eine Medaille mit dem Bildniss des späteren Herzogs Johann Friedrich im Alter von drei Jahren. Da dieser Fürst am 5. Mai 1582 geboren, mithin 1585 dreijährig war, ist wohl zu letzterer Zeit auch das Stück angefertigt worden. Signiert FB.

1593. Zwei Medaillen mit dem Portrait und dem Wappen des Herzogs Friedrich. Bezeichnet F. BRIOT. Auf S. 30 und bei Castan 1. S. 12 findet sich eine Abbildung. Die an letzterer Stelle ausgesprochene Meinung, dass die von ihm wiedergegebene Münze 1596 angefertigt worden sei, scheint Castan selbst später aufgegeben zu haben, da er in seiner letzten Abhandlung (2. S. 9) 1593 als Entstehungszeit angiebt, wohl im Hinblick auf die Ausführungen von Chabouillet S. 395 ff. Die Abbildung auf S. 30 ist entnommen aus Sattler, Geschichte Württembergs unter den Herzogen, Theil V (mit Beilagen) Taf. III Fig. 32.

1609. Eine Medaille mit dem Brustbild und dem Wappen des Herzogs Johann Friedrich. Signiert FB.

[116]) Tuetey S. 51, woselbst auch die betreffende Stelle des im städtischen Archiv zu Montbéliard verwahrten Mitgliederverzeichnisses der chouffe des marchans de la grand verge (verge = Ruthe, Messruthe, eine Art Ellenmaass) wiedergegeben ist. Dieselbe lautet folgendermassen:

„S'ensuyt ceulx qui ont esté receu de la chouffe des marchans de la grand verge par honnorable homme Guido Lande, maistre de lad. chouffe pour l'an 1585 et 1586."

„Maistre Francois Bryot, graveur de Son Excellence, a esté receu par le maistre et compaignons le 30 janvier 1586."

[117]) Tuetey S. 17 ff. Castan 2. S. 8 ff. Jouve S. 54. Die Briot ausdrücklich als Graveur bezeichnenden Urkunden stammen namentlich aus den Jahren 1580, 1587, 1589, 1601 (26. und 27. März und 29 April) und 1605.

[118]) Als Goldschmied bez. Goldschmied und Bildhauer wird Briot z. B. in folgenden Werken bezeichnet: Bucher, Mit Gunst, S. 250; Demmin Folge IV S. 391; Haag-Bordier Sp. 157; du Sommerard, Catalog des Hôtel de Cluny, Paris, Hôtel de Cluny, 1883, S. 423, No. 5189, 5190 („orfèvre et sculpteur français du XVIe siècle").

[119]) Die Ansicht, dass Briot Goldschmied gewesen sei, verwerfen z. B. Mantz S. 83, Labarte Bd. II S. 141, Bapst S. 256, Mase-Sencier S. 310, de Champeaux Bd. I S. 186, Havard Bd. II Sp. 535. Und S. 91 des 1893 erschienenen dritten Bands der Geschichte der technischen Künste erklärt Bucher im Gegensatz zu seiner in der vorigen Anmerkung angezogenen Meinungsäusserung: „Für die Annahme, dass François Briot auch Goldschmied gewesen sei, liegt kein Zeugniss vor."

[120]) Bucher, Mit Gunst, S. 250.

[121]) Tuetey S. 56, 70. Castan 1. S. 3. Jouve S. 55. 1594 wird Briot als „bourgeois de Montbéliard", 1603 und 1606 als „habitant à Montbéliard" bezeichnet. Tuetey S. 70. Briot wohnte anfänglich in dem unter dem Namen „le Bourg" bekannten und später in dem „Brevallier" oder „Bourg-Vautbier" genannten Stadttheil von Montbéliard. Tuetey S. 54, 56.

[122]) Tuetey S. 58. Jouve S. 56.

[123]) Tuetey S. 55 ff. Jouve S. 55. Vgl. auch S. 2 und Anm. 20.

[124]) Tuetey S. 54.

[125]) Briot war Protestant. Vgl. S. 5.

[126]) Tuetey S. 51 ff., woselbst die einzelnen Fälle, in denen Briot als Pathe und Testamentszeuge fungierte, aufgeführt sind. Vgl. auch Castan 2. S. 7 ff.

[127]) Siehe S. 1.

[128]) „Moules de cuivre" werden schon in dem von Bapst S. 157 mitgetheilten, 1403 zu Rouen aufgestellten Verzeichniss der Werkzeuge zweier Zinngiesser, welche sich zu gemeinsamem Geschäftsbetrieb vereinigten, aufgeführt. Formen aus Kupfer wurden namentlich in Frankreich verwendet. Salmon (1788) bezeichnet sie als diejenigen, welche gewöhnlich im Gebrauch waren, und erwähnt nur nebenbei solche aus Eisen, Stein und Blei. Und dass dieser Autor mit dem Ausdruck „cuivre" auch wirklich Kupfer meint und nicht etwa Messing, welches ja im Französischen nicht nur laiton, sondern auch cuivre jaune genannt wird, folgt z. B. deutlich aus der Anmerkung auf S. 37 der französischen Ausgabe (vgl. S. 133 der deutschen Uebersetzung), in welcher des Messings unter der Bezeichnung laiton ausdrücklich gedacht wird.

Ausser Formen von Kupfer, Eisen, Stein und Blei wurden und werden auch noch solche aus Messing, Stahl, Gips, Lehm, Thon, Sand, Sandstein, Marmor, Solnhofener Stein (sogen. Steckstein), Kelheimer Stein, Speckstein, Schiefer, Serpentin und — wenn nur eine kleine Anzahl von Stücken zu giessen war bez. ist — auch aus Holz, Zinn, Flanell und Papiermasse (Pappe) benutzt.

Vortreffliche Formen liefert Messing. Sie sind aber auch die theuersten. Sprengel (Sammlung IV S. 90) behauptet, „dass ein angehender Zinngiesser auf dieses Werkzeug allein 2000 Rthlr. verwenden kann" und dass diese Kostspieligkeit „einen Zinngiesser in grossen Städten nöthigt, mit einigen andern Meistern gemeinschaftlich Formen zu verfertigen". Sprengel (Sammlung IV S. 69) erklärt weiter, dass der Zinngiesser „grösstentheils in messingenen Formen giesst." In der That waren letztere früher in Deutschland die gebräuchlichsten. Und man wird kaum fehlgehen, wenn man annimmt, dass eine sehr grosse Anzahl der schönen, mit flachen Reliefs geschmückten Zinnarbeiten der Renaissance-Periode und der späteren Zeit, namentlich die ornamentierten Prunkschüsseln und Prunkteller, in Messinghohlformen hergestellt worden sind. Im Hamburgischen Museum für Kunst und Gewerbe befindet sich die aus Messing gegossene und nachgeschnittene Gussform zu einem mit der Künstler (Graveur) bezeichnung G H versehenen Teller, welcher im Mittelstück Kaiser Ferdinand III (rechts oben eine Cartouche mit einer Wage) und auf dem Rand zwischen Mascarons in querovalen Medaillons sechs Kurfürsten zu Pferd aufweist (Brinckmann S. 784). Ein dem Schreiber dieser Zeilen gehöriges Manuscript „Ein- und Zubringungs Beschreibung, Aller und jeder Haabseligkeiten, welche die Erbar und Tugendreiche Frau Susanna Barbara Marxin, ihrem Ehewirth, dem Erbarn und Kunstreichen Johann Jacob Marxen, Burgern, Zihn- und Kahnen-Giessern, allhier (Nürnberger Zinngiesser, 16. Juni 1752 Meister, 2. Februar 1763 begraben), bey ihrer Verheyrathung, ein- und zugebracht hat. Anno 1752" enthält eine „Specification. Was ich von meinem Herrn Vatter

Johann Wolff Pinz, an Messing, Werck-Zeug, Zinn und Baaren Geld, Empfangen habe: 9 St. Mössinge becken Form an gewicht, 98 ℔ à 36: 58 fl. 48 kr. — Blätchen (?)-Kanen und Nacht-geschirr Form 93 ℔ à 36: 55 fl. 48 kr. — Zinnerne Ring und Henckel-Form 22 ℔ à 22: 8 fl. 4 kr. — Mössene Knöpff und Henckel-Form 2½ ℔ à 45: 1 fl. 52½ kr." (Johann Wolfgang Pöntz — auch Pinz — war Nürnberger Zinngiesser, 1721 Meister, 30. August 1769 gestorben.) Das 1834 erschienene „Ehrenbuch der Gewerbe und Zünfte u. s. w." kennt nur Messingformen: „Die Kunst der Zinngiesser besteht in den messingenen Formen, welche sie selbst machen, und in dieser Kunst, so wie im Giessen und im Drehen, erkennt man den Meister seines Fachs."

Daneben kamen auch eiserne Formen vor. Die Sammlung Zöllner in Leipzig enthält die in Einem geschnittene Gussform des auf Tafel 40 (No. 1) abgebildeten, 1619 datierten Zinn-Tellers, in dessen Mittelrund das Opfer Noahs dargestellt ist, während seinen Rand Scenen aus der Geschichte der ersten Menschen schmücken.

Auch steinerne Formen wurden oft benutzt. Mit Recht bezeichnet Lessing S. 176 als wahrscheinlich, dass Enderlein die Form seiner Copie der Temperantia-Schüssel aus Solnhofener Stein, dem sogenannten Steckstein, hergestellt hat (vgl. auch S. 41 ff.). „Als im Jahr 1880 das Rostocker Amt sich auflöste, waren unter 21 Formen, die in seinem Besitz waren, nur 4 aus Messing — sämmtlich zur Anfertigung von Hähnen bestimmt — und 2 aus Gusseisen, alle übrigen aus Stein." Stieda, Zinngiesseramt, S. 152. Salmon (S. 38 der französischen Ausgabe, S. 137 der deutschen Uebersetzung — vgl. auch Bapst S. 48) vermuthet wohl mit Recht, dass die ältesten Formen aus Stein gewesen seien.

Olshausen (Verhandlungen der Berliner Gesellschaft für Anthropologie, Ethnologie und Urgeschichte in der Zeitschrift für Ethnologie, Berlin, Asher & Co., Bd. XV (Jahrg. 1883), S. 86 ff. „Ueber Zinngefässe aus Gräbern u. s. w.") berichtet (S. 98) „die alten Briten in Kent und Umgegend gossen (um die Zeit vor Christi Geburt, d. h. schon in der Eisenzeit) Zinnmünzen in hölzernen Formen." Der Holzformen sei auch um deswillen ausdrücklich gedacht, weil sie angeblich zu den zinnernen Schüsseln und Tellern in der sogenannten Holzstockmanier verwendet worden sind. Näheres hierüber siehe S. 79 ff.

Theophilus Presbyter giebt sehr werthvolle und ausführliche Aufschlüsse über die zu seiner Zeit d. h. am Ende des 11. und zu Anfang des 12. Jahrhunderts übliche Bearbeitung und Verwendung des Zinns (vgl. Buch I, Capitel 25, 26, 29, 32 und 37, Buch II, Capitel 27 und Buch III, Capitel 1, 71, 75, 80, 82, 84, 85, 87, 88 und 89), insbesondere über die Anfertigung von Ampullen (ampullae: Kannen, welche namentlich beim Gottesdienst gebraucht wurden) aus Zinn (Buch III, Capitel 87; vgl. auch Macht S. 418 ff.). „Der Guss der Ampullen, wie ihn Theophilus beschreibt, geschieht aus verlorener Form, d. h. dieselbe wird über ein Wachsmodell, nicht aus Stücken, sondern allseitig geschlossen hergestellt. Sie kann nach Entfernung des Wachses nur ein einzigesmal zum Gusse benutzt werden, da sie, um den gegossenen Gegenstand bloszulegen, zerstört werden muss" (Näheres bei Macht S. 413 ff.).

Man machte auch „vermischte Formen", deren einzelne Theile aus verschiedenem Material bestanden (Sprengel Sammlung IV S. 99).

Ein geübtes Auge unterscheidet mit Leichtigkeit die Zinnarbeiten, welche in Metall- oder Steinformen hergestellt wurden, von denjenigen, bei deren Hervorbringung man Sand- oder Gipsformen benutzte. Letztere kennzeichnen sich an einer gewissen Rauhheit der Oberfläche, an einer sie überziehenden matten Gusshaut und daran zu erkennen, dass namentlich die Details der Schärfe und Sauberkeit entbehren, während erstere gleich von vornherein sich durch besondere Präcision und Vollkommenheit auszeichnen, so dass eine Nachhülfe völlig entbehrlich ist.

Sprengel (Sammlung IV S. 89 ff.) schildert sehr ausführlich, auf welche Weise die verschiedenen Arten von Formen anzufertigen sind. Und Bapst beschreibt (S. 247 ff.) ganz genau, wie er sich die Entstehung der Formen für reliefierte Schüsseln und Kannen in Briot's Art denkt. Wenn aber seine Ausführungen auch sehr wahrscheinliche sind, so kann man sich doch den Vorgang auch noch anders vorstellen. Und vielleicht ist es richtiger, keine Regel darüber aufzustellen, dass diejenigen Theile (Darstellungen, hervortretende Profile u. s. w.), welche auf den Abgüssen erhaben sein sollten, in die metallenen oder steinernen Formen vertieft eingeschnitten wurden. Denn alle Graveure wendeten schwerlich dasselbe Verfahren an: gar mancher bediente sich wohl gewisser besonderer, auf Ueberlieferung oder eigener Erfahrung beruhender Kunstgriffe. Es sei daher lediglich auf die interessante Beschreibung Bapsts verwiesen und daraus nur hervorgehoben, dass die auf den Rückseiten der Temperantia-Schüsseln befindlichen Portraitmedaillons Briot's und Enderleins bereits in die betreffenden Formen eingegraben waren und zugleich mit dem Uebrigen gegossen, aber nicht etwa erst nachträglich aufgelöthet wurden sowie dass man sehr oft wiederkehrende Verzierungen — Bapst nennt Lorbeerzweige, Arabesken und Mascarons — in der Weise herstellte, dass man dieselben als Reliefs auf stählernen, stabförmigen Werkzeugen (Punzen) anbrachte und letztere so lange stark in die Metallformen einschlug, bis diese genau entsprechende Vertiefungen erhielten. Auf diesem Weg erzielte man auch die hauptsächlich aus Buckeln bestehenden Ornamentstreifen, welche sich auf den Rändern der Zinnschüsseln und Zinnteller befinden und deren Mittelstücke umziehen. Und diese wesentliche, zugleich eine weit mühelosere Regelmässigkeit ermöglichende Vereinfachung kam vielleicht viel häufiger vor, als man zunächst anzunehmen geneigt ist. Denn wenn die erreichten Resultate nicht völlig befriedigende waren, oder wohl auch ohne solchen Anlass wurde gewiss oft durch Gravieren nachgeholfen, so dass sich der ohnehin nicht sehr merkliche Unterschied zwischen den auf die geschilderte Weise hergestellten und den eingegrabenen Ornamenten verwischte. Das über die Anfertigung von Messing- und Kupferformen Gesagte trifft übrigens, wie keiner näheren Ausführung bedarf, auch bezüglich der Formen aus anderem Material zu, soweit nicht die Natur des letzteren Abweichungen bedingt.

Die weitaus grösste Anzahl von Formen besteht aus mehreren, mindestens aus zwei Theilen, von denen derjenige, welcher zur Herstellung der Innenfläche eines hohlen Stücks erforderlich ist, „Kern" (so schon in einem Nürnberger Decret von 1732), derjenige dagegen, welcher für die Aussenseite dient, „Hobel" (in demselben Decret) „Mantel", „Formkappe" genannt wird. So weist z. B. bei einer Tellerform der Kern eine Erhöhung auf, welche der Vertiefung der Oberfläche eines Tellers entspricht, während der Hobel eine Aushöhlung enthält, deren Tiefe und Gestalt der Rückseite eines Tellers angepasst ist. Werden nun beide Formtheile vermittelst der in einander greifenden Zähne ihrer Ränder fest mit einander verbunden, so verbleibt ein „Dicke" genannter Zwischenraum, in welchem dann das durch den gewöhnlich trichterförmigen Einguss (Giessrinne) eingefüllte Zinn den Teller bildet.

Die Zinngiesserordnungen schreiben häufig Formen aus Lehm (Leimen, Lem, Lein, Laymen u. s. w.) vor. Diesen vermengte man der grösseren Haltbarkeit wegen mit Haaren (gewöhnlich Kälberhaaren). Daher Ausdrücke wie „Harleim", „Harleimen", „Harlein". Da die Formen sehr oft aus Stein bestanden, so findet man in den Quellen, namentlich in den Artikeln der Zinngiesserinnungen, wiederholt „Stein" als gleichbedeutend mit „Form" gebraucht, woraus sich Wortverbindungen wie „leimener Henckelstein" und „steinerner Blätterstein" erklären. Unter ersterer Bezeichnung hat man eine aus Lehm gefertigte Form zu verstehen, in welcher Henkel (insbesondere zu den Zinnkannen) gegossen wurden, unter letzterer Benennung dagegen steinerne Formen oder richtiger Platten, zwischen denen man Zinntafeln (Blätter, Bleche) goss, aus welchen man dann gewisse Geräthe (Flaschen, Wärmflaschen u. s. w.) zusammenlöthete. (Vgl. Sprengel Sammlung IV S. 118.) Die Henkel an den Kannen in der Art Briot's, die Thierfiguren, welche als Füsse oder auf den Deckeln angebracht sind, die Wappenschilder, welche an verschiedenen Stellen als Verzierungen dienen, und ähnliche Stücke wurden wohl in Sand- oder Gipsformen hergestellt. (Vgl. Bapst S. 252, 255; Bucher Bd. III S. 57).

Man goss das Zinn in der Regel in Formen, obgleich dasselbe durch das früher namentlich in Frankreich übliche Hämmern (Schlagen, Treiben) auch mit Leichtigkeit aus freier Hand verarbeitet werden kann. (Vgl. Anm. 496.)

129) Tuetey S. 60 ff., 73 ff. An letzterer Stelle ist die Entscheidung vom 26. März 1601 vollständig und wortgetreu abgedruckt.

130) Tuetey S. 61 und S. 75 ff., woselbst auch das Urtheil vom 27. März 1601 wörtlich wiedergegeben ist.

131) „plus de quatre à cinq cents escus“ stellen eine für damalige Zeiten sehr bedeutende Summe dar.

132) Vgl. S. 1.

133) Tuetey S. 62.

134) Ueber die drei Stellen, an denen die Buchstaben FB angebracht sind, siehe S. 13.

135) Als eine Vermuthung stellt Chabouillet S. 398 ausdrücklich seine Bemerkung hin, dass Briot, der Medaillenschneider, identisch sei mit Briot, dem Schöpfer der so geschätzten Zinnkannen des Musée du Louvre und des Hôtel de Cluny.

136) Bapst S. 299.

137) Isle-sur-le-Doubs.

138) Germain S. 62 ff., wo es von diesem François Briot heisst: „C'est sans doute le célèbre potier d'étain.“

139) Erwähnt sei noch, dass am 23. März 1648 in Damblain ein François Briot seine und der Anne Maselin Tochter taufen liess (Tuetey S. 51 Anm. 2) und dass ein anderer François Briot 1710, 1713, 1716, 1722 und 1725 als Glockengiesser zu Outremécourt erwähnt wird (Germain S. 67). Die Lebenszeit dieser Personen schliesst selbstverständlich den Gedanken an eine Identificirung mit unserem Meister aus.

140) „François Briot und Caspar Enderlein“ im „Jahrbuch der Königlich Preussischen Kunstsammlungen“, Berlin, Grote, Bd. X (1889), Heft IV, S. 171 ff.

141) Vgl. S. 41 ff.

142) v. Falke S. 184.

143) Lessing S. 172 ff., 177.

144) Diese Bezeichnung steht in dem die Geometrie enthaltenden Medaillon des Randes und zwar auf dem Balken links neben derselben hart an der Umrahmung. Ausserdem finden sich auf der Vorderseite an der nämlichen Stelle wie bei Briot die Initialen FB, d. h. am Fuss des Sockels der Temperantia, die Buchstaben CE. Dieselben sind auch auf der Rückseite am Schulterabschnitt des mit der Umschrift SCULPEBAT CASBAR ENDERLEIN versehenen Brustbilds angebracht.

145) Diese Ansicht vertreten z. B. Bapst S. 257 ff., R. v. S. S. 107 und Lessing S. 173 ff.

146) Dieser Meinung sind z. B. der Verfasser der Abhandlung „Das Zinn im Kunstgewerbe“ S. 375 ff. und Ducat S. 4. Letzterer Autor sagt: „Avant de décrire ce remarquable travail, nous rappellerons que l'original était en argent, et que cette circonstance lui a valu le sort d'être fondu, en 1804, à la Monnaie de Rouen. Le souvenir même en serait à jamais perdu si, avant l'anéantissement de l'oeuvre première, quelques moulages en étain n'en avaient été pris et n'étaient arrivés dans les collections publiques de Paris.“ Zwar räth Benvenuto Cellini in seinem *Trattato dell' oreficeria* (opere di Benvenuto Cellini, Milano, 1811, vol. III, p. 129) den Goldschmieden, von ihren Edelmetallarbeiten Bleiabgüsse zu machen, um letztere dann später als Modelle benutzen zu können („. . . . e dette forme di piombo possono poi servire altre volte, secondo l'occorenze“). Der Nürnberger Goldschmied, Eisengraber und Münzmeister Hans Krug der Aeltere sendete 1509 dem Kurfürsten Friedrich von Sachsen zwei Bleiabdrücke von Bildnissen dieses Fürsten, welche er in dessen Auftrag nach übersendeten Mustern zugerichtet bez. verbessert hatte (Baader Reihe II S. 20; ein ähnliches Beispiel auch bei Kugler S. 169 ff.). Und Havard Bd. II Sp. 530 (Artikel „Etain“) weist durch Urkunden nach, dass (z. B. im Jahr 1470) französische Goldschmiede in Zinn Modelle („patrons“) von Gegenständen herstellten, welche sie später in Silber oder Gold ausführten. Gleichwohl würde es, um auf unseren Fall zurückzukommen, doch sehr auffallend sein, wenn eine etwa vorhanden gewesene silberne Briot-Schüssel so oft in Zinn nachgegossen worden wäre wie dies nach den uns erhaltenen zahlreichen Zinnexemplaren dieses Prachtstücks (vgl. Anm. 86) hätte geschehen müssen. Die angezogenen Beispiele handeln immer nur von einzelnen Abgüssen, die aus besonderen Anlässen angefertigt wurden, und gestatten deshalb keinen Rückschluss auf die Temperantia-Platte, bei welcher man nach dem Gesagten eine massenhafte Nachbildung in Zinn annehmen müsste. Dass sich die im Eingang dieser Anmerkung gedachte Ansicht auch aus anderen Gründen nicht halten lässt, ergiebt sich aus dem auf S. 11 ff. Gesagten.

147) Mit Recht sagt Labarte II. Aufl. (1873) Bd. II S. 143 von der Temperantia-Schüssel und der zu ihr gehörigen Kanne: „ce sont certainement les pièces les plus parfaites de l'orfèvrerie française au seizième siècle.“ Vgl. auch S. 5.

148) Vgl. z. B. Jacquemart, Histoire du mobilier, Paris, Hachette & Cie, 1876, S. 480 ff. Man hat zur Unterstützung der angefochtenen Meinung auch darauf hingewiesen, dass wiederholt, vor Allem in Frankreich, behufs Beseitigung finanzieller Schwierigkeiten und Aufbringung von Geldmitteln die Edelmetallarbeiten gesetzlich eingezogen und in Verbindung damit vor dem Einschmelzen kunstreicher Exemplare Abformungen bez. Abgüsse in Zinn hergestellt worden seien, um wenigstens in diesen die schönen Modelle zu erhalten. Sauzay (zu Tafel 41—43) nimmt sogar an, dass die französischen Goldschmiede, weil ihnen durch Massnahmen der vorerwähnten Art die Ausübung ihres Berufs so erschwert, ja beinahe unmöglich gemacht worden sei, sich unter Benutzung ihrer für Edelmetallgeräthe bestimmten Formen auf das Zinngiessen verlegt hätten, und sagt u. A.: „. . . l'opinion généralement admise aujourd'hui que la presque totalité de ces étains artistiques n'est que la reproduction par le moulage des pièces d'orfèvrerie des XVe, XVIe & XVIIe siècles . . . ce travail qui, nous le répétons, n'est que le produit d'un moulage exécuté dans des moules d'orfèvre . . .“

149) Montaiglon S. 90 eines Artikels „Exposition de Rouen“ in der Gazette des Beaux-Arts, Bd. XI, Jahrg. 1861, S. 88 ff. Es heisst daselbst: „. . . . François Briot avait exécuté en argent un exemplaire de son aiguière; ce chef d'oeuvre, unique sans doute, a été apporté, il y a environ quarante ans, à la Monnaie de Rouen, — qui l'a fondu. Ce fait, important pour la biographie du maître, n'a pas laissé de trace écrite; nous l'empruntons aux confidences verbales de M. André Pottier. .“ Nach Ducat S. 4 wurde das silberne Original 1804 in der Münze zu Rouen eingeschmolzen. Vgl. Anm. 146.

150) Lessing S. 173.

151) Der Vollständigkeit wegen sei noch Folgendes angeführt. Havard geht zu weit, wenn er (Bd. II Sp. 536) sagt: „Du XIVe au XVIIe siècle, on rencontre assez fréquemment des pièces d'étain qualifiées à façon d'argent, ce qui semble indiquer une copie ou plus vraisemblablement un surmoulage.“ Der Ausdruck „à façon d'argent“ (ein gutes Beispiel seiner Anwendung enthält Anm. 97) bedeutet offenbar nur, dass ein Zinngeräth in der bei Silbergeschirr üblichen Art gestaltet ist, und nöthigt mithin keineswegs zu der Annahme, dass ersteres über letzterem abgeformt sein muss. Wird doch z. B. dem bekannten Nürnberger Zinngiesser Martin Harscher († 1523) ausdrücklich nachgerühmt, dass er alle Gegenstände, welche die Goldschmiede aus Silber fertigten, aus Zinn herstellte (Neudörfer S. 160, Doppelmayr S. 283; vgl. auch S. 77). Und hatten doch nach den im Kreisarchiv zu Würzburg aufbewahrten Akten des Gerichts zu Hammelburg in Unterfranken (No. 908 Fasc. 23 Produkt 2) die Kannengiesser des letzteren Orts als eines der beiden von ihnen geforderten Meisterstücke „Ein 4mössige Flaschen . . . silberart . . .“ zu liefern, wobei man doch gewiss an eine Abformung schon deshalb nicht gedacht hat, weil es sich bei der Meisterprüfung ja gerade um den Nachweis der Fähigkeit zu selbständiger gewerblicher Thätigkeit handelte.

Beachtung dagegen verdient die nachstehende Bemerkung von R. v. S. (S. 107): „Besonders charakteristisch für die Zinntechnik ist der gekörnte Grund. Erhaben stehende, runde Punkte bedecken in regelmässiger Anordnung den Grund, aus dem sich nun die Ornamente oder Figuren kräftig herausheben. Es ist klar, dass man diese Punkte in der Hohlform durch Einschlagen von runden Stahlstiften leicht hervorbringen kann — aber welch' ungeheuerliche Arbeit wäre es, diese Punkte nachträglich auf der Oberfläche der vollendeten Arbeit, sei es Silber oder Zinn, durch Ciseliren herauszuholen. Der Silberarbeiter benutzt, wenn er einen gekörnten Grund braucht, seine Punzen, die er auf der Oberfläche der Arbeit vertieft einschlägt — von hinten getriebene Punkte haben wir auf alten Silberarbeiten noch nie zu beobachten Gelegenheit gehabt. Wir halten diesen gekörnten oder vielmehr punktierten Grund für das sicherste Merkmal, dass die betr. Modelle nur für Zinn gedacht waren!"

[152]) Vgl. „Das Zinn im Kunstgewerbe" S. 371.

[153]) Siehe Anm. 128 und S. 41 ff.

[154]) Mantz S. 84. Sauzay zu Tafel 41—43. Labarte II. Aufl. (1873) Bd. II S. 144 („Briot modelait d'abord en cire et séparait ensuite par une fine ciselure les étains provenus de la fonte") und Mose-Semler S. 285 nehmen an, dass die Zinngeräthe mit reliefierten Darstellungen nachciseliert wurden, während z. B. R. v. S. S. 107, Graul S. 201 und Brinckmann S. 783 dies mit Recht verneinen. Vgl. auch Bapst S. 249, 250. Nur in ganz vereinzelten Fällen scheint — möglicherweise erst nachträglich — der Grund durch Ueberarbeiten vermittelst (mehrerer?) Punzen mit kleinen Vertiefungen von verschiedener Form und Grösse versehen worden zu sein. So z. B. auf einer schönen, reich ornamentierten Zinnkanne der Sammlung Figdor in Wien und auf der auf Tafel 21 abgebildeten Prunkschüssel des dortigen österreichischen Museums für Kunst und Industrie. Nicht verwechseln darf man mit dem eigentlichen, als Vollendungsarbeit sich darstellenden Nachciselieren das von Lessing S. 179 ff. gleichfalls mit diesem Ausdruck bezeichnete, erst lange Zeit nach deren Entstehung vorgenommene Nachschneiden und Verbessern älterer stumpf (und vielfach einartig) gewordener Zinngegenstände, welches die verloren gegangene Schärfe derselben ersetzen und vermeintlich ihren Werth erhöhen soll. Ein interessantes Beispiel bietet in dieser Beziehung der im Kunstgewerbemuseum zu Dresden befindliche äussere Rand des Modells III der Temperantia-Schüssel (9834). Vgl. Lessing S. 179 ff. sowie S. 89 ff. und Anm. 382. Salmon (1788) S. 143 ff. (d. D. S. 507 ff.) bezeichnet das Gravieren von ländlichen Scenen, Blumensträussen, Trophäen und anderen derartigen Zierrathen — im Gegensatz zu dem Eingraben von Initialen, Wappen, Standesabzeichen u. s. w. — als Ciselieren.

[155]) Vgl. Bapst S. 249.

[156]) Da hier zum ersten Mal vom Durchmesser einer Zinnschüssel die Rede ist, so sei — namentlich auch mit Rücksicht auf die im Nachstehenden noch zu machenden Angaben über die Diameter von anderen Schüsseln, von Tellern und von Zinngeräthen überhaupt — Folgendes bemerkt. Das Zinn ist bekanntlich sehr weich, biegsam und eindrucksfähig. Es hat daher kaum ein daraus gefertigter älterer Gegenstand seinen ursprünglichen Umfang unversehrt bewahrt, sondern an vielen Stellen finden wir Verdrückungen, seien es nun Einengungen oder Verbreiterungen. Es können deshalb auch die für die Durchmesser angegebenen Masse in der Regel nur als Durchschnittsmasse gelten. Sie werden oft nicht einmal für alle Partien derselben Stücke völlig zutreffen. Geringfügigen Differenzen in dieser Beziehung ist mithin besondere Bedeutung nicht beizulegen.

[157]) So z. B. auf dem einen Exemplar des Hôtel de Cluny (5192). Vgl. Anm. 86.

[158]) So z. B. auf dem anderen Abguss des Hôtel de Cluny (5190). Vgl. Anm. 86.

[159]) So z. B. auf der auf Tafel 1 ersichtlichen Platte der Sammlung Demiani und — aber ein wenig rechts vom Fuss der fraglichen Figur — auf der im Catalog der 1884 in Köln versteigerten Sammlung Parpart (auf der Tafel hinter S. 52 als No. 680) abgebildeten Briot-Schüssel.

[160]) Ueber Exemplare der zu der Temperantia-Schüssel gehörigen Briot-Kanne, welche sich in öffentlichen und privaten Sammlungen befinden, vgl. Anm. 86. Im Antiquitätenhandel und in Sammlungen kommen nicht selten spätere, schlechte, stark bleihaltige Nachgüsse der Briot-Kanne vor, welche schon an ihrer Schwere und hässlichen schwarzen Farbe sowie an der Plumpheit und geringen Schärfe ihrer Ornamente erkennbar sind. So ist z. B. im Auctionscatalog der 1896 in München versteigerten kunstgewerblichen Abtheilung der Sammlung Kuppelmayr ein derartiges Exemplar auf S. 41 No. 502 (als von „Enderlin") beschrieben und auf Tafel XIII No. 502 abgebildet. Schon der Lichtdruck zeigt den Unterschied zwischen derartigen Stücken und Original-Kannen. Castan a. a. S. 5 ff. berichtet: „Pour établir l'origine montbéliardaise de l'aiguière, un témoin, que M. Tuetey n'a pas interrogé, existe à l'hôtel de ville de Montbéliard: c'est un grand meuble, daté de l'an 1600, dont les figures décoratives sont empruntées à l'aiguière de Briot et à son bassin; une inscription dit que „Jérémie Carlin, âgé de quatorze ans, d'un burin apprentif a gravé cet ouvrage." Dans le jeune auteur de ce meuble, qui paraît avoir été graveur de profession, M. Edmond Bonnaffé (*Le meuble en France au XVIe siècle*, Paris, Rouam, 1887, p. 156) pense qu'il est permis de reconnaître un élève de François Briot, ayant travaillé à Montbéliard sous l'inspiration et d'après les dessins de l'éminent ciseleur." Sieht man nun in dem Werk von Bonnaffé (S. 156) nach, so findet sich, dass die sitzenden Figuren dieses „dressoir" schon ihren Unterschriften nach Europa, Bellum, Cyrus, Africa und Alexander magnus darstellen, mithin von der Mars-Schüssel entnommen sind, welche, wie auf S. 50 ff. näher dargelegt worden ist, nicht von Briot herrührt. Und da auch die unter diesen Gestalten angebrachten Grottesken mit denen der erwähnten Prunkschüssel übereinstimmen, was Bonnaffé selbst durch den Hinweis auf das im Musée du Louvre befindliche Bassin C 280 bestätigt (vgl. Anm. 412), so erledigt sich das von diesem Autor auf S. 156 Gesagte eben so wie seine Bemerkung auf S. 86: „. . . . François Briot . . . paraît avoir exercé une certaine influence sur la décoration mobilière." In der Sammlung Angst in Zürich befindet sich eine wohl im 17. Jahrhundert entstandene gravierte runde Brodplatte aus Zinn, auf welcher zwischen reichen Ornamenten vier Medaillons mit den nach der Temperantia-Schüssel copierten vier Elementen eingegraben sind. Und die ständige Ausstellung für Kunst und Kunstgewerbe in Weimar enthält einen reich geschnitzten und mit Marmoreinlagen versehenen, in der besten Zeit der französischen Renaissance gefertigten schmalen Aufsatzschrank (1083), dessen obere Thür ein hölzernes Relief mit der derjenigen Briot's sehr ähnlichen Figur der Temperantia aufweist.

[161]) Mantz S. 84.

[162]) Bapst S. 255.

[163]) Reimers S. 45 ff., 114 (No. 76).

[164]) Siehe S. 80 und Tafel 50.

[165]) Bapst S. 257.

[166]) Dass nicht etwa (wie v. Rziha S. 4 behauptet) Palissy der Urheber des von Briot nur copierten Originals war, folgt daraus, dass der berühmte Kunsttöpfer bekanntlich nicht selbst componierte und dass zu seinen „rustiques figulines", denen er hauptsächlich seinen Ruhm verdankte, die Gipsabhformen über Schlangen, Muscheln u. s. w. in Natur gegossen waren. Mit Recht sagt Bucher (Mit Gunst, S. 249): „Da sich der Mensch nicht abformen liess wie die Eidechsen und Schnecken, und Palissy nicht Zeichner und Modelleur genug war, um sich seine Modelle selbständig herzustellen, so arbeitete er nach fremden Entwürfen, gezeichneten oder plastischen." Vgl. auch Bapst S. 257, Brinckmann S. 292 und Pattison, The renaissance of art in France, London, Kegan Paul & Co., 1879, Bd. II, S. 285 ff.

[167]) Darcel sagt S. 303 eines Artikels „La collection Soltykoff" (in der Gazette des Beaux-Arts, Bd. X, Jahrg. 1861, S. 169 ff., 291 ff.) über die Versteigerung dieser bedeutenden Sammlung „. . . Nous signalerons seulement deux moulages du plat de Briot, où la finesse des figures disparaissait un peu sous le chapé de l'émail. L'un (nº. 539) a été vendu 10.000 francs à M. Lafaulotte, l'autre (nº. 540) 4.800 francs à M. Kessel."

[168]) Hirschmann S. 293.

[169]) Vgl. Anm. 167.

[170]) Vgl. R. v. S. S. 110.

[171]) Tuetey S. 63 ff.

[172]) Mantz behauptet zwar (S. 431 ff.), dass „die Formen der erwähnten Portraitmedaillons (nämlich Briot's und Enderleins) nicht nothwendigerweise gleichzeitig mit jenen der übrigen Theile entstanden sein müssen und daher nach dem Charakter dieser Bildnisse allein nicht auf die Entstehungszeit der entsprechenden Schüsseln geschlossen werden kann." Allein das ist nicht richtig. Wie Bapst S. 249 überzeugend darlegt, befanden sich die zum Guss der Portraitmedaillons erforderlichen Eingravierungen in den zur Herstellung der Rückseiten der Schüsseln nöthigen Theilen der Formen, was schon daraus hervorgeht, dass der ebene Grund des Briot-Medaillons nicht höher ist, als die glatte Fläche der Unterseite

des Nabelstücks, und dass sich weder Ansatzfugen noch sonstige Spuren eines nachträglichen Ansetzens der die beiden Bildnisse tragenden Partien vorfinden. Letztere wurden eben zugleich mit dem Uebrigen gegossen.

[173]) Während festgestellt ist, dass Nicolas Briot von 1613 bis 1613 Münzgraveur Herzog Heinrichs II. von Lothringen war (Lepage S. 188 ff., insbesondere S. 196), fehlt es an jedem Anhalt dafür, dass François Briot mit dem lothringischen Fürstenhaus in irgendwelcher Verbindung gestanden hat.

[174]) Vgl. S. 5.

[175]) Vgl. Anm. 20.

[176]) Tuetey S. 64, 68. An letzterer Stelle wird berichtet, dass Briot in den Jahren 1594 und 1595 mit dem Goldschmied Jean Morel, dem Münzmeister zu Reichenweier, wo die Münzen der Grafen von Württemberg und Mömpelgard hergestellt wurden, bez. mit dessen Erben einen Process führte, in welchem er durch Urtheil vom 13. November 1595 mit seiner Klage abgewiesen wurde.

[177]) Bapst S. 258 ff. „Une fois chargé de l'exécution de cette pièce, Briot dut prendre avec lui plusieurs compagnons, graveurs de mérite, et faire traiter par chacun d'eux des parties séparées du plat et de l'aiguière. Si vous examinez attentivement, vous verrez de suite que la main qui a exécuté les ornements n'a point fait les figures, que même tous les ornements n'ont pas été traités par le même ouvrier; il en est ainsi pour les figures. Si un seul artiste s'en était occupé, par suite du travail continu qu'aurait exigé cette oeuvre, sa main se serait perfectionnée et on aurait vu dans le plat les progrès constants faits au fur et à mesure de l'avancement du travail." Es könnte allerdings den Anschein gewinnen, als seien die scharf accentuierten Ornamente der Temperantia-Schüssel nicht von demselben Graveur ausgeführt wie die weicher gehaltenen Figuren. Und auch letztere zeigen z. B. in der Behandlung der Beine und der sie umhüllenden Gewänder gewisse charakteristische Verschiedenheiten, die eine Entstehung aus der nämlichen Hand nicht ohne Weiteres wahrscheinlich machen. Man kann dies zugeben, ohne gleichzeitig einzuräumen, dass Briot sich einer grösseren Anzahl von Gehilfen bediente. Schon aus der Zuziehung zweier Genossen, von welchen der eine einige Figuren und der andere Ornamente einschnitt, würden sich die beobachteten Abweichungen zur Genüge erklären. Jedenfalls ist der Gesammteindruck der Temperantia-Platte ein einheitlicher und nichts berechtigt zu der Annahme, dass die Anordnung des Ganzen nicht das alleinige Verdienst Briot's sei, wenn ihm auch vielleicht ein italienisches Vorbild vorgelegen haben mag. Man darf sich überhaupt den Vorgang nicht zu complicirt vorstellen. Hinsichtlich anderer Prunkschüsseln, die sicherlich kein geringeres Maass von Arbeit erfordert haben, ist noch Niemand auf den Gedanken einer Betheiligung Mehrerer gekommen. Und es liegt zu einer solchen Vermuthung auch kein ausreichender Anlass vor. Die auf die Temperantia-Platte verwendete Mühe war auch kaum eine so grosse wie Bapst annimmt. Und schwerlich bedurfte es so langer Zeit zu der Herstellung der Form, dass sich an letzterer für den Fall, dass sie nur von einem Künstler ausgeführt worden wäre, merkliche Fortschritte in der Gravierung hätten constatieren lassen. An Nicolas Briot als Gehülfen unseres Meisters zu denken, verbietet der Umstand, dass ersterer um 1580 geboren wurde, die Temperantia-Schüssel nebst Kanne aber vermuthlich in den Jahren um 1585 bis gegen 1590 entstand.

[178]) Pfaff Bd. II Abth. I S. 23 („ein besonderer Liebhaber von allerlei seltenen Künsten und Kunstwerken"), S. 45 ff. Tuetey S. 64.

[179]) Pfaff Bd. II Abth. I S. 41 ff. Vehse, Geschichte der deutschen Höfe seit der Reformation. Hamburg, Hoffmann & Campe, 1853, Bd. XXV (Abth. IV, Theil III) S. 130 ff., 135 ff.

[180]) Mandeure im heutigen französischen Departement Doubs, Arrondissement Montbéliard, Canton Audincourt.

[181]) Tuetey S. 64 ff.

[182]) Lessing S. 175.

[183]) Vgl. Anm. 177.

[184]) Man erinnere sich nur, dass Briot im Oktober 1589, also gerade innerhalb des als die wahrscheinliche Entstehungszeit der Temperantia-Schüssel und -Kanne bezeichneten Zeitraums (um 1585 bis gegen 1590), seiner Magd Esther Guenant nicht nur den grössten Theil ihres Lohns für zwei Jahre, sondern auch noch einen ganz geringfügigen geliehenen Betrag schuldete. Vgl. S. 2. Siehe auch Castan a. a. O. S. 5.

[185]) Der von Lessing S. 175 citierte Fall, über welchen Bapst S. 301 berichtet, handelt nur von einem Vertrag, durch welchen die gemeinsame Benutzung *bereits vorhandener* Formen von Seiten der allein dazu berechtigten und ohne Zustimmung des anderen Theils zu einem Verleihen nicht befugten beiden Contrahenten geregelt wird.

[186]) D. h. die einzige Schüssel und die einzige Kanne. Dass noch andere Stücke aus der Hand Briot's hervorgegangen sind, ersieht man ja aus der mehrerwähnten Entscheidung vom 26. März 1601.

[187]) Jal S. 284, woselbst es weiter heisst: „. . . . on pourrait donc supposer que Briot fit cet ouvrage quelques années après la mort de Benvenuto Cellini, dont le style était à la mode, et vers 1580."

[188]) Jouve S. 52.

[189]) Berger, L'école française de peinture etc., Paris, Hachette & Cie., 1879, S. 75.

[190]) Pfnor, Monographie du palais de Fontainebleau, Paris, Morel & Cie., 2e édition, 2e volume (1873), planche LXXIX. Vgl. zu dem in Rede stehenden Bild auch den Artikel von Barbet de Jouy „La Diane de Fontainebleau" in der Gazette des Beaux-Arts, Bd. X, Jahrg. 1861, S. 7 ff.

[191]) Vgl. Robert-Dumesnil, Bd. IX, S. 42, No. 105 und ebendort auch die noch zu dieser Folge gehörenden und gleichfalls eine gewisse, wenn auch entfernte Verwandtschaft mit den übrigen Briot'schen Elementen zeigenden No. 103, 104 und 106.

[192]) Mantz S. 83.

[193]) Nach der nicht ganz deutlichen Beschreibung, welche Bapst S. 245 ff. von einer in den Catalog nicht aufgenommenen Kanne („aiguière") des Hôtel de Cluny in Paris giebt, scheint dieses Stück mit dem der Sammlung Demiani übereinzustimmen.

[194]) Diese Kanne des Berliner Kunstgewerbemuseums wird im dortigen Zettelkatalog als „in der Art Briot's" bezeichnet.

[195]) Brinckmann (S. 258) bezeichnet diese Ornamente sehr zutreffend als „Bandverschlingungen, deren Zwischenräume mit zarten Ranken gefüllt sind." Man unterschied im 16. Jahrhundert zwei Gattungen der damals und auch heutzutage noch häufig Mauresken genannten Arabesken, nämlich einfache und doppelte. „Unter jenen verstand man offenbar die einfachen Blattornamente mit den elegenten arabisch stilisierten Blättchen, unter diesen das Doppelornament, das aus verschlungenen Bändern und dazwischen angebrachten zierlichen Blattmotiven zusammengesetzt ist." Schwenke und Lange S. 35.

[196]) Der gewöhnlich vorkommende Nürnberger Stempel zeigt das Wappen von Nürnberg, den längsgetheilten Schild, welcher auf der einen (heraldisch rechten) Seite einen halben Adler und auf der anderen drei Schrägbalken enthält. Zwischen letzteren befindet sich ein auf den betreffenden Zinngiessermeister hinweisendes „Beigemerk", bestehend aus seinen Initialen oder aus Sternen oder Punkten (halbkugelförmigen Erhöhungen) oder ähnlichen Zeichen. Siebmachers grosses und allgemeines Wappenbuch (Neue Auflage, Bd. I, Abth. IV: Städte-Wappen, Bd. I, Nürnberg, Bauer und Raspe, 1855, S. 87) enthält folgende Beschreibung des Nürnberger Wappens, „welches auf Münzen und Siegeln, welche den Freistaat, nicht die Stadt betrafen, angebracht ist" . . . .: „Gespaltener Schild, rechts vorn ein halber ✠ Adler am Spalte und links hinten von W. und R. sechsmal schrägrechts getheilt." Die Nürnberger Zinnstempel sind nicht immer völlig correct und häufig auch nicht deutlich erkennbar. Bisweilen sind sie auf der entsprechenden Seite wirklich oder anscheinend nur viermal schrägrechts getheilt bez. blos mit zwei Schrägbalken versehen. Neben der besprochenen Marke, welche sich als eine der nicht eben seltenen Combinationen von Stadt(hier richtiger Staats)zeichen und Meisterzeichen darstellt, begegnet man auch noch — als Qualitätsstempel für das „auf englische Art purgierte" Zinn — einer gekrönten Rose, deren Inneres nicht durch Staubfäden oder ein Mittelrund, sondern durch das Nürnberger Wappen (in sehr kleinem Maassstab) gebildet wird (vgl. S. 20).

[197]) R. v. S. S. 105. Graul, Revue, S. 58. Essenwein S. 37.

198) Reimers S. 26 ff., 89 ff. Interessant ist in dieser Beziehung das Buch „Marguerites de la Marguerite des princesses, tresillustre royne de Navarre. A Lyon, par Jean de Tournes. MDXLVII."

199) Schwenke und Lange S. 35; Brinckmann S. 784, 787.

200) Auctionscatalog der 1884 in Köln versteigerten Sammlung Paipart S. 52 No. 677—678. Dazu eine Abbildung.

201) de Champeaux Bd. I S. 187.

202) L'art pour tous, 16e année, No. 413. Es heisst dort von dieser Kanne „XVIe siècle, école française, époque de Henri II." Für die Abbildung diente wohl als Vorlage das mit einem Stempel nicht versehene Exemplar des Hôtel de Cluny (5196 des Catalogs von 1883: „Aiguière . . . . d'une ornementation plus riche, dans le caractère des oeuvres de François Briot . . . .")

203) Schon aus diesem Grund darf man einen gedeckelten Zinnhumpen des Berliner Kunstgewerbemuseums (89.68), welcher völlig und ausschliesslich mit Arabesken in der Art von Balthasar Sylvius überzogen ist, Briot nicht zuschreiben, ganz abgesehen davon, dass sein Stempel, die gekrönte Nürnberger Rose (vgl. Anm. 196) nebst den Buchstaben I K (vgl. S. 47 ff., 53, 61), auf Nürnberg hinweist. Ein zweites Exemplar befindet sich im Nationalmuseum zu München. Auch der bei Bapst (auf der Tafel hinter S. 264) abgebildete Krug ist nicht auf Briot zurückzuführen. Der Auctionscatalog der Sammlung Bapst giebt (auf S. 5 unter No. 5) von diesem Stück folgende Beschreibung: „Chope de forme cylindrique en étain, entièrement couverte de rinceaux, entrelacs, cartouches et mascarons. Nuremberg. XVIe siècle. Pièce considérée comme unique. Haut. 18 cent."

204) Auctionscatalog der Sammlung Germain Bapst S. 4 u. 5 No. 4.

205) Der Artikel von Mantz ist überschrieben: „Union centrale des Beaux-Arts appliqués à l'industrie. Musée rétrospectif. La renaissance et les temps modernes" und befindet sich in der Gazette des Beaux-Arts, Bd. XIX, Jahrg. 1865, S. 459—481. Die von dem Krug handelnde Stelle ist auf S. 476 zu lesen. Mantz, welcher ein Exemplar aus der Sammlung Dutuit vor Augen hatte, redet zwar nicht von einem Stempel, sondern von einer auf der Unterseite angebrachten „armoirie de fantaisie gravée", welche einen Zirkel, eine Rose und die Initialen F B enthält. Nach S. 19 ff. und Anm. 206 dürfte es aber ausser Zweifel stehen, dass er damit nur eine aus diesen Bestandtheilen zusammengesetzte Marke meinen kann.

206) Nämlich ausser auf einem von Mantz zum Anhalt genommenen Exemplar der Sammlung Dutuit auf denen des Britischen Museums zu London, des Nationalmuseums zu München (906), des Nordböhmischen Gewerbe-Museums zu Reichenberg (L. VIII. 27) und des Kunstgewerbemuseums zu Köln (J 1).

207) Mit I F und der ganzen Lilie in rundem Stempel sind z. B. versehen der Krug der Sammlung Demiani-Leipzig und ein zweiter, welcher 1886 auf der Augsburger Ausstellung (No. 657 des Catalogs) zu sehen war. Die Initialen I F sowie eine halbe Lilie in halbkreisförmiger Marke zeigt der Abguss des Kunstgewerbemuseums zu Berlin (K 4548).

208) Zwei Stempel mit den Buchstaben I F und dem Strassburger Stadtwappen tragen z. B. die Exemplare des Musée des arts décoratifs et industriels zu Brüssel (1123), der Sammlung Thewalt in Köln (aus der Collection Spitzer herrührend), des Museums vaterländischer Alterthümer in Stuttgart, des Kunstgewerbemuseums in Karlsruhe (510, aus der Collection Gimbel stammend), der historisch-antiquarischen Sammlung in Zug (271) und der Collection Lanna in Prag (ausgestellt in dem im dortigen Rudolphinum befindlichen Kunstgewerbemuseum) sowie drei Abgüsse, von denen der eine 1882 dem Hofantiquar Pickert in Nürnberg, der andere 1883 André Giudros in Genf (vgl. S. 206 No. 23 des Antiquitätencatalogs der Züricher Ausstellung vom Jahr 1883) und der dritte 1896 einem Frankfurter Händler gehörte.

209) Diese Zeitangabe befindet sich nicht im Widerspruch mit der Annahme, dass der hier besprochene Krug dem Anfang des 17. Jahrhunderts angehöre. Denn künstlerische Formen wurden gar oft noch sehr lange nach ihrem Entstehungsjahr benutzt.

210) Vgl. S. 5 ff.

211) So heisst es z. B. im Catalogue de l'art ancien, groupe 25 de l'exposition nationale suisse Genève 1896, auf S. 276 unter No. 2864: „— Pot à vin. Poinçon de Thonon, marque formée d'une fleur de lys avec les lettres FB. — XVIIIe s."

212) Vgl. Anm. 86.

213) Der Sammler Dutuit in Rouen hatte zwei Exemplare des hier in Rede stehenden Kruges ausgestellt, von denen nur das eine mit der beschriebenen Marke versehen war.

214) Bapst S. 263.

215) Halm S. 11.

216) Vgl. Anm. 206.

217) Siehe auch Anm. 196.

218) Unter „englischem Zinn" verstand man entweder wirklich aus England stammendes ganz reines Material („. . . pur und fein Englisch Zinn, worunder kein Zusatz von Bleÿ ist . . ." Mainzer Verordnung, die Zinn- und Silberprobe betreffend, vom 6. September 1688 in den im Würzburger Kreisarchiv aufbewahrten Mainzer Verordnungen Bd. I No. 54) oder solches, „so auf Englisch art, Purgirt vnd gemacht ist" (vgl. Artikel 4 der Nürnberger Kannengiesserordnung vom 7. März 1578 und S. 20, 69) oder endlich gewisse sehr gute Legierungen, welche nur einen im Vergleich zu dem sonst zulässigen geringfügigen Bleizusatz hatten, wie das „Meÿntzisch Engelisch, dass ist, unter hundert Pfund pur und fein Engelisch Zinn, vier Pfund Bleÿ" (aus der vorerwähnten Mainzer Verordnung; die gewöhnliche Mainzer Mischung bestand aus 6 Pfund Zinn und 1 Pfund Blei). In der Kunst, das Zinn „der Güte nach dem Englischen gleich zu richten," waren die Nürnberger Zinngiesser, namentlich Martin Harscher und Hans Lobsinger, sehr erfahren (vgl. Neudörfer S. 160, Doppelmayr S. 283, 292 und das auf Seite 77 ff. Gesagte).

219) Daher findet sich auch die Bezeichnung „Rosenzinn". Sprengel (Sammlung IV S. 75) bemerkt: „Das Rosenzinn bekommt auf 15 Pfund Zinn 1 Pfund Bley zum Versatz und wird in Preussen und in Leipzig statt des englischen Zinns verarbeitet."

220) Näheres über die auf Tafel 24 abgebildete Mars-Schüssel ist auf S. 50 ff. gesagt.

221) Halm S. 11.

222) Vgl. S. 53 ff.

223) Bapst S. 263 ff. und Auctionscatalog der Sammlung Bapst S. 8 und 9 No. 13.

224) Auch bei Springer, Handbuch der Kunstgeschichte, IV Neuere Zeit, Theil II (IV. Aufl., 1896, Leipzig, Seemann), S. 239, Fig. 262 wird der Krug mit PATIENTIA. SOLERTIA. NON VI Caspar „Enderlein" zugeschrieben.

225) Zeitschrift des Kunst-Gewerbe-Vereins in München, München, Hirth, Jahrg. 1886, Tafel 9. Der begleitende Text findet sich auf S. 32, woselbst die dargestellten Figuren als „Geduld", „Gesetz" und „Friedfertigkeit" gedeutet werden.

226) Die gekrönte Rose mit dem Nürnberger Wappen im Innern und den Buchstaben I P (welche man wohl als Initialen des auf S. 40 und in Anm. 357 erwähnten Nürnberger Zinngiessers Jacob Prey [Brey] betrachten darf) zu beiden Seiten findet sich auf dem im Bayerischen Gewerbemuseum zu Nürnberg (Inventar-Nummer 3384, Verzeichnis der Metallgegenstände No. 176) aufbewahrten Exemplar.

227) Lessing S. 177.

228) Die Plakette mit der Figur des Frauen ist 10,5 Centimeter breit und 7,8 Centimeter (einschliesslich des Mascarons 8,5 Centimeter) hoch, die mit der Erde 10,4 Centimeter breit und 7,4 Centimeter (incl. Mascaron 8,5 Centimeter) hoch.

229) Maze-Sencier S. 224.

230) Vgl. auch Lange, „Peter Flötner als Bildschnitzer" im „Jahrbuch der Königlich Preussischen Kunstsammlungen", Jahrg. 1896, Heft III, S. 179 ff.: „Noch zu Anfang des 17. Jahrhunderts muss in Kunsthändlerkreisen eine bestimmte Tradition über Flötners Steinreliefs und die danach angefertigten Bleiabgüsse bestanden haben. Denn im April des Jahres 1611 schickte der bekannte Patrizier Philipp Hainhofer aus Augsburg an den Herzog Philipp II. von Pommern-Stettin ein Kunststück), in Stein geschnitten, vom alten Fletner, *dessen Künsten sonsten in Blei*

abgegossen, aber man nit weiss, dass dieses nachgegossen oder abgeformet worden. Habe mich viel bemühet, bis ichs dem Wunderkmiller Goldschmied allhie pro Thaler 65 abgeschwätzt, *und ist im Landschäfftlein grosser Verstand.*« In einem zweiten Schreiben wird dasselbe Stück geradezu als »ein schönes, von Flötner in lebendigen Stein geschnittenes Landschäfftlein« bezeichnet . . . . . . Man sieht aus der Notiz, dass die Kunstkenner des 17. Jahrhunderts die Steinreliefs Flötners theuer bezahlten und ihre im Handel und in den Goldschmiede-Ateliers vorkommenden Bleiabgüsse schon mit einander verglichen, ihr häufigeres oder selteneres Vorkommen beobachteten und ihre landschaftlichen Hintergründe ganz besonders schätzten."

[231]) Siehe S. 79 ff.

[232]) Näheres über diese Differenz „vonwegen der neuen drehereder, der ermelter Rumpler zu seinem andrehen altem bekommen zuwider . . . . zubrechen und zuschlagen bedacht“ vgl. No. 42 Bl. 87 der im königlichen Kreisarchiv zu Nürnberg aufbewahrten, von 1500 bis 1613 reichenden, mit fortlaufenden Nummern versehenen und Protokolle über Rathsbeschlüsse enthaltenden Nürnberger Rathsbücher. Siehe auch Artikel 18 der bei Ortloff S. 485 ff. abgedruckten Ordnung des Nürnberger Rothschmied-Handwerks und Anm. 330.

[233]) Manuscripte des königlichen Kreisarchivs zu Nürnberg.

[234]) Siehe S. 38 und Anm. 334.

[235]) Je ein Exemplar dieses Kruges befindet bez. befand sich in den Sammlungen Vieweg-Braunschweig und Vincent-Constanz. Letzteres mit dem gewöhnlichen Nürnberger Stempel, zwischen dessen Schrägbalken R.S.

[236]) Exemplare dieses zierlichen Kruges befinden sich im Kunstgewerbemuseum zu Berlin (89.478; mit theilweise nicht mehr vorhandener Vergoldung) und in der Sammlung Kahlbau-Stuttgart (mit ergänztem Deckel).

[237]) Von dieser sehr seltenen Schüssel befindet sich ein schönes intactes Exemplar in der Sammlung Vermeersch-Brüssel (die beiden auch auf der Abbildung Tafel 14 erkennbaren Marken in der Randabtheilung mit der Vertreibung aus dem Paradies sind wohl ihrer Grösse und ihrem Aussehen nach — leider noch nicht gedeutete — Besitzerzeichen; Zinngiesserstempel fehlen) und das vollständige Mittelstück, zu welchem der Schüsselrand fehlt, in der Collection Demiani-Leipzig (ohne Stempel). Mase-Sencier (S. 224) berichtet, die Sammlung Casimir Mandagot in Lisieux enthalte „un plat genre Briot, à médaillon central, figurant Pyrame et Thisbé. Autour, la Navigation, le Commerce et la Guerre. Sur le marly, des scènes de la Création.“ Man erkennt aus dieser Beschreibung unschwer, dass es sich hier um einen dritten Abguss der in Rede stehenden Platte handelt.

[238]) Bapst S. 251.

[239]) Chabouillet S. 388 Anm. 1.

[240]) Haug-Bordier Sp. 157 Anm. 1.

[241]) S. 423 und 424 des von du Sommerard verfassten Catalogs des Hôtel de Cluny (Paris, Hôtel de Cluny, 1883): „5184. 5190. — Aiguière avec son bassin, en étain décoré de figures et d'ornements en relief, exécutée par François Briot, orfèvre et sculpteur français du XVIe siècle.“

. . . . (Folgt die Beschreibung der Temperantia-Schüssel und -Kanne) . . . „5191. 5192. — Aiguière avec son bassin, de forme analogue à la précédente; oeuvre du même maître. — XVIe siècle.“

„La décoration du bassin est la même que celle du numéro précédent. La panse de la buire seule présente quelque variété dans les sujets. Ici, c'est l'histoire de la chaste Suzanne: Suzanne surprise au bain par les vieillards, le Jugement et la Lapidation des imposteurs.“

„Cette aiguière a été dorée ainsi que le bassin. — Hteur, 0m, 30; Diam. 0m, 43.“

[242]) Vgl. Bapst S. 280 und Anm. 247 am Schluss.

[243]) Darstellungen aus der Geschichte des verlorenen Sohnes kommen auf Zinnarbeiten häufiger vor. Sie finden sich z. B. am Rand einer sehr beachtenswerthen dreiläufigen, gravierten Tortenplatte in der Sammlung der Kaiserin Friedrich zu Schloss Friedrichshof.

[244]) Vgl. Bapst S. 250 ff.

[245]) Bapst S. 250 ff. und Anm. 247.

[246]) Hingewiesen sei noch auf die eigenthümlichen knollen- und büschelartigen Formen, in welchen die Baumstämme aus der Erde hervorwachsen bez. am Boden ansetzen.

[247]) Das soeben beschriebene vollständige Exemplar befindet sich in der Sammlung Demiani-Leipzig und trägt keinen Stempel. Einen intacten Abguss enthielt auch die 1893 versteigerte Collection Germain Bapst. Im Auctionscatalog wird (auf S. 3 u. 4 unter No. 2) nach einer näheren Beschreibung der Verzierungen gesagt: „Travail français du temps de Charles IX. Pièce considérée comme unique en son entier. Un fragment en est exposé au *Kensington Museum* de Londres. Diam. 46 cent.“ Die Sammlung Vieweg-Braunschweig enthält eine Zinnschüssel (Durchmesser 46 Centimeter), deren Rand dieselben Scenen aus der Geschichte vom verlorenen Sohn aufweist, wie die Demiani'sche Platte, während das Mittelstück ganz glatt ist bis auf ein verhältnissmässig kleines, der Zeichnung nach aus späterer Zeit stammendes Rundmedaillon, in welchem man eine leere Cartouche erblickt. Auf dem Rand ist ein grosser ovaler, wohl als Besitzermarke zu betrachtender Stempel eingeschlagen, welcher in seiner oberen Hälfte einen Adler, in seiner unteren drei Sterne zeigt. Auch Revilliod scheint 1881 ein Exemplar der in Rede stehenden Schüssel besessen zu haben. (Vgl. Bapst S. 280; die hier anzutreffende kurze Bemerkung könnte sich freilich auch auf die auf Tafel 19 abgebildete Schüssel im South Kensington Museum beziehen.)

[248]) Vgl. Bapst S. 250 ff. und die in der vorigen Anmerkung wiedergegebene Stelle aus dem Auctionscatalog der Sammlung Germain Bapst.

[249]) Auflagen von Email auf Zinngeräthen sind sehr selten. Die Sammlung Demiani-Leipzig enthält die beiden auf Tafel 34 abgebildeten Prunkschüsseln, deren Mittelstücke aus Medaillons von Limoges-Email bestehen. Wenn auch die Emailmalereien von Limoges heutzutage sehr geschätzt und gesucht sind, so hat es doch auch Zeiten gegeben, in denen sie sehr billig zu haben waren. Bernard Palissy sagt in seinen 1580 erschienenen „Discours admirables de la nature, des eaux, etc.“ (Vgl. Les oeuvres de Bernard Palissy publiées par Anatole France, Paris, Charavay frères, 1880, S. 374): „As-tu pas veu aussi les esmailleurs de Limoges, lesquels par faute d'avoir tenu leur invention secrète, leur art est devenu si vil qu'il leur est difficile de gaigner leur vie au prix qu'ils donnent leurs oeuvres. Je m'asseure avoir veu donner pour trois sols la douzaine, des figures d'enseignes que l'on portoit aux bonnets, lesquelles enseignes estoyent si bien labourées et leurs esmaux si bien parfondus sur le cuivre qu'il n'y avoit nulle peinture si plaisante.“ Die vorstehende, von Herrn Prof. Dr. Rosenberg-Karlsruhe dem Schreiber dieser Zeilen freundlichst mitgetheilte Stelle erklärt wohl zur Genüge die Verbindung des Zinns mit dem heutzutage werthvolleren Email.

[250]) Bapst geht zu weit, wenn er S. 251 behauptet, dass an der Kanne des Hôtel de Cluny nur der Gefässkörper intact sei. Wie ein Vergleich mit dem unverletzten Exemplar der Sammlung Vermeersch ergiebt, ist auch der Fuss der ursprüngliche.

[251]) Je ein Exemplar der besprochenen Kanne befindet bez. befand sich auch im Museum zu Lyon (Höhe 30 Centimeter) und in der 1893 versteigerten Sammlung Germain Bapst (S. 4 No. 3 des Auctionscatalogs, wo das Stück als „travail français du temps de Charles IX“ bezeichnet wird; Henkel wie an der Briot-Kanne).

[252]) Bei der Versteigerung der Sammlung Stein erzielte der Wasserbehälter 7000 Franken. Der letzte Besitzer forderte 8500 Mark. Von einer Abbildung ist abgesehen worden, da die Echtheit des bemerkenswerthen Stücks nicht unbestritten ist.

[253]) Bapst S. 251 ff. R. v. S. sagt (S. 109): „Von demselben Künstler dürfte auch ein in einem einzigen Exemplar bekanntes Waschgefäss von ausgezeichneter Schönheit in der Sammlung Stein in Paris herrühren.“

[254]) Vgl. S. 25.

[255]) Auctionscatalog der 1886 versteigerten Sammlung Felix, Köln, 1886, S. 135, No. 718 (mit Abbildung).

[256]) Bapst S. 245 und auf der Tafel hinter S. 264, Auctionscatalog der Sammlung Bapst S. 3 No. 1.

[257]) Man denke nur an Benvenuto Cellini sowie an Primaticcio und die Schule von Fontainebleau. Vgl. auch Müntz S. 29, 31, 35, 100. Auf

S. 31 braucht dieser Autor den zutreffenden Ausdruck „le goût franco-italien."

158) Je ein Exemplar der fraglichen Hercules-Schüssel befindet sich im Kunstgewerbemuseum zu Berlin (M. 3182; aus der Sammlung Minutoli; ohne Stempel) und im Hôtel de Cluny (aus der Collection Germain Bapst; vgl. den Auctionscatalog dieser Sammlung S. 3 No. 1, woselbst es heisst „ . . . Pièce considérée comme unique"). Ein sehr stumpfer Abguss wurde dem Schreiber dieser Zeilen 1884 von einem Münchener Antiquitätenhändler angeboten und einen ziemlich guten enthielt die 1880 in Köln versteigerte Collection Felix (Auctionscatalog der Sammlung Felix S. 135 No. 728).

159) Schon Cicognara S. 433 erwähnt „artefici fiamminghi e tedeschi", welche nach italienischen Vorbildern in Zinn gearbeitet haben.

160) No. 6834. 32. Im Zettelcatalog des österreichischen Museums wird die schöne Arbeit als „ . . . Italienisch (?) 17. Jh." bezeichnet.

161) Vgl. Anm. 154.

162) Im Catalog des Musée du Louvre, Série C, Notice des objets de bronze, cuivre, étain, fer, etc. par L. Clément de Ris, Paris, de Mourgues frères, 1874, heisst es auf S. 103 (unter C. 280) von der Mars-Schüssel: „ Aucune marque, aucun poinçon ne permettent de constater l'origine ou la nationalité de cette belle pièce. Elle nous paraît faite d'après un modèle français très-probablement de Briot." Im Auctionscatalog der 1892 in Paris versteigerten Collection Leclanché dagegen wird (auf S. 52 unter No. 249) die Mars-Schüssel ausdrücklich François Briot zugeschrieben. Und Haag-Bordier führt (Sp. 157 Anm. 1) unter den Arbeiten des berühmten Lothringers auch die zu dieser Platte gehörige Kanne („une aiguière . . . ornée de reliefs représentant la Guerre, la Paix et l'Abondance") auf.

163) Doppelmayr S. 297.

164) Lessing S. 176.

165) Popelin S. 262: „Gaspard Enderlein n'en fut pas moins un artiste de talent . . . . ."

166) Der Canton Basel, welcher 1833 in die beiden Halbcantone Basel-Stadt und Basel-Land getheilt wurde, gehört seit 1501 der schweizerischen Eidgenossenschaft an.

167) Baseler Staatsarchiv. Kirchenarchiv BB 23 St. Peter, Ehe- und Taufregister 1559—1587, Bl. 16.

168) In dem auf S. 34 wiedergegebenen Eintrag aus einem Baseler Abscheidbuch wird Regula nicht „Dorcherin", sondern „Tschatscherin" genannt und Caspar ausdrücklich als ehelicher Sohn bezeichnet. Die Endsilbe „in" ist wohl das früher bei Personen weiblichen Geschlechts übliche Anhängsel.

169) Der auf S. 34 wiedergegebene Vermerk aus einem Baseler Abscheidbuch beweist, dass Enderleins Vater 1584 bereits todt war. Ob dies auch bezüglich seiner Mutter anzunehmen ist, lässt der Wortlaut nicht deutlich erkennen.

170) Baseler Staatsarchiv: Kirchenarchiv: St. Alban X/1, Taufregister, Bl. 145.

171) Freundliche Mittheilungen der Herren Prof. Dr. Heyne in Göttingen und Prof. Dr. Burckhardt-Finsler, Conservator des historischen Museums in Basel. Die gedachten Zunftbücher befinden sich im Archiv der Hausgenossenschaft zu Basel.

172) Siehe S. 34 ff.

173) Baseler Staatsarchiv: Oeffnungsbuch VIII 1530—1565, Bl. 30. In den Baseler Oeffnungsbüchern sind vom 15. bis 17. Jahrhundert protokollarisch alle Bürgeraufnahmen verzeichnet.

174) Johannes Grossius, Urbis Basil. Epitaphia et inscriptiones omnium templorum etc., Basel, Genathus, 1625, S. 185 und Johannes Tonjola, Basilea Sepulta Retecta Continuata etc., Basel, König, 1661, S. 193. Letzteres Buch ist eine verbesserte und vermehrte Ausgabe des ersteren.

175) Doppelmayr (1730) S. 297.

176) Demmin (1888) Folge IV S. 39, 46.

177) Auctionscatalog der 1896 in München versteigerten kunstgewerblichen Abtheilung der Sammlung Kuppelmayr S. 41 No. 592.

178) von Rilha S. 4.

179) Siehe S. 40 und Anmerk. 162.

180) Siehe S. 36 ff.

181) Das Wort „Boeffer" ist durchgestrichen und kaum leserlich. Es lässt sich daher sein Wortlaut nicht mit Sicherheit feststellen.

182) Hornung = Februar.

183) Diese Angaben beruhen auf freundlichen Mittheilungen der Herren Prof. Dr. Burckhardt-Finsler in Basel und Prof. Dr. Heyne in Göttingen sowie auf Auszügen, welche Herr Architekt Fechter in Basel mit grosser Sorgfalt und Sachkenntniss aus den Büchern und Akten der dortigen Hausgenossenzunft gemacht hat.

184) „Grynäus" ist wohl die richtige Schreibweise des Namens. Sie findet sich auch in dem gelegentlich der schweizerischen National-Ausstellung zu Genf 1896 herausgegebenen Catalogue de l'art ancien groupe 25 S. 306 N. 2740, woselbst eine der auf Seite 33 näher beschriebenen Weinkannen kurz geschildert ist. Die Bücher der Hausgenossenzunft enthalten die Varianten „Grineus", „Gyneus" „Grinaeus" „Greneus" und „Griner" (?) 1711—1714 hatte Simon Grynäus einen Lehrling Samuel Gysin, Sohn des Lederbereiters Johannes Gysin in Liestal.

185) Der sogenannte Baselstab d. h. das obere rundgebogene Ende eines Bischofsstabs, welches auch unten in drei Zacken ausläuft, ist die Figur des Wappens der Stadt Basel. Vgl. auch Anm. 190.

186) Vgl. Anm. 196 und S. 99.

187) Der Baseler Qualitätsstempel für besonders gutes Zinn enthält ausser den Meisterinitialen eine gekrönte Rose, in deren Mitte der Baselstab angebracht ist.

188) Heyne, Einleitung S. 12. Die betreffende Stelle dient als begleitender Text zu der auf Taf. XXVI gegebenen Abbildung einer dieser Weinkannen. Eine weitere Abbildung findet sich bei Bach, Die Renaissance im Kunstgewerbe, Stuttgart, Weise, 1889, I. Serie, 1. Lieferung, Taf. III. Nicolaus Linder der Aeltere wurde am 2. October 1740 beerdigt.

189) Freundliche Mittheilung des Herrn Prof. Dr. Burckhardt-Finsler in Basel. Eine im dortigen historischen Museum befindliche grosse sechsseitige, die Buchstaben H. in ihrer Baseler Marke enthaltende Zinnflasche mit der Inschrift DAS ERSAME HANDWERCK DER BECKENKNECHTE und einem gravierten Kranz, der eine Bretzel und die Jahreszahl 1666 umschliesst, kann wohl als ein Werk des 1668 Sechser gewordenen Johannes Linder des Aelteren angesehen werden.

190) Es seien hier folgende, im historischen Museum zu Basel befindliche Zinngefässe erwähnt. Eine sechsseitige Zinnflasche und ein runder Zinnkrug (beide mit gravierten Blumen und Ranken) sowie ein kleiner glatter Krug (datiert 1721) und eine grosse, die Jahreszahl 1735 tragende Schüssel (mit Gravierungen: Blumen, Ranken und Früchten, in der Mitte ein Vogel) sind wohl nach den Lettern I W in ihren Baseler Stempeln auf Joseph Wick zurückzuführen, welcher 1654 geboren wurde, am 13. November 1669 zu Samuel Burkhart in die Lehre kam und am 31. October 1721 starb, bez. auf Hans Jakob Wetzel, welcher 1695 bei Emanuel Scholer als Lehrling eintrat, 1710 in die Hausgenossenzunft aufgenommen und am 9. März 1738 beerdigt wurde. Ein Normalmaass, eine sechseckige Zinnflasche mit wohl später eingravierten allegorischen Figuren, eine grosse bauchige, 1784 datierte Kanne mit dem eingegrabenen Wappen der Stadt Rheinfelden und ein sechsflächiges Zinngefäss mit demselben gravierten Wappen und der Jahreszahl 1702 sind mit E S und dem von einer Krone überragten Baselstab bezeichnet. Die drei zuerst genannten Exemplare sind sehr wahrscheinlich als Arbeiten des 1737 zünftig gewordenen und 1788 gestorbenen Emanuel Scholer anzusehen, von welchem unzweifelhaft ein mit geschweiftem Rand versehener, im Uebrigen glatter Rococo-Teller herrührt, dessen Rückseite zweimal eine Marke mit einem eine Wagschale haltenden Engel und der Umschrift „Emanuel Scholer Basel" und einmal ein von zwei Engeln gehaltenes Band mit den Worten FIN ENGLISCH PLOCKZIN aufweist. Ob vielleicht das eine oder das andere der drei zuerst erwähnten Stücke dem 1741 verschiedenen Emanuel Scholer, welcher 1683 (oder 1702?) in die Hausgenossenzunft eintrat, oder dem 1765 in dieselbe aufgenommenen Emanuel Streckeisen zukommt, mag dahingestellt bleiben. Letzterer

Meister ist wohl zweifellos der Verfertiger des Gefässes von 1792. Eine aus der Baseler Kathedrale stammende Abendmahlskanne aus dem Jahr 1700 ist mit dem Zeichen von Nikolaus Uebelin (1674 Mitglied der Zunft zu Hausgenossen) versehen. Eine schlanke glatte, 1740 datierte Kanne, deren Baseler Zeichen die Initialen L W enthält, und eine ebensolche Kanne sowie eine grosse glatte achteckige Flasche, in deren Stempeln neben dem Baselstab B W zu lesen ist, wird man wohl auf Rechnung von Lukas Wick (zünftig 4. März 1733, beerdigt 30. April 1763) und Bernhard Wick (gestorben um 1750) zu setzen haben.

Zwei ebenfalls im historischen Museum zu Basel befindliche, in früher Zeit entstandene Baseler Zinnarbeiten, nämlich eine Kanne und ein Oelgefäss, bildet Heyne auf Taf. XXIV und XXV ab und bemerkt dazu in der Einleitung S. 12: „Von der Kanne des 14. Jahrhunderts besitzen wir drei gleiche Exemplare aus dem Hofhalt des Bischofs von Basel, deren eine wir abbilden (Taf. XXIV): es sind gewöhnliche Hausgeräthe, aber hier in den heiligen Dienst gestellt, insofern man in ihnen, wie die Inschriften lehren, das Chrisma, das oleum puerorum und das oleum infirmorum verwahrte. Ein Zinnstempel tritt an diesen Gefässen schon auf (= B =). Der auf Taf. XXV gegebene walzenförmige Behälter, auf seinem Deckel in einem Wappenschild die bischöfliche Hausmarke tragend, aus der sich später das Wappen der Stadt, der Baselstab, entwickelte, ebenfalls für das oleum puerorum dienend, hat ganz die Form der Büchsen, in denen man noch Jahrhunderte nachher die Latwergen aufhob."

Von den sonstigen Zinngegenständen des historischen Museums verdient besondere Beachtung die sogenannte Bubenberger Kanne. Dieselbe ist ziemlich schwerfällig in der Form und Ausführung, stammt aus dem Schloss Spiez am Thuner See, welches ehemals der bekannten, 1508 ausgestorbenen Familie von Bubenberg gehörte, und trägt auf der einen Seite deren quergetheilten, in der oberen Hälfte einen Stern aufweisenden Wappen, während die andere mit dem Wappenbild von Spiez, einem Spiess, geschmückt ist. Sowohl die Wappenschilder selbst wie die Figuren darin sind in aussergewöhnlich kräftigem, etwas plumpem Relief ausgeführt. Stempel fehlen. Aehnliche Kannen befinden sich z. B. im Nationalmuseum zu München, in der historisch-antiquarischen Sammlung in Zug und im antiquarischen Museum (Helmhaus) zu Zürich (letztere von 1581).

Endlich sei noch erwähnt, dass im historischen Museum zu Basel die bekannte, 1661 in den Besitz der dortigen Universität gelangte und bereits im 16. Jahrhundert von Bonifacius und Basilius Amerbach angelegte Amerbachsche Sammlung von in Blei (bez. in Zinn) gegossenen Goldschmiedemodellen (Plaketten) untergebracht ist, welche die Vorbilder zu den Mittelstücken der beiden auf Taf. 49 abgebildeten Schüsseln der Sammlung Demiani und zweier glattrandiger, vertiefter, weniger seltener Zinnschalen mit Darstellungen der Hochzeit zu Kana und der Krönung der Jungfrau Maria enthält.

[291]) Baseler Staatsarchiv: Abscheidbuch 1579—1610 Bl. 5. Die Baseler Abscheidbücher enthalten Bewilligungen, sich von der Heimath zu entfernen.

[292]) Baseler Staatsarchiv: Oeffnungsbuch IX 1565—1610 Bl. 86. In dem im germanischen Museum zu Nürnberg aufbewahrten Meisterbuch der dortigen Kannengiesser heisst es von dem am 24. Mai 1591 Meister gewordenen Georg Fuchs (Fuss): „Anno 1598 Zu hornaul hatt obgemelter Jörg fuss sich von hie hinwechh begeben nach seinem heimmet gen Schneeberg doch alls ein vorandlaigter Burger vmb 2 Jar Alhie bey den herrn Ausbracht Ihme Solche Zeit das handtwerkh Alhie vorzubehalten doch solches Auswendig nicht zu treiben Hierauff die geschworenen den 18 Novembg (sic?) ein schriefftliche antwort den herrn Lienhardt dacher zustellen müssen welche Copey In der meister Laden ligt, Ist Auswendig in 1601 Jar gestorben."

[293]) Näheres enthält die Abhandlung „Zwei neue Meistersängerhandschriften" von Schnorr von Carolsfeld im Archiv für Litteraturgeschichte, herausgegeben von Schnorr von Carolsfeld, Leipzig. Teubner, Bd. III (1874), S. 41 ff. Das fragliche Nürnberger Singschulbuch (bezeichnet M 197, früher M 100*; enthaltend 107 numerierte Blätter in 4) befindet sich in der königlichen öffentlichen Bibliothek zu Dresden.

[294]) Es kam vielfach vor, ja es war geradezu üblich, dass man, um einer Verjährung des Bürgerrechts vorzubeugen, um dessen Verlängerung von Zeit zu Zeit schriftlich einkam, wenn man länger von Basel abwesend war. Enderlein konnte also recht wohl erst von Nürnberg aus schriftlich um „Aufbehaltung" dieses Rechts nachsuchen.

[295]) Vgl. S. 65 ff.

[296]) Vgl. S. 33 ff. und Anmerk. 284.

[297]) Von den Mitgliedern dieser Familie zeichnete sich namentlich der Zinngiesser Stephan Lichtenhan (Lichtenhahn, Lichtenhain) „zum Schneeberg" aus, welcher für die Nicolaikirche zu Leipzig 1558 eine Taufkanne und 1561 den Taufbrunnen sowie Taufbecken für die dortige Thomaskirche, die Nicolaikirche zu Berlin und die 1640 durch Brand zerstörte ältere Kirche zu Schwarzenberg lieferte. Auf Leipziger Rathsakten beruhende freundliche Mittheilungen des Herrn Hofrath Professor Dr. Gurlitt in Dresden. Beschreibende Darstellung der älteren Bau- und Kunstdenkmäler des Königreichs Sachsen, Dresden, in Commission bei Meinhold & Söhne, Heft VIII (1887), bearbeitet von Steche, S. 57, 59. Schneeberg war nach den für das gesammte Kurfürstenthum Sachsen geltenden Kannengiesserordnungen vom 2. August 1614, 6. April 1674 und 16. October 1708 eine der fünf bez. (seit 1674) vier „Kreisstädte", welche an der Spitze je eines Kreises standen und über die Zinngiesser der übrigen in demselben belegenen, sogenannten „incorporierten" Orte die Oberaufsicht zu führen hatten.

[298]) Siehe S. 79 ff.

[299]) Barack S. 385.

[300]) Barack S. 382. In den von Barack wortgetreu wiedergegebenen, auf den im Jahr 1624 unter den Meistersingern entstandenen Streit bezüglichen sechs Urkunden, welche sich im Archiv des germanischen Nationalmuseums zu Nürnberg befinden, wird unser Meister noch dreimal erwähnt: in einem „Rathsverlass" vom 4. August 1624 als Casper „Enderle" und in dem Protokoll über den Vergleich vom 16. August 1624 sowie in einem Mitgliederverzeichniss als Caspar „Enderlein".

[301]) Hampe, „Spruchsprecher, Meistersinger und Hochzeitlader, vornehmlich in Nürnberg" in den Mittheilungen aus dem germanischen Nationalmuseum, Nürnberg, Jahrgang 1894, S. 25 ff. Die citierte Stelle steht auf S. 40, woselbst in Anm. 34 hinsichtlich der Angaben Benedikts von Watt „cod. berol. germ. fol. 24, Bl. 154" angezogen und weiter noch gesagt ist, dass „die Erzeugnisse von Enderleins Handwerk ihren hohen Kunstwerth durch alle Zeiten bewahren werden".

[302]) Cod. Vim. fol. 418 S. 1053. Freundliche Mittheilung des Herrn Prof. Dr. Schnorr von Carolsfeld, Direktors der königlichen öffentlichen Bibliothek zu Dresden.

[303]) Wagenseil S. 537.

[304]) In dem im germanischen Nationalmuseum zu Nürnberg aufbewahrten Meisterbuch der dortigen Kannengiesser befindet sich auf den ersten Blättern eine „Vorrede dis buchs an den lesern" (vgl. Anm. 481 unter 3) und dort heisst es: „. . . . . vnd ist hie Zue merchen, das keinem zu diser zeitt (d. h. von 1534 ab), weder mitt disen Newen, auch mitt den alten stucken (Meisterstücken) zue gelassen worden, Ein zue einem (sich als Meister niederzulassen), er Sei dan Zuuor Eelich gen kirchen gangen, vnd von einem Erbarnn Rath Zu burger angenomen gewesenn, Aber hernach im Jar 1537 hat ein Erbar Rath vnsere herren alhie, aus etlichen vrsachen, so Inen bewust, nicht allein auff vnserm, sonder auch auff allem anderen handtwergkenn, gemacht, gesetzt vnd geordnet, das man ein Jeden Ledigenn gesellenn, er Sey frembd, od burgers Sohn, so willens hatt, maister zue werdenn, die maisterstuckh machen Zue lassenn, doch mitt diser Condicion vnd geding, der es macht, keinem dz (das) maisterrecht Ee one zusagenn, er Sei den zuuor Eelich gen kirchen gangenn vnnd vonn einem Erbarnn Rath zue Burger angenomen, vnter welchenn gesellen, Balthasar Gottschalckh vonn Sanct Annenberg der erste gewesenn ist, der Solcher gestalt Meister worden, vnnd von do an, wirtt hernach im buch bei einem Iedenn vnterschidlich meldunng gethan, In welchem Jar einer die stuckh gemacht Hatt dann Sy nitt alle, vnd zue gleich, dasselbige Jar burger vnd Eelich worden, Vnd das Maisterrecht Entpfangenn Habenn." Vgl. auch Artikel 2 der im städtischen Archiv zu Nürnberg aufbewahrten Ordnung der dortigen Kannen-

giesser vom 7. März 1578, welcher als weiteres Erforderniss für die Aufnahme als Meister noch festsetzt, dass der betreffende Gesell drei Jahre ununterbrochen bei einem oder zwei Nürnberger Meistern zur Zufriedenheit gearbeitet habe (siehe S. 67).

305) Dieses im germanischen Nationalmuseum zu Nürnberg befindliche Meisterbuch ist in Anm. 481 näher besprochen. Es werden im Folgenden so häufig Stellen daraus wiedergegeben werden, dass der Leser der nachstehenden Seiten beim Fehlen einer Angabe der Quelle eines Citats gefälligst annehmen wolle, dass dasselbe diesem Meisterbuch entnommen ist.

306) Vgl. S. 31.

307) Vgl. das am Schluss dieser Veröffentlichung befindliche alphabetische Verzeichniss der mehrmals benutzten Bücher und Abhandlungen.

308) Dies ergiebt sich z. B. aus nachstehenden Bemerkungen in dem bereits mehrfach angezogenen Meisterbuch: „Steffan Vogelgesang (Meister 1559, gestorben 1563) . . . hatt die stuckh oelich gemacht . . . Ist ein bierbreu worden. Das hantwerch Master weis (als Meister) nicht trieben." — „Anno 1632 In der fasten Alss man Brobirt (die Zinnprobe — vgl. Anm. 93 — angestellt) hat hat dieser Obsteende maister Cristoff Criston (vgl. die Anlage) seine 3 Atler (Stempel mit dem Nürnberger Wappen; siehe Anmerk. 196) dem hantwerchh in die Laten (Zunftlade; vgl. S. 66 ff.) zu legen vbergewen vnd Benolhen (befohlen) man soll in im maister Buechlein Auss zu dohn (thun) er Beger de hantwerchh nit zu dreiben".

309) Sebald Reuter (Reutter, Ritter, Reuder) wurde am 30. November 1611 Meister und war von 1624 bis 1628 Geschworener.

310) Endres Schulthes (Schuldes) wurde am 6. November 1616 Meister und war von 1625 bis 1631 Geschworener.

311) Daraus, dass Doppelmayr den Todestag Enderleins angiebt, kann man ersehen, dass er auch noch aus anderen Quellen schöpfte, als aus dem Nürnberger Meisterbuch und dessen auf Caspar Enders und seinen Begräbnisstag bezüglichen Vermerk.

312) Die Nürnberger Zinngiessermeister Paulus Eham (Öham, Öhem, Oheim) der Jüngere und Georg Hess (Höss, Hoss), starben z. B. am 7. März 1671 bez. 23. December 1675 und wurden drei Tage später, nämlich am 10. März 1671 bez. 26. December 1675, beerdigt.

313) Näheres über dieses Buch und die darin enthaltenen Angaben über Caspar Enderlein siehe S. 38 ff.

314) Vgl. die Zusammenstellung auf S. 32.

315) Vgl. S. 78.

316) Dieser jüngere Melchior Koch wird in dem mehrfach angezogenen Nürnberger Meisterbuch ausdrücklich als „Maisters Sohn" bezeichnet. Und aus den Daten, welche bei den zahlreichen Zinngiessern Namens Koch in dieser wichtigen Handschrift angegeben sind, geht hervor, dass von letzteren nur Melchior Koch der Aeltere sein Vater sein könnte. Siehe S. 78.

317) Siehe S. 77.

318) In den im königlichen Kreisarchiv zu Nürnberg verwahrten Todtenbüchern dieser Stadt (1563—1660) heisst es von Melchior Koch dem Jüngeren: „1622 Jan. 16 † Melchior Koch auff dem säwmarck dessen Sohn Paulus kandelgiessergesell † zu Steyr" und von seinen beiden Frauen (?): „1576 Febr. 9 † Ursula (Melchior) Köchin bei der neuen Flaischprucken" . . . . . . „1637 May [—] † Fraw Margaretha, dess ers. Melch. Kochs Kandengiesser seel. hinterl. wittib auf dem säumarkt am pfannenstieg."

319) Freundliche Mittheilung des Herrn Kreisarchiv-Functionär Lehner in Nürnberg. Dr. Hem war der Referent in der betreffenden Angelegenheit. An den im Nürnberger Meisterbuch genannten Zinngiesser Andreas Dambach dürfen wir nicht denken, da derselbe erst am 24. September 1627 Meister wurde und am 26. März 1650 starb.

320) Vgl. Anm. 318.

321) Siehe auch „Das Zinn im Kunstgewerbe" S. 377. Im Gesellenbuch der Nürnberger Kannengiesser von 1618, welches sich im germanischen Museum befindet, ist unter den Stiftern der neuen Lade auch ein Geselle „Hans Enderas von Nur(nberg)" angeführt. Sollte dieser Hans „Enderas" der 1624 gestorbene Hans Enderlein oder der auf Seite 37 erwähnte gleichnamige Zinngiesser sein, welcher 1633 verschied? Es ist dies nicht sehr wahrscheinlich, denn in dem erwähnten Buch werden die Gesellen immer nur mit ihren Vornamen genannt (siehe S. 39.) Aus diesem Grund ist wohl auch ein daselbst unter dem 6. Februar und dem 14. Oktober 1612 aufgeführter „Enderess bez. Enndress von Nurnberg" mit Enderlein nicht in Beziehung zu bringen.

322) Demmin Folge IV S. 46. Ueber Elias Porcelius berichtet Doppelmayr S. 273: „Elias Porcelius, ein Formschneider, gebohren zu Isny in Schwaben den 3. Sept. A. 1662., übte sich bey angehender Jugend in der Zeichen-Kunst mit grossem Fleiss, und erlernete darauf auch daselbsten bey Jacob Enderlein das Formschneiden mit gutem Success".

323) D. Joh. Martin Trechsels, Grosskopff genannt u. s. w. Verneuertes Gedächtnis Des Nürnbergischen Johannes-Kirch-Hofs u. s. w., Franckfurt und Leipzig, Felsseckers seel. Erben, 1735, S. 644 des Verzeichnisses der Grabstätten: „Dann des Er vnd Kunstreichen Veith Enderleins, Golt vnd Parisser arbeiters, vnd Fraw Maria Magdalena, sein Ehwirtin, aller ihrer beederseits Erben vnd nachkommen Begräbnus A. 1639." Da von einem Todesjahr nicht die Rede ist, hat Veit Enderlein diese Begräbnisstätte wohl noch bei Lebzeiten für sich angelegt. Das in der Portraitsammlung des germanischen Nationalmuseums zu Nürnberg enthaltene Bildniss dieses Veit wird von Panzer S. 53 erwähnt mit den Worten: „U. V. E. Veit Enderlein, Goldschm. (als [sic!] Ulrich Engelschall) 12°." Freundliche Mittheilungen des Herrn Direktor Bösch-Nürnberg.

324) Bader bei v. Zahn S. 240. Bemerkt sei auch, dass man noch im Nürnberger Adressbuch von 1893 zweimal dem Namen Enderlein begegnet und dass nach Schlesinger S. 289 die vornehmsten Bergverständigen unter Kaiser Karl IV. (1346—1378), welche zugleich Münzmeister des Königreichs Böhmen waren, Enderlein und Rothlöw hiessen.

325) Siehe auch „Das Zinn im Kunstgewerbe" S. 377 und Anm. 321.

326) S. 36 des Verzeichnisses der geschworenen Meister. Vgl. Anm. 481.

327) 1632 starben an der hitzigen ungarischen Krankheit sechs der Nürnberger Kannengiessermeister. Näheres über diese Krankheit siehe bei Haeser, Lehrbuch der Geschichte der Medicin und der epidemischen Krankheiten, Jena, Mauke, II. Auflage, II. Band (1865), S. 340 ff.

328) Erwähnt wird dieses Brustbild bei Panzer S. 53. Dem Schreiber dieser Zeilen sind nur zwei Exemplare bekannt: das eine in seinem eigenen Besitz und das andere in der Portraitsammlung des germanischen Nationalmuseums zu Nürnberg. Auf den Rückseiten beider findet sich in älterer Handschrift der mit Tinte geschriebene Vermerk „J. R. Mühl fec." Joh. Reinhold Mühl war Goldschmied. Nach einer Angabe auf einem gestochenen Bildniss von ihm wurde er 1631 geboren. Ob er dieses sein Portrait selbst angefertigt hat, weiss man nicht. Sollte es aber von seiner Hand sein, so darf man ihm das Brustbild Enderleins nicht zuschreiben. Denn beide sind von sehr verschiedenem künstlerischem Werth. Stiche von Mühl sind nicht bekannt. Freundliche Mittheilungen des Herrn Direktor Bösch-Nürnberg.

329) Freundliche Mittheilung des Herrn Direktor Bösch-Nürnberg.

330) Die Hauptbestandtheile der Drehbank sind: Das Gestell oder die Bank, die Spindel, die Docken, die Auflage und die Bewegungsvorrichtung. Letztere ist meist ein in einem hölzernen Gerüst befindliches Rad, welches mit der Hand umgedreht wird. Rechtwinkelig zu demselben steht die eigentliche Drehlade, gewöhnlich eine schmale vierkantige Holzbank, welche in der Mitte einen länglichviereckigen Ausschnitt hat. In diesem sind fest oder verschiebbar (mittelst Keilen) Träger (Docken) angebracht, worin eine Spindel ruht, die mit dem Rad durch Schnüren oder Riemen verbunden ist und auf diese Weise durch dessen Umdrehen ebenfalls in Bewegung gesetzt wird. An der Spindel befestigt man ein Ansatzstück (Stock), in welches der zu bearbeitende Gegenstand eingelegt wird. Ist dies geschehen, so beginnt das Abdrehen, indem man je nach Bedarf die verschiedenen Dreheisen (Drehstähle) dergestalt mit dem abzudrehenden, in Umlauf gesetzten Geräth in Berührung bringt, dass sie, bei dem Umkreis beginnend und nach und nach bis zum Mittelpunkt vorrückend, mit ihren Schneiden die vorhandenen Unebenheiten beseitigen und die gewünschte glatte und glänzende Oberfläche herstellen, welche alsdann noch polirt wird.

Die Drehbank ist auch deshalb von Wichtigkeit, weil ihre Benutzung in der Regel ein ausschliessliches Vorrecht der Kannengiesser bildete. So wurde in Nürnberg den Gürtlern geboten, „sich der Drehens, und der Dreh-Bäncke, welche den Zinngiessern privative zustehen, zu enthalten". (Artikel 10 der Nürnberger Kannengiesserordnung: Decret vom 23. März 1705).

Drehladen kommen schon sehr frühzeitig vor. Bereits Theophilus Presbyter (Buch III, Capitel 87) gedenkt derselben. „Bemerkenswerth ist, dass das mittelalterliche *tornatorium*, die Dreh- oder Drechselbank der Klosterwerkstatt, kein Rad besitzt, auch keinen Bogen u. dgl., um die Rolle in Bewegung zu setzen. Um diese wird nur ein Riemen geschlungen, dessen beide Enden ein Gehilfe hält und an welchen er abwechselnd zieht". (Marx S. 413 ff.). Später fügte man das Rad hinzu. Hans Sachs lässt in seinem auf S. 67 erwähnten Spruchgedicht von 1513 einen Nürnberger Kannengiesser sagen:

„auch Erneheren wir vil armer plinden
die Sich Rad *trebens* unterwinden."

Und Weigel berichtet auf S. 303 seines 1698 erschienenen Buches „Diese Dreh-Lade wird nicht wie bey den Drehern und Drechslern mit dem Fuss getretten, sondern vermittelst eines Rades, oder wie zu Nürnberg in der Sparischen Werkstatt, meines Wissens, fast ganz allein, und sonst nicht leicht in Teutschland zu finden, von einem Pferd umgetrieben".

Vgl. auch den auf S. 22 erwähnten Streit des Nürnberger Zinngiessers Nikolaus Rumpler mit den dortigen Rothschmieden wegen einer Neuerung an der Drehbank.

[331]) Vgl. z. B. Punkt 1 der *Leipziger* „Kandelgiesser ordenunge" von 1538 (enthalten in dem im Leipziger Rathsarchiv befindlichen Zunftbuch No. 1 vom Jahr 1544 Bl. 81 ff.), Artikel 16 der Regensburger „Zinngiesser-Ordnung" von 1583 und „Zum Fünften" einer nicht datierten, die Meisterstücke betreffenden Regensburger Satzung (Regensburger Stadtarchiv: Publica II Fasc. 10 No. 8 Z und No. 10 Z) und § 21 der Breslauer Innungs-Artical vom 5. Mai 1736 (im Museum schlesischer Alterthümer zu Breslau).

[332]) Dieses 1569 angelegte und bis 1597 reichende Lehrjungenbuch befindet sich nebst einem den Zeitraum von 1706 bis 1865 umfassenden Lehrlingsverzeichnis im germanischen Nationalmuseum zu Nürnberg. Die Aufzeichnungen aus den Jahren 1598 bis 1705 sind verloren gegangen.

[333]) Unter „Leihkauf" verstand man die Zahlung einer gewissen Summe Geldes, mit welcher sich der Lehrling bei den Meistern eine freundliche Aufnahme erkaufen musste. Ueber die Höhe dieses Betrages wurde vor dem Einschreiben des Lehrlings eine ausdrückliche Vereinbarung getroffen.

[334]) Dieser Elias Rumpler ist im Nürnberger Meisterbuch wohl deshalb nicht aufgeführt, weil er es nicht bis zum Meister brachte. Wir finden dort nur die auf S. 22 erwähnten, der Nürnberger Zinngiesserfamilie Rumpler angehörigen Meister genannt. Ueber die Möglichkeit, dass Elias Rumpler an der Form des auf Tafel 13 No. 2 abgebildeten Kruges arbeitete, siehe das auf S. 28 Gesagte.

[335]) Die „Rugsherren", „verordneten Herren an der Rug (= Rüge, Gericht)" waren diejenigen Mitglieder des Nürnberger Raths, welche die Aufsicht über das Handwerkswesen zu führen hatten. Sie besassen weitergehende Befugnisse als in den meisten anderen Städten, weil in Nürnberg die Verbände der Gewerbtreibenden in solcher Abhängigkeit vom Magistrat blieben, dass man sie nur als Handwerke und nicht als eigentliche Zünfte bezeichnen kann. Es gab dort auch ein „Rugsamt", einen „Rugsschreiber" u. s. w. Vgl. Stockbauer S. 18, 22 und den Eingang sowie den Schluss der im städtischen Archiv zu Nürnberg befindlichen Ordnung der dortigen Kannengiesser vom 7. März 1578.

[336]) Vgl. S. 37.

[337]) Lenhart (auch Leonhart) Prenstterer (Brunsterer, prenster, prunss, Prinsterer) wurde am 29. August 1567 unter die Nürnberger Zinngiessermeister aufgenommen, erhielt in dem nämlichen Jahr auch das Bürgerrecht und starb am 6. Juni 1607. Von 1583 bis 1587 war er Geschworener.

[338]) Der Nürnberger *Zinngiesser* Enders (Endris) Henschel (henschel, Hennichell) wurde am 15. Februar 1569 Meister und in demselben Jahr auch Bürger. Von 1586 bis 1589 und von 1595 bis 1598 war er Geschworener. Sein Begräbniss fand am 12. September 1599 statt.

[339]) Der Nürnberger *Zinngiesser* Wolf Stoy wurde 1574 Meister und starb am 20. Mai 1605. Von 1589 bis 1592 und von 1598 bis 1601 war er Geschworener.

[340]) Hanns Lucker (Luckher) wurde am 14. Mai 1578 unter die Nürnberger Zinngiessermeister aufgenommen, war von 1590 bis 1594 und von 1604 bis 1607 Geschworener und verschied am 18. November 1616.

[341]) Kaspar Lebend (richtiger: Lebender, Lebewnder, Lebentt, Lebeptes) wurde 1571 Nürnberger Bürger und 1572 Meister. Sein Begräbniss fand am 20. Mai 1594 statt. Von 1587 bis 1590 war er Geschworener.

[342]) Albrecht Preisensin (preissensin, Breisensin, Breisenssin, Brenssensin, Breusensin, Preussensin), machte 1561 die Meisterstücke bei Albrecht Hascher (siehe S. 77.), wurde 1564 Meister und am 26. November 1598 auf dem Johanniskirchhof beerdigt. Ausweislich des in dem mehrerwähnten Meisterbuch befindlichen Verzeichnisses der geschworenen Meister (S. 18, 19, 22, 23) war Albrecht Preisensin von 1578 bis 1581 und von 1591 bis 1595 Geschworener. Er bekleidete dieses Amt zuletzt vier Jahre statt der sonst üblichen drei, denn 1593 „hat man keinen Neuen geschworenn gewelt". Vielleicht rührt von Albrecht Preisensin die Form einer schönen Schüssel in Holzstochmanier her. Näheres siehe S. 81 und Anm. 613. Möglicherweise führte er zwischen den Schrägbalken seines Nürnberger Wappenstempels als „Beigemerk" ein (grosses lateinisches) A. Sein Sohn Franz Preisensin wurde 1575 (oder 1599?) als Meister aufgenommen und am 19. August 1632 begraben. Von 1606 bis 1609 und von 1627 bis 1630 war er Geschworener. Vielleicht war Franz Preisensin der Aeltere (Meister 1535, von 1540 bis 1544 und von 1558 bis 1561 Geschworener, gestorben am 17. Januar 1573) der Vater von Albrecht Preisensin.

[343]) Jorgl (Georg) Kropff „burgers u. Priesters Sohn", Meister 30. Januar 1581, 9. October 1632 begraben. Von 1592 bis 1596 war er Geschworener.

[344]) Hans Riedner (Rieutner, pleitner, Blattner), Meister am 7. Mai 1582. „Ist Zweymal entloffen und Bancroto worden, mit samt sein Weib und im ungerland umbkom". Vom 22. April 1594 bis (1. oder 27.) Mai 1595 war er Geschworener.

[345]) Vgl. auch den Artikel von Bösch „Aus dem Nürnberger Lehrlingswesen des 16. Jahrhunderts" in der Abend-Ausgabe des „Fränkischen Kuriers" No. 135 vom 14. März 1895.

[346]) Die auf das Gesellenbuch der Nürnberger Kannengiesser bezüglichen Angaben beruhen auf freundlichen Mittheilungen des Herrn Direktor Bösch-Nürnberg. Vgl. auch das auf S. 67 angeführte Gedicht von Hans Sachs aus dem Jahr 1513.

[347]) Siehe Anm. 339.

[348]) „VI. Wo wird das Meister-Stück verfertiget? Bey einem andern Meister, als bey dem er bishero in Arbeit gewesen." Frisius, Ceremoniel der Kannengiesser u. s. w., Leipzig, Groschuff, 1714, S. 661 (in einem im demselben Verlag erschienenen, 1708 begonnenen Sammelband: „Der vornehmsten Künstler und Handwercker Ceremonial-Politica" u. s. w. von Frisius.)

[349]) Siehe S. 40.

[350]) Art. 3 der im städtischen Archiv zu Nürnberg befindlichen Ordnung der dortigen Kannengiesser vom 7. März 1578 und Zusatz zu dieser Ordnung vom 17. März 1760. Vgl. auch S. 70 und Stockbauer S. 7. Diese Bestimmung galt übrigens auch an anderen Orten, z. B. in Regensburg (vgl. die in Anm. 331 angezogenen Regensburger Bestimmungen) und in Königsberg (siehe die in numerierte Artikel nicht eingetheilte, im Stadtarchiv zu Königsberg in einer Abschrift befindliche Königsberger Zinngiesserrolle vom 10. März 1600).

[351]) S. 20 No. 14; S. 27 No. 75, 76, 77; S. 30 No. 81, 85, 86; S. 31 No. 87. Die Einträge rühren der Schrift nach von verschiedenen Personen her.

[352]) Michael Hembersam (hemmersam, hemmersaam, hemmersem, Hemerschem, Hemersam, Hemersam, Hemersamer, Hamersamer) der Aeltere Meister am 6. Oktober 1594, Geschworener 1600 bis 1603 und 1610 bis 1613, gestorben am 21. April 1626. Vgl. auch S. 47.

[353]) Jacob Koch Meister 8. Mai 1583, † 27. December 1619. Vgl. S. 78.

[354]) Lorenz Lang wurde am 6. Juni 1588 Meister. Von 1602 bis 1605 war er Geschworener. „Diser maister hatt von handtwerckh gelasen vnnd Ein kremer worden."

[355]) Siehe Anm. 340.

[356]) Steffan Crlesten „huter (hatter, hueter) genant" wurde, nachdem er am 23. Juli 1580 die Meisterstücke bei Melchior Kost (vgl. S. 67) gemacht, am 18. Juli 1306 Meister. Begraben am 19 November 1605. 1603 war er Geschworener. Ueber die verschiedenen Schreibweisen des Namens Crlestan siehe S. 37.

[357]) Jacob Brey (Prej) Meister 1. Juni 1589, Geschworener von 1603 bis 1608 und von 1616 bis 1620, begraben 1. August 1627. Vielleicht hat er den auf S. 21 (Tafel No. 1) besprochenen Krug gegossen und zu der auf S. 62 näher behandelten Schale die Gussform durch einen der Nürnberger Zinngiesser Martin Gruner oder Michel Gohn herstellen lassen.

[358]) Siehe Anm. 342.

[359]) Hans Spatz (Spaz) 1595 (oder 1600?) Meister, von 1610 bis 1614 und von 1620 bis 1624 Geschworener, am 14. December 1641 gestorben. 1588 wurde ein Ziengiesser „Hanns Span" nach den Nürnberger Meister- oder Bürgerbüchern Bürger. Besteht hier ein Zusammenhang?? Über eine besonders geartete Drehbank „in der Spazischen Werkstatt" vgl. Anm. 330.

[360]) Michel Rosner (Rössner, Rössler, Rösler) wurde am 18. Mai 1596 unter die Meister aufgenommen und am 12. November 1635 beerdigt. Von 1611 bis 1615 war er Geschworener.

[361]) Balthasar Kern (Khein, Kain) Meister 14. November 1606, Geschworener von 1613 bis 1618 und von 1623 bis 1627, begraben 9. December 1632.

[362]) Hans Schlela 18. Oktober 1607 Meister, von 1615 bis 1619 und von 1630 (bis?) Geschworener, 12. August 1632 beerdigt. Schlela dialektische Form von Schlelein, wie Enderle von Enderlein. Siehe S. 32.

[363]) Siehe S. 31.

[364]) In einem Holzschnitte von Jost Amman und Verse von Hans Sachs enthaltenden Werk „Eygentliche Beschreibung Aller Stände auff Erden u. s. w.", Frankfurt a/M., 1568 (Bibliothek des germanischen Nationalmuseums zu Nürnberg No. 5420; wiedergegeben im VII. Bändchen der von Hirth in München herausgegebenen „Liebhaber-Bibliothek alter Illustratoren in Facsimile-Reproduction") werden unter den Gegenständen, welche die Rothschmiede anfertigten, auch „Artlich Leuchter, so stehn vnd hangn" angeführt und der betreffende Holzschnitt zeigt auch Standleuchter und Kronleuchter. Vgl. auch S. 76.

[365]) Mase-Sencler S. 225.

[366]) Lessing S. 170. Mit Berliner Museum ist natürlich das Berliner Kunstgewerbemuseum gemeint.

[367]) Näheres siehe Anm. 379, 380, 382, 433, 440, 447, 453, 455 und S. 46 ff. und S. 53 ff.

[368]) Siehe Anm. 306

[369]) „In dem Streit zwischen den Kandelgiessern vnd Peter Schmidten Rothschmidt, die Zienen Leuchter betreffendt, ist bey einem Ernvesten Rath den 17. Januarij dess 1570. Jahrs dieser entschiedt ergangen, Weil die Rotlischmidt nit leiden könten, dass die Kandelgiesser Messing giessen oder solchen Zeug arbeiten, so were ebensowohl für billich erachtet, dass die Rotschmidt nit von Zien giessen sollen, vnd ist darauf bey einem Ernst. Rath verlassen, dass allen Rotschmidten abgestell vnd verpotten sein soll, ainig Hauptstuck von Zien zugiessen, das in das Kandelgiesser Handtwerk gehörig sey, bey vnnachlessiger Straff fünff pfundt Nouj." Artikel 23 der mehrerwähnten Nürnberger Kannengiesserordnung vom 7. März 1578. Vgl. auch Artikel 14 und 15 derselben Ordnung und S. 68.

[370]) Demmin Folge IV S. 39.

[371]) Graul, Revue, S. 39.

[372]) Bapst S. 281.

[373]) Solnhofen oder Solenhofen, im jetzigen bayerischen Regierungsbezirk Mittelfranken an der Altmühl gelegenes Dorf mit bedeutenden Steinbrüchen. Nürnberg gehört ebenfalls zum Regierungsbezirk Mittelfranken.

[374]) Lessing S. 176 ff. Mit dem Abschnitt ist der Schulterabschnitt des Brustbilds Enderleins gemeint.

[375]) Siehe S. 9 ff.

[376]) Lessing S. 174 ff.

[377]) Ein Verzeichnis der in öffentlichen und privaten Sammlungen enthaltenen Exemplare von Modell I ist in Anm. 86 gegeben.

[378]) Im Feld der Minerva ist z. B. oben, ziemlich in der Mitte des Hintergrundes, auf Modell I ein Obelisk, auf Modell II ein spitz zulaufendes, auf einander geschichteten Rollen ähnelndes Bauwerk angebracht; die Unterschrift des Mittelstücks theilt Briot ab: TEMPE·RANTIA, Enderlein dagegen: TEMPER·ANTIA u. s. w.

[379]) Exemplare von Modell II befinden sich z. B. im South Kensington Museum zu London (5477. '55; gewöhnlicher Nürnberger Stempel mit einem G und einem Punkt zwischen den Schrägbalken des Wappens), im Musée du Louvre in Paris (nicht ausgestellt; gewöhnlicher Nürnberger Stempel mit einem G zwischen den Schrägbalken; vgl. Lessing S. 177), im Kunstgewerbemuseum zu Köln (J 139; Stempel: eine gekrönte Rose mit dem Nürnberger Wappen als Herzstück und je einem S zu beiden Seiten), im Bayerischen Nationalmuseum zu München (910, nebst Kanne, sehr gut erhalten; auf der Schüssel der gewöhnliche Nürnberger Stempel mit einem G zwischen den Schrägbalken; — ebendort auch das Nabelstück der Schüssel mit der Temperantia auf der Vorderseite, Enderleins Bildnis auf der Rückseite und dem gewöhnlichen, zwischen den Schrägbalken ein G enthaltenden Nürnberger Stempel), im Kunstgewerbemuseum zu Berlin (K. 4519; nur das Mittelstück mit der Temperantia, dem Medaillonportrait Enderleins und — als Stempel — der Rose, in deren Mitte das Nürnberger Wappen und zu deren beiden Seiten die Buchstaben M H), im Museum schlesischer Alterthümer zu Breslau (mit Kanne, deren unterer Theil ergänzt ist; auf der Schüssel der gewöhnliche Nürnberger Stempel mit M H zwischen den Schrägbalken, auf dem später hereingefügten Boden im Innern der Kanne eine Marke mit einem Engel [Justitia?], der Schwert und Wage hält), im germanischen Nationalmuseum zu Nürnberg (H G 435; Stempel: Rose mit Nürnberger Wappen im Innern und S S zu beiden Seiten), in der Sammlung Demiani in Leipzig (gewöhnlicher Nürnberger Stempel mit einem G zwischen den Schrägbalken), in der Collection Stroganoff in Rom (Nürnberger Rose, zu beiden Seiten S [undeutlich! C?] S) u. s. w. 1894 befand sich im Besitz eines Münchener Antiquitätenhändlers ein Exemplar, welches als Marke eine gekrönte Rose trug, in deren Mitte das Nürnberger Wappen und an deren Seiten die Buchstaben N (oder H? oder M?) und H angebracht waren. Eine Enderlein-Kanne allein, bei welcher die untere Zone des Gefässkörpers in wenig glücklicher Weise ergänzt war, enthielt die 1884 in Köln versteigerte Sammlung Parpart (vgl. Auctionscatalog S. 52 No. 679).

[380]) Exemplare von Modell IIa befinden sich z. B. im germanischen Nationalmuseum zu Nürnberg (mit Kanne; auf der Schüssel als Stempel die gekrönte Rose mit dem Nürnberger Wappen im Innern und den Buchstaben S S zu beiden Seiten; beide besonders schöne und vorzüglich erhaltene Stücke gehören noch heute der St. Lorenzkirche zu Nürnberg [wie denn auch die Schüssel noch die alte Lorenzer Kirchen-Inventar-Nummer 41c trägt] und sind nur unter Eigenthumsvorbehalt im germanischen Museum deponiert. Angeblich erhielt die genannte Kirche, nachdem Nürnberg an Bayern gekommen war, ihn beides vom dortigen Rath als Taufgeräth zum Geschenk. Auf S. 183 ff. berichtet von Rettberg über diese Schüssel nebst Kanne: „Der frühere Pfarrer, jetzt Burgermeister Hilpert kaufte und verwahrte diese beiden Stücke in der Sakristei, um sie der Nachwelt zu erhalten, welche durch Einschmelzen und Verschachern schon so manches Schöne verloren." Näheres war leider trotz aller Nachforschungen nicht zu ermitteln, die der Lorenzkirche gehörigen und die im germanischen Museum ausgestellten Exemplare der Schüssel und Kanne sind dieselben und nicht verschiedene, wie Lessing S. 178 annimmt. Im Bayerischen Gewerbemuseum zu Nürnberg sind zahlreiche galvanische Nachbildungen dieser Schüssel nebst Kanne her-

gestellt worden), im Bayerischen Nationalmuseum zu München (312, ohne Zinnstempel), im Hamburgischen Museum für Kunst und Gewerbe (mit Kanne; aus der Kirche zu Unterreichenbach bei Schwabach; die Schüssel mit dem gewöhnlichen, die Buchstaben M H zwischen den Schrägbalken aufweisenden Nürnberger Stempel; vgl. Brinckmann S. 782 ff.), im Kunstgewerbemuseum zu Frankfurt a/M. (Nürnberger Stempel mit den Buchstaben M H), im Kunstgewerbemuseum zu Leipzig (mit Kanne [L. C. 215]; auf der Schüssel [L. C. 217] der gewöhnliche Nürnberger Zinnstempel mit den Initialen M H zwischen den Schrägbalken; auf der Kanne die gewöhnliche Nürnberger Zinnmarke mit zwei Punkten zwischen den Schrägbalken; beide früher in der Sammlung Felix-Leipzig), in der Sammlung Vieweg-Braunschweig (Nürnberger Rosenstempel, zu dessen beiden Seiten die Buchstaben M H), in der Collection Nathanael von Rothschild in Wien (gewöhnlicher Nürnberger Stempel mit einem G zwischen den Schrägbalken) u. s. w.

381) Es ist wohl zu beachten, dass Modell III auch bezüglich des Durchmessers Modell I näher steht, wie die Modelle II und IIa.

382) „Für diesen Modell (nämlich Modell III) ist wenig Material vorhanden".

„1) Berlin, Kunstgewerbe-Museum M. 3180. Die Schüssel ist leider sehr abgeschliffen, so dass nur noch ein Theil der Inschriften erkennbar ist. Auf dem Sockel der Temperantia und auf dem Balken der Geometria Buchstaben, die man für C E halten kann. Auf der Rückseite kein Medaillon. Zinnstempel von Nürnberg, Rose mit Krone und Herzschild, rechts und links daneben die ganz scharfen Buchstaben I K."

„2) Berlin, z. Z. im Besitz des Kunsthändlers Gustav Lewy. Schüssel völlig identisch, besser erhalten. Die Inschriften lesbar. Auf dem Sockel der Temperantia Buchstaben, die ich mit ziemlicher Sicherheit für C E halte. Auf dem Balken der Geometria nichts zu erkennen. Zinnstempel auf der Rückseite, etwas vertieften, scheint derselbe zu sein, obgleich man ihn auch N K lesen könnte."

„3) Dresden. Kunstgewerbemuseum No. 9834. Der äussere Rand der Schüssel mit den Wissenschaften. Das Uebrige fehlt. Scharfes Exemplar, das sogar nachciseliert zu sein scheint. Auf dem Balken der Geometria C K, jedoch keine Jahreszahl, (die nicht etwa fortgeschliffen sein kann)".

So Lessing S. 179 ff. Der Schreiber dieser Zeilen kennt keine weiteren Exemplare von Modell III und er hat auch trotz aller Bemühungen leider nicht feststellen können, wo sich das unter 2 angeführte, (1889) dem Kunsthändler Lewy gehörig gewesene Stück gegenwärtig befindet. Die Angabe, dass der Balken der Geometria auf dem Dresdener Rand die Buchstaben C K trage, enthält nach freundlicher Mittheilung des Herrn Geh. Regierungsrath Professor Dr. Lessing einen Druckfehler; es muss heissen C E. Letztere Initialen sind übrigens sehr undeutlich; namentlich das C lässt sich kaum erkennen. Das C E ist sowohl auf dem Berliner wie auf dem Dresdener Exemplar auch in dem Randmedaillon der Dialektik vor dem zurückgebogenen rechten Fuss dieser Figur angebracht. Was die angebliche Nachciselierung des Dresdener Randes anbelangt, so stellt sie sich nicht als eine gleich nach dem Guss des Stücks vorgenommene Vollendungsarbeit dar, sondern als eine erst viel später erfolgte Behandlung mit Punzen bez. Sticheln, deren Einschnitte die verloren gegangene Schärfe und Sauberkeit der Umrisse ersetzen sollten. Vgl. Anm. 154.

383) Lessing S. 178.

384) Lessing S. 180.

385) Vgl. auch S. 10 ff., 43.

386) Freundliche Mittheilungen der Herren Geh. Regierungsrath Professor Dr. Lessing in Berlin und Pfarrer Berger in Neuenburg. Abbildungen und kurze Beschreibungen der Schüssel und der Kanne finden sich in dem Werk: *Die Bau- und Kunstdenkmäler der Provinz Westpreussen*, Heft IV (Danzig, Bertling, 1887), S. 335 und Beilagen 2 und 3.

387) Z. B. Modell II der Sammlung Demiani-Leipzig und Modell IIa des Kunstgewerbemuseums zu Leipzig. Vgl. Anm. 379 und Anm. 380.

388) Nachträgliche Veränderungen von Formen kamen nicht selten vor. Vgl. z. B. das, was Reimers S. 37, 45 ff. über späteres Anbringen von Monogrammen auf Holzstöcken durch Personen, an welche letztere im Lauf der Zeit gelangten, berichtet.

389) Labarte II. Auflage (1873) Bd. II S. 144.

390) Cicognara S. 434.

391) Sagt doch auch Lessing S. 178: „Aus dem Umstand, dass er (Enderlein) zeitweilig Abgüsse der Theile und nicht die ganze Briot-Schüssel vor sich hatte, erklärt sich auch ohne Weiteres die oben erwähnte Versetzung und Verschiebung der Felder und Ringe".

392) Bapst S. 261.

393) Vgl. Karmarsch, Handbuch der mechanischen Technologie. Hannover, Helwing, III. Auflage, Band I (1857), S. 120 ff.

394) Nach Artikel 3 der schon mehrfach angezogenen Nürnberger Kannengiesserordnung vom 7. März 1578 war in Nürnberg bei Anfertigung der Meisterstücke bez. der Formen zu denselben Stein und Lehm zu verwenden.

395) Siehe Anm. 196 und S. 20, 67.

396) Vgl. Anm. 379, 380 und 382 sowie S. 48, 54.

397) Beschreibung auf S. 53 ff., Abbildung auf Taf II No. 1.

398) Abbildung dieser Kanne auf Tafel 7 und Beschreibung auf S. 48 ff. Vgl. auch Anm. 379 und 380.

399) „. . . Wichtiger als diese Erwägung ist vielleicht folgende: Jamnitzer hat bekanntlich eine Maschine gehabt, um Ornamente in Silber zu pressen. Durch seine 20 Arbeiten kann man seine Musterkarte gepresster Ornamente feststellen und man hat gefunden, dass diese Ornamente auch auf Stücken vorkommen, welche nicht Jamnitzers Stempel tragen. Offenbar hat Jamnitzer einen Theil seiner Arbeiten nicht lernenden Gesellen übertragen, deren er der Zunftordnung nach nur eine beschränkte Zahl halten durfte, sondern sie von kleinen, aber schon gelernten Meistern herstellen lassen, welche wiederum durch die Zunftordnung gezwungen waren, ihre eigenen Stempel auf die fertigen Arbeiten zu setzen. Möglicherweise hat, wie ich bereits früher vermuthete, Handel, Nachbildung und Diebstahl diese Ornamente auch anderen Meistern zugeführt, welche nicht direkt für Jamnitzer arbeiteten; aber die Wahrscheinlichkeit, dass Jamnitzer, der mit Fürsten und Herren ein ausgedehntes Geschäft betrieb, auch selbständige Meister für sich beschäftigt habe, ein Verfahren, das später allgemein ward, liegt doch sehr nahe". Rosenberg, „Ein Schüler Jamnitzers" in der Zeitschrift „Kunst und Gewerbe", Nürnberg, Verlagsanstalt des Bayerischen Gewerbemuseums (C. Schrag), Zwanzigster Jahrgang (1886), S. 42. Vgl. auch Schwenke und Lange S. 32 und Bergau S. 89 ff.

400) Vgl. z. B. „der Zinngiesser zue Budissin Ordtnung undt Articull" vom Jahr 1616 (in der im Stieber-Museum zu Bautzen aufbewahrten Innungslade der dortigen Zinngiesser) „Gemeine Articull" unter 6: „Auch soll Kein Meister sich mit frembter arbeitt so er selbst nicht gemachett hatt, beladen, oder Zuverkauffen sich Vnterstehen". Eine ganz ähnliche Vorschrift findet sich in der in Anm. 350 angezogenen Königsberger Kannengiesserrolle vom 10. März 1620. Vgl. auch die im Stadtarchiv zu Augsburg befindlichen Augsburger Zinngiesser-Akten 1723—1793: 1735. 29. Nov. No. VII. Dagegen durften z. B. nach der Bestimmung unter 11 im Privilegium der Berliner Zinn- und Kannengiesser vom 31. März 1691 (in einer Abschrift in einem Copialbuch des städtischen Archivs zu Berlin erhalten) die Berliner Zinngiesser mit Waaren handeln, die sie nicht selbst angefertigt hatten. Und dies galt auch für alle Ortschaften der Mark Brandenburg (v. Lamprecht, Von der Kameralverfassung und Verwaltung der Handwerke, Fabriken und Manufacturen in den Preussischen Staaten und besonderheit in der Kurmark Brandenburg, Berlin, Felisch, 1797, S. 47 ff.).

401) Vgl. die übersichtliche Zusammenstellung der verschiedenen Exemplare der Modelle II und IIa nach den in ihren Stempeln befindlichen Anfangsbuchstaben bei Lessing S. 179.

402) Siehe Anm. 352.

403) Vgl. S. 79 ff.

404) Siehe Anm. 343. Im Meisterbuch der Nürnberger Kannengiesser und Kreyß „Jorg" genannt.

405) „Des Ersamen Melchior Kochs (nämlich des Jüngeren) sohn". Siehe S. 37, 78.

406) Vgl. Anm. 481 unter 8 und Anm. 482 unter 18. Schon in der mehrerwähnten Nürnberger Kannengiesserordnung von 1578 findet sich in Artikel 5 eine auf S. 69 wörtlich wiedergegebene bezügliche Bestimmung.

407) Ueber in öffentlichen und privaten Sammlungen befindliche Exemplare dieser Kanne vgl. Anm. 379 und 380.

408) Zutreffend wird bei Schwenke und Lange S. 40 bemerkt: „Es wäre natürlich sehr verkehrt, wenn man den Königsberger Goldschmieden aus dem hiermit nachgewiesenen Pasticciocharakter ihrer Arbeiten einen Vorwurf machen wollte. Die Entlehnung fremder Motive, die Anwendung von Modellen anderer Meister bildete damals, wie gesagt, die Regel. Die Anschauungen über das Mein und Dein in Dingen der künstlerischen Erfindung waren im 16. Jahrhundert bedeutend laxer als heutzutage. Was einmal künstlerisch geschaffen war, galt als Gemeingut aller, wurde sogar theilweise mit der ausgesprochenen Absicht geschaffen, von anderen benutzt zu werden. Wenn sich selbst bedeutende Künstler wie Jamnitzer solcher Entlehnungen nicht schämten, so wäre es ganz ungerecht, den Köhler, Lentz und Hofmann dies zum Tadel anzurechnen. Im Gegentheil muss man ihnen, ganz abgesehen von ihrer technischen Geschicklichkeit, das Lob ertheilen, dass sie diese verschiedenartigen und keineswegs gleichwerthigen Elemente in geschickter Weise miteinander verbunden und aus ihnen ein decoratives Ganze hergestellt haben, das sich, wenn nicht durch höheren künstlerischen Werth, so doch durch eine glückliche Wirkung und den Eindruck solider Pracht auszeichnet."

409) Graul, Revue, S. 59.

410) Auf eine gewisse Verwandtschaft zwischen Briot's Terra und einem Wandgemälde in Fontainebleau und zwischen der Briot'schen Figur der Luft und einem von Etienne Delaune gestochenen fliegenden Hermes (Robert-Dumesnil, Bd. IX, S. 42, No. 105; vgl. daselbst auch No. 103, 104, 106) wurde schon auf S. 15 hingewiesen.

411) Die Mars-Schüssel wird Enderlein zugeschrieben von Bapst S. 262, Maze-Sencier S. 221 (woselbst sie als „chef-d'oeuvre" Enderleins bezeichnet ist) und unter No. 11 auf S. 7 u. 8 des Catalogs der 1893 in Paris versteigerten Sammlung Germain Bapst. Und dieselbe Meinung vertreten auf deutscher Seite — wohl unter dem Einfluss der Ausführungen von Bapst — R. v. S. S. 110, Graul S. 202, Graul, Revue, S. 59, v. Říha S. 4 und Halm S. 11. Vgl. auch Anm. 262.

412) Exemplare der Mars-Schüssel befinden sich z. B. im Musée du Louvre zu Paris (C 350; ohne Stempel), im Musée archéologique zu Genf (ohne Stempel), im Musée des arts décoratifs et industriels in Brüssel (1125; schlechter Nachguss; ohne Stempel), im Kunstgewerbemuseum zu Frankfurt a/M. (in der glatten Hohlkehle der Vorderseite zweimal dieselbe etwas undeutliche Besitzermarke, welche aus einem oben sowie unten und zwar gerade in der Mitte mit einem viereckigen Ausschnitt versehenen Queroval besteht, in dem zweimal das nämliche, einem lateinischen J ähnelnde und wohl auch als ein solches zu lesende Zeichen angebracht ist), im Maximilians-Museum zu Augsburg (292b; mit einem hochovalen Besitzerstempel, welcher mit einer Perlenschnur umrändert ist und einen kahlen, oben in zwei Aeste sich spaltenden und rechts vier Aeste bez. Ausläufer aufweisenden Baum enthält, zu dessen beiden Seiten sich die Buchstaben P S befinden; mit Kanne 292a; beide Stücke von vorzüglicher Erhaltung und aussergewöhnlicher Schärfe, die Schüssel wohl das beste der zur Zeit bekannten Exemplare), im germanischen Nationalmuseum zu Nürnberg (646; ohne Stempel), im Kunstgewerbemuseum zu Dresden (12027), im Kunstgewerbemuseum zu Berlin ('90.200; mit zwei neben einander stehenden Besitzermarken, von denen die links befindliche unter den Buchstaben B T einen Wappenschild enthält, welcher einen mit einer Raute belegten Schrägbalken aufweist, während die rechts ersichtliche unter den Initialen MVG einen Schild zeigt, in dessen Fuss ein dreihügeliger Berg ersichtlich ist, auf welchem zwischen zwei Sternen ein kahler mehrästiger Baum steht; mit gedeckelter Kanne '95.130, die aus der Sammlung Zschille-Grossenhain stammt) sowie in den Privatsammlungen Demiani-Leipzig (ohne Stempel; früher in der Magniac Collection in London; mit Kanne, die sich ehemals in derselben Sammlung befand), Seckel-Frankfurt a/M. (ohne Stempel), Vieweg-Braunschweig (ohne Stempel), Zöllner-Leipzig (ohne Stempel) u. s. w. Das auf S. 7 u. 8 unter No. 11 des Catalogs der 1893 in Paris versteigerten Collection Germain Bapst erwähnte, jetzt im Handel befindliche Exemplar trägt einen mit einer Perlenschnur umränderten, in die Breite gezogenen achteckigen Besitzerstempel, in welchem unter der unregelmässigen Buchstabenreihe IDRABT zwei Wappenschilder neben einander angebracht sind, von denen der linke ein anscheinend aus einem Berg hervorspriessendes Kleeblatt enthält, über welchem in den Schildecken je ein Stern angebracht ist, während die in dem rechten befindliche Figur ganz undeutlich ist und sich auch nicht annähernd erkennen lässt. Diese Marke und die sämmtlichen vorerwähnten Stempel wird man wohl unbedenklich als Besitzerzeichen (deren Deutung leider bisher nicht möglich war!) auffassen dürfen. Derartige Zeichen kommen ja auch auf Exemplaren der Temperantia-Schüssel vor. Siehe Anm. 86. Eine sehr schöne, zur Mars-Schüssel gehörige, aus der Collection Germain Bapst stammende Kanne enthält die im Kunstgewerbemuseum (Rudolphinum) zu Prag ausgestellte Zinnabtheilung der Sammlung Lanna (vgl. Taf. 23). Ein stellenweise stark beschädigtes und reparirtes Exemplar dieser Kanne besitzt das Nordböhmische Gewerbe-Museum zu Reichenberg (L. VIII/76; Höhe einschliesslich des Henkelbogens nur 26,5 Centimeter, da ein Stück des Fusses fehlt; mit dem Ansatz eines abgebrochenen Deckels; ohne Stempel).

413) Siehe S. 53 ff.

414) Bapst S. 262.

415) R. v. S. S. 110.

416) Bapst S. 263 ff.

417) Siehe Robert-Dumesnil, Bd. IX, S. 57 ff., 62 ff.

418) Vgl. Robert-Dumesnil, Bd. IX, S. 58 Anm. 1 und S. 63.

419) Vgl. Robert-Dumesnil, Bd. IX, S. 61 ff. No. 197—200.

420) Cicognara S. 414 ff.

421) Auch bei dieser Kanne ist die Höhe der einzelnen Exemplare häufig eine verschiedene, da dieselben oft neue oder zwar noch alte, aber verbogene oder ungeschickt wieder angesetzte Henkel haben. Das ganz aussergewöhnlich schöne, aus der Sammlung Germain Bapst stammende, im Kunstgewerbemuseum (Rudolphinum) zu Prag ausgestellte Exemplar der Collection Lanna (abgebildet auf Tafel 23), welches tadellos erhalten ist, hat einschliesslich des Henkelbogens eine Höhe von 29 Centimetern, während sein unterer Durchmesser 8,7 Centimeter beträgt.

422) Ueber Exemplare dieser Kanne vgl. Anm. 412.

423) Diese Kanne, welche sich früher in der Sammlung Zschille-Grossenhain befand, ist bereits in den Blättern für Architektur und Kunsthandwerk, III. Jahrgang, Tafel 23 abgebildet.

424) Die umrahmten Plaketten mit BELLUM, INVIDIA und ABVNDANTIA sind 9 Centimeter breit und 6,6 (einschliesslich des Mascarons oben 7,5) Centimeter hoch. Die mit einem ornamentierten Rand nicht versehene Plakette mit der Figur des Friedens ist 8 Centimeter breit und 5,7 Centimeter hoch.

425) Maze-Sencier S. 224.

426) Exemplare der Adam und Eva-Schüssel befinden sich z. B. im Hôtel de Cluny zu Paris (5193), im Musée archéologique zu Genf, im Kunstgewerbemuseum zu Köln (J. 138), im Kunstgewerbemuseum zu Frankfurt a/M., im Bayerischen Nationalmuseum zu München (909), im Kunstgewerbemuseum zu Dresden (9835), im Kunstgewerbemuseum zu Leipzig (1697), im Kunstgewerbemuseum zu Berlin ('90.401) sowie in den Privatsammlungen Demiani-Leipzig, Vieweg-Braunschweig (ohne Rand), Zöllner-Leipzig u. s. w. Zinnstempel tragen die im Vorstehenden aufgeführten Stücke nicht. Im Auctionscatalog der 1888 versteigerten Sammlung Adelmann-Würzburg wird auf S. 114 unter No. 191 eine Adam und Eva-Schüssel erwähnt. Enderlein schreiben die Adam und Eva-Schüssel zu der Catalog des Hôtel de Cluny vom Jahr 1883 S. 424 (5193 „. . . ouvrage allemand attribué à Gaspard Enderlein, de Nuremberg, au XVIe siècle."), Maze-Sencier S. 221, R. v. S. S. 110, Graul S. 202, v. Říha S. 4, Halm S. 11 und anscheinend auch Bapst S. 264. Jedenfalls ist sie an letzterer Stelle als eine deutsche Arbeit bezeichnet. Im Auctionscatalog der 1893 versteigerten Collection Germain Bapst wird auf S. 7 unter No. 9 von der Adam und Eva-Schüssel gesagt: „. . . Nuremberg. Commencement du XVIIe siècle".

[427]) Vgl. das von Robert-Dumesnil in Band IX S. 30 unter No. 27 beschriebene Revsblatt von Etienne Delaune. Der Copist hat einen Theil der Landschaft weggelassen.

[428]) Vgl. die folgenden, von Robert-Dumesnil im Band IX S. 55 ff. unter No. 167 ff beschriebenen Stiche von Etienne Delaune, die hier nach ihren wortgetreu wiedergegebenen Unterschriften — behufs Vergleichung mit denen der entsprechenden Figuren der Adam und Eva-Schüssel — bezeichnet sind: GRAMATIQVE (S. 55 No. 167), ARISMETIQVE (S. 55 No. 168), ASTRONOMIE (S. 55 No. 170), RETORIQVE (S. 55 No. 171), MVSIQVE (S. 56 No. 176) und MINERVE (S. 56 No. 177).

[429]) Für die zwölf Kaiser bilden die von Robert-Dumesnil in Band IX S. 84 ff. unter No. 269—274 beschriebenen, römische Ritter darstellenden Stiche von Etienne Delaune Analogieen. Uebereinstimmung herrscht aber nicht. Copieen, wie bei dem Sündenfall und den Figuren der Minerva und der freien Künste, liegen also nicht vor. Vgl. auch Bapst S. 264. Die Blätter von Etienne Delaune wurden vielfach als Vorbilder benutzt, z. B. von den Emailmalern zu Limoges. Kugler S. 133.

[430]) Dass die arabischen Ziffern lediglich die Reihenfolge anzeigen sollen, erhellt auch aus dem auf Tafel 42 (No. 4) abgebildeten, einen Durchmesser von 19,3 Centimetern besitzenden, im Mittelrund die gegossene Jahreszahl 1630 aufweisenden Zinnteller, in dessen Mitte Kaiser Ferdinand II dargestellt ist, während auf dem Rand in elf mit den fortlaufenden Zahlen 1 bis 11 versehenen Medaillons die Reiterbildnisse deutscher Kaiser angebracht sind. Dieses hübsche Stück trägt auf dem Rand eine gegossene stempelförmige Bezeichnung mit dem Nürnberger Wappen, zwischen dessen Schrägbalken die Buchstaben G S zu lesen sind. Das in der Sammlung Demiani-Leipzig befindliche Exemplar weist überdies noch einen eingeschlagenen Nürnberger Stempel mit einem W (Wadel? — vgl. S. 48) und einem Stern zwischen den Schrägbalken auf.

[431]) Siehe S. 10.

[432]) Auctionscatalog der Sammlung Germain Bapst S. 7 No. 10: „. . . Allemagne. Fin du XVIe siècle. Pièce considérée comme unique".

[433]) Exemplare dieser sehr seltenen Schüssel befinden sich z. B. in den Sammlungen Demiani-Leipzig (sehr scharf und gut erhalten; aus der Collection Germain Bapst), A. Ritleng sen.-Strassburg und Zöllner-Leipzig. Stempel sind auf diesen Stücken nicht angebracht.

[434]) Vgl. Anm. 447.

[435]) Vgl. Anm. 440. Auch sei darauf hingewiesen, dass zahlreiche hervorragende Edelmetallarbeiten keine Marken aufweisen. Essenwein S. 33 ff.

[436]) Exemplare dieser Schüssel enthalten z. B. das Kunstgewerbemuseum zu Berlin ('91.92; ohne Stempel; früher in der Collection Felix-Leipzig) und die Sammlung Vieweg-Braunschweig (ohne Stempel). Ein von Bapst auf S. 245 als besonders schön bezeichnetes Exemplar befand sich in der 1892 in Paris versteigerten Collection Leclanché (vgl. den Auctionscatalog S. 53 No. 152: „. . . . Modèle rare. XVIe siècle") und ein weiteres in der 1884 in Köln versteigerten Sammlung Parpart (vgl. den Auctionscatalog S. 52 No. 681). Darüber, wo diese beiden Stücke zur Zeit sich befinden, ist Näheres nicht zu ermitteln gewesen.

[437]) Ein zwingender Anlass, die in Rede stehende Schüssel mit Bapst (S. 245) für das älteste Stück der Gruppe der Prunkschüsseln in der Art Briot's und Enderleins zu halten, dürfte nicht vorliegen.

[438]) Siehe S. 17 und Anm. 199.

[439]) Derartige Ornamente wurden dadurch hergestellt, dass man entsprechend geformte Punzen mit dem Hammer in angemessener Reihenfolge und Anzahl in das weiche Zinn einschlug. Man erkennt dieses Verfahren leicht daran, dass dergestalt erzeugte Verzierungen bisweilen einander überschneiden oder nicht genau in derselben Linie stehen. Sie unterscheiden sich dadurch von ähnlich aussehenden Figurationen, welche durch Guss in Hohlformen gewonnen wurden, in denen man gewisse häufig sich wiederholende Motive ebenfalls durch Einhämmern von Punzen angebracht und dabei etwa entstandene Unregelmässigkeiten durch Nachgravieren thunlichst beseitigt hatte. Zinngeräthe, auf denen die Ornamente sämmtlich oder zum Theil mittels nach Art der Zinnstempel eingeschlagener Punzen hervorgebracht sind, kommen häufiger vor. Vgl. S. 75 und Anm. 128.

[440]) Von dieser Schale befinden sich z. B. Exemplare im Bayerischen Nationalmuseum zu München (8641 ohne Stempel!) und in der Sammlung Zöllner-Leipzig.

[441]) Von dieser Schale existieren z. B. Exemplare in der Collection Thewalt-Köln (mit zwei dicht neben einander stehenden, sogenannte Hausmarken enthaltenden Besitzerstempeln auf dem Rand) und in der Sammlung Demiani-Leipzig (gewöhnlicher Nürnberger Stempel ohne jedwedes Zeichen zwischen den Schrägbalken).

[442]) Baader bei v. Zahn S. 234. Bemerkt sei noch, dass Nagler (Die Monogrammisten, München, Franz, Bd. III [1863], S. 1021 unter No. 2680) einen unbekannten Formschneider nennt, welcher um 1567, vermuthlich in Nürnberg, thätig war und ebenfalls I K signierte.

[443]) Baader 1. Reihe S. 5. Bösch, „Nürnberger Steinschneider und Bildschnitzer des 16. Jahrhunderts" in den Mittheilungen aus dem germanischen Nationalmuseum, Band II (Jahrgänge 1887—1889), S. 278: „Kremer, Hans, Bildhauer hinter dem Tetzel, †1567" und in Anmerkung 8: „Nach Trechsels Verneuertem Gedächtnis des Nürnbergischen Johannis-Kirch-Hofs S. 194 wurde Hans Kremer — † am 29. Februar 1568 — daselbst beerdigt. Sein Wappen auf dem Grabstein zeigt zwei ins Kreuz gelegte Meissel". Die Lesart I = Johannes = Hans hat nichts Befremdendes. Nagler führt in seinem in der vorigen Anmerkung gedachten Werk (Bd. III S. 1028 unter No. 2685 und No. 2686) Johannes oder Hans Kuchenbeck und Johannes oder Hans Keppler an, welche beide I K zeichneten. Da in der ersten Hälfte des 16. Jahrhunderts verschiedene Nürnberger Zinngiesser Namens Kremer vorkommen, nämlich (nach den Nürnberger Meister- oder Bürgerbüchern) Fritz Kremer, welcher 1510, und Friedrich Kremer, welcher 1518 Bürger wurde, sowie (nach dem Meisterbuch der Nürnberger Kannengiesser) Dietrich Kremer, welcher 1537 starb, so könnten möglicherweise für Hans Kremer verwandtschaftliche Beziehungen der Anlass gewesen sein, Gussformen für Zinngiesser herzustellen.

[444]) Dieses aus der Sammlung Warnecke-Berlin stammende Stück der Collection Demiani-Leipzig ist in seiner späteren Umgestaltung wohl Unicum (gewöhnlicher Nürnberger Stempel mit einem Punkt zwischen den Schrägbalken.)

[445]) Vgl. Anm. 383.

[446]) Das in der Sammlung Demiani-Leipzig befindliche Exemplar dieser Schale zeigt im Mittelstück den gewöhnlichen Nürnberger Stempel mit zwei Sternen zwischen den Schrägbalken und auf dem Rand eine Besitzermarke, welche aus einem lateinischen H besteht, dessen obere und untere Enden ebenso wie sein Querbalken durch eingesetzte bez. hindurchgelegte Striche verändert sind.

[447]) Exemplare dieser Schale befinden sich z. B. im Berliner Kunstgewerbemuseum (K 4563; mit einem undeutlichen Nürnberger Wappenstempel) und in der Sammlung Demiani-Leipzig (nur mit einer Hausmarke [Besitzerstempel] versehen, welche aus den lateinischen Buchstaben H und K zusammengesetzt ist; auf dem Querstrich des ersteren steht ein Kreuz, dessen Seitenarme nach oben umgebogen sind, während seine Spitze die Form einer Raute hat).

[448]) Bapst S. 264.

[449]) Lessing S. 179.

[450]) Exemplare dieser Schale befinden sich z. B. im Bayerischen Gewerbemuseum zu Nürnberg (Inventar-No. 3022, No. 182 des Verzeichnisses der Metallgegenstände) und in den Sammlungen Schlosser-Innsbruck (1893 auf der Tyroler Landes-Ausstellung zu Innsbruck ausgestellt gewesen) und Demiani-Leipzig (gewöhnlicher Nürnberger Stempel mit einem W [Wadel? — vgl. S. 48] zwischen den Schrägbalken).

[451]) Graul S. 202.

[452]) Lessing S. 179.

[453]) Exemplare dieses Tellers befinden sich z. B. im Kunstgewerbemuseum zu Berlin (K 4568; gewöhnlicher Nürnberger Stempel mit M H zwischen den Schrägbalken; ein zweiter Abguss M 3196 ist vergoldet und trägt denselben Stempel, jedoch mit den Initialen I R [oder I K?

auf den 1633 Meister gewordenen Jerg Rossler — vgl. Anlage S. 84 — oder auf die Zinngiesser Jorgl Kropff (S. 39), Jacob Koch den Jüngeren (S. 78) oder Joachim Koch (S. 78) zu beziehen?]) und in der Sammlung Demiani-Leipzig (gewöhnlicher Nürnberger Stempel mit einem [oder zwei?] S zwischen den Schrägbalken). Eine vollständige Aufzählung aller existierenden Abgüsse dieses sehr oft vorkommenden Stücks dürfte kaum möglich, im Hinblick auf dessen verhältnissmässig geringen künstlerischen Werth aber wohl auch entbehrlich sein.

[454]) Exemplare dieses Tellers enthalten z. B. das Kunstgewerbemuseum zu Leipzig (J. C. 674; ohne Stempel) und die Sammlung Demiani-Leipzig (ohne Stempel).

[455]) Ein Exemplar dieses Tellerchens birgt die Sammlung Demiani-Leipzig (gewöhnlicher Nürnberger Stempel mit einem Zeichen zwischen den Schrägbalken, welches einer schräg gestellten arabischen 3 ähnelt) und ein weiteres kam Ende 1896 im Münchener Antiquitätenhandel vor. Die Initialen C E sind an der Stelle des Randes angebracht, welche sich unter dem Schwanz des Doppeladlers befindet.

[456]) Exemplare dieses Tellerchens befinden sich z. B. im Bayerischen Nationalmuseum zu München (890; gewöhnlicher Nürnberger Stempel mit einem Zeichen zwischen den Schrägbalken, welches einer schräg gestellten arabischen 3 ähnelt, also dieselbe Marke wie auf dem in Anm. 455 erwähnten Stück der Sammlung Demiani-Leipzig) und im Nordböhmischen Gewerbe-Museum zu Reichenberg (L. VIII/32; ebenfalls mit dem Nürnberger Wappenstempel, zwischen dessen Schrägbalken eine schräg gestellte arabische 3 angebracht ist; der genaue Durchmesser beträgt 13,7 bis 14 Centimeter, je nachdem der Rand etwas eingedrückt ist oder nicht).

[457]) Von Lorenz Lang heisst es im Meisterbuch der Nürnberger Kannengiesser, welches zahlreiche Personen dieses Familiennamens aufführt (vgl. S. 76 ff.): „Diser maister hatt von handtwerckh gelasen vnnd Ein Kremer worden."

[458]) Ein Exemplar dieses Tellerchens befindet sich z. B. in der Sammlung Zöllner-Leipzig.

[459]) R. v. S. S. 110.

[460]) Vgl. Auctionscatalog der Sammlung Paul S. 162 No. 1194.

[461]) Dieser die gegossene erhabene Jahreszahl 1619 aufweisende Teller ist fast in allen öffentlichen und privaten Sammlungen vertreten und darf als diejenige gelieferte Zinnarbeit gelten, von welcher die meisten Abgüsse existieren. Dieselben tragen in der Regel den gewöhnlichen Nürnberger Stempel und zwischen dessen Schrägbalken die Buchstaben B Ö, welche man unter Berücksichtigung der uncorrecten Schreibweise des 17. Jahrhunderts wohl auf den 1604 Meister gewordenen, von 1626 bis 1630 Geschworener gewesenen und 1634 verstorbenen Nürnberger Zinngiesser Paulus Öham (Öhem, Ham) deuten kann. Die beiden Punkte links seitlich vom O sind z. B. auf dem im Berliner Kunstgewerbemuseum verwahrten Stück (K. 4170) ganz deutlich erkennbar. Daneben kommen auch Exemplare mit Nürnberger Stempeln vor, zwischen deren Schrägbalken ein schräg gestelltes S und ein vertikaler Strich (I? = Johannes, Hans?) zu erkennen ist. Vielleicht ist dieses „Beigemerk" dasjenige des schon auf S. 40 und in Anm. 359 erwähnten Hans Spatz oder des bereits auf S. 40 und in Anm. 362 angeführten Hans Schlez. Die in Eisen geschnittene Form dieses Tellers befindet sich in der Sammlung Zöllner-Leipzig. Die in seinen Randmedaillons angebrachten Darstellungen kehren mit einigen nicht unbedeutenden Abweichungen auf der Leibung eines 13,9 Centimeter hohen und einen unteren Durchmesser von 11,3 Centimeter besitzenden Zinnkrugs wieder. Auf dem Deckel desselben ist ein Rundmedaillon mit dem Opfer Noahs und einer nicht ganz deutlichen Jahreszahl (1708 oder 1718? — unter der mit derjenigen des Tellers übereinstimmenden Unterschrift) angebracht. In dem Eva Erschaffung enthaltenden Queroval erblickt man das erhabene, gegossene Wappen von Colmar (Morgenstern bez. Streitkolben). Exemplare z. B. im Schongauer-Museum in Colmar, in der Sammlung Zöllner-Leipzig und in der Sammlung Demiani-Leipzig (auf Henkel Stadtmarke von Colmar mit dem dortigen Wappen und der Jahreszahl 1658 und ein undeutlicher Meisterstempel mit einem R; 1658 Datum einer Colmarer Zinngiesserordnung, also nicht im Widerspruch mit 1708 bez. 1718.)

[462]) Zeitschrift des Kunst-Gewerbe-Vereins in München, München, Hirth, Jahrg. 1886, S. 32 und Taf. 9.

[463]) Ein Exemplar dieses Deckelbechers ist z. B. in der Sammlung Demiani-Leipzig enthalten (früher im Besitz des Antiquars Probst in Stuttgart, mithin das in der Zeitschrift des Münchener Kunst-Gewerbe-Vereins [Jahrg. 1886, Taf. 9] abgebildete Stück; dann in der Sammlung Zschille-Grossenhain; als Marke die gekrönte Nürnberger Rose mit den — wohl auf den am 3. August 1589 Meister, 1603 Geschworener gewordenen und am 20. Februar 1610 verstorbenen Nürnberger Zinngiesser Paulus Beham zu deutenden — Buchstaben PB zu beiden Seiten; ausserdem noch als Hinweis auf einen Besitzer eingestempelt S. PONTIANO). Im Herbst 1896 bot ein Münchener Antiquitätenhändler ein vergoldetes Exemplar an, auf dessen Deckel sich ein später hinzugefügtes Figürchen befand.

[464]) Exemplare dieser Variante befinden sich z. B. im Kunstgewerbemuseum zu Berlin (*83.674*; ohne Stempel; 16 Centimeter hoch) und im Nordböhmischen Gewerbe-Museum zu Reichenberg (L. VIII/80; ohne Stempel; abgebildet auf der Lichtdruckbeilage der Mittheilungen des Nordböhmischen Gewerbe-Museums, XIV. Jahrg., No. 2; einschliesslich der Deckelfigur 20 Centimeter hoch; der den Deckel krönende, etwas beschädigte, im Lauf begriffene geflügelte Engel ist alt und echt und zeigt auch keine Spuren von Ueberarbeitung; die Nähte zwischen den beiden Giessformhälften sind überall stehen geblieben).

[465]) Vgl. z. B. das Lob, welches Eobanus Hessus (Vrbs Norimberga carmine heroico illustrata, abgedruckt bei Wagenseil S. 303 ff. [vgl. S. 431 ff.]) den Nürnberger Zinngiessern spendet. Siehe auch Hapst S. 238 ff.

[466]) Scharrer, Ein Blick in Nürnbergs Gewerbsgeschichte, Einladungsschrift zu den öffentlichen Prüfungen der Schüler der technischen Lehranstalten in Nürnberg am Schlusse des Schuljahres 1835/36, Nürnberg, Campesche Officin, S. III.

[467]) Der am frühesten, nämlich 1301, genannte Name eines bestimmten Zinngiessers ist vielleicht derjenige des bremischen Meisters Henricus. Focke, Werkmeister, S. 851 „Henricus, kannenaker, ist im Burgerbuch 1301 als Bürger, 1339 als Bürge verzeichnet." Vgl. auch das von Focke gegebene Meisterverzeichniss S. 862.

[468]) Hegel, die Chroniken der deutschen Städte vom 14. bis in's 16. Jahrhundert, Leipzig, Hirzel, Band II (1864), S. 507 ff.

[469]) Vgl. die in Anm. 232 erwähnten Nürnberger Rathsbücher No. 4 Bl. 113.

[470]) Vgl. Lochner, Geschichte der Reichsstadt Nürnberg zur Zeit Kaiser Karls IV., Berlin, Lobeck, 1873, S. 173 ff. und Kamann, „Die Zunftlade der Nürnberger Strumpfwirker" in den Mittheilungen aus dem germanischen Nationalmuseum, Band II (Jahrgänge 1887—1889), S. 82 ff.

[471]) v. Murr, Journal, S. 108. Die Vorschrift, dass die Zinngiesser eine Legierung aus 10 Pfund Zinn und 1 Pfund Blei verarbeiten mussten, findet sich nicht nur in Nürnberg schon sehr frühzeitig. Sie bestand z. B. auch in München zu Ende des 14. Jahrhunderts und kommt bereits im Brünner Statut von 1387 vor. Schlichthörle, die Gewerbsbefugnisse in der K. Haupt- und Residenzstadt München, Erlangen, Palm und Enke, 1845, Band II, S. 364. Schirek, Jahrgang XI (1893), No. 3, S. 38.

[472]) Neuwirth, Geschichte der bildenden Kunst in Böhmen u. s. w., Prag, Calve, 1893, Band 1, S. 314 ff.

[473]) Z. B. in Augsburg, Bautzen, Berlin, Brünn, Dresden, Dinkelsbühl, Freiburg im Breisgau, Graupen, Leipzig, München, Nördlingen, Regensburg, Strassburg im Elsass, Ulm, Wien und Würzburg sowie seit 1614 im ganzen Kurfürstenthum Sachsen.

[474]) Berling, „Sächsische Zinnmarken" im Kunstgewerbeblatt, Jahrgang III (1886/87), S. 133.

[475]) Abgedruckt im Reichsgesetzblatt 1887 S. 273 ff. und abgeändert in einem hier nicht in Frage kommenden Punkt durch das Reichsgesetz vom 22. März 1888 (Reichsgesetzblatt 1888 S. 114).

[65]) In Baden und Württemberg waren zwei Mischungen aus je 1 Pfund Blei und 9 oder 4 Pfund Zinn zulässig. Eine Lübecker Satzung von 1633 stellte den statthaften Bleigehalt bei Zinngefässen nach dem Verhältniss von 1 : 8 fest. Die sogenannte Kölnische Probe („Probe zum Sechsten"), nämlich 6 Theile Zinn und 1 Theil Blei, war ziemlich weit verbreitet und bestand u. A. auch in ganz Hannover sowie in Mainz. In Bremen kamen beim sogenannten klaren oder Voll-Gut später 5 (früher 10) Pfund Zinn auf 1 Pfund Blei, während das sogenannte Halb- oder Mankgut (d. i. vermengtes Gut) aus 4 und in späteren Zeiten aus $2^1/_2$ Theilen Zinn und 1 Theil Blei hergestellt wurde. Eine Berliner Bestimmung aus dem Anfang des 16. Jahrhunderts besagt: „Das dritte Zynn nemen sie drey pfunt Zyn vnnd eyn pfunt bley, das heysset zum virden, vnd ist auch das geringste Zyn, das sie arbeyten zu leipzig." Nach einer Ordnung für das Ordensland Preussen vom 2. December 1433 sollten Kannen aus zwei Dritteln Zinn und einem Drittel Blei gefertigt werden. In Riga wurde unter der Bezeichnung „Kannenmackgut" eine Mischung verarbeitet, welche eben so viel Zinn wie Blei enthielt. Und dasselbe Gemisch finden wir auch anderwärts als sogenanntes „Halbwerk". So heisst es z. B. in der vorerwähnten Berliner Satzung: „Item Halbwerck das ist halb Zynn vnnd halb bley vnnd was auch also gemachett wirtt, das hatt auch eyn eygens Zeychen vnnd wirt auch vor Halbwerck verkofft."

[66]) Der neunte der Innungs-Artikel der Dresdener Zinngiesser vom 19. Mai 1609 (Urkunde des Dresdener Rathsarchivs, Zinngiesser, No. 51a) sagt: „. . . . die Proba Zum Zehenden, wie es albier vor hundert Jahren bräuchlich . . . .". Die im Stadtarchiv zu Augsburg aufbewahrten Zinngiesser-Akten 1549—1740 No. 67 enthalten einen Bericht der Kannengiesser zu Augsburg an den dortigen Rath aus dem Jahr 1613, in welchem es heisst: „. . . . vnd solche Prob würdet nicht allein alhie, sondern auch zu Nürnberg, Vlmb, Nördlingen, Dünckhlspühl vnd anderer orthen im Reich also obseruirt, auch dannenhero die Reichs Prob von vns genannt . . . ." Und auch die im Sieber-Museum zu Bautzen befindliche Ordnung der dortigen Zinngiesser von 1616 „Gemeine Articull" Punkt 1 setzt fest: „Die probe belangende, soll man dieselbe, wie es im ganzen Lande breuchlich, Vnd Von Altershero befunden worden, vleissig in Acht nehmen, Vnd darob sein, damit Je allwege auff 10 ℔ gutten bergk lautter Ziehn, das eilffte pfundt bley, Am Zusatze befunden werde."

[67]) Nürnberg, Korn, 1879. Vgl. daselbst die Einleitung S. III.

[68]) Mit dem Inkrafttreten der „verneuerten" Ordnung von 1578 scheinen die aus den Jahren 1586 und 1617 stammenden Zusätze zu der Ordnung von 1536 im Widerspruch zu stehen. Sie sind aber offenbar an diese ältere Ordnung nur deshalb angefügt worden, weil im Pergamentcodex an der betreffenden Stelle gerade noch Platz war, während es hinter der Ordnung von 1578 nach Beschreibung der Zusatzbestimmung vom 8. März 1578 an Raum fehlte. Der Zusatz von 1586 gestattet den Hafnern, die Krüge auch bei auswärtigen Kannengiessern decheln (beschlagen) zu lassen, und derjenige von 1617 setzt fest, dass, abgesehen von gewissen Ausnahmen, nur die Zinngiesser altes Zinn aufkaufen und verarbeiten dürfen. Beide finden sich — als Artikel 27 und 28 — auch unter den Zusätzen zu der Ordnung von 1578.

[70]) Fast sämmtliche Zinngiesserinnungen führten entweder allein oder neben anderen Gegenständen eine — gewöhnlich gehenkelte, bauchige und mit schlankem Hals versehene — Kanne im Wappen. Vgl. z. B. Grenser, Zunft-Wappen und Handwerker-Insignien, Frankfurt a/M., Rommel, 1889, S. 118.

[71]) Das Meisterbuch der Nürnberger Kannengiesser hat folgenden Inhalt:

1. Ein nach den Vornamen alphabetisch geordnetes Register aller Zinngiessermeister nebst einem Nachtrag. Melchior Koch ist also z. B. nicht unter K, sondern unter M zu suchen, wo der Taufname vor dem Familiennamen steht.
2. Drei Vermerke, eine auch in Art. 29 (Zusatz v. J. 1630) der mehrerwähnten Ordnung von 1578 enthaltene Bestimmung (zwei Meister sollen nicht in demselben Haus wohnen und nicht in derselben Werkstatt arbeiten), den (1663) den Kannengiessern allein zustehenden Handel mit Krügen und einen vorschriftswidrig angefertigten und benutzten Zinnstempel betr.
3. „Vorrede dis buchs an den lesser". Im Eingang wird erzählt, dass das Meisterbuch 1560 „angefangen" worden sei, „zue welcher Zeitt der Eltist meister hie gewesenn ist mitt Namen melcher koch welcher anno 1517 meister worden ist, In welchem Jar hie gewesen Sindt, Nitt mehr dan dreyzehen Meister, wie Dann dieselbigenn hernach mitt Namen genendt werden . . . . ." Am Schluss wird gesagt, dass 1560 „auch die Taffel der Maister vnd gesellenn (vgl. S. 67) gemacht Wardenn". Der übrige Inhalt dieser Vorrede ist bereits an geeigneten Stellen (vgl. z. B. Anm. 304 und S. 69) verwerthet worden.
4. Ein chronologisches Verzeichniss aller Zinngiessermeister, nähere Angaben über dieselben enthaltend und die Zeit von 1517 bis 1868 (letzter Eintrag aus dem Jahr 1866) umfassend. Ein umfangreicher Auszug daraus befindet sich in der Anlage (S. 83 ff.).
5. Nachrichten über dem Handwerk hinterlassene Vermächtnisse aus den Jahren 1583 (Nikolaus Horchammer; vgl. S. 79 ff.), 1735 (Johann Christoph Mager) und 1690 (Andreas Dambach).
6. Vermerk vom 21. August 1656 über die Bestrafung eines Nürnberger Rothschmieds, welcher trotz des entgegenstehenden bezüglichen Verbots (Art. 18 der Ordnung von 1578) einem auswärtigen Zinngiessermeister (in Neuburg an der Donau) Schüsselformen gemacht hatte.
7. Aufzeichnungen aus den Jahren 1662, 1686 und 1667 über Anschaffung, Kosten und Ergänzung eines von dem Schreinermeister Carl Haupt in der Hirschelgasse gefertigten Innungsstuhls mit einem Zinnkännchen und einem Zinnschüsselchen, Geschenken der Brüder Georg und Caspar Wadel (vgl. S. 48), oben darauf.
8. Bemerkung: „Anno 1676 Adj 15 Aprill Haben Wir drey Geschwornen hin Neu Zin Blatt darauff die Angehenden Maister ihre Adler schlagen in die laden geschafft, ist dass blat dem Jetzigen Wehrt bezahlt worden dem Alten Zin gemäblichen dass ℔ à 18 xl (das Pfund bei zu zu 18 Kreuzer). Waren die Geschworenen Burckhardt Kühn Caspar Wadel Zacharias Spatz."
9. „Raths Verlass" vom 22 November 1732, wonach der von einem neu aufgenommenen Meister an die Innung zu zahlende Betrag von 25 fl. auf 20 fl. herabgesetzt wird und „bey dem Stillstand mit dem Jungen Lehren auf 2 Jahr aber es der Zeit nach Zu lassen." („Stillstand" = Zeitraum, den ein Meister verstreichen lassen musste, bevor er nach Entlassung eines Lehrlings wieder einen anderen annehmen durfte.)
10. Abschrift der Obligation des Johann Eberlein über vom Handwerk ihm geliehene 100 fl. (Eberlein war Gastwirth zum goldnen Reichsadler, wo die Herberge der Zinngiesser sich befand.) Darunter folgender Vermerk: „diese hundert, und noch 100 fl. dass also zwey hundert Gulden waren, sind durch die Eberleinischen Erben, Fr: Kleinertin, u: die noch ledige Schwester Jgfr: Eberlin eingebüsset worden, dass wir also genöthiget worden, die Herberg von dar weg, u: zum rothen Ochsen, beÿm Walsenbäuers (sic!) zu legen."
11. Ein Spruchgedicht, die Nürnberger Kannengiesser betr., von Hans Sachs aus dem Jahr 1543. Vollständig publicirt von Bösch in den Mittheilungen aus dem germanischen Nationalmuseum, Band II (Jahrgänge 1887—1889), S. 73 ff. Theilweise abgedruckt auf S. 76.
12. Ein Verzeichniss aller Zinngiessermeister, welche geschworene Meister (d. i. Obermeister — vgl. S. 40, 47) waren, den Zeitraum von 1527 bis 1868 umfassend (letzter Eintrag vom 25. Februar 1867). Die auf Caspar Enderlein bezüglichen Stellen sind auf S. 40 wortgetreu abgedruckt.
13. Ein Schreiben, mit welchem die letzten 17 Mitglieder des unter dem 1. Mai 1868 aufgelösten Nürnberger „Zinngiessergewerbes" ihre Lade und deren Inhalt nebst der „Gewerbslahne" dem germanischen Nationalmuseum zu Nürnberg unter Vorbehalt des Eigenthums- und Benutzungsrechts übergaben. Vgl. S. 66.

14. Verzeichniss des Inhalts dieser Lade. Wörtlich wiedergegeben in der folgenden Anm. 482.
15. Notiz über eine 1726 bewirkte Einlage von 90 fl. in die Lade.
16. Ein in der bereits oben unter 1 beschriebenen Weise nach den Vornamen alphabetisch geordnetes Register aller geschworenen Meister.

Das 261 Blätter enthaltende Meisterbuch weist keine durchlaufende Paginierung oder Foliierung auf. Zwischen den einzelnen vorstehends aufgeführten Nummern findet sich in der Regel eine grössere oder geringere Anzahl unbeschriebener Blätter.

482) „Verzeichniss der in der Lade befindlichen Bucher (sic!), Urkunden etc:

1. Gesetzbuch von 1693. (Dieses 1693 angelegte Gesetzbuch enthält die mehrerwähnte Nürnberger Kannengiesserordnung vom 7. März 1578 nebst allen Zusätzen und einigen weiteren Bestimmungen, von denen die folgende, im Jahr 1700 getroffene hervorgehoben sein möge: „Zu Verhütung fernerer gefährlichkeit in der Zinn Prob und damit der Abkäuffere ferner nicht übel angeführet, und die hiesige Prob in der Frembde verdächtig gemacht werde, auch man künfftig wissen möge, wann jedes Zinnwerck verfertigt worden, aller Meister ihre Zeichen Einen mit einem gewissen punctlein zu bemercken.")
2. Das Meisterbuch, angelegt 1560 worinnen alle Meister von 1517 bis 1868 sowie die Geschworenen von 1527 bis 1868 genau verzeichnet sind, nebst einem Gedicht von Hans Sachs 1543.
3. Das Lehrjungenbuch angelegt 1569—1577.
4. 1 dergleichen von 1704—1861.
5. Einschreibebuch der jährlichen Rechnungs-Ablagen.
6. Der Kandengiesser-Handwerks Gesellenordnung.
7. Das andere 1573 verbessert 1608, erneut 1715.
8. Der Kandengiesser Gesellenordnung als Schenkordnung 1536. (Ueber die Bedeutung des Wortes „Schenke" vgl. Anm. 492.)
9. Ordnung und bericht der Ordenmeister wie sie sich gegen die Gesellen verhalten sollen, von wegen des Arbeitschauens 1575. („Die Uerten, Uerten, Irten, Erten, die Rechnung des Wirths uber das, was die Gäste verzehrt haben, die Zeche . . . . . der Irten-, Uerten-, Uerten-Gesell bei einigen Handwerken ist derjenige, der den ankommenden Wandergesellen den Willkomm reicht." Schmeller-Frommann Bd. I Sp. 152 ff. Die Oertengesellen, welche auch Oertenmeister genannt wurden, führten überdies den Vorsitz in den Gesellenversammlungen, verschafften den zugewanderten Gesellen Arbeit u. s. w.)
10. Krankenbüchsenbuch der Gesellschaft.
11. Der Ortenmeister Büchlein 1659 auf Pergament.
12. 1 Kirchensitzbüchlein im Futteral v. 1558 bis 1785 in Pergament, worinnen alle Meister eigenhändig verzeichnet sind, und welches jeden nach der Reihenfolge zugesendet wurde wie das Kirchensitzen an ihm kam. abgebracht 1848.
13. 1 dergleichen von 1736 erneut 1739 bis 1850 eingetragen von welcher Zeit das Kirchensitzen vom Gewerb aufgehoben wurde. mit seinem Futteral nebst dem Schlüssel zum Kirchenstuhl bei Sct Lorenz.
14. Gebührentaxordnung von 1783.
15. Urkunden v. d. Jhr: 1415. 1600 bis 1700.
16. Vorbehaltliche Erklärung der Zinngiesser 1816.
17. Magistratsbeschlüsse in Klagsachen wegen Gewerbsbeeinträchtigung der Glaser, Messerschmiede, Drechsler etc:
18. 4 Platten von Zinn, worauf die Meister nach dem Meisterspruch ihre Probezeichen nebst Namen, eigenhändig aufschlagen und stechen mussten. von 1792 bis 1830. (Vgl. Anm. 481 unter No. 8.)
19. 5 Stück Zeichenstempel womit die Probe aufgeschlagen wurde, und welche jedesmal nach dem Todte eines Meisters abgeliefert und in der Lade verwahrt wurden. die älteren sind wahrscheinlich bei Anhäufung vernichtet worden.
20. Ein in Messing getriebenes Handwerkschild mit Namen Sigmund, Gottfried Rutisch. August Wilhelm, Albrecht. ohne Jahrzahl. Wahrscheinlich die Verfertiger des Schildes da keiner dieser Namen im Buch verzeichnet.
21. Ein Spitzhamer welcher früher blank polirt war, womit die Metallstücke der Meisterstücke durch aufschlagen geprüft wurde und wenn sich darinen eine dünne Stelle befunden, so wurde mit der Spitze ein Loch durchgeschlagen, und verworfen.
22. 2 Battist Tücher an den Ecken mit feinem Gold gestikt S. M. 1742 womit die Pokale, welche im vorigen Jahrhundert aus Furcht vor den Franzosen verkauft wurden, jedesmal nach Gebrauch abgetrocknet.
23. ein eisernes Lineal und 3 Plättersplane worinen die Platten gegossen wurden zwischen Steinen und Pappendeckel. (Vgl. Anm. 128.)
24. Das Gewerbesiegel.
25. Das Gewerbegesellenbuch von 1865."

(Unter dem Original des vorstehenden, in der Schreibweise der Urschrift getreu wiedergegebenen Verzeichnisses befindet sich ein Abdruck des auf S. 66 beschriebenen „Gewerbesiegels".)

483) Ortloff S. VII.

484) Vgl. Anm. 335.

485) Vgl. S. 6, 8 und Anm. 93 und 482 unter 21.

486) Roth Theil IV S. 246 ff.

487) Vgl. auch S. 38 ff. und Anm. 345.

488) Vgl. auch Anm. 304.

489) Bösch, „Hans Sachs' Spruchgedichte von den Nürnberger Kandelgiessern" in den Mittheilungen aus dem germanischen Nationalmuseum, Band II (Jahrgänge 1887—1889), S. 73 ff.

490) Dieses Gedicht von 1560 ist auch abgedruckt in der 207ten Publication des Litterarischen Vereins in Stuttgart (Tübingen), (47sten Jahrgangs, 1896, 4te Publikation), enthaltend Hans Sachs, Band 23, S. 171 ff. Vgl. auch Anm. 481 unter 3.

491) Siehe S. 77.

492) „Schenke (Schenk)" bedeutet ursprünglich so viel wie Schmaus, Festlichkeit, Mahl (vgl. Schmeller, Bayerisches Wörterbuch, Stuttgart und Tübingen, Cotta, Theil III, 1836, S. 373; Gebrüder Grimm, Deutsches Wörterbuch, Leipzig, Hirzel, Band VIII, Sp. 2543). Daher auch die Wendungen „Ein- und Ausschenken" d. h. den Gesellen beim Auswandern den Ehrentrunk reichen, im Gegensatz des Einschenkens, des Bewillkommnens mit dem Trunk (Grimm, a. a. O., Band I, Sp. 948). Im weiteren Sinn wurde der Ausdruck „Schenke" auch auf die ohne einen kräftigen Trunk aus dem „Willkomm" ja nicht verlaufenden Versammlungen der Handwerksgesellen angewendet, wie die angezogenen Verse von Hans Sachs und Punkt 1 ff. der Leipziger Zinngiesserartikel von „Freitag nach Egidii Abbatis" 1534 (Pergamenturkunde des Leipziger Rathsarchivs) beweisen. Da die „Handwerksschenke" einen gewissen Zwang mit sich brachte und auch sonst zu mancherlei Unzuträglichkeiten führte, wurde sie häufig verboten, insbesondere durch Titel 39 der Reichspolizeiordnung von 1530. Aber letztere Bestimmung fand nicht überall Beachtung. Denn das Gedicht von Hans Sachs lehrt uns, dass die Nürnberger Kannengiessergesellen um 1543 „schenckh all vier wochen" hatten und zwar „am Vischpach doben bei der Sunen". Später wurde sie verboten. Das erhellt aus einem vom 13. März 1570 datierten Schreiben von „Burgermaister vnnd Rhat zu Nurmberg" an den Leipziger Stadtrath (in den im Leipziger Rathsarchiv verwahrten Akten LXIV. 78). Darin wird gesagt, die „Maister des Zin oder Kantengiesser handwercks" zu Nürnberg hätten darüber geklagt, dass bei ihren Leipziger Collegen „die schenckh . . . . . noch im schwanng gehe, vnnd das sie vnnd Ir gesinnd . . . darumb nit gefurdert (gefördert d. h. mit Arbeit u. s. w. versorgt) werden wollen, das die handwerckschenncken alhie aufgehoben sein", und deshalb gebeten, im Hinblick auf die erwähnte reichsgesetzliche Vorschrift, der doch nachzugehen sei, die Handwerksschenken ebenfalls zu untersagen. Vielleicht hängt es mit diesem Vorfall zusammen, dass der Nürnberger Rath, welcher schliesslich bezüglich des Verbots der „Gesellenschenken" fand, „dass an andern auswärtigen Orten im Reich wenig darob gehalten" werde, dasselbe, wenn auch unter allerlei Verklausulierungen, „der herkommenden Gesellen halber" in einer unter dem

18. December 1573 erlassenen, bei Stockbauer S. 25 ff. abgedruckten, für alle Handwerke gültigen Gesellenordnung aufhob.

[493]) Siehe Anm. 482 unter 9.

[494]) Geschenkte Zünfte waren solche, welche den zugewanderten fremden Gesellen theils Geld, theils Nahrung und Nachtlager gewährten. Mascher, Das Deutsche Gewerbewesen u. s. w., Potsdam, Döring, 1866, S. 389. Weigel sagt auf S. 302, dass das Zinngiesserhandwerk „mit einem besonderen Geschenck pranget, und die reisende Gesellschafften, durch gantz Teutschland, und fast alle angräntzende Königreiche und Länder, Italien und Holland fast nur allein ausgenommen, sich dessen mit besondern Vortheil und Genuss mercklich zu erfreuen haben."

[495]) Das „Auftreiben", „Schmähen", „Unredlichmachen", „Unehrlichschelten" führte sehr häufig zu argen Missbräuchen und wurde deshalb nicht nur in den Zinngiesserordnungen (z. B. in den in Anm. 492 angezogenen Leipziger Artikeln von 1534), sondern auch landesgesetzlich (z. B. in Sachsen durch ein Ausschreiben des Herzogs Moritz aus dem Jahr 1541, durch die neue Landesordnung dieses Fürsten von 1543 und durch ein vom 10. November 1504 datierten Mandat des Herzogs Friedrich Wilhelm) und reichsgesetzlich (durch Tit. 39 der Reichspolizeiordnung von 1530, Tit. 37 der Reichspolizeiordnung von 1548, Tit. 37 u. 38 der Reichspolizeiordnung von 1577 und §§ II u. V des Reichsschlusses vom 16. August 1731) bekämpft. Es bestand darin, dass man einem Gesellen — oft genug der Wahrheit zuwider — Uebles nachsagte, das er verübt haben sollte, und nicht nur ihn, sondern auch den Meister, der ihn annahm, und die Gesellen, welche mit ihm arbeiteten, so lange für „unredlich" erklärte, als er sich nicht wegen des ihm zur Last Gelegten „purgiert" hatte. Da der Aufgetriebene nicht „gefördert" (d. h. nicht mit Arbeit versorgt, überhaupt von der Innung nicht als Angehöriger behandelt) wurde, war diese Massnahme eine sehr einschneidende. In einem in der auf S. 66 ff. erwähnten Lade der Nürnberger Kannengiesser verwahrten Büchlein, welches merkwürdigerweise in dem in Anm. 482 wiedergegebenen Verzeichnis des Inhalts dieser Lade nicht aufgeführt ist, befindet sich eine Liste der „getriebenen" Gesellen nebst Angaben über das ihnen zur Schuld Angerechnete. Es heisst dort z. B. „Weiter so lassen wir Gesellen Treiben den Emanuel Von Strassburg, dass er uns drey Reichs-Thaler, in die Laden schuldig, biss er uns Bezahlt" . . . „hermann von Dressingenheim, wird vor Keinen ehrlichen Gesellen gehalten, die weil er dass handtwerck bey Keinen ehrlichen Maister gelernet hat, und sind die Gesellen wiederum abgestrafft worden, die ihm zum Gesellen gemacht haben . . . ."

[496]) Das „Hämmern (Schlagen)" des Zinns beruht auf der Wahrnehmung, dass auf diese Weise behandelte Zinngegenstände nicht nur mehr Festigkeit und Härte, sondern auch — in Folge vollständiger Beseitigung der kleinen Oeffnungen der Oberfläche — grössere Dichtigkeit besitzen, als solche, welche blos in Formen gegossen worden sind. Die Kannengiesserordnungen gedenken häufig der „geschlagenen" Zinnarbeiten, aber ohne Angaben über den Herstellungsmodus zu machen, und in der Regel nur, um festzusetzen, dass dergestalt verfertigte Stücke aus lauterem Zinn bestehen sollen. Heutzutage wird das Hämmern nur ganz vereinzelt geübt. In den früheren Entwickelungsperioden unseres Handwerks scheint es unbekannt gewesen zu sein. Wenigstens wird es von Theophilus Presbyter, obwohl er bei seiner Beschreibung der Zinnbearbeitung und -verwerthung den Gebrauch des Hammers zu anderen Zwecken anführt, nicht erwähnt. Und in Bremen kam es erst um 1590 auf (Focke, Werkmeister, S. 55). Wenn es mithin auch später in Deutschland eingeführt und sogar in einer Kölnischen Satzung von 1557 (im Statuten-, Memorial- und Beschlussbuch der Kölner Kannengiesser 1397—1656: Fgm. 4°. Anlage c. 1411 [Gaber G. B. 4° No. 267] des historischen Archivs der Stadt Köln) und in Artikel 3 des schon erwähnten Berliner Privilegs von 1691 (vgl. Anm. 400) als eines der Meisterstücke die Lieferung einer geschlagenen Schüssel „geslagen . . . . off dat allre besten" bez. aus lauterem Zinn vorgeschrieben war, so sind doch anscheinend die Hauptbetriebsstätten für diese Technik in Frankreich und in den Niederlanden gewesen (Salmon S. 96 ff., 98, 100, 103, Salmon d. Ü. S. 373, 383, 390, 392 ff., 402. Minard van Hoorebeke, Description de méreaux et autres objets anciens des gildes et corps de métiers, Gand, van Doosselaere, 1877—79. I [1877] Gildes et corps de métiers de la ville de Gand, p. 183). Man fasst nun unter dem Ausdruck „Hämmern oder Schlagen des Zinns" zwei Verfahren zusammen: einmal die behufs Erzielung grösserer Härte und Dichtigkeit vorgenommene Behandlung bereits auf der Drehbank abgedrehter, auf einen Amboss gelegter Zinngegenstände durch ihre Oberfläche in systematischer Anordnung und Aufeinanderfolge treffende Hammerschläge und andererseits auch die ohne jedwede vorherige Bearbeitung erfolgende Verfertigung eines Gefässes aus einer Zinnplatte einzig und allein mit dem Hammer. Nicht zu verwechseln mit diesem eigentlichen Hämmern ist das an dieses sich erst anschliessende und eine Ergänzung desselben bildende Planieren (Schlichten, Ebenen), welches allgemeiner wohl nur in Frankreich — und vielleicht auch dort erst seit etwa 1673 — geübt wurde. Es bestand darin, dass man, ebenfalls unter Anwendung des Hammers und namentlich auf der Rückseite eines Stücks, die bei der wirklichen Behämmerung durch die Hammerschläge hervorgebrachten und auch durch ein nochmaliges Ueberarbeiten der Innenseite mit dem Hammer (von den Franzosen repousser, repoussage genannt) nicht entfernten entstellenden Spuren verwischte und eine völlig glatte und ebene Oberfläche herstellte (Näheres bei Salmon S. 96 ff., 103, Salmon d. Ü. S. 372 ff., 404 ff.). Vielleicht weisen die Hämmer, welche in einigen Zinnstempeln z. B. in Qualitätsmarken von Mons, Münster und Freiburg im Breisgau sowie auf dem Meisterzeichen des Basler Zinngiessers Johannes Linder (vgl. S. 33 ff.) angebracht sind, auf die soeben besprochene Technik hin. Vgl. auch S. 76.

[497]) „Die Zinngravierungen zeigen oft die Anwendung eines besonderen Vorganges. Bei der Weiche des Metalls sinkt die scharfe Spitze des Stichels, wenn nicht sehr sorgfältig geführt, mit Leichtigkeit in den Grund. Dem auszuweichen, wurde und wird noch beim Zinngravieren häufig das Verfahren beobachtet, längere Linien in eine Reihe von mehr oder minder kurzen Strichen aufzulösen oder auch die Spitze eines meisselförmigen Stichels in wackelnder Bewegung über die Fläche zu führen, wodurch die bekannten feinen Zickzacklinien entstehen" (Macht S. 429). Letztere Verzierungsweise, welche ziemlich verschiedene Ergebnisse hat, je nachdem man mit breiteren oder schmäleren Eisen, insbesondere Flachstichein, arbeitet und dieselben schneller oder langsamer vorwärts bewegt, wird „Flecheln" („Flechseln", in neuerer Zeit auch „Tremolieren," „Tremblieren" — von trembler = zittern?) genannt.

[498]) Der Ausdruck „Ketten" bedeutet vielleicht soviel wie „Ketteln: mittels eines Kettels (Kettchens) od. kettenähnl. verbinden" (Sanders, Handwörterbuch der deutschen Sprache, Leipzig, Wigand, III. Aufl. [1883], S. 409). Beim Mangel weiterer Anhaltspunkte bleibt er unklar, steht aber, da er in Verbindung mit anderen Bezeichnungen gebraucht wird, welche sich auf die Vollendung resp. Verzierung von Zinnwaaren beziehen, mit letzterer vermuthlich in Zusammenhang.

[499]) Unter „Spiegeln" hat man wohl das Schaben bez. Polieren der Zinngusswaaren, welche gewöhnlich matt ausfallen, zu verstehen. Die runden Stücke werden durch Abdrehen auf der Drehbank und nachheriges Polieren mit glatten Polirsteinen (wie Achat), Feuerstein, Seife, Schmirgel u. dergl., die nichtrunden (ovalen, platten, eckigen, geschweiften u. s. w.) durch Raspeln, Feilen und Schaben (mit Schabeisen) und darauf folgendes, in der vorbeschriebenen Weise bewirktes Polieren vollendet.

[500]) „Hengeln" = „Henkeln" d. h. mit Handhaben (Henkeln) versehen. Die Form „Henglstein" für „Henkelstein" findet sich in Art. 13 der Nürnberger Kannengiesserordnung von 1578 (vgl. Anm. 128 und S. 68).

[501]) Da das Zinn schon bei 235° C (nach Person bereits bei 232,7° C) schmilzt, so bereitet sein Einschmelzen viel geringere Schwierigkeiten als dasjenige anderer Metalle. Es erfolgt meist in eisernen Kesseln, welche gewöhnlich über sogenannten Windöfen angebracht sind. Aus diesen Kesseln wird mit eisernen Giesslöffeln die zum Guss nöthige Menge flüssigen Zinns geschöpft. Bei Arbeiten, die nur wenig Material erfordern, wird dasselbe gleich in dem über Feuer oder Licht gehaltenen Giesslöffel zum Schmelzen gebracht. Auch Schmelztiegel u. s. w. werden benutzt. Beim Einschmelzen erhält das Zinn auch in der Regel einen Beisatz, da es in völlig reinem Zustand sehr spröde ist und sich schwer giessen lässt. Behufs Erzielung einer entsprechenden Mischung ist das Rohmaterial genau zu prüfen.

Dresden: Samm. Extr. 1590 Loc. 4451). Hoffmeisters gesammelte Nachrichten über Künstler und Kunsthandwerker in Hessen seit etwa 300 Jahren, herausgegeben von G. Prior, Hannover, Meyer, 1885, S. 117. „Das Zinn im Kunstgewerbe" S. 378 Anm.

533) Man hat die mit Reliefs geschmückten Zinngegenstände wiederholt als „gepresst" bezeichnet. So in zahlreichen, sonst sorgfältig und mit Sachkenntniss gearbeiteten Auctionscatalogen, wie z. B. in denjenigen der bekannten Kölner Firma J. M. Heberle (H. Lempertz' Söhne). Vgl. z. B. die Heberle'schen Cataloge der nachgenannten, in den beigefügten Jahren versteigerten Sammlungen: von Berthold (1885) No. 982, 1006, 1010 („hochgepresst"), 1015 ff.; Felix (1886) S. 134 ff. No. 723, 727 (Enderleins Temperantia-Schüssel!?), 730, 734, 735 und Gubler (1893) No. 1212, 1218, 1221, 1225 ff. Siehe aber auch den Catalog der durch H. G. Gutekunst in Stuttgart 1888 versteigerten Collection Seyffer, Theil II, S. 31 ff. No. 243 ff. und den Catalog des im Oktober 1894 von dem Kunsthändler Hugo Helbing in München unter den Hammer gebrachten Museums August Riedinger in Augsburg S. 67 ff. No. 869, 871, 880, 886 („hochgepresst"), 887 („hochgepresst"), 885, 892. Allein diese Angabe ist eine irrige. (Vgl. auch R. v. S. S. 106.)

Es ist zwar zugegeben, dass über den berühmten Goldschmied Wenzel Jamnitzer (1508—1585) berichtet wird: „Er war der erste in Nürnberg, der mit einer besonderen Presse das Gold, Silber und andere Metallen in Formen so schön druckte, als wann sie getrieben wären . . ." (Doppelmayr S. 205) und dass Doppelmayr (S. 309) von dem Nürnberger „Kunst- und Silber-Drechsler" Friedrich Kleinert (1633—1714) sagt: „Ferner richtete er sich ein treffliches Presswerck an, mit dessen Beyhülffe er die in Eisen geschnittene Figuren auf Holtz von unterschiedlichen Farben, und dabey vornemlich Bretspiel-Steine, auf zinnerne und auf versilberte Plättlein, dann auch auf Horn und Helffenbein zu Dosen-Deckeln presste." Allein einmal handelt es sich hier offenbar nur um sehr kleine und deshalb besonders leicht zu behandelnde Objekte. Weiter aber wird Jeder, der nur einigermaassen mit der Technik der Zinnarbeiten vertraut ist, bei einem Vergleich zwischen gepressten Gegenständen mit ihren flachen und — namentlich bei wiederholter Anwendung der Presse — häufig unklare Umrisse aufweisenden Reliefs und den hier in Rede stehenden Stücken, welche in kräftigem Halbrund gehaltenen und scharf und sauber abgegrenzten plastischen Schmuck zeigen, ohne Weiteres sehen, dass letztere gegossen sind. Sodann wäre aber auch im 16. und 17. Jahrhundert durch das Pressen nichts gewonnen worden, denn damals war diese Technik nicht im Entferntesten so weit ausgebildet wie heutzutage, das längst eingebürgerte und erprobte Giessen mithin viel einfacher, eine genau und sorgfältig gearbeitete Metallform aber in beiden Fällen erforderlich. Endlich beweist doch gerade das ausdrückliche Hervorheben des Verfahrens von Jamnitzer und Kleinert, dass dasselbe eben lediglich ein ausnahmsweises und keineswegs ein so allgemeines war, wie es hätte sein müssen, wenn die so zahlreichen Apostel-Teller, Kurfürsten-Teller u. s. w., welche angeblich gepresst sein sollen, wirklich auf diese Weise hergestellt worden wären. Dass der Nürnberger Hans Lobsinger (1510—1570) Zinnamalgam zur Herstellung von Abdrücken kleiner plastischer Arbeiten, Medaillen u. s. w. verwendete, mag noch zu erwähnen sein. (Siehe S. 78 ff.)

534) Näheres siehe S. 81.

535) Schüsseln aus diesen beiden Prachtserien befinden sich z. B. im Kunstgewerbemuseum zu Berlin und in der Sammlung Demiani-Leipzig.

536) Focke, Zinngiesseramt, S. 43 ff.

537) Siehe Anm. 426.

538) „Kannen, in welchen den Fürsten, die Nürnberg besuchten, der vom Rathe wie üblich geschenkte Wein überbracht wurde. Weigel, Abbildung der Gemein-Nützlichen Haupt-Stände (1698), S. 302" (Bösch). Ueber die früher in Bremen benutzten zwölf zinnernen „Sendewynebauern", vgl. Focke, Zinngiesseramt, S. 42.

539) D. h. „hangende Leuchter" — Kronleuchter. Vgl. Anm. 364.

540) „Grimm's Wörterbuch, VII. Bd., Sp. 1500: patro, ein weite flache schüssel, wirdt am meisten gebraucht für die schüssel oder deck, so man über kelch thüt. Roth dict. (1571) M. 2b." (Bösch).

541) „Grosser Ständer, ein Gefäss zum Unterstellen zu einem angezapften Fass. Schmeller-Frommann II, 768". (Bösch).

542) „Gefäss in Form eines abgestutzten Kegels mit einer Seitenhandhabe. Schmeller-Frommann II, 802." (Bösch).

543) „Trinkgefässe in Gestalt von Sackpfeifen, Taschen, Büchern, Narrenkappen, Büchsen und Hellebarten, die zu jener Zeit in solchen und mannigfachen anderen originellen Formen so beliebt waren. Siehe auch Bd. I, S. 63 der Mittheilungen aus dem germanischen Nationalmuseum". (Bösch). Besonders reich an derartigen Stücken ist das Ferdinandeum (Landes-Museum) zu Innsbruck, in welchem (Zimmer V) ein Stiefel (datiert 1654, Gravierung wohl neu), ein Hammer, ein Böttcherschlegel (1811), ein Hufeisen (1825), ein Weberschiff, ein Melkerstuhl und eine sehr hübsche, aber zu Zweifeln bezüglich ihrer Echtheit Anlass bietende Kuh ausgestellt sind. Ein besonders schönes Beispiel bietet ein im Pfälzischen Gewerbemuseum zu Kaiserslautern befindlicher, auf S. 211 des Kunstgewerbeblattes v. J. 1885 abgebildeter Böttcherschlegel.

544) „Schlicht, gewöhnlich." (Bösch).

545) Vgl. Anm. 505.

546) Das Zinn galt mit Recht (dem schädlich wirkenden Blei gegenüber) für ein die Gesundheit nicht beeinträchtigendes Metall, weshalb daraus verfertigte Behälter zur Aufbewahrung von Medicamenten häufig verwendet wurden. Vgl. Bapst S. 21.

547) „Milchrahm, Sahne. Schmeller-Frommann II, 92". (Bösch).

548) „Gefäss von Kupfer. Schmeller-Frommann I, 1275." (Bösch).

549) „Kalter ist Behälter, ein Giesskalter also wohl ein an der Wand stehender oder hängender Waschapparat, der meist zinnerne Einsätze hatte." (Bösch).

550) „Im Meisterbuch ist Rad ausgestrichen und von späterer Hand „Särge" eingesetzt." (Bösch).

551) Ein sehr ausführliches Verzeichniss der von den Zinngiessern gelieferten Arbeiten giebt auch Weigel S. 303 ff. Vgl. noch die bei Macht S. 428 ff. Anm. 12 angezogenen Verse von Hans Sachs und Salmon S. 39 ff., 41 ff., 48 ff., 51 ff., 56 ff., 61 ff., 68 ff., 111 ff., 127 ff., 138 ff.

552) Der Bericht „Les soldats de plomb" des ehemaligen französischen Viceconsuls zu Nürnberg Duplessis befindet sich im „Bulletin consulaire français", XVIIe volume, année 1889, 1er fascicule: janvier, p. 97—111. Daselbst (S. 98 ff.) wird auch in zutreffender Weise ausgeführt, dass Zinnsoldaten nicht vor dem 18. Jahrhundert hergestellt wurden und dass weder die in einem Grab zu Pesaro gefundene antike Statuette eines römischen Kaisers zu Pferd (Bapst S. 46) noch eine aus dem 14. Jahrhundert stammende, im germanischen Nationalmuseum zu Nürnberg aufbewahrte Zinnfigur (K. P. 404) als Zinnsoldaten zu betrachten bez. mit denselben in Verbindung zu bringen sind. Das letzterwähnte Stück ist ein Pilgerabzeichen und stellt auf einem Pferd zwei Heilige dar, von denen der eine einen Mantel, der andere ein Bischofsornat trägt. Als Material zu den Zinnsoldaten wird eine Mischung von Zinn und Blei verwendet; bei den besseren Sorten überwiegt das Zinn wesentlich. Man kann daher mit besserem, jedenfalls aber mit gleichem Recht wie von „Bleisoldaten" von „Zinnsoldaten" reden (Duplessis S. 101 ff.).

553) Duplessis S. 103 des in der vorigen Anmerkung erwähnten Berichts.

554) Weigel S. 303 ff.

555) Das goldene Ehrenbuch der Gewerbe und Zünfte u. s. w. Mit 62 Abbildungen nach Zeichnungen Carl Heideloffs, Nürnberg, Riegel & Wiessner, 1834. Ohne Seitenzahlen.

556) Vgl. auch Schultz, Halbband I, S. 117; Macht S. 426; Havard, Band I, Sp. 1071 ff.

557) Roth Theil IV S. 232.

558) v. Sandrart, Teutsche Academie, 1679, II. und letzten Haupt-Theils II. Theil, S. 78 ff.

559) v. Murr, Nürnberg, S. 460 ff.

560) v. Sandrart S. 77.

561) v. Murr, Nürnberg, S. 512.

562) „Das Zinn im Kunstgewerbe" S. 363.

563) Vgl. z. B. Stieda, Zinngiesseramt, S. 140.

564) Siehe S. 37.

565) v. Murr, Journal, S. 108 ff.

566) Unter diesen „Büchsen, aus denen man schiesst“ sind Geschütze zu verstehen. Vgl. v. Romocki, Geschichte der Explosivstoffe: I. Geschichte der Sprengstoffchemie, der Sprengtechnik und des Torpedowesens, Berlin, Oppenheim, 1895, S. 80 ff.: „Die älteste zweifellose Nachricht über Geschütze findet sich allerdings im Jahr 1331 in Italien . . . . Die Bezeichnung »Büchsen« kommt für die ältesten Geschütze sehr oft vor und kann andere Schiesswerkzeuge nicht bedeuten.“ Es liegt hier einer der — namentlich in Böhmen sehr häufigen — Fälle vor, dass ein Zinngiesser zugleich Erz(Glocken)giesser war. Vgl. Gruber S. 156 ff.

567) Neudörfer S. 100 ff., woselbst auch eine längere Anmerkung von Lochner. Dieselbe berührt aber nur Harschers gewerbliche Thätigkeit nicht betreffende Verhältnisse und interessiert hier lediglich deshalb weil darin die Vermuthung ausgesprochen wird, dass Harscher vielleicht richtiger Wilhelm (statt Martin) zu nennen sei.

568) „. . . Hafebecher, deren immer mehrere ineinandergesteckt einen einzigen Becher bilden . . .“ Macht S. 430.

569) Magellein, Magele, Magellel, Magölla = Becher. Schmeller-Frommann Bd. I Sp. 1575.

570) Daraus, dass Harscher in seinen späteren Lebensjahren Pulvermacher wurde und schon 1523 starb, erklärt sich wohl, dass er in dem erst 1560 angelegten Meisterbuch der Nürnberger Kannengiesser nicht aufgeführt ist.

571) Doppelmayr, S. 283. Auch das Ehrenbuch (vgl. Anm. 555) bezeichnet 1435 als das Geburtsjahr Harschers. Die weitere dort zu findende Angabe, dass derselbe das erste Meisterstück gemacht habe, ist falsch, wie aus dem auf S. 69 Gesagten erhellt.

572) v. Murr, Journal (1777), S. 109.

573) Trautmann S. 40.

574) Demmin Folge IV S. 46.

575) Marx-Sencier S. 221.

576) Neudörfer S. 161, Anmerkung von Lochner.

577) Vgl. S. 69.

578) Nach Ausweis des im Nürnberger Meisterbuch enthaltenen Verzeichnisses der geschworenen Meister (vgl. Anm. 451 unter 12).

579) Lessing S. 179.

580) R. v. S. S. 109.

581) Vgl. Catalog des Musée du Louvre von 1874: Série C (Abtheilung der Gegenstände aus Bronze, Kupfer, Zinn, Eisen u. s. w.) No. 283 (Krug) und No. 274 (Schüssel).

582) Auch Bapst bemerkt auf S. 298 (Anm. 1) mit Recht, dass diese Schüssel ihrem Stil nach nicht von dem schon 1523 verstorbenen Martin Harscher geschaffen sein könne, und fügt hinzu: „Du reste un certain nombre d'assiettes signées de Nuremberg et datées du commencement du dix-septième siècle portent également cette signature (M. H.).“ Siehe auch Sauzay, Lieferung I, Tafel 29, „Das Zinn im Kunstgewerbe“ S. 377 und Demmin Folge IV S. 46, 48.

583) Vgl. auch Havard Bd. II Sp. 589 ff. und „Das Zinn im Kunstgewerbe“ S. 377.

584) Demmin Folge IV S. 46.

585) Doppelmayr S. 290 ff.

586) Vgl. S. 77.

587) Nach Ausweis der im königlichen Kreisarchiv zu Nürnberg aufbewahrten Nürnberger Meister- oder Bürgerbücher.

588) Macht S. 432.

589) Siehe S. 37.

590) Auf diesen Meister bezieht sich folgender Eintrag in den Nürnberger Todtenbüchern: „1658 Febr. 3 † der ersam Melchior Koch jungergesell dess erbarn Conrad Koch Zin- u. Kandengiessers, auch Oesterreichischen güterbestetters ehel. sohn neben Fleischhaus gegen der pfannenschmid über.“ Ueber die Nürnberger Todtenbücher vgl. Anm. 318.

591) Siehe Anm. 316.

592) Die auf die erste Wahl bezüglichen Einträge im Nürnberger Meisterbuch lauten: „Anno 1536 ist Daniell pawman Von dem geschwornen ambt, abkomens, vnd ist Melchor koch an Sein statt komenn Zue Schaldt dirsler vnnd hanns wagner.“ „Anno 1539 ist Melchor koch Von dem geschwornen ambt abkomenn, Vnd ist Caspar winckler an Sein statt komen, Zue Jörg Rudolff, vnnd Lorenntz grnner.“

593) Doppelmayr S. 291 ff. v. Rettberg S. 100 ff., 160 ff. Vgl. auch v. Murr, Nürnberg, S. 732.

594) Doppelmayr S. 291 ff. „Das Zinn im Kunstgewerbe“ S. 371. Bapst S. 237 ff. Macht S. 432.

595) Doppelmayr sagt auf S. 291 Anm. (XX): „Dieser Lobsinger hat A. 1550. eine weitläuffige Vorstellung, was er künstliches gemacht, bey einem Hochlöbl. Magistrat der Stadt Nürnberg übergeben, davon ein Extract, der von einem hohen Gönner communicable gemacht worden, zum obigen gedienet.“

596) Macht S. 432.

597) Es folgt hier die schon citierte Stelle aus Doppelmayr.

598) v. Rettberg S. 160 ff.

599) Becher Bd. III S. 98 ff. Siehe auch S. 1 und und Anm. 19 und 30.

600) Bapst (Bapst S. 244; vgl. auch Graul S. 200 und R. v. S. S. 108 ff.) sagt, wenn ein solcher nicht materiell unmöglich wäre, möchte man an Guss in Holzformen denken und fährt fort: „Mais il est probable que le creux de fonte de ces plats a été lui-même surmoulé sur un bas-relief en bois“. Wenn auch eingeräumt werden muss, dass das angegebene Verfahren technisch ausführbar erscheint, so hat doch diese Vermuthung nicht viel für sich. Da nämlich von jedem der fraglichen Stücke eine grössere Anzahl von Exemplaren existiert, welche sich fast durchgängig durch besondere Schärfe und Klarheit der Umrisse ihrer reliefierten Darstellungen auszeichnen, so darf man wohl annehmen, dass zu ihrem Guss nicht nur recht dauerhafte, sondern auch sehr genau und sauber hergestellte Formen verwendet worden sind. Diese beiden Eigenschaften fehlen nun aber gerade den — übrigens auch bei feineren und grösseren Arbeiten des 16. Jahrhunderts nicht nachweisbaren — Gipsformen, welche bei der Benutzung leicht zerbröckeln oder zerspringen und Ausgüsse von rauhem, mattem Aussehen und mit stumpfen, undeutlichen Details ergeben (vgl. Anm. 128). Und andererseits lassen sich Holzstöcke nur in Gips abformen, denn das in Deutschland wohl am meisten als Formenmaterial verwendete Messing würde beim Eingiessen (in dem erforderlichen stark erhitzten Zustand) das Holz verbrennen. Wollte man aber nach einem Holzstock auf andere Weise eine Messingform anfertigen, so müsste man von demselben zunächst einen Gipsabdruck (mit der vertieften Zeichnung) und von diesem wiederum eine zweite Gipsform (mit dem erhabenen Muster) abnehmen und in letzterer erst die ausgehöhlte Ornamente aufweisende Messingform giessen. Dieses sehr umständliche Verfahren, bei welchem auch die Zierrathen wesentlich an Schärfe und Schönheit verloren haben würden, ist schwerlich eingeschlagen worden.

Liegt es nun nicht sehr nahe, dass man die so einfache Aetzung angewendet und mit ihrer Hülfe vertiefte Darstellungen enthaltende Stein-, Messing-, Kupfer- oder Eisenformen gefertigt hat? Graul (S. 200) nimmt dies auch ohne Weiteres an. Bapst (S. 245) und R. v. S. (S. 108 ff.) dagegen erklären, dass sich dieser Gedanke zwar beim ersten Anblick aufdränge, dass er aber bei näherer Betrachtung abzuweisen sei. Beide führen übereinstimmend als Grund an, dass der Grad der Vertiefungen an einzelnen Stellen ein verschiedener ist, während doch bei den Aetzarbeiten die tiefgelegten Partieen sich in demselben Niveau befinden. Und R. v. S. erblickt noch in der vorkommenden Gussnaht ein seine Meinung, dass es sich um Güsse aus in Kelheimer Stein oder Schiefer geschnittenen Hohlformen handle, unterstützendes Merkmal. Was nun den ersten Punkt anbelangt, so ist zu beachten, dass sich der erwähnte Unterschied bei einigen Stücken gar nicht und auch bei den übrigen Exemplaren nur hin und wieder bemerkbar macht, in letzterem Fall aber, wie z. B. bei den vertieften Strichlagen, welche die Schattierungen, namentlich von Körpertheilen, darstellen sollen und nicht selten allmählig in den Grund verlaufen, zur Genüge aus einer nachträglichen Ueberarbeitung erklärt werden kann.

Eine solche hat bei dem so einfachen Aetzverfahren gar nichts Befremdendes. Die wirklich geätzten Arbeiten (vgl. Taf. 44) wurden meist durch nachfolgendes Eingravieren von Linien und Schraffierungen in ihrer Wirkung noch wesentlich gehoben und vervollkommnet. Warum soll man nicht auch die durch Tiefätzung hergestellten Formen noch dadurch vervollständigt bez. weiter ausgeführt haben, dass man, um die Darstellungen belebter und abwechslungsreicher zu machen, ergänzende Strichlagen hinzufügte oder an geeigneten Stellen die scharfen, kantigen Umrisse abflachte und nach und nach in den Fond übergehen liess. Die durch dieses Verfahren, welches man als „Abstufen“ bezeichnen könnte, erzielten Resultate leiten gewissermassen zu dem haftenden Relief über, welches schliesslich das durch Guss in geätzten Hohlformen hervorgebrachte verdrängte und im 17. und 18. Jahrhundert alleinherrschend blieb. Das etwaige Vorhandensein einer Gusshaut auf den in Rede stehenden Stücken spricht um so gewisser für die hier vertretene Ansicht, als geätzte Partieen nicht so glatt und eben sind, wie Theile, welche dem Eingraben bez. Einschneiden ihre Entstehung verdanken. Der mit feinen körnerartigen Erhöhungen bedeckte Grund, welchen einige Exemplare aufweisen, erklärt sich daraus, dass die betreffenden Stellen der Form nach Beendigung des Aetzens mit einem entsprechend gestalteten Punzen überarbeitet worden sind.

601) Die Kunstsammlungen Ihrer Majestät der Kaiserin und Königin Friedrich in Schloss Friedrichshof, Berlin, Reichsdruckerei, 1896, S. 59.

602) Meyer, Handbuch der Liebhaberkünste, Leipzig, Seemann, 1890, S. 249.

603) Im Meisterverzeichnis (vgl. Anm. 481 unter 12) des Meisterbuchs lautet der bezügliche Eintrag: „Anno 1561, ist Niclaus Hochamer vonn Cobolenez, erlich vund Maister wordenn, vnd machett die stuckh bei hans Siebmacher dasselbig Jar. Starb anno 1583 den 10. Februarj.“ Siebmacher wurde 1534 Meister, war von 1543 bis 1546 und von 1561 bis 1564 Geschworener und starb 1572.

604) Siehe S. 38 und Anm. 337.

605) Siehe S. 32.

606) Nach dem Meisterbuch starb Hochaimer am 10. Februar 1583. Vgl. Anm. 603. Auch der in dieser Handschrift befindliche Eintrag über sein Vermächtnis nennt dasselbe Datum. Vielleicht ist bei Abfassung der Inschrift des Epitaphs der Todestag mit dem gewöhnlich drei Tage später fallenden Begräbnistag (gl. Anm. 312) verwechselt und in Folge dessen statt des 10. der 7. Februar gesetzt worden.

607) Die Angaben über Hochaimers Epitaph beruhen auf freundlichen Mittheilungen des Herrn Direktor Bosch-Nürnberg.

608) Vgl. S. 47.

609) Catalog der 1886 in Köln versteigerten Sammlung Felix S. 136 No. 729.

610) Demmin Folge IV S. 48. Nagler, Neues allgemeines Künstler-Lexicon, München, Fleischmann, Band VI (1838), S. 304 ff. sagt „Hopfer, N., Kupferstecher und Formschneider, eigentlich ein unbekannter Monogrammist, den Strutt geradehin N. Hopfer nennt und Andere meinen, er heisse Nicolaus . . .“ und giebt ein Verzeichnis der Arbeiten des Meisters.

611) Vgl. Anm. 342.

612) Ein sehr schönes Exemplar dieser Schüssel enthält die Sammlung Demiani-Leipzig. Auf dem Rand befindet sich der gewöhnliche Nürnberger Stempel mit einem grossen A zwischen den Schrägbalken. Das A ist vielleicht auf Albrecht, den Vornamen Preissensins, zu deuten.

613) Eine Abbildung dieser interessanten, mit dem Nürnberger Stempel (A zwischen den Schrägbalken) versehenen Schüssel findet sich in dem Werk von Weber: Kunstgewerbliche Gegenstände der culturhistorischen Ausstellung zu Steyr, 1884, Steyr, Kutschera, 1885, Heft I, Tafel 4. Das Kunstgewerbemuseum zu Berlin besitzt nur das Mittelstück mit dem Urtheil des Paris (K 6080). Eine genaue Beschreibung giebt R. v. S. auf S. 108.

614) Der handschriftliche Catalog der Sammlung Ritleng weist die fragliche, die Nürnberger Marke tragende Prunkschüssel Virgil Solis, Caspar Enderlein oder „Guillaume Waechter“ zu.

615) v. Rétha S. 4.

616) Trautmann S. 39.

617) Kugler S. 72 ff., 102 ff.

618) Sind die Initialen L D auf den Nürnberger Mechaniker Leonhard Danner (1497—1585) zu deuten? Siehe v. Rettberg S. 161.

619) v. Rétha S. 4.

620) Trautmann S. 40.

621) Doppelmayr S. 203 ff.

622) v. Rettberg S. 161.

Alphabetisches Verzeichniss

der mehrmals benutzten Bücher und Abhandlungen.

Vorbemerkung: Nur einmal angezogene Werke und Aufsätze sind mit ihren vollständigen Titeln in den Anmerkungen aufgeführt.

BAADER, Beiträge zur Kunstgeschichte Nürnbergs, Nördlingen, Beck, (Erste Reihe) 1860 und (Zweite Reihe) 1862. Beispielsweise citiert: Baader 2. Reihe.

BAADER, „Beiträge zur Kunstgeschichte Nürnbergs" in den Jahrbüchern für Kunstwissenschaft, herausgegeben von A. v. Zahn, Leipzig, Seemann, I. Jahrgang (1868), S. 221 ff. Citiert: Baader bei v. Zahn.

BAPST, L'étain, Paris, G. Masson, 1884 und Paris, J. Michelet, ohne Jahreszahl. Beide Ausgaben stimmen völlig überein.

BARACK, „Zur Geschichte der Meistersänger in Nürnberg" in der Zeitschrift für deutsche Kulturgeschichte, herausgegeben von Müller und Falke, Nürnberg, Bauer und Raspe, IV. Jahrgang (1859), S. 376 ff.

BERGAU, „Ueber den Werth der Goldschmiede-Meistermarken für kunstgeschichtliche Forschungen" im Kunstgewerbeblatt, Leipzig, Seemann, III. Jahrgang (1886/87), S. 89 ff.

BRINCKMANN, Das Hamburgische Museum für Kunst und Gewerbe, Hamburg, 1894 (Leipzig, Seemann).

BUCHER, „Mit Gunst!", Aus Vergangenheit und Gegenwart des Handwerks, Leipzig, Grunow, 1886. Citiert: Bucher, Mit Gunst.

BUCHER, Geschichte der technischen Künste, Stuttgart, Berlin, Leipzig, Union, Deutsche Verlagsgesellschaft, III. Band (1893). Citiert: Bucher, III. Band.

CASTAN, Les origines montbéliardaises du ciseleur François Briot et du monnayeur Nicolas Briot, Besançon, Dodivers et Cie., 1880. Citiert: Castan 1.

CASTAN, Le graveur François Briot bourgeois de Montbéliard, analyse d'une étude de M. Alexandre Tuetey, extrait des Mémoires de la Société d'Emulation du Doubs, séance du 18 Juin 1887; Besançon, Dodivers et Cie. Citiert: Castan 2.

CHABOUILLET, „Rapport sur les Mémoires de la Société d'Emulation du Doubs 5e série, tome IV, année 1879" in der Revue des Sociétés Savantes des Départements, Paris, Imprimerie Nationale, 7e série, tome VI (1882), p. 386—390.

DE CHAMPEAUX, Dictionnaire des fondeurs, ciseleurs, modeleurs en bronze et doreurs, Paris, Rouam, London, Gilbert Wood & Co., tome I, A—C, 1886.

CICOGNARA, Storia della scultura, Venezia, Picotti, II. Band, 1816.

DAUBAN, „Nicolas Briot et la Cour des Monnaies. — Ecole française de graveurs en Angleterre" in der Revue numismatique, Paris, Rollin et Feuardent, nouvelle série, tome II (1857), p. 14—64. 1857 auch ebendort in einem Separatabdruck erschienen.

DEMMIN, Studien über die stofflich-bildenden Künste und Kunst-Handwerke, Vierte Folge, Die Edel- oder Gold- und Silber-Schmiedekunst; das Treiben, besonders der Dinanderie, das Zinngiessen u. d. m., in ihren geschichtlichen Entwickelungen, Leipzig, Thomas, 1888.

DOPPELMAYR, Historische Nachricht von den Nürnbergischen Mathematicis und Künstlern, Nürnberg, Monath, 1730.

DUCAT, „L'aiguière d'argent du ciseleur François Briot de Montbéliard“ extrait des Mémoires de la Société d'Emulation du Doubs, séance publique du 16 décembre 1880; Besançon, Dodivers et Cie., 1881.

ESSENWEIN, „Einige Gold- und Silbergefässe aus dem Schatze im germanischen Museum“ in den Mittheilungen aus dem germanischen Nationalmuseum, Nürnberg, Leipzig, Brockhaus, II. Band (Jahrgänge 1887—1889), S. 33 ff.

EHRENBUCH: Das goldene Ehrenbuch der Gewerbe und Zünfte u. s. w. Mit 62 Abbildungen nach Zeichnungen Carl Heideloffs. Nürnberg, Riegel und Wiessner, 1834. Ohne Seitenzahlen.

VON FALKE, Geschichte des deutschen Kunstgewerbes, Berlin, Grote, 1888.

FOCKE, „Vom bremischen Zinngiesseramt“ in den Mittheilungen des Gewerbe-Museums zu Bremen, Bremen, Kuhtmann, II. Jahrgang (1887), No. 5 und 6, S. 33 ff. Citiert: Focke, Zinngiesseramt.

FOCKE, Bremische Werkmeister aus älterer Zeit, Bremen, Müller, 1890. Citiert: Focke, Werkmeister.

GERMAIN, „Les Briot, à propos d'un travail récent“ im Journal de la Société d'Archéologie Lorraine et du Musée Historique Lorrain, 40e année, 3e numéro, mars 1891, p. 60—67.

GERMAIN, „Pierre Woeiriot et sa famille, à propos d'un travail récent“, ebendort, Nummer 5, Mai 1891, S. 102 ff. Citiert: Germain, Woeiriot.

GRAUL, „Kunstgewerbliche Streifzüge. III. Von der Zinnausstellung des Mitteldeutschen Kunstgewerbevereins in Frankfurt am Main“ im Kunstgewerbeblatt, II. Jahrgang (1885/86), S. 198 ff.

GRAUL in der Revue des arts décoratifs, Paris, Delagrave, VII. Jahrgang (1886—1887), S. 57 ff. Citiert: Graul, Revue.

GRUEBER, Die Kunst des Mittelalters in Böhmen, Wien, Gerold, IV. Theil, VI. Lieferung (1879), S. 156 ff. („Der Glockenguss“). Eine werthvolle Ergänzung zu Gruebers Angaben bildet ein mit Abbildungen ausgestatteter Aufsatz „Zinnguss-Werke in Böhmen“, in den Mittheilungen der k. k. Central-Commission zur Erforschung und Erhaltung der Kunst- und historischen Denkmale, Wien, Gerold, V. Jahrgang (1879), S. LXXIII ff.

GUIFFREY, „Information sur Nicolas Briot à l'occasion de sa nomination de graveur général des monnaies 1606“ in den Nouvelles archives de l'art français, Paris, Baur, année 1877, p. 406—420.

HAAG, La France protestante, II. von Bordier besorgte Auflage, Paris, Sandoz & Fischbacher, III. Band (1881). Citiert: Haag-Bordier.

HALM, „Das Zinn im Kunsthandwerk“ in der Zeitschrift des bayerischen Kunst-Gewerbe-Vereins in München, München, Schorss, Jahrgang 1895, S. 8 ff.

HAVARD, Dictionnaire de l'ameublement et de la décoration, Paris, Quantin, ohne Jahreszahl, II. Band D—H, Artikel „Estaimier“ Sp. 570 ff. und „Etain“ Sp. 601 ff.

HEYNE, Kunst im Hause, II^{te} Reihe, Abbildungen von Gegenständen aus der Mittelalterlichen Sammlung zu Basel, C. Detloff's Buchhandlung, 1882.

JAL, Dictionnaire critique de biographie et d'histoire, Paris, Plon, I. Auflage, 1867.

JOUVE, Biographie générale des Vosges: Woeiriot — les Briot — Frattel, Paris, chez l'auteur, 1890.

KUGLER, Beschreibung der in der Königl. Kunstkammer zu Berlin vorhandenen Kunst-Sammlung, Berlin, Heymann, 1838.

KUNSTGEWERBEBLATT, Leipzig, Seemann.

LABARTE, Histoire des arts industriels au moyen âge et à l'époque de la renaissance, Paris, Ve A. Morel & Cie., 1873, IIe édition, tome II.

LANGE: siehe Schwenke und Lange.

LEPAGE, „Nicolas Briot, graveur des monnaies du duc de Lorraine Henri II.“ im Journal de la Société d'Archéologie et du Comité du Musée Lorrain, Nancy, Lepage, 7e année (1858), p. 188—202.

LEPAGE, „Notes et documents sur les graveurs de monnaies et médailles et la fabrication des monnaies des ducs de Lorraine depuis la fin du XVe siècle“ in den Mémoires de la Société d'Archéologie Lorraine et du Musée Historique Lorrain, Nancy, Lepage, troisième série, IIIe volume (1875), p. 5—110. Citiert: Lepage 1875.

LESSING, „François Briot und Caspar Enderlein“ im Jahrbuch der Königlich Preussischen Kunstsammlungen, Berlin, Grote, X. Band (1889), IV. Heft, S. 171 ff.

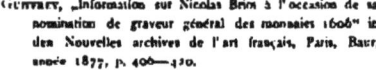

MACHT, „Zinnarbeiten" in den Mittheilungen des k. k. Oesterreichischen Museums für Kunst und Industrie, Wien, Gerold, Neue Folge, VIII. Jahrgang (1893), Hefte VII und VIII, S. 409 ff., 428 ff.

MANTZ, „Recherches sur l'histoire de l'orfèvrerie française" in der Gazette des Beaux-Arts, Paris, IX. Band (1861), S. 15 ff., 82 ff.

MAZE-SENCIER, Le livre des collectionneurs, Paris, Renouard, 1885.

VON MURR, Beschreibung der vornehmsten Merkwürdigkeiten in der H. R. Reichs freyen Stadt Nürnberg u. s. w., Nürnberg, Zeh, 1778. Citiert: von Murr, Nürnberg.

VON MURR, „Versuch einer Nürnbergischen Handwerksgeschichte u. s. w." in von Murrs Journal zur Kunstgeschichte und zur allgemeinen Literatur, Nürnberg, Zeh, V. Theil (1777), S. 37 ff. Citiert: von Murr, Journal.

NEUDÖRFER, Des Johann Neudörfer, Schreib- und Rechenmeisters zu Nürnberg, Nachrichten von Künstlern und Werkleuten daselbst aus dem Jahre 1547 nebst der Fortsetzung des Andreas Gulden, herausgegeben von Lochner, Wien, Braumüller, 1875.

ORTLOFF, Corpus juris opificiarii, Erlangen, Schubart, 1804.

PANZER, Verzeichniss von Nürnbergischen Portraiten aus allen Ständen, Nürnberg, gedruckt mit Bielingschen Schriften. 1790.

PFAFF, Geschichte Wirtenbergs, Reutlingen und Leipzig, Stahl & Cie. bez. Literarisches Comtoir, 1818—1820, 2 Bände in je 2 Abtheilungen.

R. v. S. siehe unter S.

REIMERS, Peter Flötner nach seinen Handzeichnungen und Holzschnitten, München und Leipzig, Hirth, 1890.

VON RETTBERG, Nürnbergs Kunstleben, Stuttgart, Ebner & Seubert, 1854.

ROBERT-DUMESNIL, Le peintre-graveur français, Paris, Bouchard-Huzard, Rapilly, Leipzig, Weigel, tome IX, 1865.

ROTH, Geschichte des Nürnbergischen Handels, Leipzig, Böhme, 1800—1802, 4 Theile.

VON RŽIHA, „Böhmische Zinngefässe" in den Mittheilungen der k. k. Central-Commission zur Erforschung und Erhaltung der Kunst- und historischen Denkmale, Wien, Braumüller, Neue Folge, XVIII. Jahrgang (1892), S. 27 ff. Citiert nach einem 13 Seiten umfassenden Separatabdruck, erschienen bei Kubasta & Voigt in Wien.

S., R. v., „Zinngeschirr" in der von Bruck herausgegebenen Zeitschrift für Kunst- und Antiquitäten-Sammler, Leipzig, Hucke, I. Halb-Band (1884), S. 106 ff.

SALMON (marchand potier d'étain à Chartres), Art du potier d'étain, première et seconde partie, Paris, Moutard, 1788. Citiert: Salmon. Eine deutsche Uebersetzung des Werks (von Rosenthal) enthält der XX. Band von „Schauplatz der Künste und Handwerke u. s. w.", Berlin, Pauli, 1795. Citiert: Salmon d. U.

SAUZAY: Collection Sauvageot, dessinée et gravée à l'eau-forte par Edouard Lièvre, accompagnée d'un texte historique et descriptif par A. Sauzay, Paris, Noblet & Baudry, 1863, 1864. Der Text ohne Seitenzahlen. Daher z. B. citiert: Sauzay zu Tafel 41.

SCHIRek, „Das Zinngiesserhandwerk in Mähren" in den Mittheilungen des Mährischen Gewerbe-Museums in Brünn, Brünn, Mährisches Gewerbe-Museum, XI. Jahrgang (1893), No. 3 ff., XII. Jahrgang (1894), No. 8 ff.

SCHLESINGER, Geschichte Böhmens, Prag, Calve, Leipzig, Brockhaus, 1869.

SCHMELLER, Bayerisches Wörterbuch, bearbeitet von Frommann, München, Oldenbourg, 1872 ff. Citiert: Schmeller-Frommann.

SCHULTZ, Deutsches Leben im XIV. und XV. Jahrhundert, Wien, Tempsky, 1892, grosse Ausgabe, I. Halbband.

SCHWENKE UND LANGE, Die Silberbibliothek Herzog Albrechts von Preussen und seiner Gemahlin Anna Maria, Leipzig Hiersemann, 1891.

SPRENGEL's Handwerke und Künste in Tabellen, Vierte Sammlung, Berlin, im Verlag der Realschul-Buchhandlung, 1769.

VON STÄLIN, Wirtembergische Geschichte, Stuttgart, Cotta, 1873, IV. Theil.

STIEDA, „Hansische Vereinbarungen über städtisches Gewerbe u. s. w." in den Hansischen Geschichtsblättern, Leipzig, Duncker & Humblot, Jahrgang 1886, S. 101 ff. Citiert: Stieda, Vereinbarungen.

STIEDA, „Das Amt der Zinngiesser in Rostock" in den „Jahrbüchern und Jahresberichten des Vereins für mecklenburgische Geschichte und Alterthumskunde", Schwerin, Stiller, LIII. Jahrgang (1888), S. 132 ff. Citiert: Stieda, Zinngiesseramt.

STOCKBAUER, Nürnbergisches Handwerksrecht des XVI. Jahrhunderts, Nürnberg, Korn, 1879.

THEOPHILUS PRESBYTER, Schedula diversarum artium. Quellenschriften für Kunstgeschichte und Kunsttechnik des Mittelalters und der Renaissance, herausgegeben von Eitelberger von Edelberg. VII. Band. Theophilus Presbyter, Schedula diversarum artium. I. Band. Herausgegeben von Albert Ilg. Wien, Braumüller, 1874.

TRAUTMANN, Kunst und Kunstgewerbe u. s. w., Nördlingen, Beck, 1869.

TUETEY, „Le graveur lorrain François Briot, d'après des documents inédits“ in den Mémoires de la Société d'Emulation de Montbéliard, Montbéliard, Barbier, XVIIIe volume (1887), p. 45—77. 1887 auch in einem Separatabdruck bei Charavay frères in Paris und 1889 als Buch erschienen. Citiert nach den Seitenzahlen der Mémoires.

WAGENSEIL, De sacri Rom. imperii libera civitate Noribergensi commentatio. Accedit, de Germaniae phonascorum Von der Meister-Singer, origine, praestantia, vtilitate et institvtis, sermone vernaculo liber, Altdorfi Noricorum, Kohles, 1697.

WEIGEL, Abbildung der Gemein-Nützlichen Haupt-Stände u. s. w., 1698, ohne Angabe des Druckorts.

ZINN: „Das Zinn im Kunstgewerbe“ in der Wochenschrift „Kunst und Gewerbe“, herausgegeben vom Bayerischen Gewerbemuseum zu Nürnberg, Nürnberg, Korn, XIII. Jahrgang (1879), No. 46 ff., S. 361 ff. Der Verfasser ist Stockbauer.

TAFELN.

Emil Haberland Verlag in Leipzig.

Temperantia-Schüssel von François Briot (Modell).

Sammlung Demiani-Leipzig.

Temperantia-Schüssel von Caspar Enderlein (Modell II).

Sammlung Demiani-Leipzig.

Enderleins Modell [illegible] der Temperantia-Schüssel.

Kunstgewerbemuseum zu Leipzig.

Enderleins Modell III der Temperantia-Schüssel.

Kunstgewerbemuseum zu Berlin.

BRIOTS-KANNE ZU DER TEMPERANTIA-SCHÜSSEL.

NORDBÖHMISCHES GEWERBE-MUSEUM ZU REICHENBERG.

Briots Kanne zu der Temperantia-Schüssel.

Nordböhmisches Gewerbe-Museum zu Reichenberg.

Temperantia-Schüssel von François Briot (Modell I)

Sammlung Demiani-Leipzig.

Temperantia-Schüssel von Caspar Enderlein (Modell II)

Sammlung Demiani-Leipzig.

Temperantia-Schüssel von François Briot (Modell I)

Sammlung Demiani-Leipzig.

Temperantia-Schüssel von Caspar Enderlein (Modell II).

Sammlung Demiani-Leipzig.

Enderleins Modell (Blei) der Temperantia-Schüssel.

Kunstgewerbemuseum zu Leipzig.

Enderleins Modell III der Temperantia-Schüssel.

Kunstgewerbemuseum zu Posen.

Briots Kanne zu der Temperantia-Schüssel.

Nordböhmisches Gewerbe-Museum zu Reichenberg.

Briots Kanne zu der Temperantia-Schüssel

Nordböhmisches Gewerbe-Museum zu Reichenberg

No. 1.

No. 2

Angeblich in Briots Art verzierte Kanne

Hôtel de Cluny in Paris

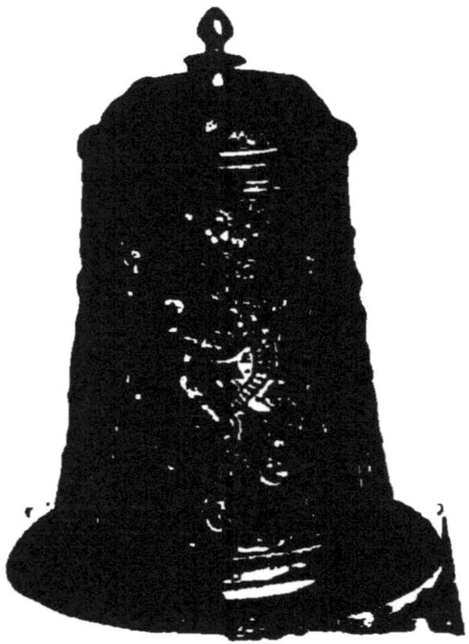

No. 1

ENDERLEIN-KRUG

Sammlung Demiani-Leipzig.

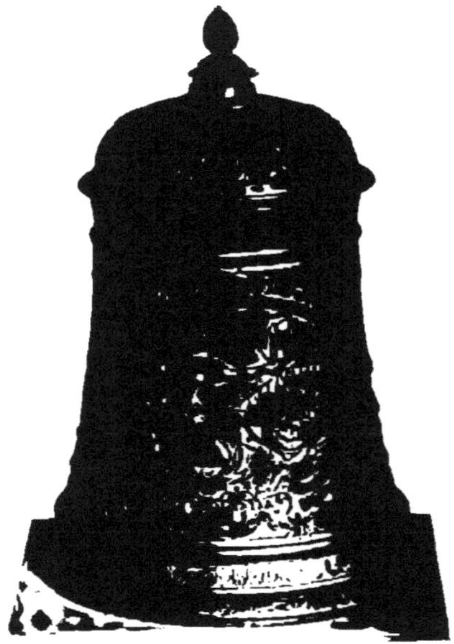

No. 2

SOGENANNTER BRIOT-KRUG.

Nordböhmisches Gewerbe-Museum zu Reichenberg.

GROTESKEN-KRUG.
BAY[illegible] GE[illegible] NÜRNBERG.

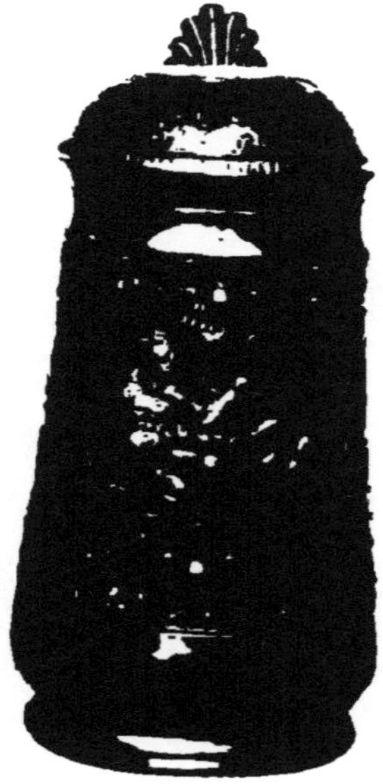

KRUG MIT DARSTELLUNGEN VON ELEMENTEN.
SA[illegible]NG DEMIANI-LEIPZIG.

KLEINER KRUG MIT MASKEN U. S. W.
SAMMLUNG DEMIANI-LEIPZIG.

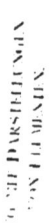

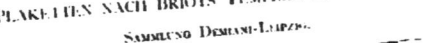

No. 1.

No. 2.

PLAKETTEN NACH BRIOTS TEMPERANTIA-SCHÜSSEL.

SAMMLUNG DEMIANI-LEIPZIG.

No. 3.

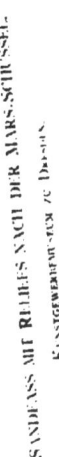

SANDFASS MIT RELIEFS NACH DER MARS-SCHÜSSEL.

KUNSTGEWERBEMUSEUM ZU DRESDEN.

No. 4.

RELIEFIERTES SANDFASS MIT JAGDSCENEN.

SAMMLUNG DEMIANI-LEIPZIG.

Pyramus und Thisbe-Schüssel

Sammlung Vermeersch-Brüssel.

Susanna-Kanne

Sammlung Vermeersch-Brüssel

Susanna-Kanne.

Bayerisches Nationalmuseum zu München.

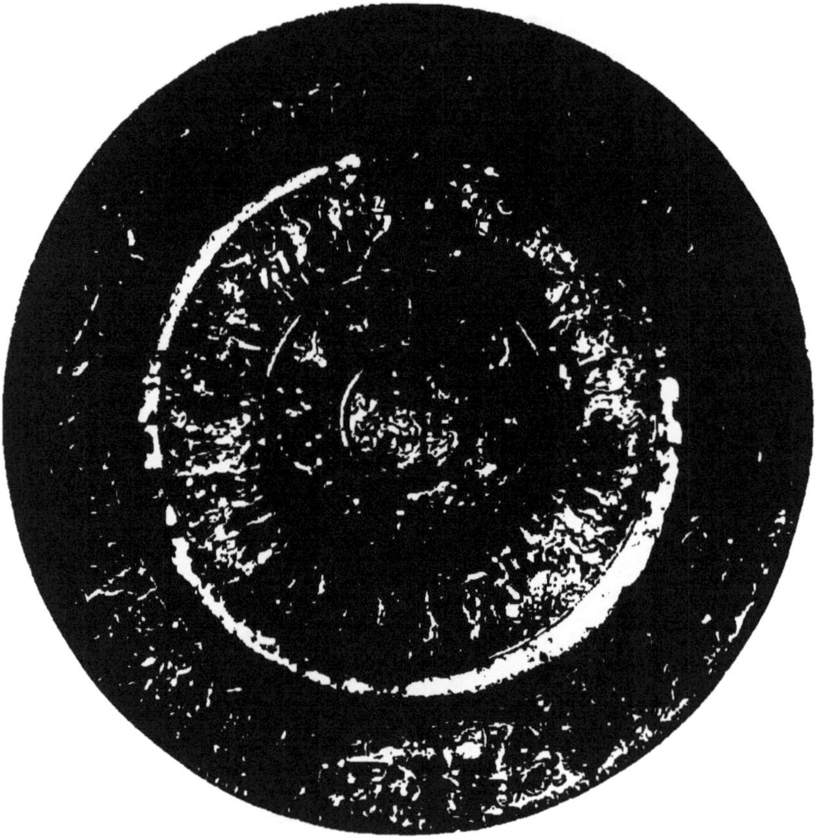

Schüssel mit Scenen aus der Geschichte Susannas und dem Gleichniss vom verlorenen Sohn.

Sammlung Demiani-Leipzig.

Schüssel mit Scenen aus dem Gleichniss vom verlorenen Sohn.

South Kensington Museum zu London.

Schüssel mit Herkules und der Lernäischen Schlange.

Museo civico zu Padua.

Arion-Schüssel.

Oesterreichisches Museum für Kunst und Industrie zu Wien

No. 1

No. 2

Baseler Weinkanne von Johannes Linder. Baseler Weinkanne von Simon Grynäus.

Historisches Museum zu Basel.

MARS-SCHÜSSEL.

SAMMLUNG DEMIANI-LEIPZIG.

ZU SEITE 53.

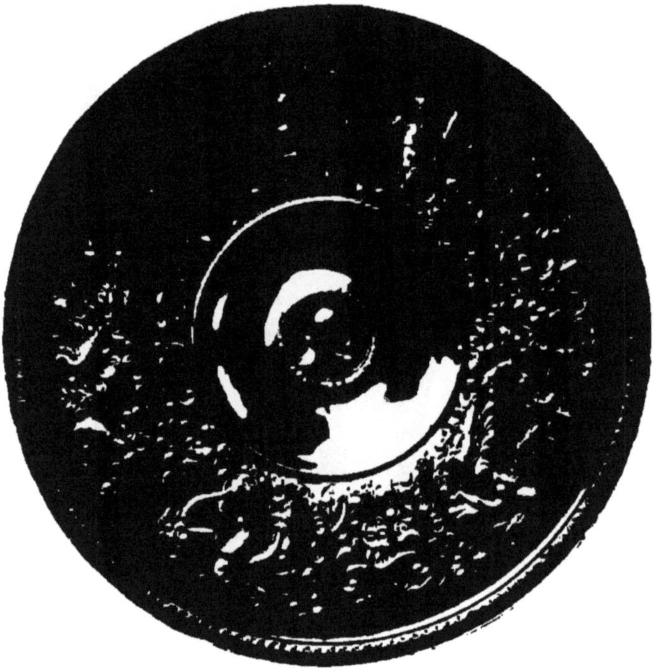

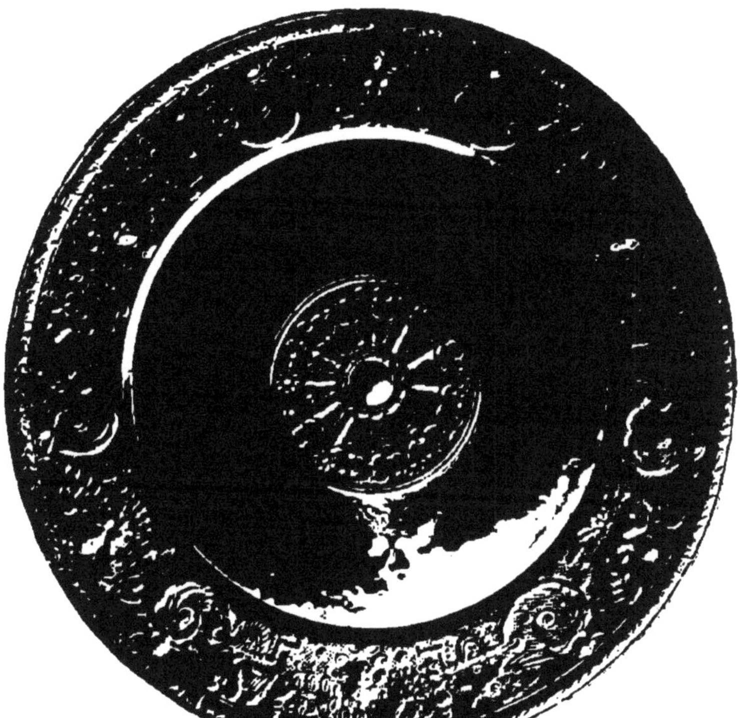

Teller mit Vogelweib-Fries nach der Mars-Schüssel

Sammlung Demiani-Leipzig

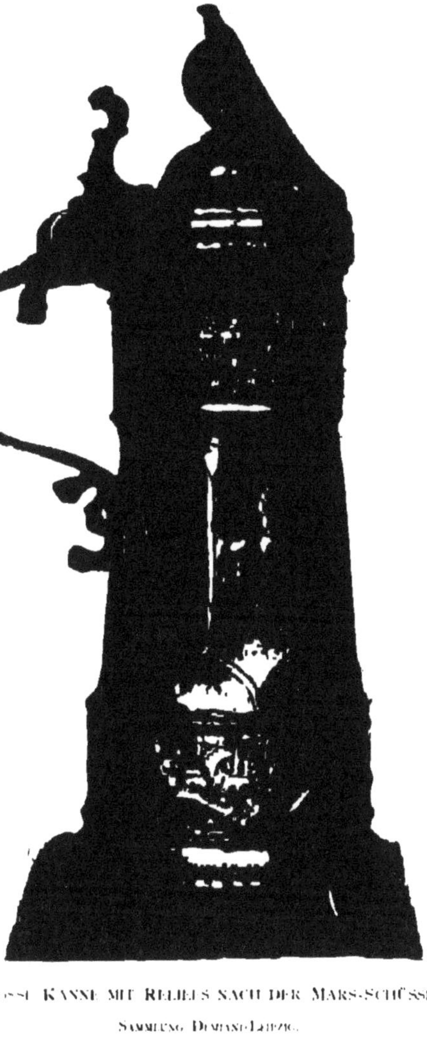

Grosse Kanne mit Reliefs nach der Mars-Schüssel.

Sammlung Demiani-Leipzig.

Nr. 1

Nr. 2

Nr. 3

Nr. 4

Plaketten nach Medaillons der Mars-Schüssel

Sammlung Demiani-Leipzig.

Adam und Eva-Schüssel.

Sammlung Demiani-Leipzig.

Enderleins Susanna-Schüssel.

Sammlung Demiani-Leipzig.

Zu Seite 69 ff.

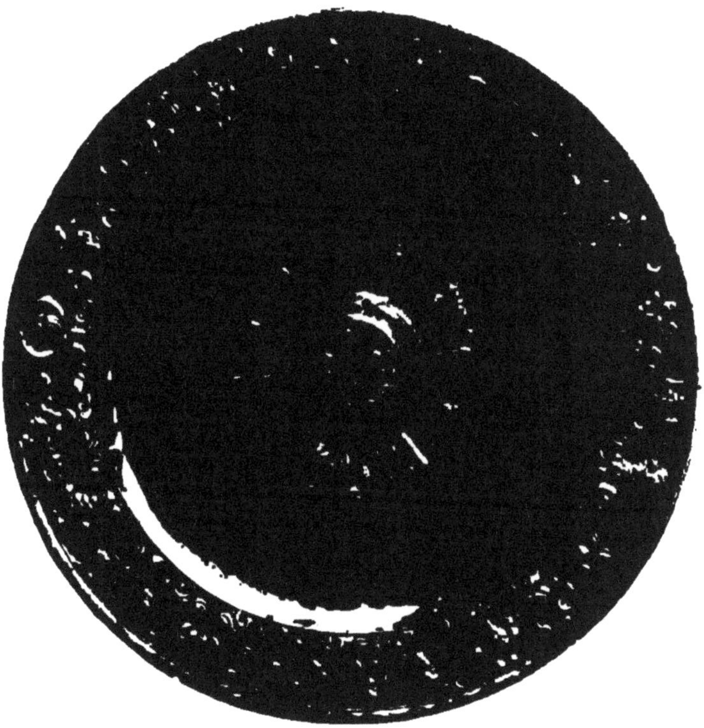

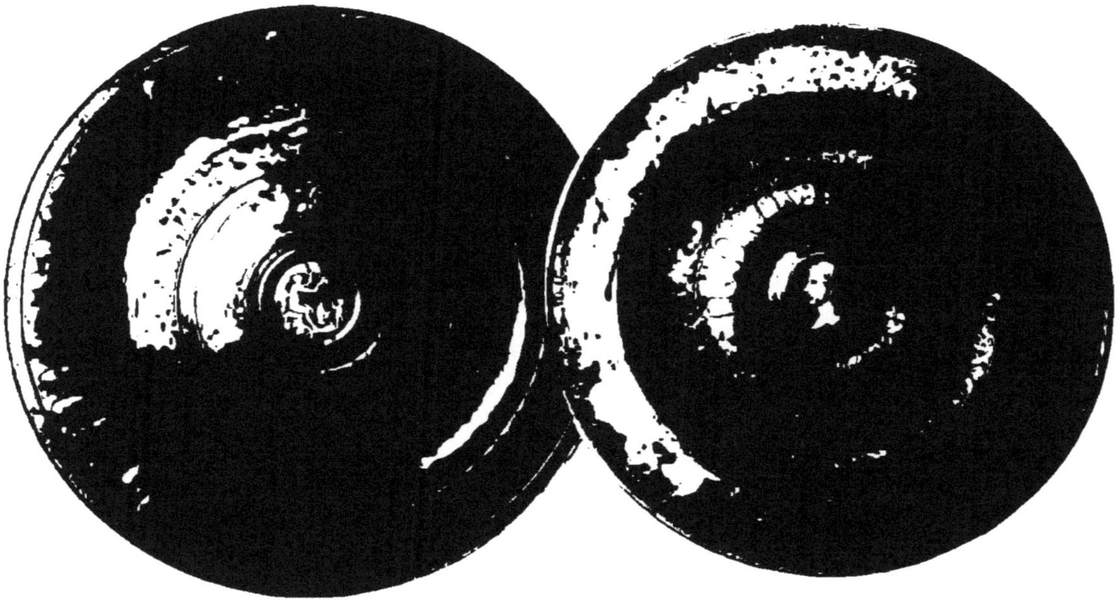

Französische gravierte Trinkschüsseln mit Mittelstücken aus Limoges-Email.

Sammlung Demiani-Leipzig.

Enderleins Schale mit Loth und dessen Töchtern.

Bayerisches Nationalmuseum zu München.

No. 1

SCHALE MIT ST. GEORG.

No. 2

ENDERLEINS SCHALE MIT ST. GEORG.

Sammlung Demiani-Leipzig.

No 1

No 2

Enderleins Teller mit den vier Jahreszeiten.

Teller mit Jahreszeiten, Elementen u. s. w.

Sammlung Demiani-Leipzig.

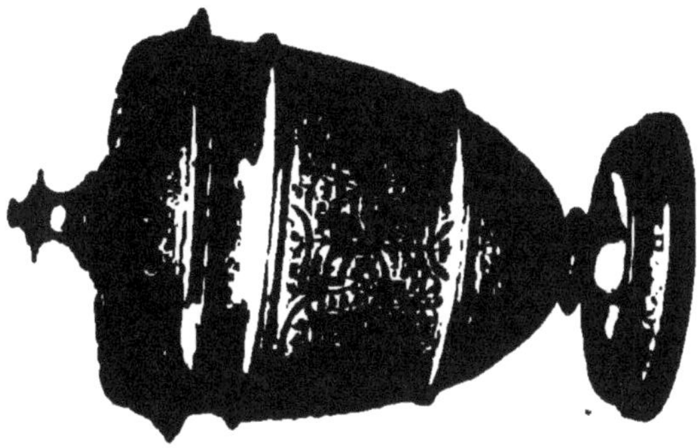

No. 1

No. 5.

Teller mit alttestamentlichen Darstellungen.

Sammlung Demiani-Leipzig.

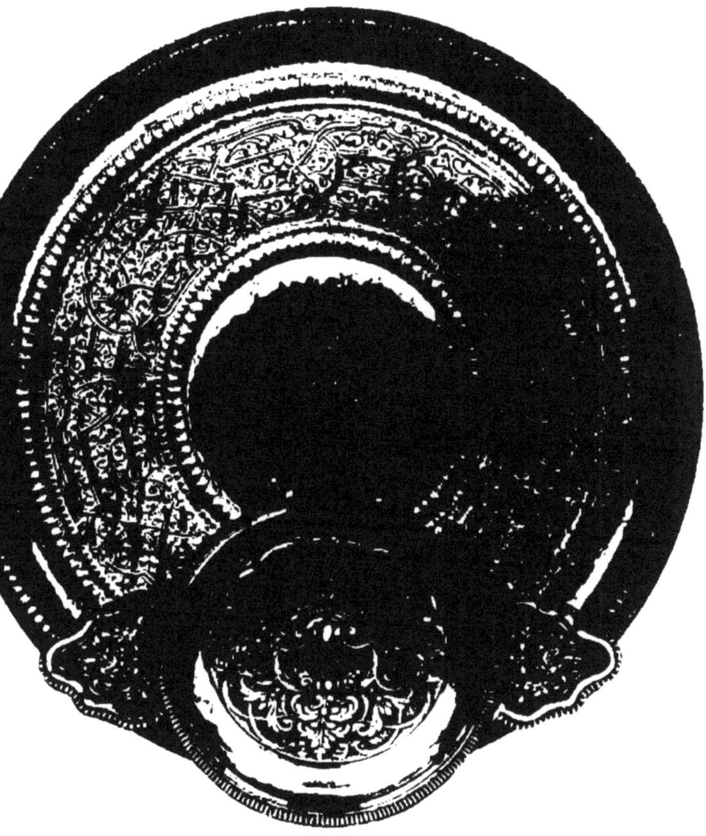

No. 1. No. 3.

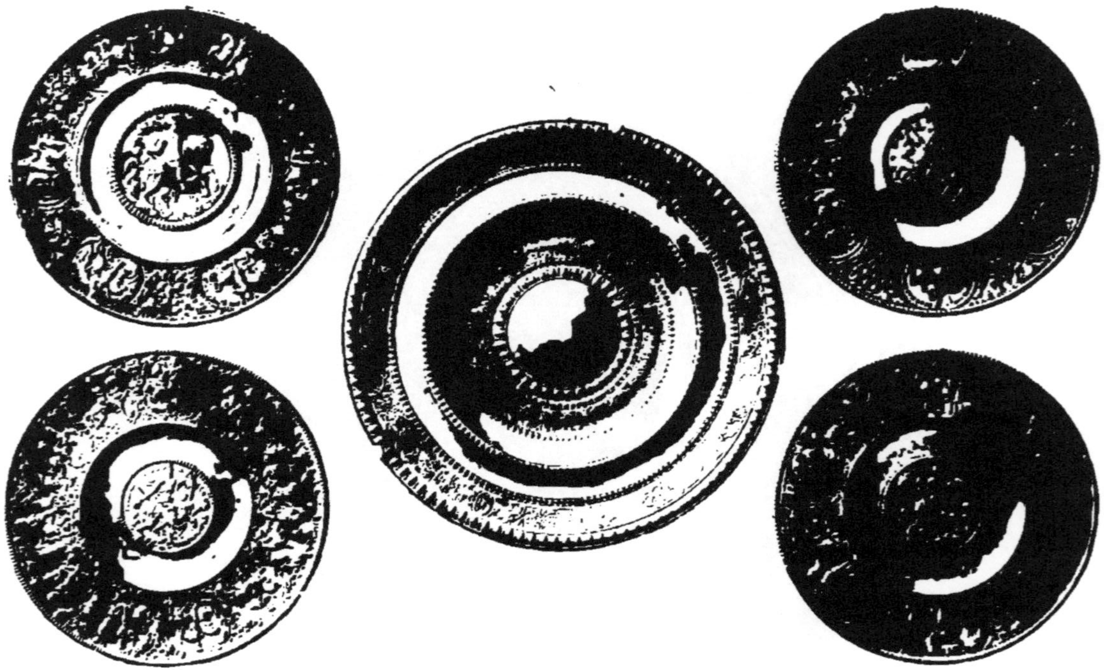

No. 4. No. 5.

No. 1. Gustav Adolf-Teller. No. 2. Nürnberger Ornament-Teller. No. 3. Sultan-Teller.
No. 4. Kaiser-Teller. No. 5. Kurfürsten-Teller.

Sammlung Demiani-Leipzig.

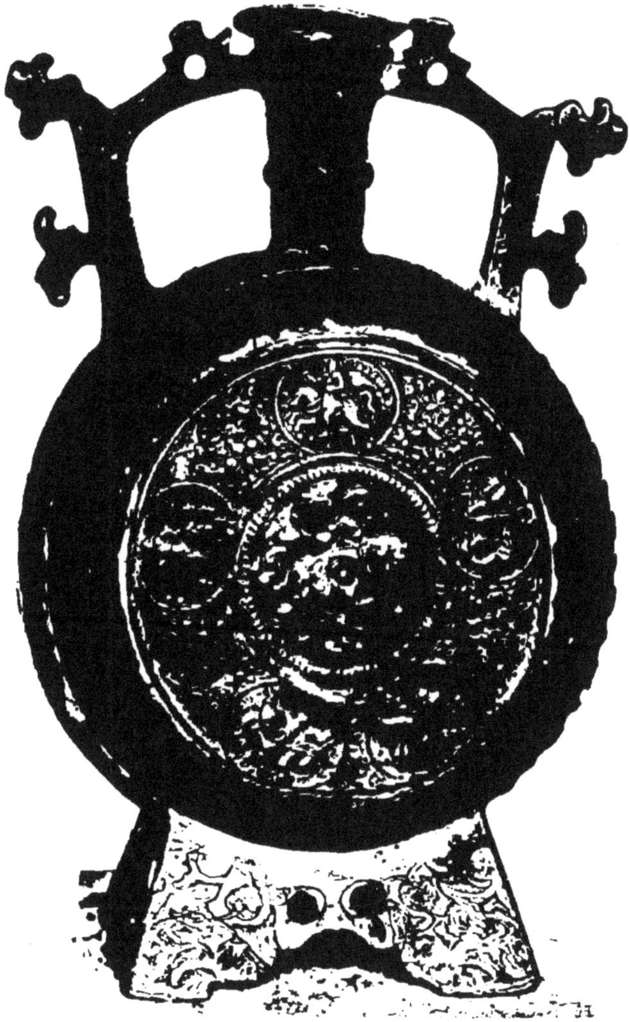

Orientalisches Gefäss mit Reliefs nach dem Gustav Adolf-Teller.

Kunstgewerbemuseum zu Düsseldorf.

GEÄTZTE SCHÜSSELN AUS ZWEI SERVICES DER FAMILIE KHUEN VON BELASI

SAMMLUNG DEMIANI-LEIPZIG.

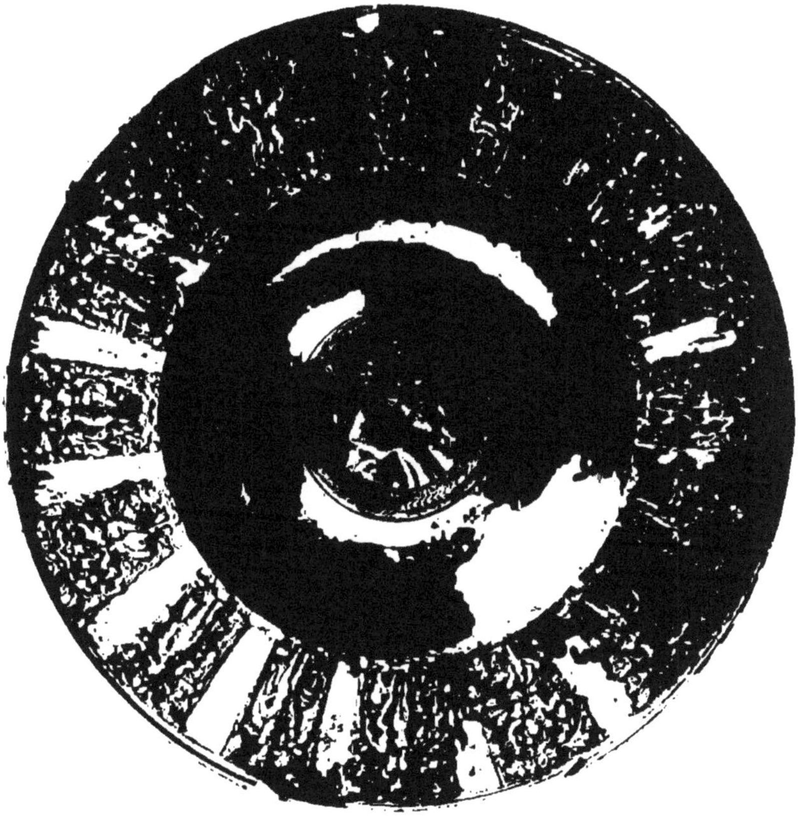

Schüssel mit dem Bildniss des Kurfürsten August [illegible]

ZU SEITE 77.

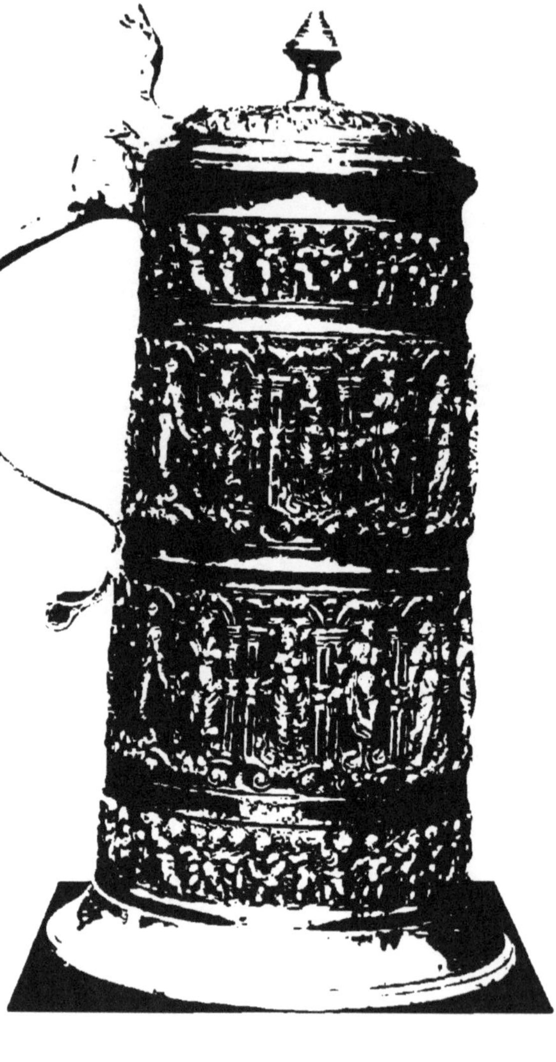

[illegible]

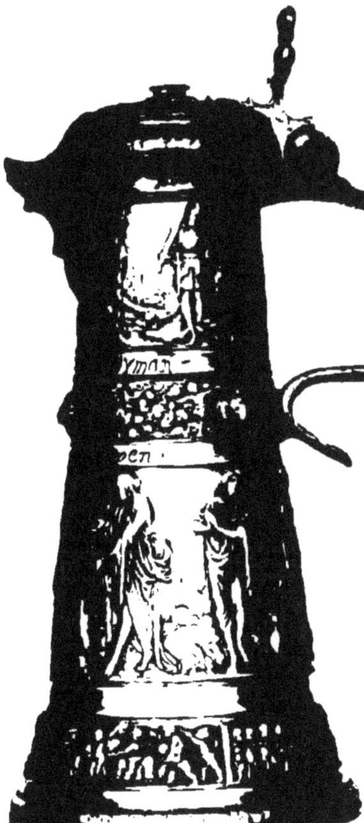

SCH[illegible] KANNE MIT [illegible] GRA[illegible]RUNG

S[illegible] LANN[illegible]

No. 1 No. 2

No. 4